21 世纪全国高校应用人才培养汽车类规划教材

汽车电器与电子控制技术
（第 2 版）

主　编　曲金玉　崔振民

内容简介

本书全面、系统地讲述了汽车电器设备与电子控制系统的结构、原理、电路分析与检测诊断。全书共分 17 章：第 1 至 7 章分别讲述蓄电池、交流发电机与调节器、起动系统、电子点火系统、照明与信号系统、汽车仪表与报警指示灯系统、汽车辅助电器设备等；第 8 至 16 章分别讲述电子燃油喷射系统与汽油发动机管理系统、柴油机高压共轨喷射系统、电控自动变速器、防抱死制动系统与驱动防滑系统、安全气囊系统、汽车巡航控制系统、电子控制悬架系统、汽车网络系统、汽车导航系统等；第 17 章讲述了汽车整车电路。各章结合上海大众桑塔纳 2000、帕萨特 B5、上海通用别克、广州本田雅阁、红旗、奥迪 A6、捷达等轿车，以及东风 EQ1090、解放 CA1091 等货车，玉柴 YC6J220-30 高压共轨喷射柴油机的系统电路，对各系统的组成、结构与工作原理、电路和故障检测诊断方法进行分析讲解。

本书可作为高等院校汽车运用工程、汽车服务工程、交通运输、车辆工程、汽车电子技术等专业的教材或参考书，也可供从事汽车设计制造、汽车检测维修、汽车运输管理等行业的工程技术人员阅读参考。

图书在版编目(CIP)数据

汽车电器与电子控制技术／曲金玉，崔振民主编. —2 版. —北京：北京大学出版社，2012.1
(21 世纪全国高校应用人才培养汽车类规划教材)
ISBN 978-7-301-19777-6

Ⅰ. ①汽… Ⅱ. ①曲… ②崔… Ⅲ. ①汽车—电气设备—高等学校—教材 ②汽车—电子控制—高等学校—教材 Ⅳ. ①U463.6

中国版本图书馆 CIP 数据核字(2011)第 237905 号

书　　　　名：	汽车电器与电子控制技术(第 2 版)
著作责任者：	曲金玉　崔振民　主编
责 任 编 辑：	胡伟晔
标 准 书 号：	ISBN 978-7-301-19777-6/U·0063
出 版 发 行：	北京大学出版社
地　　　　址：	北京市海淀区成府路 205 号　100871
电　　　　话：	邮购部 62752015　发行部 62750672　编辑部 62765126　出版部 62754962
网　　　　址：	http://www.pup.cn
电 子 信 箱：	zyjy@pup.cn
印　 刷　 者：	三河市博文印刷有限公司
发　 行　 者：	北京大学出版社
经　 销　 者：	新华书店

787 毫米×1092 毫米　16 开本　25.5 印张　621 千字
2006 年 8 月第 1 版　2012 年 1 月第 2 版　2020 年 3 月第 5 次印刷　总第 6 次印刷

定　　　　价：49.00 元

未经许可，不得以任何方式复制或抄袭本书之部分或全部内容。
版权所有，侵权必究
举报电话：010-62752024　电子信箱：fd@pup.pku.edu.cn

前 言

随着汽车技术的发展，汽车电器和电子控制技术在汽车中占有日益重要的地位。汽车电器和电子控制技术的应用是提高汽车动力性、经济性、安全性、可靠性、操纵方便性、舒适性和降低排放的重要手段。汽车电器和电子控制技术是汽车运用工程、交通运输、汽车服务工程、车辆工程、汽车电子技术等专业重要的专业课之一。为满足本课程的教学要求，在本书 2006 年第 1 版的基础上，结合汽车电器与电子控制技术近几年的发展和应用，对全书内容进行了认真修订，并增加了直喷汽油发动机管理系统、柴油机高压共轨喷射系统、电控无级变速器、汽车网络系统、汽车导航系统等章节。

本次修订仍保持"理论联系实际，力求内容系统、新颖、图文并茂、重点突出"的特色。各章节在讲解系统组成、结构原理的基础上，结合常见新车型的典型电路进行分析讲解，旨在加强培养学生汽车电路分析能力和实际应用能力，并可满足案例教学的要求。对于交流发电机与调节器、电子点火系统、电子燃油喷射系统与汽油发动机管理系统、柴油机高压共轨喷射系统、电控自动变速器、防抱死制动控制系统和安全气囊系统等重要章节，在全面、系统地讲解其基本组成、结构原理的基础上，还介绍了部分车型的电路示例及其检测诊断方法。

本次修订后全书共分 17 章，第 1 至 7 章侧重讲述汽车电器设备，第 8 至 16 章侧重讲述汽车电子控制系统，第 17 章侧重讲述汽车整车电路。参加本次修订和编写的有：鲁东大学谢在玉（第 1 章），山东理工大学曲金玉（第 2 章、第 8 章、第 9 章、第 10 章、第 13 章），山东理工大学刘静（第 3 章），山东交通职业学院崔振民（第 4 章、第 17 章），山东理工大学邵金菊（第 5 章），山东理工大学王儒（第 6 章），江苏大学刘占锋（第 7 章），烟台大学任桂周（第 11 章），山东理工大学周英超（第 12 章），济宁职业技术学院郭常亮（第 14 章），山东理工大学张益瑞（第 15 章、第 16 章）。

本书由曲金玉、崔振民任主编。全书内容由曲金玉、崔振民进行了全面修订。

本书在编写过程中参照了大量的书籍资料，在此向原书作者表示真诚的感谢。由于作者水平有限，书中难免有错误和不当之处，敬请广大读者批评指正。

编　者
2011 年 8 月

目　　录

第1章　蓄电池 ………………………………………………………………………… 1
　1.1　蓄电池的结构与型号 …………………………………………………………… 1
　1.2　蓄电池的工作原理 ……………………………………………………………… 3
　1.3　蓄电池的工作特性 ……………………………………………………………… 5
　1.4　蓄电池的充电 …………………………………………………………………… 9
　1.5　新型蓄电池 ……………………………………………………………………… 12
　1.6　蓄电池的使用与维护 …………………………………………………………… 16
　1.7　思考题 …………………………………………………………………………… 18

第2章　交流发电机与调节器 ………………………………………………………… 19
　2.1　汽车电源系统的组成 …………………………………………………………… 19
　2.2　交流发电机的类型和构造 ……………………………………………………… 19
　2.3　交流发电机的工作原理 ………………………………………………………… 24
　2.4　交流发电机的工作特性 ………………………………………………………… 28
　2.5　电压调节器 ……………………………………………………………………… 29
　2.6　充电系统电路实例分析 ………………………………………………………… 35
　2.7　交流发电机与调节器的检测与实验 …………………………………………… 38
　2.8　充电系统故障判断与排除 ……………………………………………………… 43
　2.9　42 V 汽车电源系统简介 ………………………………………………………… 45
　2.10　思考题 ………………………………………………………………………… 46

第3章　起动系统 ……………………………………………………………………… 47
　3.1　起动系统的组成和作用 ………………………………………………………… 47
　3.2　起动机的结构与工作原理 ……………………………………………………… 47
　3.3　起动机的传动机构和电磁操纵机构 …………………………………………… 52
　3.4　减速起动机和永磁起动机 ……………………………………………………… 54
　3.5　汽车起动系统电路实例分析 …………………………………………………… 56
　3.6　起动机的试验与检修 …………………………………………………………… 58
　3.7　思考题 …………………………………………………………………………… 63

第4章　传统点火系统与电子点火系统 ……………………………………………… 64
　4.1　概述 ……………………………………………………………………………… 64
　4.2　传统点火系统的组成及其工作原理 …………………………………………… 65
　4.3　无触点电子点火系统 …………………………………………………………… 74
　4.4　微机控制点火系统 ……………………………………………………………… 78

4.5 无分电器点火系统 ………………………………………………………………… 84
4.6 电子点火系统的故障诊断 ………………………………………………………… 87
4.7 思考题 ……………………………………………………………………………… 90

第5章 照明与信号系统 …………………………………………………………………… 91
5.1 照明与信号系统的组成及其要求 ………………………………………………… 91
5.2 照明系统 …………………………………………………………………………… 92
5.3 灯光信号系统和声响信号系统 …………………………………………………… 106
5.4 声响信号系统 ……………………………………………………………………… 108
5.5 思考题 ……………………………………………………………………………… 110

第6章 汽车仪表与报警指示灯系统 …………………………………………………… 111
6.1 汽车仪表与报警指示灯系统的组成 ……………………………………………… 111
6.2 汽车仪表系统 ……………………………………………………………………… 111
6.3 汽车报警灯 ………………………………………………………………………… 117
6.4 仪表信息终端 ……………………………………………………………………… 119
6.5 思考题 ……………………………………………………………………………… 120

第7章 汽车辅助电器设备 ………………………………………………………………… 121
7.1 电动刮水器与风窗洗涤器 ………………………………………………………… 121
7.2 汽车空调 …………………………………………………………………………… 123
7.3 风窗除霜装置和电动门窗 ………………………………………………………… 128
7.4 汽车音响 …………………………………………………………………………… 129
7.5 中控门锁 …………………………………………………………………………… 130
7.6 思考题 ……………………………………………………………………………… 131

第8章 电子燃油喷射系统与汽油发动机管理系统 …………………………………… 132
8.1 电子燃油喷射系统概述 …………………………………………………………… 132
8.2 L型、LH型多点电子燃油喷射系统 …………………………………………… 133
8.3 D型电子燃油喷射系统 …………………………………………………………… 149
8.4 单点电子燃油喷射系统 …………………………………………………………… 152
8.5 汽油发动机管理系统 ……………………………………………………………… 154
8.6 发动机辅助控制系统 ……………………………………………………………… 156
8.7 直喷汽油发动机管理系统 ………………………………………………………… 166
8.8 发动机管理系统电路和检测诊断 ………………………………………………… 182
8.9 思考题 ……………………………………………………………………………… 190

第9章 柴油机高压共轨喷射系统 ……………………………………………………… 192
9.1 柴油机高压共轨喷射系统组成和基本工作原理 ………………………………… 192
9.2 高压共轨供油系统 ………………………………………………………………… 193
9.3 进气增压系统与排气系统 ………………………………………………………… 198
9.4 电控系统 …………………………………………………………………………… 199
9.5 高压共轨喷射系统的故障检测与诊断 …………………………………………… 207
9.6 思考题 ……………………………………………………………………………… 211

目　录

第10章　电控自动变速器 … 212
- 10.1　概述 … 212
- 10.2　液力变矩器和行星齿轮变速器 … 214
- 10.3　电子控制系统 … 222
- 10.4　汽车无级变速器（CVT） … 228
- 10.5　电控自动变速器的故障检测与诊断 … 236
- 10.6　思考题 … 241

第11章　防抱死制动系统与驱动防滑系统 … 242
- 11.1　ABS系统基本工作原理 … 242
- 11.2　ABS的组成与结构 … 244
- 11.3　驱动防滑系统 … 251
- 11.4　驱动防滑系统的组成与结构 … 253
- 11.5　ABS/ASR系统故障诊断与维修 … 255
- 11.6　思考题 … 268

第12章　安全气囊系统 … 269
- 12.1　安全气囊系统的作用和基本类型 … 269
- 12.2　安全气囊系统的组成和工作原理 … 270
- 12.3　安全气囊系统的故障检测 … 281
- 12.5　思考题 … 287

第13章　汽车巡航控制系统 … 288
- 13.1　巡航控制系统的组成与工作原理 … 288
- 13.2　巡航控制系统的电路和部件结构 … 289
- 13.3　巡航控制系统的故障诊断 … 292
- 13.4　思考题 … 296

第14章　电子控制悬架系统 … 297
- 14.1　半主动悬架与主动悬架的概念 … 297
- 14.2　半主动悬架系统 … 297
- 14.3　主动悬架系统 … 299
- 14.4　电子控制悬架的故障诊断与检测实例 … 305
- 14.5　思考题 … 308

第15章　其他电子控制系统 … 309
- 15.1　超声波倒车雷达系统 … 309
- 15.2　汽车导航系统 … 312
- 15.3　轮胎压力监控系统 … 316
- 15.4　思考题 … 320

第16章　汽车网络系统 … 321
- 16.1　概述 … 321
- 16.2　CAN总线基本原理 … 328
- 16.3　汽车网络系统应用实例——奥迪A6L多媒体交互系统 … 335

16.4 思考题 ……………………………………………………………………… 341
第17章 汽车整车电路 ……………………………………………………… 342
17.1 汽车整车电路的组成和特点 ……………………………………………… 342
17.2 汽车电路中的导线、线束和插接件 ……………………………………… 343
17.3 开关、继电器和熔断丝 …………………………………………………… 345
17.4 帕萨特B5轿车全车电路图及识读方法 ………………………………… 347
17.5 思考题 ……………………………………………………………………… 398

参考文献 ……………………………………………………………………………… 399

第1章 蓄电池

蓄电池是一种可逆直流电源，在汽车上与发电机并联组成电源系统向用电设备供电。蓄电池的作用是：

（1）汽车发动机起动时，向发动机和点火系统供电。

（2）当发电机不发电或电压较低时向用电设备供电。

（3）发电机过载时，协助发电机向用电设备供电。

（4）发动机正常运转时，发电机向蓄电池充电。

（5）蓄电池还有稳定电压的作用。蓄电池相当于一个大的电容器，可吸收电路中的瞬时高电压，从而保护电子元件不被击穿。

汽车用的是起动型蓄电池，满足起动发动机的需要，5~10 s 内向起动机提供强大的电流，一般汽油机为 200~600 A，有些柴油机高达 1 000 A。

铅酸蓄电池结构简单，价格低廉，同时其内阻小，起动性能好，因此在汽车上得到广泛的应用。车用铅酸蓄电池按其结构特点不同，可分为普通型、干荷型、免维护型和胶体型铅酸蓄电池。本章主要介绍汽车用起动型铅酸蓄电池。

1.1 蓄电池的结构与型号

1.1.1 蓄电池的构造

蓄电池的构造如图 1-1 所示，一般由 3 个或 6 个单格电池串联而成。单格电池主要由极板、隔板、电解液和外壳等组成。每个单格电池的标称电压为 2 V。

1. 极板

极板是蓄电池的基本部件，由它接受输入的电能和向外释放电能。极板的活性物质与电解液反应，完成蓄电池的充、放电化学反应。

蓄电池的极板分为正极板和负极板，它们都是由栅架和涂在栅架上的活性物质构成的，正、负极板的外形相同。

极板栅架由铅锑合金浇铸而成，加锑是为了改善浇铸性能和提高机械强度。

正极板的活性物质是棕红色的二氧化铅（PbO_2），负极板的活性物质是青灰色的海绵状纯铅（Pb）。为了使电解液能顺利渗入极板内部，极板的活性物质应具有多孔性。

将正、负极板各一片，浸入电解液内，可获得约 2.1 V 的电动势。为了增大蓄电池的容量，在单格电池中，将多片正、负极板分别焊接成正、负极板组。然后将正、负极板组交错装插在一起，形成单格电池的极板组。在一个单格内负极板总是比正极板多一片，这样可以使正极板两面都处于负极板之间，正极板放电均匀，避免了正极板两侧活性物质体积变化不一致造成的极板拱曲、活性物质脱落。

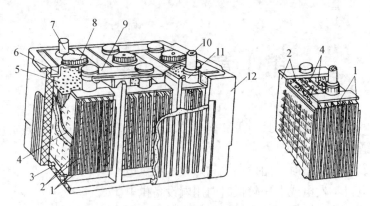

图 1-1 蓄电池的构造

1. 正极板隔壁 2. 负极板 3. 肋条 4. 隔板 5. 护板 6. 封料 7. 负接线柱
8. 加液口盖 9. 联条 10. 正接线柱 11. 接线柱衬套 12. 蓄电池外壳

2. 隔板

隔板安装在正、负极板之间，其作用是使正负极板尽量靠近而又不至于接触短路，以缩小蓄电池的体积，防止极板变形及活性物质脱落。

隔板多采用微孔塑料、橡胶、纸质及玻璃纤维等材料制成。隔板材料具有多孔性，便于电解液渗透，还要具有耐酸、绝缘、抗氧化等性能。隔板通常一面带有沟槽（或玻璃纤维），安装时，应将带沟槽面朝向正极板，并使沟槽竖直放置。

3. 电解液

电解液是由相对密度为 1.84 的纯硫酸（H_2SO_4）和蒸馏水（H_2O）配制而成的，相对密度一般在 1.24～1.31 之间。使用时应根据制造厂的要求和当地的气温条件选择，见表 1-1。

表 1-1 不同地区和气候条件下的电解液的相对密度

使用地区最低气温（℃）	全充电 25℃时的相对密度	
	冬 季	夏 季
< -40	1.31	1.27
-30～-40	1.29	1.26
-20～-30	1.28	1.25
0～20	1.27	1.24

4. 外壳

蓄电池外壳为一整体式结构的容器，极板、隔板和电解液均装入外壳内，外壳应耐酸、耐热、耐寒、耐震。外壳的材料有硬质橡胶和聚丙烯塑料两种，由于聚丙烯材料的外壳轻，美观透明，且综合性能好，现已取代了传统的硬橡胶外壳。外壳被间壁分为 3 个或 6 个互相分离的小格子，底部有凸起的肋条支撑极板组，肋条之间的空间用来盛放极板脱落的活性物质，以防极板短路。

采用橡胶外壳时，每单格有一个小盖，小盖两端的孔是为了将单格电池的电桩穿出，中间有一个电解液加液孔，平时拧装一个螺塞（又称加液孔盖），螺塞上有一个通气小孔，蓄电池使用时应保持其畅通。盖子与外壳间用封口胶密封。

5. 联条

联条的作用是将各单格电池串联起来。传统蓄电池的联条是外露式的，用铅锑合金铸造而成，耗材较多、电阻较大，已逐渐被穿壁式或跨接式取代。

6. 极桩

极桩有锥台形和L形等形式。为便于识别，在极桩的上方或旁边标刻有"＋"（或P）"－"（或N）标记，或者在正极桩上涂红色油漆。

1.1.2 蓄电池的规格型号

根据我国原机械工业部 JB 2599－1985《起动型铅酸蓄电池标准》规定，蓄电池型号由三部分组成，其内容及排列如下：

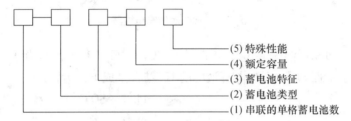

（1）串联的单格电池数，用阿拉伯数字表示。

（2）电池类型，按蓄电池的主要用途划分，起动型蓄电池用"Q"表示。

（3）电池特征，用字母标注。无特殊特征时，该项省略不标；当产品同时具有两种特征时，应按表1-2的顺序将两个特征代号并列标注。

（4）额定容量，指20 h放电率时的额定容量，用阿拉伯数字表示，单位是安培小时（A·h）。

（5）特殊性能，用大写字母表示，如高温起动蓄电池用"G"表示，低温起动性能好的蓄电池用"D"表示，塑料外壳蓄电池用"S"表示等。

表1-2 蓄电池的结构代号

结构特征	代号	汉字	结构特征	代号	汉字	结构特征	代号	汉字
干荷电	A	干	湿荷电	H	湿	免维护	W	维

例如，红旗 CA7220AE 型轿车用 6-QA-60S 型蓄电池，是由6个单格电池组成，额定电压为12 V，额定容量为60 A·h，采用塑料外壳的干荷电起动型蓄电池。

1.2 蓄电池的工作原理

蓄电池的充电过程和放电过程是一种可逆的化学反应：充电过程是将电能转化为化学能，放电过程是将化学能转化为电能。

1.2.1 充电过程

蓄电池的充电过程是将电能转化为化学能的过程。充电时，当电源电压高于蓄电池的电动势时，在电场力的作用下，电流从蓄电池正极流入，再从负极流出。此时的化学反应过程如图 1-2 所示。

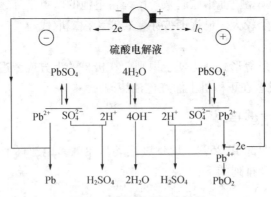

图 1-2 蓄电池的充电过程

在负极板处，$PbSO_4$ 溶解并电离出 Pb^{2+} 和 SO_4^{2-}，Pb^{2+} 获得两个电子，还原为铅原子而附着在负极板上，而 SO_4^{2-} 则与电解液中的 H^+ 结合生成 H_2SO_4，即

$$PbSO_4 \longrightarrow Pb^{2+} + SO_4^{2-}$$

$$Pb^{2+} + 2e \longrightarrow Pb$$

$$2H^+ + SO_4^{2-} \longrightarrow H_2SO_4$$

负极板上总的反应式为

$$PbSO_4 + 2H^+ + 2e \longrightarrow Pb + H_2SO_4$$

在正极板处，$PbSO_4$ 先电离出 Pb^{2+} 和 SO_4^{2-}，Pb^{2+} 失去两个电子变为 Pb^{4+}，Pb^{4+} 和 OH^- 结合，生成 $Pb(OH)_4$；$Pb(OH)_4$ 又分解为 PbO_2 附着在极板上，同时生成 H_2O；而 SO_4^{2-} 又和 H^+ 结合生成 H_2SO_4，即

$$PbSO_4 \longrightarrow Pb^{2+} + SO_4^{2-}$$

$$Pb^{2+} + 2e \longrightarrow Pb^{4+}$$

$$H_2O \longrightarrow H^+ + OH^-$$

$$Pb^{4+} + 4OH^- \longrightarrow Pb(OH)_4$$

$$Pb(OH)_4 \longrightarrow PbO_2 + 2H_2O$$

$$2H^+ + SO_4^{2-} \longrightarrow H_2SO_4$$

正极板上总的反应式为

$$PbSO_4 + 2H_2O + SO_4^{2-} - 2e \longrightarrow PbO_2 + 2H_2SO_4$$

可见，在充电的过程中，极板上的 $PbSO_4$ 被逐渐还原为 PbO_2 和 Pb，电解液中的 H_2SO_4 成分逐渐增多，H_2O 逐渐减少，电解液的相对密度是上升的。

充电终了，电解液的相对密度将升至最大值，这时会引起水的分解，水分解的化学反应方程式为

$$H_2SO_4 \longrightarrow 2H^+ + SO_4^{2-}$$

负极板上

$$2H^+ + 2e \longrightarrow H_2 \uparrow$$

正极板上

$$2H_2O + 2SO_4^{2-} - 4e \longrightarrow H_2SO_4 + O_2 \uparrow$$

充电终了总的反应式为

$$H_2SO_4 + 2H_2O \longrightarrow H_2SO_4 + 2H_2 \uparrow + O_2 \uparrow$$

1.2.2 放电过程

蓄电池的放电过程就是化学能转化为电能的过程。当蓄电池接上负载，在电动势的作用下，电流从正极经过负载流向负极。放电时的化学反应过程如图 1-3 所示。

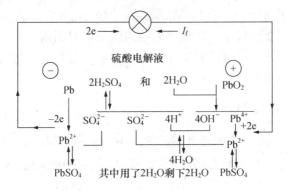

图 1-3 蓄电池的放电过程

在正极板处，Pb^{4+} 获得两个电子变成 Pb^{2+}，Pb^{2+} 与电解液中的 SO_4^{2-} 结合生产 $PbSO_4$ 吸附于极板上，即

$$Pb^{4+} + 2e \longrightarrow Pb^{2+}$$
$$Pb^{2+} + SO_4^{2-} \longrightarrow PbSO_4$$

在负极板上的活性物质铅溶解，生成 Pb^{2+}，负极板处，电解液中的 Pb^{2+} 与 SO_4^{2-} 结合生成的 $PbSO_4$ 沉附于极板上，即

$$Pb - 2e \longrightarrow Pb^{2+}$$
$$Pb^{2+} + SO_4^{2-} \longrightarrow PbSO_4$$

放电的总的反应式为

$$PbO_2 + Pb + 2H_2SO_4 \longrightarrow 2PbSO_4 + 2H_2O$$

1.3 蓄电池的工作特性

1.3.1 静止电动势

静止电动势 E_j 指当蓄电池内部工作物质处于静止状态（不进行放、充电）时，单格电池正、负极之间的电位差。静止电动势的大小取决于电解液的相对密度和温度，可由以下经验公式计算：

$$E_j = 0.84 + \rho_{25℃}$$

$\rho_{25℃}$ 为 25℃时的电解液相对密度值，可根据下式将实测的电解液相对密度换算为 25℃时的电解液相对密度：

$$\rho_{25℃} = \rho_t + \beta(t-25)$$

式中，ρ_t——实际测到的电解液相对密度

t——实际测到的电解液温度

β——相对密度温度系数，其值为 0.000 75

1.3.2 蓄电池的内阻

内阻 R_0 包括电解液电阻、极板电阻、隔板电阻及联条与极桩电阻 4 部分。起动型蓄电池的内阻很小，小于 $0.01\ \Omega$，因此可以获得大的起动电流。在蓄电池使用过程中，隔板电阻、联条与极桩电阻变化较小，影响蓄电池内阻的主要因素是电解液电阻和极板电阻。极板电阻一般很小，但它随蓄电池的放电而逐渐增大。电解液电阻随其温度和密度的变化而变化，温度降低电阻增大。

1.3.3 蓄电池的充电特性

蓄电池的充电特性是指在恒流充电过程中，蓄电池的端电压（U_c）、静电动势（E_j）和电解液相对浓密度（$\rho_{25℃}$）随充电时间变化的规律，蓄电池的充电特性曲线如图 1-4 所示。

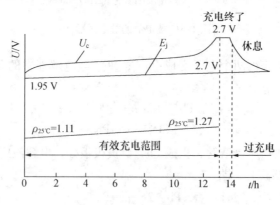

图 1-4 蓄电池的充电特性

1. 电解液密度及静止电动势的变化规律

由于恒流充电，在有效充电范围内，单位时间内电解液中产生硫酸的数量是一定的。因此，电解液密度在 $1.11\sim1.27\ \text{g/cm}^3$ 的范围内按直线规律上升。同时，静止电动势从 $1.95\sim2.1\ \text{V}$ 的范围内按直线规律上升。

2. 端电压的变化规律

在整个充电过程中，端电压 U_c 的变化可以划分为 4 个阶段。

（1）开始快速上升阶段：充电开始时端电压快速上升。这是因为充电时产生的硫酸来不及向极板外扩散，使极板孔内电解液密度快速升高，造成瞬时电动势及端电压快速升高。

（2）中间缓慢上升阶段：在快速上升阶段完成后，极板孔隙内外的电解液浓度产生了一定的差值，使硫酸的生成数量与向外扩散的数量相等，极板孔内外的电解液密度同步升高，故瞬时电动势和端电压同步缓慢上升。

(3) 接近终了迅速上升阶段：在端电压达到 2.3～2.4 V 后，开始出现气泡，且端电压会急剧上升到 2.7 V 左右。这是因为极板上的活性物质几乎全部恢复，电解液中的水开始电解，产生氢气和氧气，并以气泡的形式放出。由于氢离子在负极板附近的电解液中积存，然后再与电子结合形成氢气，使得负极板与电解液之间产生约 -0.33 V 的附加电位。

(4) 过充电阶段：该阶段端电压不再上升，蓄电池内产生大量气泡，出现沸腾现象。为了保证蓄电池充分充电，往往需要进行 2～3 h 的过充电。

蓄电池充足电的特征是：蓄电池内产生大量气泡，电解液呈沸腾状态；端电压和电解液相对密度升高到最大值，且 2～3 h 内不再增加。

1.3.4 蓄电池的放电特性

蓄电池的放电特性是指在恒流放电过程中，蓄电池的端电压（U_f）、静电动势（E_j）和电解液相对液密度（$\rho_{25℃}$）随放电时间变化的规律。其放电特性规律曲线如图 1-5 所示。

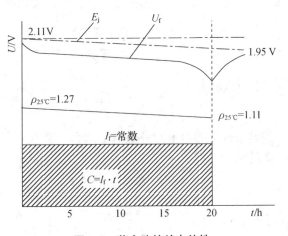

图 1-5 蓄电池的放电特性

1. 电解液密度及静止电动势的变化规律

由于恒流放电，单位时间内消耗硫酸的数量是相同的，所以电解液相对密度从 1.27 g/cm³ 下降到 1.11 g/cm³ 是按直线规律下降。由于静止电动势 E_j 与电解液相对密度是线性关系，所以静止电动势从 2.11 V 下降到 1.95 V 也是按直线规律下降。

由于蓄电池在恒流放电过程中，其电解液相对密度和容量与放电时间都是线性关系，所以可以通过检测电解液相对密度的变化来判断其放电程度。

2. 端电压及瞬时电动势的变化规律

在整个放电过程中，端电压 U_f 的变化可以划分为 3 个阶段。

(1) 开始迅速下降阶段：放电开始时，端电压由 2.1 V 迅速下降到 2.0 V 左右。这是因为放电开始时，极板活性物质孔隙内的硫酸迅速减少，而外部的硫酸还来不及向孔隙内渗透，故该处的电解液密度迅速下降，使瞬时电动势及端电压也迅速下降。

(2) 中间缓慢下降阶段：经第一阶段后，外部的硫酸向孔隙内扩散的速度与孔隙内硫酸消耗的速度相等。极板孔隙内的电解液密度与外部同步缓慢下降，故瞬时电动势及蓄电池端电压也缓慢下降，端电压由 2.0 V 按直线规律缓慢下降至 1.85 V 左右。

(3) 最后迅速下降阶段:在放电后期,极板表面已形成大量硫酸铅,它的体积大于二氧化铅和海绵状纯铅,堵塞了孔隙,使电解液渗入量减少,而孔隙内硫酸的消耗大于渗入量,使孔隙内电解液密度迅速下降,瞬时电动势和端电压也迅速下降。此时应停止放电,否则端电压将在短时间内急剧下降到0,导致电池过度放电。停止放电后,外部的电解液向孔隙内渗透,达到平衡时,蓄电池的端电压可上升到1.95 V左右。

3. 蓄电池放电终了的特征

蓄电池放电终了的特征是:单格电池端电压下降到放电终止电压;电解液相对密度下降到最小许可值(约为1.1 g/cm^3)。

放电终止电压与放电电流的大小有关。放电电流越大,连续放电的时间就越短,允许的放电终止电压也越低。不同放电电流的放电终止电压见表1-3。

表1-3 放电电流与终止电压的关系

放电电流/A	$0.05 C_e$	$0.1 C_e$	$0.25 C_e$	$1 C_e$	$3 C_e$
连续放电时间	20 h	10 h	3 h	30 min	5.5 min
单格电池终止电压/V	1.75	1.70	1.75	1.55	1.5

1.3.6 蓄电池的容量及影响因素

1. 蓄电池的容量

蓄电池的容量是在规定条件下蓄电池对外供电的能力,通常表示为蓄电池恒流放电情况下放电电流与放电时间的乘积,即

$$C = I_f \times t$$

式中,C——蓄电池的容量(A·h)

I_f——恒流放电电流(A)

t——放电时间(h)

蓄电池的标称容量的表示有两种。

(1)额定容量。额定容量是指完全充足电的蓄电池在电解液平均温度为25℃的情况下,以20 h放电率放电的电流(相当于额定容量的1/20)连续放电至单格电压降为1.75 V时所输出的电量,一般用C_e或C_{20}表示。

例如,3-Q-90型蓄电池在电解液平均温度为25℃时,以4.5 A放电电流连续放电20 h后,单格电压降为1.75 V,其额定容量$C_e = 4.5 \times 20 = 90$(A·h)。

(2)起动容量。起动容量表示蓄电池接起动机时的供电能力,有常温和低温两种起动容量。

① 常温起动容量。常温起动容量,即电解液温度为25℃时,以5 min放电率放电的电流(3倍额定容量的电流)连续放电至规定终止电压(6 V蓄电池为4.5 V,12 V蓄电池为9 V)时所输出的电量,其放电持续时间应在5 min以上。例如,3-Q-90型蓄电池在25℃时,以270 A电流放电5 min,电池的端电压降到4.5 V,其起动容量为$270 \times 5/60 = 22.5$(A·h)。

② 低温起动容量。低温起动容量,即电解液温度为-18℃时,以3倍额定容量的电流连续放电至规定终止电压(6 V蓄电池为3 V,12 V蓄电池为6 V)时所输出的电量,其放电持续时间应在2.5 min以上。

2. 使用因素对蓄电池容量的影响

蓄电池容量与放电电流、电解液温度、电解液的相对密度和极板的结构等因素有关。

（1）放电电流。放电电流越大，蓄电池输出的容量越小。放电电流越大，极板活性物质与电解液的反应就越迅速：一方面在极板表面迅速生成颗粒较大的硫酸铅，使极板孔隙堵塞；另一方面，单位时间内消耗的硫酸量大，所以在放电后期，极板孔隙内的硫酸得不到及时补充，孔隙内电解液密度迅速降低，端电压迅速降低，许多活性物质还没有参加反应，放电就被迫终止了，因此蓄电池输出容量变小。

（2）电解液温度。电解液温度降低，蓄电池输出的容量减小。电解液温度降低时，其黏度增大，流动性和渗透能力减弱。一方面，电解液不能及时渗透到极板孔内部；另一方面，它使蓄电池内阻增大，内部压降增大，两者共同作用使蓄电池端电压迅速降低，造成容量减小。冬季起动时，蓄电池的端电压将会大幅度降低，往往导致点火、起动困难，所以冬季应注意对蓄电池的保温。

温度升高时，分子运动速度加快，电解液渗透能力增强，电解液电阻减小，化学反应可延续较长时间，电容增大。但超过40℃后，将造成极板拱曲变形、活性物质脱落、诱发电池自放电等故障。因此，蓄电池电解液温度不宜过高。

（3）电解液的相对密度。提高电解液的相对密度可以提高蓄电池的端电压和输出的容量，但电解液密度过大，将使其黏度增大、离子扩散速度降低、内阻增大，导致放电时的容量下降。

1.4 蓄电池的充电

1.4.1 蓄电池的充电种类

蓄电池的充电种类有初充电、补充充电和去硫化充电等。

1. 初充电

新蓄电池或修复后的蓄电池在使用之前的首次充电称为初充电。

首先按照厂家要求，结合当地气候条件选择一定相对密度的电解液。电解液温度不超过30℃，加注后静置4～6h，这期间因电解液渗入极板，液面有所下降，应补充电解液使之高出极板15 mm，等到电解液低于35℃方可充电。表1-4为蓄电池的充电电流规范。

表1-4 蓄电池的充电电流规范

蓄电池型号	额定容量/A·h	额定电压/V	初充电				补充充电			
			第一阶段		第二阶段		第一阶段		第二阶段	
			电流/A	时间/h	电流/A	时间/h	电流/A	时间/h	电流/A	时间/h
6-Q-60	60	12	4	25～35	2	20～30	6.0	10～11	3	3～5
6-Q-75	75		5		3		7.5		4	
6-Q-90	90		6		3		9.0		4	
6-Q-105	105		7		4		1.05		5	
6-Q-120	120		8		4		1.20		6	

初充电的程序一般分为两个阶段：第一阶段的充电电流约为额定容量的1/15，充电至

电解液中逸出气泡，单格电池端电压至 2.4 V 时为止；第二阶段将充电电流减半，继续充电到电解液沸腾，相对密度和端电压连续 3 h 不变时为止。全部充电时间需要 60 h 左右。

充电过程中应经常测量电解液温度，如果温度上升到 40℃，应将充电电流减半。如果温度继续上升到 45℃，应立即停止充电，待冷却至 35℃ 以下后再进行充电。初充电接近完毕时，应测量电解液的相对密度。如果电解液相对密度不符合表 1-1 中的规定数值，应用蒸馏水或相对密度为 1.4 的电解液进行调整。调整后，再充电 2 h 直至符合规定为止。

2. 补充充电

蓄电池在汽车上使用时，经常有充电不足的现象发生，应根据需要进行补充充电。

如果发现下列现象之一的，必须随时进行补充充电：

电解液相对密度下降到 1.20 以下；单格电池电压下降到 1.7 V 以下；冬季放电超过 25%，夏季放电超过 50%；起动无力。

补充充电也要按表 1-4 中规范的电流值充电，分两个阶段进行：第一阶段，充到单格电池电压为 2.4 V；第二阶段充到单格电池电压为 2.5～2.7 V，电解液相对密度恢复到规定值，并且 3 h 保持不变，则说明已经充足。补充充电一般共需要 13～16 h。

3. 去硫化充电

蓄电池长期充电不足，或者放电后长时间未充电，极板上会逐渐生成一层白色的粗晶粒硫化铅，它在正常充电时不能转化为活性物质，这种现象称为硫化铅硬化，简称硫化。极板硫化会使蓄电池内阻增加，汽车起动困难。

去硫化充电的方法是：先倒出容器内的电解液，用蒸馏水反复冲洗数次，然后加注蒸馏水，使液面高出极板 15 mm。用初充电电流进行充电，随时测量电解液相对密度。当相对密度上升到 1.150 时，要加蒸馏水，继续充至相对密度不再上升，然后进行放电。如此反复进行，直到在 6 h 之内，相对密度值不再变化为止。最后按初充电的方法进行充电，调整电解液相对密度至规定值。

1.4.2 充电方法

蓄电池的充电有定流充电、定压充电和快速脉冲充电等方法。

1. 定流充电

在充电过程中，保持充电电流恒定的充电方法称为定流充电。

采用定流充电法可以同时对多个蓄电池进行充电，各蓄电池之间采用串联连接，如图 1-6 所示。充电电流要按照蓄电池的容量确定，如果被充电蓄电池的容量不同，应先按照小容量蓄电池选择充电电流，待小容量蓄电池充足电后，将其摘除，再按余下蓄电池的容量重新选择充电电流，继续充电。

图 1-6 中为定流充电的特性曲线，一般分为两个阶段：第一阶段以规定的充电电流进行充电，但单格的电压升至 2.4 V，应将充电电流减为一半转入第二阶段的充电，直到电解液的相对密度达到规定值且 2～3 h 不变，并有气泡冒出为止。

2. 定压充电

保持充电电压恒定的充电方法称为定压充电。

采用定压充电法也可以同时对多个蓄电池进行充电，但要求每组蓄电池端电压相同，各蓄电池组之间采用并联连接，如图 1-7 所示。随着蓄电池的电动势 E 的增加，充电电流会减小。

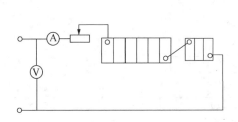
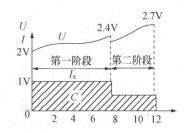

图 1-6 定流充电的连接简图和充电特性图

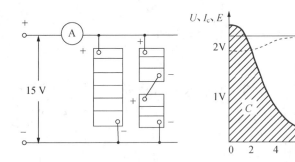

图 1-7 定压充电的连接简图和充电特性图

采用定压充电法，充电电压一般按每格 2.5 V 选择，如电池组的额定端电压为 12 V，充电电压应选为 15 V，过大的充电电压会使蓄电池温度过高，造成活性物质脱落。定压充电法的特点是充电效率高，在充电开始的 4.5 h 内，就可以获得 90%～95% 的容量，可大大缩短充电时间。蓄电池充足电后，充电电流会自动趋于 0，但采用这种方法不能确保蓄电池完全充足电。

3. 快速脉冲充电

采用常规的定流充电法充电时，由于充电时间太长，因此给使用带来很多不便。若加大充电电流或提高充电电压，则虽然会缩短充电时间，但会产生大量气泡，造成极板活性物质脱落，缩短蓄电池的寿命。

采用自动控制电路，对蓄电池进行正反向脉冲充电，可以大大提高充电效率，造成的不良影响较小。对蓄电池进行补充充电仅需 0.5～1 h。快速脉冲充电过程分为充电初期和脉冲期两个阶段，如图 1-8 所示。

(1) 充电初期。采用大电流 $0.8C_e \sim 1C_e$ 进行定流充电，自充电开始至单格电池电压上升到 2.4 V 左右且冒出气泡为止，使蓄电池在较短的时间内获得额定容量的 60% 左右，然后进入脉冲期。

(2) 脉冲期。先停止充电 25～40 ms，接着反向放电（反充电）150～1 000 μs，脉冲深度（即反向放电电流的大小）为 $1.5C_e \sim 3C_e$，再停止充电 25 ms（后停充），然后正向充电一段时间。这一过程由充电机自动控制，往复不断地进行，直至蓄电池充足电。

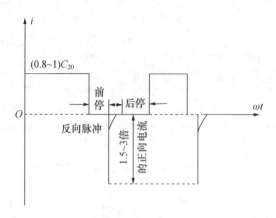

图 1-8 快速脉冲充电

1.5 新型蓄电池

1.5.1 干荷电铅酸蓄电池

干荷电铅酸蓄电池与普通铅酸蓄电池的区别是：极板组在干燥状态下，能够较长时期保存制造过程中所得到的电荷，在规定的保存期内（一般为两年）如需使用，只要灌入符合规定密度的电解液，放置半小时，调整液面高度至规定值，不需进行初充电即可使用。

干荷电铅酸蓄电池负极板的制造工艺与普通铅酸蓄电池不同，因为负极板上的活性物质是海绵状铅，表面积大，化学活性高，容易氧化，所以要在负极板的铅膏中加入松香、油酸、硬脂酸等防氧化剂，并且在化成过程中有一次深放电循环，使活性物质达到深化。化成后的负极板，先用清水冲洗后，再放入防氧化剂溶液（硼酸、水杨酸混合液）中进行浸渍处理，让负极板表面生成一层保护膜，并采用特殊干燥工艺，干燥罐中充入惰性气体。正极板的活性物质 PbO_2 化学活性比较稳定，其电荷可以较长期地保持。对储存期超过两年的干荷电铅酸蓄电池，因极板上有部分氧化，故使用前应进行补充充电。

1.5.2 免维护蓄电池

免维护蓄电池，又称 MF 蓄电池，在汽车正常使用过程中，不需添加蒸馏水，正常使用的时候一般不需进行维护，例如市区内短途行驶时可以行驶 80 000 km，长途行驶时可以行驶 400 000～480 000 km。

免维护蓄电池的结构如图 1-9 所示，免维护蓄电池有以下结构特点：

（1）栅架采用铅钙合金或低锑合金，这就避免了蓄电池经常发生的自行放电、过度充电、水分蒸发和热破坏等故障。热破坏是指蓄电池工作温度高或充电时电解液温度升高所造成的栅架腐蚀、活性物质脱落等现象。

（2）隔板采用袋式聚氯乙烯隔板，此隔板可将极板整个包住，避免活性物质脱落，可防止极板间短路。

（3）通气孔采用新型安全通气装置，可避免蓄电池内的气体与外部的火花直接接触，以防爆炸。通气塞中还装入催化剂钯,可将排出的氢离子、氧离子结合生成水再回到电池中去。

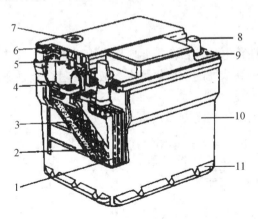

图1-9 免维护蓄电池结构

1. 袋式隔板 2. 铅钙栅架 3. 活性物质 4. 穿壁跨接式条 5. 液气分离器 6. 消焰排气阀 7. 内装密度计 8. 极桩 9. 压模代号 10. 聚丙烯壳体 11. 用于夹装的下滑面

(4) 顶部装有充电状态指示器,其结构如图1-10所示。指示器用塑料制成,其下部的直管从蓄电池顶部插入电解液中,指示器内有一绿色小球,当电解液密度高于1.265 g/cm³时,或蓄电池充电到额定容量的65%以上时小球浮起,指示为绿色;当蓄电池容量低于额定容量的65%时小球下沉,指示器变为黑色,表示蓄电池需要充电;若电解液面过低,则指示器变为无色透明。

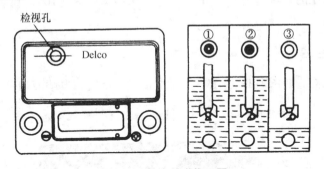

图1-10 充电状态指示器

1. 绿色 2. 黑色 3. 无色

(5) 单格电池间的连接条采用穿壁式贯通连接,可减少内阻,改善汽车起动性能。

(6) 外壳为聚丙烯塑料热压而成,槽底没有凸棱,极板组直接坐落在蓄电池底部,增大了极板上部的空间,增加了蓄电池容量。

1.5.3 胶体电解质铅酸蓄电池

普通蓄电池中的电解质为硫酸水溶液,而在胶体电解质蓄电池中,电解质用经过净化的硅酸钠溶液和硫酸水溶液混合后,凝结成稠厚的胶状物质。使用中只需加蒸馏水,不需调整电解液密度,使用、维护、保管和转运都安全方便。同时,可以保护极板活性物质不易脱落,其使用寿命可延长约20%。其缺点是内阻增大,容量有所降低,自放电现象也有所增加。

1.5.4 镍氢蓄电池

镍氢蓄电池属于碱性蓄电池，目前主要应用在电动汽车上。其正极为镍氧化物，负极为储氢合金，电解液使用高浓度的氢氧化钾水溶液。储氢合金是通过热、压力和电压可以将氢储藏和放出的合金。

镍氢电池的充、放电反应化学方程式如下。

正极：$NiOOH + H_2O + e^- \underset{充电}{\overset{放电}{\rightleftharpoons}} Ni(OH)_2 + OH^-$ $\quad E_0 = +0.52\,V$

负极：$MH_{ab} + OH^- \underset{充电}{\overset{放电}{\rightleftharpoons}} M + H_2O + e^-$ $\quad E_0 = -0.82\,V$

电池：$NiOOH + MH_{ab} \underset{充电}{\overset{放电}{\rightleftharpoons}} Ni(OH)_2 + M$ $\quad E_0 = +1.34\,V$

M 为储氢合金，H_{ab} 表示合金中储藏的氢。

镍氢电池在充电时只有氢从正极转移到负极，放电时的转移方向相反，而不会伴随电解液量及其浓度的增加。虽然电解液中的 OH^- 参与正极和负极的反应，但作为电池的反应来讲，OH^- 不会增减。

电池充电时，由于氢氧化镍（$Ni(OH)_2$）的氧化生成氧氢化镍（$NiOOH$）和水。负极将水还原在储氢合金的表面生成氢原子，氢原子吸藏在储氢合金中反应生成金属氢化物。放电反应和上述过程相反。

镍氢蓄电池的比能量可达到 70～80 Wh/kg，比功率可达到 100～600 W/kg，循环寿命为 600～1 200 次。

1.5.5 锂离子电池

锂离子电池的构造如图1-11所示。主要由正极、负极、电解液和壳体等部分组成。

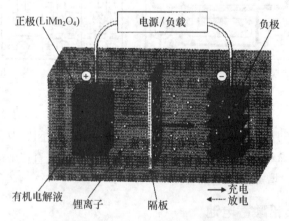

图1-11 锂离子电池的基本构造

锰系锂离子电池的正极活性物质主要原料为 $LiMn_2O_4$，镍系为 $LiMnO_2$，钴系为 $LiCoO_2$。再加上导电剂和树脂粘着剂，在铝基体上涂上薄层。

负极的活性物质是将碳素材料和粘着剂的混合物在有机溶剂中调成胶状，在铜基体上涂成薄层形成的。

隔离层采用具有电流阻断功能的聚乙烯或聚丙烯为材料的多微孔膜。阻断功能是当蓄电池温度上升到异常温度时，作为离子通道的细孔闭塞，充放电反应停止。虽然能有效防止由外部短路等引起的大电流导致的异常发热，但一旦动作一次，蓄电池就不能再使用。

电解液为以混合溶剂为主的有机电解液。为了能将支持电解质的锂盐溶解和得到较高的介电常数，采用具有锂离子和适度溶剂化作用，不妨碍离子移动的低黏度有机溶剂比较好。另外在蓄电池的工作温度范围必须是液体，因此需要凝固点低和沸点高。对活性物质能够保持化学稳定，在充放电反应过程中也必须能够耐受氧化还原环境。如果采用单一溶剂来满足所有这些性质是比较困难的，因此将不同性质的溶剂混合使用。

蓄电池的安全保护由外部电路的控制和电池内部的关闭功能等多个保护手段构成。当由于某种原因导致蓄电池内压力上升时，还采用安全阀将气体放出来防止电池的破裂。安全阀是不可回复的破裂膜，一旦动作，蓄电池就不能再使用，因此是最后的保护手段。

锰系锂离子电池的充、放电化学反应方程式如下。

正极：$Li_{1-x}Mn_2O_4 + xLi^+ + xe \underset{充电}{\overset{放电}{\rightleftharpoons}} LiMn_2O_4$

负极：$Li_xC \underset{充电}{\overset{放电}{\rightleftharpoons}} C + xLi^+$

电池：$Li_{1-x}Mn_2O_4 + Li_xC \underset{充电}{\overset{放电}{\rightleftharpoons}} LiMn_2O_4 + C$

单格锂离子电池的标称电压为 3.6~3.8 V。

锂离子电池不像铅酸蓄电池和镍氢蓄电池那样使用水溶液系电解液，而是使用有机电解液。充电时正极的锂变为离子在电解液中移动，并被负极的碳素吸藏。放电时发生相反的反应。此反应过程中，锂时常以离子的形态存在，而不以金属状态析出。

锂离子电池的比能量为 55~150 Wh/kg，比功率可达到 300~1 500 W/kg，循环寿命为 600~1 200 次。

1.5.6 超级电容

超级电容（Ultracapacitor，UC）又称电化学双层电容，是 20 世纪 60 年代发展起来的一种新型储能元件，它是靠极化电解液来储存电能的一种新型储能装置。超级电容的结构和等效电路如图 1-12 所示。图中两个薄铝箔电极上均附着活性炭粉，之间采用纸隔离并浸泡于电解液中，用铝罐及压片组件进行密封。同一般的电容器相比，超级电容没有电解质，而是利用电双层的结构取代实现电解质的机能。当固体和液体这两个不同相态接触时，在接触界面上正负电荷为相对排列，形成电双层结构。通常状态下的超级电容，由于正极和负极采用相同的活性炭，因此没有电位差，同电池一样不产生电动势。但是充电时有大量电子流向负极使负极带电，而电极表面聚集了与此电量等量的正离子。正极与此相反，聚集负离子。以此保证各自电极和离子

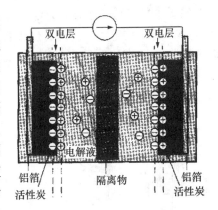

图 1-12 超级电容的结构和等效电路

间的电位差。表示为等效电路时，正极、负极上的双电层各自等价于一个电容，可理解为通过电解液串联。

由于超级电容与传统电容相比，储存电荷的面积大得多，电荷被隔离的距离小得多，一个超级电容单元的电容量高达1法拉（F）至几万法拉。超级电容的等效电阻很小，使得超级电容可以有很高的尖峰电流，因此具有很高的比功率，可达到10 kW/kg左右，该特点使超级电容非常适合于短时大功率的应用场合。

超级电容的比能量为1～10 Wh/kg，比功率最高为10 kW/kg，循环寿命大于50万次。

1.6 蓄电池的使用与维护

1.6.1 蓄电池的正确使用和维护

1. 蓄电池的正确使用

蓄电池正确使用的要求如下：

（1）不要连续使用起动机，每次起动的时间不得超过5 s，如果一次未能起动，应停顿15 s以上再做第2次起动。连续3次起动不成功时，应查明原因，排除故障后再起动发动机。

（2）严寒地区在冬季应对蓄电池采取保温措施。

（3）安装搬运蓄电池时，应轻搬轻放，不可敲打或在地上拖拽。蓄电池在车上应固定牢固，以防行车时振动和移位。

2. 蓄电池的维护

蓄电池维护的要求如下：

（1）经常清除蓄电池表面的灰尘污物，电解液溅到蓄电池表面时，应用抹布蘸10%浓度的苏打水或碱水擦净；电极桩和电线夹头上出现氧化物时应及时清除。

（2）经常疏通加液孔盖上的通气孔。

（3）放完电的蓄电池在24 h内应及时充电。

（4）常用车辆的蓄电池放电程度冬季达25%、夏季达50%时即应进行补充充电，必要时每3个月进行一次补充充电。

（5）拆卸蓄电池电缆时，应先拆下蓄电池负极，再拆下蓄电池正极；安装蓄电池电缆时，应先安装蓄电池正极，再安装蓄电池负极，以免拆卸过程中造成蓄电池短路。

1.6.2 蓄电池技术状况的检查

蓄电池技术状况的检查包括电解液液面高度的检查和蓄电池放电程度的检验等。

1. 电解液液面高度的检查

电解液液面高度可用玻璃管检查，液面应高出极板顶部10～15 mm，如图1-13所示。电解液不足时应加注蒸馏水补充。

2. 蓄电池放电程度的检验

（1）通过测量电解液相对密度估算放电程度。可用吸

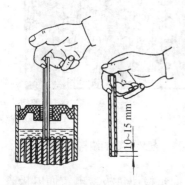

图1-13 电解液液面高度的测量

式密度计测量电解液相对密度,如图 1-14 所示。将实际测量的数值转换成 25℃ 的相对密度值。

经验表明,相对密度每减小 $0.01\ g/cm^3$,相对于蓄电池放电 6%,所以从测得的电解液相对密度可以估计出蓄电池的放电程度。

(2) 用高率放电计测量放电电压。用高率放电计测量蓄电池放电电压,实际上是使蓄电池在大电流放电情况下,测量它的端电压。单格电池高率放电计的组成如图 1-15 所示,由一个阻值很小的电阻和一块电压表组成。测量时,将两叉尖紧压在单格电池的两极,观察电压表读数。由于不同厂牌放电计的负载电阻不同,放电电流和电压表读数也不同,所以应根据电压表的读数对照放电计的说明书,判断蓄电池的放电程度。

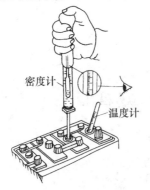

图 1-14　电解液相对密度的测量

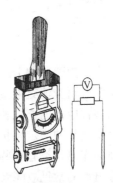

图 1-15　单格电池的高率放电计

测量时,技术状况良好的蓄电池单格电池电压应在 1.5 V 以上,并在 5 s 内保持稳定。如果 5 s 内电压迅速下降,或某一单格的电压比其他单格低 0.1 V 以上,表示该单格有故障。

用整体电池高率放电计测量时,将两叉尖分别紧密接触蓄电池的正、负极,保持 15 s。若其电压能保持在 9.6 V 以上,说明蓄电池性能良好,但存电不足;若能稳定在 10.6～11.6 V,说明电池存电充足;若电压迅速下降,说明蓄电池已损坏。

1.6.3　蓄电池的常见故障及维修

蓄电池的故障主要有极板硫化、活性物质脱落、内部短路和严重自放电等。各主要故障的现象、原因、排除方法见表 1-5。

表 1-5　蓄电池故障的现象、原因及排除

故障	现　象	原　因	排除方法
极板硫化	① 电池容量不足,放电时电压急剧下降,充电时,电压上升快 ② 电解液相对密度上升缓慢 ③ 过早出现沸腾现象	① 蓄电池长期充电不足,或放电后未及时充电 ② 电解液液面过低 ③ 电解液相对密度过高、不纯、外部气温剧烈变化	① 用去硫化的充电方法进行充电 ② 更换杂质多的电解质
蓄电池短路	① 充电时电解液温度迅速升高,而端电压和电解液密度上升缓慢 ② 完全充电后容量迅速下降	① 隔板损坏 ② 充、放电电流过大损害极板、活性物质大量脱落,使极板底部短接 ③ 负极板边缘及板身产生枝状铅	① 更换隔板 ② 正确选择充电电流 ③ 除去沉淀、外物、枝状铅

（续表）

故障	现 象	原 因	排除方法
蓄电池断路	个别的单格电池无电压，其余的有电压	① 个别电池上的极柱由于短路和电流过大而熔化 ② 极柱或接线片有氧化腐蚀，导致接触不良	① 焊接极柱，对不能修复的更换电池 ② 清洗极柱和接线片，使连接可靠
蓄电池自放电	充足电的电池放置不用，自行逐渐失去电量	① 电解液中杂质过多 ② 电解液密度过大 ③ 电池上有脏污	① 用纯水清洗蓄电池后灌入新电解液 ② 清理蓄电池表面

1.7 思 考 题

1. 蓄电池主要由哪些部分组成？
2. 试写出铅酸蓄电池充电过程、放电过程的化学反应方程式。
3. 简述铅酸蓄电池的充电特性和放电特性。
4. 什么是蓄电池的额定容量？其影响因素有哪些？
5. 蓄电池的充电种类有哪些？蓄电池有哪些充电方法？
6. 简述蓄电池的常见故障及其原因。

第 2 章 交流发电机与调节器

2.1 汽车电源系统的组成

汽车电源系统又称汽车充电系统,由蓄电池、发电机、电压调节器和充电指示灯等组成。蓄电池和发电机并联于汽车电路之中,目前汽车电源系统的标称电压分为 12 V 和 24 V 两种。上海大众 SANTANA 2000 系列轿车电源系统的组成如图 2-1 所示。

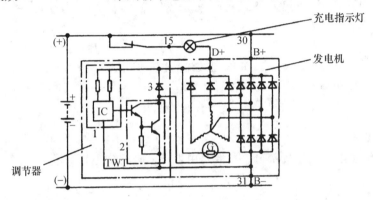

图 2-1 上海大众 SANTANA 2000 系列轿车电源系统组成

2.2 交流发电机的类型和构造

2.2.1 交流发电机的类型

按照交流发电机总体结构,交流发电机可分为普通型交流发电机、整体式交流发电机、带泵交流发电机、无刷交流发电机和永磁交流发电机等类型。交流发电机的结构类型见表 2-1。

表 2-1 交流发电机的结构类型

基本结构类型	结构特点	应用实例
普通交流发电机	三相交流发电机;6 支硅整流二极管组成全波整流器;外置式电压调节器	解放 CA1091 汽车用 JF1522A、JF152D 型发电机;东风 EQ1090 汽车用 JF132 型发电机
整体式交流发电机	三相交流发电机;带中性点输出;6 支硅整流二极管组成全波整流器,或增加 2 支中性点二极管,或增加 3 支磁场二极管;内装式电子调节器	奥迪 100、桑塔纳等轿车均用 JFZ1813Z 型发电机采用 11 支硅整流二极管整流器
带泵交流发电机	带真空制动助力泵的交流发电机	依维柯汽车用 JFZ1912Z 型发电机
无刷交流发电机	无刷交流发电机	JFW1913 型发电机
永磁交流发电机	采用永磁材料转子磁极	农用运输车用小功率发电机

2.2.2 交流发电机的构造

汽车用交流发电机主要由转子、定子、整流器及前后端盖等组成。JF132 型交流发电机的组成部件如图 2-2 所示。

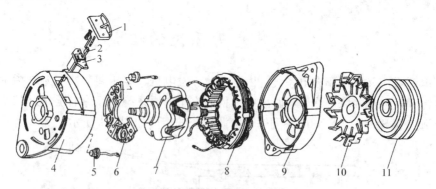

图 2-2　JF132 型交流发电机的组成部件
1. 电刷弹簧压盖　2. 电刷　3. 电刷架　4. 后端盖　5. 硅二极管　6. 散热板　7. 转子总成
8. 定子总成　9. 前端盖　10. 风扇　11. 皮带轮

1. 转子

转子是交流发电机的磁场部分，主要是由爪极、磁场绕组、滑环等组成，其结构如图 2-3 所示。

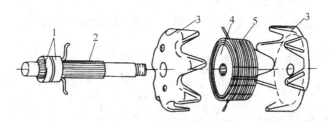

图 2-3　交流发电机的转子
1. 滑环　2. 转子轴　3. 爪极　4. 磁轭　5. 磁场绕组

两块爪极压装在转子轴上，内腔装有磁轭，磁轭上绕有磁场绕组，绕组两端的引线分别焊在与转子轴绝缘的两个滑环上。两个电刷装在与端盖绝缘的电刷架内，通过弹簧使电刷与滑环保持接触。当发电机工作时，两电刷与直流电源连通，为磁场绕组提供定向电流并产生轴向磁通，使两块爪极分别磁化为 N 极和 S 极，从而形成犬牙交错的磁极对并沿圆周方向均匀分布。磁极对数可为 4 对、5 对和 6 对，我国设计的交流发电机的磁极对数多为 6 对。爪极凸缘的外形呈鸟嘴形，当发电机工作时，可在定子铁芯内部形成近似正弦变化的交变磁场。

2. 定子

定子又称电枢，由定子铁芯和定子绕组组成。定子铁芯由一组相互绝缘且内圆带有嵌线槽的环状硅钢片叠制而成，定子槽内嵌有三相对称绕组。

三相绕组的连接方法有星形接法（又称 Y 形接法）和三角形接法（又称 △ 形接法）

两种。Y形接法是将三相绕组的三个末端 X、Y、Z 接在一起,将三相绕组的首端 A、B、C 作为交流发电机的交流输出端,如图 2-4 (a) 所示。△形接法则是将每相绕组的首端和另一相绕组的末端依次相连接,因而有 3 个接点,这 3 个接点即为交流发电机的交流输出端,如图 2-4 (b) 所示。汽车用交流发电机大多采用 Y 形接法,美国通用汽车公司等交流发电机采用△形接法。

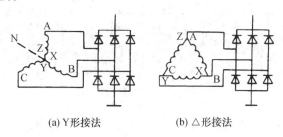

(a) Y形接法　　　　(b) △形接法

图 2-4　交流发电机定子及定子绕组的连接方法

为了在三相绕组中产生大小相等、频率相同,且相位相差 120°的对称电动势,三相绕组的绕法应遵循以下原则:

(1) 每相绕组的线圈个数及每个线圈的匝数相等。例如,JF11 型交流发动机定子总槽数 Z 为 36,每相绕组占用的槽数应为 12。因采用单层集中绕法,即每个槽内放置 1 个有效边,故每相绕组又由 6 组线圈串联而成,若每个线圈有 13 匝,则每相绕组共有 78 匝。

(2) 每个线圈的节距相等。节距 y_1 和极距 y_P 是两个重要的结构参数。y_1 在数据上等于线圈的两个有效边之间的定子槽数,而相邻异性磁极中心线之间的定子槽数则称为极距 y_P。

要使线圈内能产生最大的感应电动势,线圈的两个有效边应分别置于异性的磁极下面。若每个线圈的节距 y_1 相等并等于极矩 y_P 时,便可满足上述条件获得最大感应电动势。极距 y_P 可通过公式计算,即

$$y_1 = y_P = \frac{Z}{2P} \tag{2-1}$$

式中,Z——定子铁芯的总槽数

　　　P——磁极对数

(3) 三相绕组的首端 A、B、C 在定子槽内的排列需间隔 120°电角度。转子旋转时,磁场相对定子中的导体运动,在定子绕组中产生感应电动势,且每转过一对磁极时,线圈中的感应电动势就变化一个周期,即 360°电角度。由此计算($P=6$,$Z=36$),每个槽的电角度(θ)为 60°,即

$$\theta = \frac{360 \times P}{Z} = \frac{360 \times 6}{36} = 60° \tag{2-2}$$

根据上述分析,要使三相绕组的电动势相差 120°相位角,必须符合以下条件:相邻两相绕组线圈的起端间隔距离应等于 $2+3n$ 个槽($y_1 = 3$,$n = 1, 2, 3, \cdots$),即 2, 5, 8, 11, …个槽均可。如图 2-5 所示,JF11 系列交流发电机定子绕组的三相绕组 3 个首端 A、B、C,被依次嵌入第 1、第 9、第 17 三个槽中,而末端 X、Y、Z 则相应嵌在 34、6、

14 三个槽内。定子绕组展开图如图 2-5 所示。

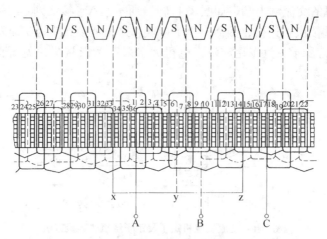

图 2-5　JF11 型交流发电机定子绕组的展开图

3. 整流器

整流器的作用是将定子绕组产生的三相交流电转换为直流电，并可阻止蓄电池电流向发电机倒流。

由 6 支硅整流二极管组成三相桥式全波整流器，如图 2-6 所示。硅整流二极管通常直接压装在散热板上或发电机后端盖上。其中压装在散热板上的 3 支硅二极管，引线为正极，外壳为负极，称为"正极管"，引线端一般涂有红色标记；压装在后端盖上的二极管，引线为负极，外壳为正极，称为"负极管"，引线端一般涂有黑色标记。新型的交流发电机将 6 支硅整流二极管分别压装在不同的散热板上。

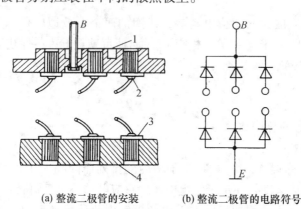

(a) 整流二极管的安装　　(b) 整流二极管的电路符号

图 2-6　6 支整流二极管的安装和电路符号

1. 元件板　2. 正极管引线（红色标记）　3. 负极管引线（黑色标记）　4. 后端盖板

为便于散热，散热板通常用铝合金制成，它与后端盖用绝缘材料垫片隔开，固定在后端盖上，用螺栓引至后端盖外部作为发电机的电源输出端，并在后端盖上铸有标记"B"或"+"、"A"、"电枢"。

4. 端盖与电刷总成

前、后端盖均由铝合金压铸或用砂模铸造而成。铝合金为非导磁材料，可减少漏磁并具有轻便、散热性能良好等优点。为了提高轴承孔的机械强度，增加其耐磨性，有的发电机端盖的轴承座内镶有钢套。

后端盖上装有电刷架，它用酚醛塑料或玻璃纤维增强尼龙制成。两个电刷分别装在电刷架的孔内，借弹簧压力与滑环保持接触。国产交流发电机的电刷架有两种结构形式：一种是电刷架，可直接从电机外部进行拆装，如图2-7（a）所示；另一种则不能直接在电机外部进行拆装，如图2-7（b）所示，若需更换电刷，必须将发电机拆开，故这种结构的电刷将逐渐被淘汰。

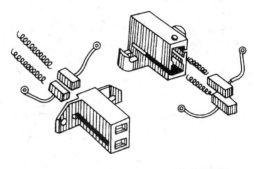

(a) 能从外部拆装　　(b) 不能从外拆装

图 2-7　电刷架的结构

发电机的前端装有皮带轮，其后面装有叶片式风扇，前后端盖上分别有出风口和进风口。当发动机的曲轴驱动皮带轮旋转时，可使空气高速流经发电机内部进行冷却。

2.2.3　国产交流发电机的型号

根据中华人民共和国行业标准 QC/T 73—1993《汽车电气设备产品型号编制方法》的规定，汽车交流发电机的型号如下：

$$\boxed{1}\quad\boxed{2}\quad\boxed{3}\quad\boxed{4}\quad\boxed{5}$$

第1部分为产品代号。交流发电机的产品代号有 JF、JFZ、JFB、JFW 四种，分别表示交流发电机、整体式交流发电机、带泵交流发电机和无刷交流发电机。

第2部分为电压等级代号，用1位阿拉伯数字表示：1代表12 V，2代表24 V，6代表6 V。

第3部分为电流等级代号，用1位阿拉伯数字表示，其含义见表2-2。

表 2-2　电流等级代号

电流等级代号	1	2	3	4	5	6	7	8	9
电流值/A	0～19	≥20～29	≥30～39	≥40～49	≥50～59	≥60～69	≥70～79	≥80～89	≥90

第4部分为设计序号，按产品的先后顺序，用阿拉伯数字表示。

第5部分为变型代号。交流发电机是以调整臂的位置作为变型代号，从驱动端看，Y代表右边，Z代表左边，无字母则表示在中间位置。

例如，桑塔纳、奥迪100型轿车用 JFZ1913Z 型交流发电机，其含义为：电压等级为12 V、输出电流大于90 A、第13次设计、调整臂位于左边的整体式交流发电机。

2.3 交流发电机的工作原理

2.3.1 发电原理

交流发电机的工作原理如图 2-8 所示。三相定子绕组按一定规律分布在发电机的定子槽中,彼此相差 120°电角度。三相绕组的末端连在一起,成星形连接。

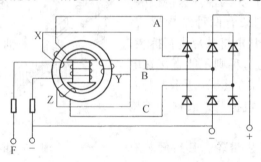

图 2-8 交流发电机的工作原理

当转子旋转时,定子绕组与磁力线之间产生相对运动,在三相绕组中产生频率相同、幅值相等、相位相差 120°电角度的三相正弦交流电动势,其波形如图 2-9(b)所示。

每相电动势的有效值为

$$E_\varphi = 4.44kfN\Phi \tag{2-3}$$

式中,E_φ——每相电动势的有效值(V);

k——绕组系数,交流发电机采用整距集中绕组时,$k=1$;

f——感应电动势的频率(Hz),$f = \dfrac{pn}{60}$(p 为磁极对数,n 为转速);

N——每相绕组的匝数(匝);

Φ——每极磁通(Wb)。

2.3.2 整流原理

交流发电机定子绕组产生的交流电,通过硅整流二极管组成的整流电路转变为直流电。二极管具有单向导电性,当二极管加上正向电压时,二极管导通,呈现低阻状态;当二极管加上反向电压时,二极管截止,呈现高阻状态。利用二极管的单向导电性,即可把交流电转变成直流电。

6 支硅整流二极管组成的三相全波桥式整流电路如图 2-9(a)所示,二极管的导通原则如下:

二极管 VD_1、VD_3、VD_5 为正极管子,其正极分别接在发电机三相绕组的首端,负极连接在一起,在某一瞬间,正极电位最高者导通;二极管 VD_2、VD_4、VD_6 为负极管子,其负极分别接在发电机三相绕组的首端,正极连接在一起,某一瞬间负极电位最低者导通。

该整流电路的整流过程为:

(1)$t=0$ 时,$u_A = 0$,u_B 为负值,u_C 为正值,二极管 VD_5、VD_4 获得正向电压而导

通，电流由 C 相→VD_5→R_L→VD_4→B 相→C 相，形成电流回路。

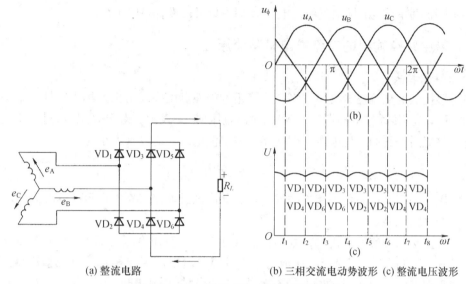

(a) 整流电路　　(b) 三相交流电动势波形　(c) 整流电压波形

图 2-9　三相桥式电路及整流原理

（2）$t_1 \sim t_2$ 时间内，A 相电压最高，B 相电压最低，VD_1、VD_4 管获得正向电压而导通，A、B 相之间的线电压加在负载 R_L 上，形成电流回路。

（3）$t_2 \sim t_3$ 时间内，A 相电压最高，C 相电压最低，VD_1、VD_6 管获得正向电压而导通，A、C 相之间的线电压加在负载 R_L 上，形成电流回路。

（4）$t_3 \sim t_4$ 时间内，B 相电压最高，C 相电压最低，VD_3、VD_6 管获得正向电压而导通，B、C 相之间的线电压加在负载 R_L 上，形成电流回路。

依此循环导通，每一时刻有两支二极管导通，在负载两端可得到一个平稳的直流脉动电压，如图 2-9（b）、图 2-9（c）所示。

2.3.3　励磁方式

交流发电机的励磁方式是先他励，后自励。当发电机转速较低，其电压低于蓄电池电压时，由蓄电池向发电机磁场绕组供电输出，为他励方式；当发电机转速升高、其电压高于蓄电池电压时，发电机向自身的磁场绕组供电，为自励方式。

一般交流发电机的励磁电路如图 2-10 所示。当点火开关 S 接通时，励磁电路是：蓄电池"＋"→点火开关 S→电压调节器→磁场绕组→蓄电池"－"。

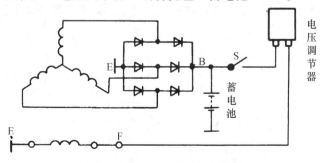

图 2-10　交流发电机的励磁电路

当发电机电压高于蓄电池电压时，励磁电路是：发电机定子绕组→正极二极管→点火开关 S→电压调节器→磁场绕组→发电机 E 端→负极二极管→定子绕组。

2.3.4 带中性点输出的交流发电机整流原理

1. 中性点抽头

在星形接法的交流发电机中，将三相绕组的中性点用导线引出，称为中性点抽头，如图 2-11 所示。其接线柱的标记为"N"，输出电压用 U_N 表示。由于 U_N 是通过 3 个搭铁的负极管子整流后得到的直流电压，即三相半波整流电压，所以其大小为

$$U_N = \frac{1}{2}U \tag{2-4}$$

该电压一般用来控制各种用途的继电器，如磁场继电器、充电指示灯继电器等。

2. 中性点整流输出

在星形接法的交流发电机中，其中性点 N 不仅具有直流电压（等于发电机直流输出电压的一半），而且还包含有交流电压成分。中性点瞬时电压为三相基波电压整流得到的直流分量和 3 次谐波交流分量的叠加。3 次谐波交流分量与发电机转速有关，转速越高，3 次谐波交流分量的瞬时最高值越大，如图 2-12 所示。

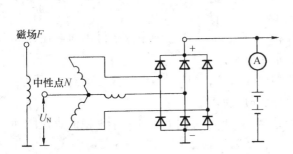

图 2-11 带中性点抽头的交流发电机电路

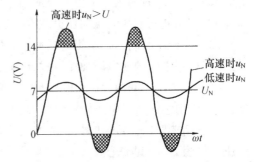

图 2-12 不同转速时中性点电压波形

当发电机转速升高到一定程度（超过 2 000 r/min）时，交流分量的最高瞬时值有可能超过发电机的直流输出电压 U_B（14 V），最低瞬时值则可能低于搭铁电压（0 V）。交流分量中高于发电机直流输出电压 U_B 和低于 0 V 时便有可能对外输出。因此，可在中性点和发电机的"B+"端以及与搭铁端"E"之间分别增加 1 支整流二极管，这 2 支二极管称为中性点整流二极管。

中性点二极管 VD_7 和 VD_8 的连接如图 2-13 所示，其工作原理如下：

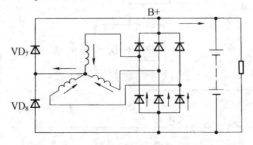

图 2-13 中性点整流输出的基本电路

(1) 当中性点的瞬时电压高于发电机的输出电压 U_B 时，二极管 VD_7 导通，电流经 VD_7→负载→3 支负极管子中的 1 支后经某一相绕组形成回路。

(2) 当中性点的瞬时电压低于 0 V 时，二极管 VD_8 导通，电流则从某一相流出，经该相的正极管→负载→搭铁→VD_8，回到中性点而形成回路。

增加中性点整流输出后，发电机在高速状态下的输出电流和功率可增加 10%～15%。

2.3.5 带励磁二极管的交流发电机

为进一步提高发电机的电流输出，增加发电机的输出功率，在交流发电机中增加 3 支正整流管作为励磁二极管，带励磁二极管的交流发电机的基本电路如图 2-14 所示。

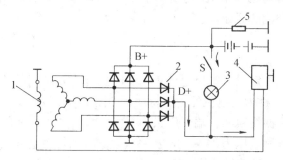

图 2-14 带励磁二极管的发电机基本电路
1. 磁场绕组 2. 励磁二极管 3. 充电指示灯 4. 电压调节器 5. 负载

当发电机处于自励状态时，三相绕组的电流分两路输出：一路作为输出电流通过 6 支二极管组成的三相全波桥式整流电路通过接线端子 B＋对外输出；另一路通过 3 支励磁二极管（正二极管）和 3 支整流负二极管组成的励磁整流电路，作为励磁电流通过接线端子 D＋电压调节器→磁场绕组，向磁场绕组提供励磁电流。

接线端子 D＋同时接充电指示灯。发动机起动时，点火开关闭合，发电机为他励方式工作，励磁电流经电压调节器到磁场绕组，充电指示灯点亮；发动机正常运转时，接线端子 D＋输出 14 V 电压，充电指示灯熄灭。若发电机不工作或工作不良，充电指示灯经电压调节器、磁场绕组形成闭合回路，充电指示灯点亮，表明发电机存在故障。

带励磁二极管和中性点整流输出的交流发电机的电路如图 2-15 所示。VD_1、VD_2、VD_3、VD_4、VD_5、VD_6 六支整流二极管组成全波桥式整流电路，VD_{10}、VD_{11} 组成中性点整流输出电路，VD_2、VD_4、VD_6 三支负二极管和 VD_1、VD_3、VD_5 三支正二极管组成励磁整流电路。该种形式的发电机广泛应用在一汽大众、上海大众生产的各种轿车上。

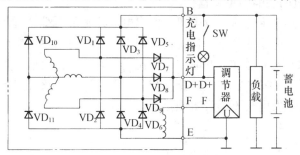

图 2-15 带磁场二极管和中性点整流输出的发电机基本电路

2.4 交流发电机的工作特性

交流发电机的工作特性是指发电机经整流后输出的直流电压 U、电流 I 和转速 n 之间的关系，包括空载特性、输出特性和外特性。

2.4.1 空载特性

当发电机空载运行时，发电机端电压 U 和转速 n 之间的关系，即负载电流 $I=0$ 时，$U=f(n)$ 的函数关系，称为发电机的空载特性，如图 2-16（a）所示。空载特性可以用于判断发电机低速充电性能的好坏。

2.4.2 输出特性

当发电机输出电压一定时，输出电流 I 与发电机转速 n 之间的关系，即 U 为常数时，$I=f(n)$ 的函数关系，称为发电机的输出特性，如图 2-16（b）所示。

发电机的输出特性曲线表明，端电压保持不变，即标称电压为 12V 的电源系统发电机保持额定电压 14V，标称电压为 24V 的电源系统发电机保持额定电压为 28V，当发电机转速 $n>n_1$ 时，其输出电流随着转速增加而逐渐增大；当发电机转速 $n<n_1$ 时，因发电机端电压低于额定值，不能向外输送电流，只能由蓄电池供电，故称 n_1 为空载转速。空载转速 n_1 通常作为选择发电机与发动机传动比的依据。

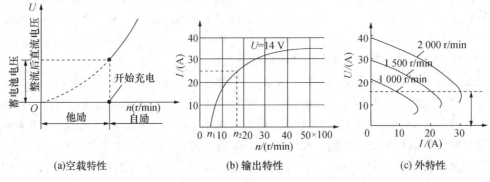

(a) 空载特性　　(b) 输出特性　　(c) 外特性

图 2-16　交流发电机的特性

发电机达到额定功率时的转速称为额定转速 n_2，这时发电机的负载电流为额定电流。转速 n_2 是判断发电机的性能的重要指标。

当发电机转速达到一定值后，发电机的输出电流几乎不再继续增加，这说明硅整流发电机具有限制最大输出电流的作用。这是由于随着定子绕组中感应电动势的增加，定子绕组的感抗也随转速的升高而增加，同时定子电流增加时，电枢反应的增强也使感应电动势下降。由于上述原因，使发电机转速达到一定值后，其输出电流几乎不变，即具有限定输出电流的作用，故交流发电机不需设置限流器。

2.4.3 外特性

当发电机转速一定时，发电机端电压 U 与输出电流 I 之间的关系，即 n 为常数时，

$U = f(I)$ 的函数关系,称为发电机外特性,如图 2-15(c)所示。

外特性曲线表明,在一定的转速下,输出电流增加时,发电机端电压有较大幅度的下降,因此,要使输出电压稳定,必须配备电压调节器。另外,在发电机高速运转时,如果突然失去负载,端电压会急剧升高,电气设备中的电子元件将有击穿的危险。

2.5 电压调节器

2.5.1 电压调节器的作用和类型

1. 电压调节器的作用

交流发电机电压调节器的作用是通过调节发电机的励磁电流实现发电机的输出电压的稳定。

2. 电压调节器的类型

按照结构特点和工作原理,交流发电机电压调节器可分为电磁振动式和电子式两大类。

电磁振动式电压调节器通过触点的反复开闭以改变串联在磁场绕组的电阻值从而调节磁场绕组的励磁电流,进而实现电压调节。它主要用于早期的发电机,电压调节器单独安装,通过线路与发电机连接。

电子式电压调节器利用晶体管的开关特性,控制磁场绕组的接通和关断以调节磁场绕组的励磁电流,从而实现电压调节。电子式电压调节器应用广泛,采用分离电子元件电子式电压调节器通常单独安装,通过线路和发电机连接;采用集成电路的电压调节器用于整体式发电机,安装在发电机内部。

2.5.2 电压调节器的基本原理

由公式(2-3)可知,每相绕组电动势的有效值

$$E_\varphi = 4.44 k f N \Phi (\text{V}) \tag{2-5}$$

其中 $f = \dfrac{PN}{60}(\text{Hz})$。

故 $E_\varphi = 4.44 k \dfrac{PN}{60} n \Phi (\text{V})$

令 $C = 4.44 k \dfrac{PN}{60}$(常数),则

$$E_\varphi = Cn\Phi \tag{2-6}$$

交流发电机是由发动机按一定的传动比驱动的,转速变化范围很大。当发电机转速变化时,要保持发电机电压稳定在某一限定值不变,只能相应地改变发电机的磁通,而磁通的强弱又取决于励磁电流的大小。也就是说,当发电机转速变化时,只要使励磁电流有相应的变化,就可保持发电机输出电压不变。

2.5.3 双级电磁振动式电压调节器

1. 双级电磁振动式电压调节器的工作原理

双级电磁振动式电压调节器是利用触点的开闭,使励磁电路中串入或短接附加电阻 R_1

来调节励磁电流，从而达到调节电压的目的。附加电阻的阻值越大，则电压调节起作用的转速范围就越宽，但在触点打开时，产生的火花就越强烈。为了减小火花，延长使用寿命，交流发电机多采用双级式电压调节器。双级电磁振动式调节器工作原理图如图2-17所示，双级式电压调节器电压调节特性如图2-18所示。

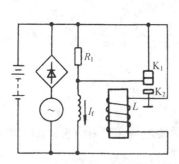

图2-17 双级电磁振动式调节器工作原理

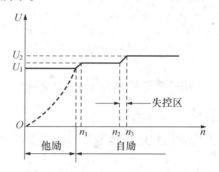

图2-18 双级式电压调节器电压调节特性

双级电磁振动式电压调节器的工作过程如下：

调节器不工作时，低速触点K_1闭合，高速触点K_2处于开启状态。

发电机低速运转时，低速触点K_1闭合，励磁电流由蓄电池供给。随着发电机转速的增加，输出电压增加，当输出电压大于蓄电池电动势时，发电机进入自励阶段。

当发电机转速升到n_1，发电机电压稍高于第一级调节电压U_1时，流经电磁线圈L的电流产生电磁吸力，克服弹簧拉力使K_1打开，电阻R_1串入励磁回路，励磁电流减小，发电机输出电压下降，铁芯吸力减小，K_1复位，输出电压又上升。当升至略高于调节电压U_1时，K_1又打开，如此往复，使发动机输出电压的平均值维持在U_1不变。这样K_1不断开闭，转速愈高，打开时间越长，励磁电流的平均值越小，将R_1短路，励磁电流增大，从而使发电机在n_1到n_2转速范围内输出电压的平均值维持在U_1不变。

当发电机转速超过n_2且小于n_3时，K_1一直打开，R_1一直串入励磁回路中，励磁电流和发电机端电压都随转速的升高而升高，低速触点失去调节作用，活动触点处于中间位置，称为失控区。

当发电机转速继续升高，高于n_3时，电磁线圈L的电磁吸力使高速触点K_2闭合，将励磁绕组短路，励磁电流减小到0，发电机电压随之迅速下降，电磁线圈的吸力减小，K_2分开，活动触点处于中间位置，励磁回路又串入R_1，发电机端电压又随之上升。在转速大于n_3范围内，发电机转速愈高，K_2闭合的时间就越长，励磁电流的平均值就越小，从而使发电机端电压平均值维持在U_2不变。

2. FT61型双级振动式调节器

东风EQ1090型汽车采用JF132型交流发电机和FT61型调节器，发电机与调节器电路如图2-19所示。

R_1为加速电阻（1Ω），R_2为附加电阻（8.5Ω），R_3为温度补偿电阻（13Ω），K_1为低速触点，K_2为高速触点。R_3由镍铬丝制成，其电阻值随温度变化很小，当它串入电磁线圈电路中时，可使整个电磁线圈电路中的电阻值随温度的变化相应减小，使调压值不随温度的升高而增大，起温度补偿作用。为了减小铁芯的磁惯性而设置了加速电阻R_1。接入R_1后，当触点K_1闭合时，电磁线圈的电流I_0分两路流入，一路流经R_1，而另一路流经触

点 K_1→衔铁 2→磁轭 5→附加电阻 R_2,所以流经 R_1 的电流值只是 I_0 的一部分。由于 I_0 很小,因此 R_1 上的电压降可忽略不计,此时作用在电磁线圈上的电压几乎等于发电机的端电压。触点 K_1 打开时,励磁电流 I_f 和 I_0 同时流过 R_1,因为 $I_f \gg I_0$,故在 R_1 上的电压降增大,结果使作用在电磁线圈上的电压减小。I_0 急剧减小,加速铁芯退磁,使触点 K_1 迅速闭合,从而提高了触点的振动频率。

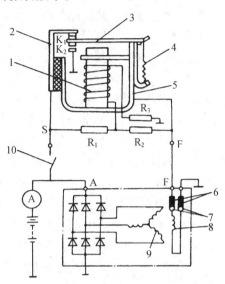

图 2-19 东风 EQ1090 型汽车的发电机与调节器电路
1. 静触点支架 2. 衔铁 3. 电磁线圈 4. 弹簧 5. 磁轭 6. 炭刷
7. 滑环 8. 励磁绕组 9. 三相定子绕组 10. 点火开关

FT61 型调节器,除了增加了 R_1、R_3 外,其工作原理与双级振动式电压调节器相同。

2.5.4 晶体管电压调节器

电磁振动式电压调节器存在体积大、触电易烧蚀、机械惯性和磁惯性大、调节后的电压波动幅度大等缺点,已逐步被电子电压调节器取代。电子电压调节器通常可分为晶体管调节器和集成电路调节器两种,两者的工作原理基本相同。

解放 CA1091 型汽车采用 JF1522 型交流发电机并配用 JFT106 型晶体管调节器,调节器电路如图 2-20 所示,它包括基本电路和辅助电路两部分。

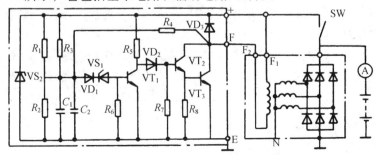

图 2-20 JFT106 型调节器电路图

基本电路由电阻 R_1、R_2、R_5、R_6、R_7、R_8，稳压管 VS_1，续流二极管 VD_1 和三极管 VT_1、VT_2、VT_3 组成。其中 VT_2、VT_3 组成复合开关管，目的是提高放大倍数，增大输出电流，它的负载是发电机磁场绕组。

辅助电路由电阻 R_3、R_4，二极管 VD_2、VD_3，电容器 C_1、C_2，稳压管 VS_2 等组成。

JFT106 型调节器的外壳由薄铁板冲压或用铝合金铸造而成。外壳上有"B"（或"+"）、"F"、"E"（或"-"）3 个接线柱，接线柱的内端焊接在壳内的印刷电路板上。

1. JFT106 型调节器的工作原理

（1）接通点火开关 SW 且发电机运转，当其电压低于蓄电池电压时，蓄电池电压加在分压器 R_1、R_2 上，R_2 上的分压低于 VS_1 的击穿电压，VS_1 截止，VT_1 截止。蓄电池电压经 R_5 加在 VD_2、R_7 上，电阻 R_7 使 VT_2 获得正向偏压而导通；VT_2 导通后，偏流电阻 R_8 使 VT_3 获得正向偏压而导通，接通磁场电路。其电流回路为：蓄电池正极→电流表 A→点火开关 K→发电机 F_1 接线柱→磁场绕组→发电机 F_2 接线柱→调节器 F 接线柱→VT_3→调节器 E 接线柱→蓄电池负极。发电机电压随转速的升高而升高。

（2）当发电机电压达到限额电压时，电阻 R_2 的分压加在 VD_2、VS_1、R_6 上，使 VS_1 击穿导通，VT_1 随之导通，VT_1 集电极对地的电压几乎为 0，使 VT_2 失去正向偏压而截止，并使 VT_3 截止，磁场电流为 0，发电机电压下降。当发电机电压稍低于限额值时，VS_1 截止，VT_1 截止，VT_2、VT_3 管获正向偏压而导通，磁场绕组中又有电流通过，发电机电压又上升。VT_1、VT_2、VT_3 管交替导通、截止，从而使发电机电压限定在调节电压范围内。

2. 辅助元件的作用

辅助元件用来保护调节器和改善调节器的性能，各辅助元件的作用如下：

（1）电阻 R_3 为调整电阻。通过调整其阻值的大小可以调整调节器限额电压的高低。R_3 的阻值增大，限额电压升高，反之限额电压降低。

（2）VD_3 为续流二极管。在三极管 VT_3 截止瞬间，磁场绕组产生的自感电动势经二极管构成回路放电，保护 VT_3 管不被击穿。

VD_2 为温度补偿二极管。它与稳压管反向串联，其温度系数为负值，工作温度升高，管压降降低，反之管压降升高。稳压管的温度系数为正值，当温度变化时，起补偿作用，使调节器性能稳定。

VD_1 为分压二极管。当 VT_1 导通时，使 VT_2、VT_3 可靠截止，减小 VT_1 温度变化时对 VT_2、VT_3 的影响。

VS_2 为稳压二极管。它并联在发电机两端，起过压保护作用。

（3）R_4 称为正反馈电阻。其作用是提高 VT_3 的开关速度，减小三极管的耗散功率，延长调节器的使用寿命。

（4）电容器 C_1、C_2 称为降频电容。它们并联在分压电阻 R_2 两端，利用其两端电压不能突变的特性来降低 VT_1 的开关频率，减小 VT_1 的开关次数，从而减小耗散功率，延长调节器的使用寿命。

2.5.5 集成电路调节器

集成电路又称 IC 电路，可根据使用要求，将电路中的若干元件集成在同一芯片上，制成一个独立的电子芯片。由于集成电路具有体积小、可靠性高、成本低、适应性强等优点，因而被广泛用于汽车电子工业上。用集成电路开发的电压调节器体积很小，可方便地安装在发电机内部与发电机组成一个整体，故装有集成电路调节器的交流发电机又称为整体式交流发电机。

集成电路调节器的基本工作原理与晶体管调节器相同，都是根据发电机的电压信号，利用三极管的开关特性来控制发电机的磁场电流，达到稳定发电机输出电压的目的。

根据输入电压信号检测点的不同，集成电路调节器的基本电路又可分为发电机电压检测法和蓄电池电压检测法。图 2-21（a）所示的电路采用发电机电压检测法，图 2-21（b）所示的电路采用蓄电池电压检测法。

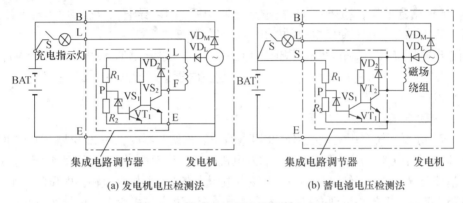

(a) 发电机电压检测法　　　　(b) 蓄电池电压检测法

图 2-21　集成电路调节器的基本电路

发电机电压检测法与蓄电池电压检测法的区别在于：前者控制电路所取信号直接来自于发电机的输出端，后者则来自于蓄电池端。

相比而言，采用发电机电压检测法，可省去信号输入线，缺点是当发电机至蓄电池电路上的电压损失较大时，可导致蓄电池的端电压偏低引起蓄电池充电不足。因此，一般大功率发电机多采用蓄电池电压检测法，使蓄电池的端电压得以保证。但采用蓄电池电压检测法后，若发电机的电压输出线或信号输入线断路，由于无法检测发电机的工作情况，会造成发电机失控。故在大多数实用电路的设计中，对具体电路做了相应改进。

1. 国产 JFT152 型集成电路调节器

国产 JFT152 型集成电路调节器是长沙汽车电器厂生产的一种厚膜混合集成电路调节器，适用于 14 V 350～500 W 的外搭铁交流发电机，例如东风 EQ1090 汽车装备的 JFZ132N、JFZ13A、JFZ13E 等交流发电机，其电路图如图 2-22 所示。

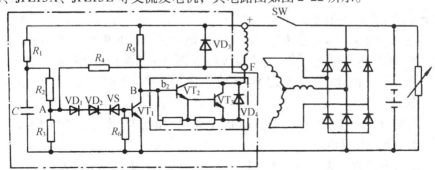

图 2-22　国产 JFT152 型集成电路调节器电路

所谓内搭铁交流发电机是指磁场绕组的一端与发电机壳体相连后搭铁,而外搭铁交流发电机是指磁场绕组的一端经调节器后搭铁。

JFT152 型集成电路调节器的基本工作原理如下:

接通点火开关 SW 后,蓄电池的端电压加在控制电路的分压器上,由于分压电阻 R_3 上的电压小于稳压管 VS 的反向击穿电压,故 VS 截止,VT_1 因无正向偏压而截止。在偏置电阻 R_5 的作用下,复合管 VT_2、VT_3 导通,蓄电池向发电机提供励磁电流,发电机输出电压随转速上升而上升。

当发电机输出电压随转速上升且高于调节电压上限时,分压电阻 R_3 上的电压升高至稳压管 VS 的击穿电压,稳压管 VS 被击穿导通,VT_1 随之导通,复合管 VT_2、VT_3 截止,切断发电机的励磁电流,使发电机的输出电压迅速降低。

当输出电压降低于调节电压下限时,稳压管 VS 又截止,VT_1 截止,复合管 VT_2、VT_3 又导通,磁场电路中又有励磁电流,发电机的输出电压又逐渐升高。如此往复,可使发电机的输出电压保持稳定。

2. 夏利轿车集成电路调节器

图 2-23 为夏利轿车用集成电路调节器电路图。该调节器内有一 IC 电路,它的 IG 端经点火开关接至蓄电池,用于检测蓄电池和发电机电压,从而控制三极管 VT_2 的导通与截止。它的 P 端接至发电机定子绕组某一相上,该点电压为交流发电机直流输出电压的一半。单片集成电路调节器从 P 端检测到交流发电机的电压,从而控制三极管 VT_1 的导通与截止。

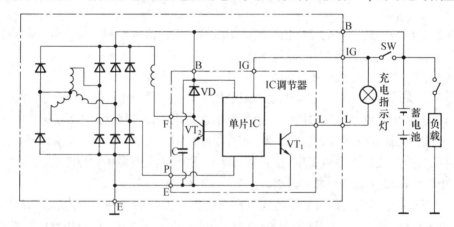

图 2-23 夏利轿车用集成电路调节器电路

该调节器的工作原理如下:

(1) 接通点火开关,发电机未运转时,蓄电池电压经点火开关加到发电机的 IG 端和调节器的 IG 端,IC 电路检测出该电压,使 VT_2 导通,于是磁场电路接通。其电路为:蓄电池"+"极→发电机 B 端→磁场绕组→调节器 F 端→VT_2(c→e 极)→E 端→搭铁→蓄电池"-"极。

此时,发电机不发电,P 端电压为 0,IC 电路检测出该电压,使 VT_1 导通,于是充电指示灯亮,指示蓄电池放电。

充电指示灯电路为:蓄电池"+"极→点火开关→充电指示灯→L 端→VT_1(c→e)→E 端→搭铁→蓄电池"-"极。

(2) 当发电机转速升高，输出电压大于蓄电池电压时，P 端电压信号使 IC 电路控制 VT_1 截止，于是充电指示灯熄灭，指示发电机开始向蓄电池充电，并向用电设备供电。

(3) 当发电机电压升高，超过调节电压值时，B 端电压信号使 IC 电路控制 VT_2 截止，切断了磁场电流，使发电机电压下降。当发电机电压下降到低于调节电压值时，IC 电路又控制 VT_2 导通，磁场电流又接通，发电机电压又升高，该过程反复进行，使 B 端电压稳定于调压值。

(4) 当磁场电路断路使发电机不发电时，P 端电压为 0，IC 电路检测出该点电压信号后便控制 VT_1 导通，使充电指示灯亮，从而告知驾驶员充电系统出现故障。

(5) 发电机运行中，若发电机输出端 B 与蓄电池正极的连线断开时，IC 电路仍能检测出发电机 B 端电压，使调节器仍然正常工作，防止了发电机输出电压过高。

3. 奥迪 A6、桑塔纳轿车用交流发电机

奥迪 100、A6 型轿车采用内装集成电路调节器的整体式交流发电机，其电路图如图 2-24 所示，该发电机采用 11 支整流二极管作为整流器，其中 6 支为三相整流二极管，2 支为中性点输出整流二极管，3 支为励磁二极管。

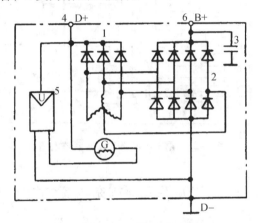

图 2-24 奥迪 A6 型轿车用发电机电路
1. 励磁二极管 2. 功率二极管 3. 防干扰电容器 4. D+接线柱
5. 电压调节器 6. B+接线柱

桑塔纳轿车采用长沙汽车电器厂生产的 JFZ1913Z 型发电机和上海汽车电机二厂生产的 JFZ1813Z 型整体式交流发电机。该发电机输出电流为 90 A，额定输出功率为 1.2 kW，电压调节器的电压调节范围为 12.5～14.5 V。

2.6 充电系统电路实例分析

2.6.1 解放 CA1091 充电系统电路

解放 CA1091 充电系统电路如图 2-25 所示，交流发电机为非整体式结构，晶体管调节器单独安装，通过导线与发电机磁场绕组和点火开关线连接。发电机三相绕组为星形连接方式，带中性点抽头。中性点抽头 N 端子接组合继电器 N 接线柱，用于充电指示灯控制

和起动保护。接通点火开关，发动机不工作时中性点抽头 N 端子电压为 0，通过线圈 L_2 的电流为 0，常闭触点 K_2 闭合，充电指示灯点亮。发电机正常工作时，中性点抽头 N 端子电压为 7 V，线圈 L_2 通电，常闭触点 K_2 断开，充电指示灯熄灭，表明充电系统工作正常。发动机运转时，充电指示灯点亮，表明充电系统出现故障。起动时，发动机运转后，中性点抽头 N 端子电压为 7 V，常闭触点 K_2 断开，通过线圈 L_1 的电流为 0，常闭触点 K_1 断开，切断 S 端子供给起动机电磁开关的电流，起动机停止工作，起到起动保护的作用。

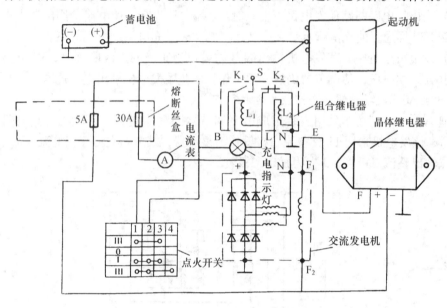

图 2-25　解放 CA1091 充电系统电路

2.6.2　上海大众 SANTANA 2000 系列轿车充电系统电路

上海大众 SANTANA 2000 系列轿车充电系统电路如图 2-26 所示，交流发电机为整体式结构，集成电路调节器与电刷组件组成一个整体安装在发电机内部。整流电路中带中性点整流输出和励磁整流管，共 11 支整流管构成。位于仪表板的发光二极管式充电指示灯通过中央线路板与发电机 D+端子连接，监视发电机的工作状况。接通点火开关，发动机不工作时充电指示灯点亮，进行充电指示灯的自检；发动机运转时充电指示灯熄灭，表明充电系统工作正常；发动机运转时，充电指示灯点亮，表明充电系统出现故障。

2.6.3　上海通用别克轿车充电系统电路

上海通用别克轿车充电系统电路如图 2-27 所示，交流发电机为整体式结构，采用多功能固态调节器。发电机三相绕组为三角形连接方式，整流电路中带 6 支整流管构成三相全波桥式整流电路。

发动机运行时，动力系控制模块（PCM）通过 L 端子、225 号线路控制发电机 L 端子，控制发电机工作和充电指示灯工作。动力系控制模块通过 F 端子、23 号线路监视发电机 F 端子电压，通过动力系控制模块 2 级串行数据接口向仪表组件 2 级串行数据接口传送数据，控制充电指示灯工作。接通点火开关，发动机不工作时充电指示灯点亮，进行充电指示灯的自检；发动机运转时充电指示灯熄灭，表明充电系统工作正常；发动机运转时，充电指示灯点亮，表明充电系统出现故障。

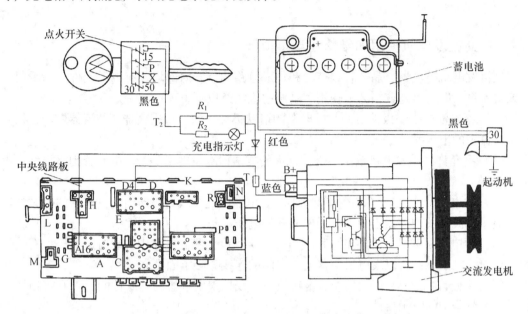

图2-26　上海大众SANTANA 2000系列轿车充电系统电路

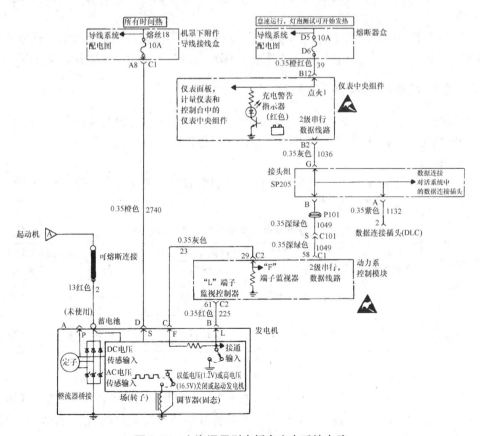

图2-27　上海通用别克轿车充电系统电路

2.7 交流发电机与调节器的检测与实验

2.7.1 交流发电机使用和维修注意事项

交流发电机整流器、晶体管调节器和集成电路调节器内部均装有电子元件，当瞬时电压或电流过大时，易造成损坏。使用和维修中应注意以下事项：

（1）蓄电池的搭铁极性必须与发电机的搭铁极性一致，否则会烧坏整流器中的二极管和调节器中的电子元件。

（2）不允许采用发电机输出端搭铁试火的方法检查发电机是否发电，否则将损坏发电机整流器。

（3）发电机正常运行时，不可任意拆动各电器的连接线，以防引起电路中的瞬时过电压，损坏二极管及调节器中的电子元件或其他电子设备。

（4）蓄电池可起到电容器的作用，可在一定程度上吸收电路中的瞬时过电压，有效保护电路中的电子元件所以发电机与蓄电池之间的连线务必牢固可靠。

（5）不允许用 200 V 以上的交流电压或兆欧表检查发电机的绝缘性能，否则将损坏二极管及调节器中的电子元件。

（6）发动机熄火后，应及时关闭点火开关，避免损坏发电机的磁场绕组及调节器中的电子元件。

（7）调节器的调节电压不能过高或过低，以免损坏用电设备或造成蓄电池充电不足。

（8）皮带的张紧度应符合规定，否则会损坏发电机轴承或引起蓄电池充电不足。

2.7.2 交流发电机的检测与实验

交流发电机每运行 750 h（相当于 30 000 km）后，应按照维护要求进行检修。主要检查电刷和轴承的情况，轴承若有明显松动时，应予更换。

1. 整机检测

用万用表 $R \times 1$ 挡测量发电机各接线柱之间的电阻值，若所测电阻值不符合表 2-3 中的规定值，则表示发电机有故障。

表 2-3 交流发电机各接线柱之间的电阻值

发电机型号	F 与 "−"之间的电阻/Ω	"−"与"+"之间的电阻/Ω		"+"与 F 之间的电阻/Ω	
		正向	反向	正向	反向
JF11、JF13 JF15、JF21	5～6	40～50	>10 000	50～60	>10 000
JF12、JF22 JF23、JF25	19.5～21	40～50	>10 000	50～70	>10 000

2. 整机性能实验

按图 2-28 所示方法，在试验台上对发电机进行发电试验，并测出发电机空载转速和额定转速。试验结果应符合表 2-4 的规定。如果空载转速过高或达到额定转速时发电机的输出电流过小，则表示发电机有故障。

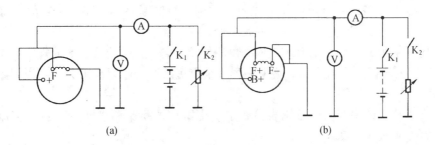

图 2-28 交流发电机空载和发电实验

注意：按磁场绕组搭铁形式不同，交流发电机可分为内搭铁式和外搭铁式。所谓内搭铁式交流发电机是指磁场绕组的一端与发电机壳相连接，如东风 EQ1090 型汽车用的 JF132 型发电机；所谓外搭铁式交流发电机是指磁场绕组的一端经调节器后搭铁，如解放 CA1091 型汽车用的 JF152D、JF1522A 型发电机。

表 2-4 国产车用交流发电机规格

发电机型号	适用车型	空载转速 /(r/min)	额定电流/A	额定转速 /(r/min)	发电机型号	适用车型	空载转速 /(r/min)	额定电流/A	额定转速 /(r/min)
JF1314ZD	CA1091	≤1 000	≥25	3 500	AT4030Q1	切诺基	≤1 000	≥60	3 500
JF1314-1	CA1091	≤1 000	≥25	3 500	JFZ2814	斯太尔 91	≤1 150	≥27	5 000
JF1314B	EQ1091-1	≤1 000	≥25	3 500	JFWZ18	CQ30.290	≤1 150	≥35	5 000
JF1313Z	BJ1060 系列	≤1 000	≥25	3 500					
JF13A	NJ1060	≤1 000	≥25	3 500					
JF2311	NJ1140 系列	≤1 000	≥18	3 500					
JFZ1714	依维柯	≤1 000	≥45	6 000					
JFZ1813ZB	桑塔纳、奥迪	≤1 050	≥90	6 000					

3. 用示波器观察输出电压波形

当发电机有故障时，其输出电压的波形将出现异常，因此根据输出电压波形可以判断发电机是否有故障，各种故障时输出电压的波形如图 2-29 所示。

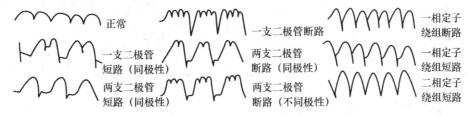

图 2-29 交流发电机各种故障时的输出电压波形

4. 解体后的检查

解体后的检查方法如下：

（1）硅整流二极管的检查。拆开定子绕组与硅整流二极管的连接线后，用万用表逐个检查每个硅整流二极管的正向和反向电阻，即可判断二极管的好坏。正常的二极管正向电阻值应在 8～10 Ω 范围内，反向电阻应在 10 kΩ 以上；若正、反向电阻均为 0，则表明整流二极管短路；若电阻值均为无限大，则二极管断路。短路和断路的二极管应予以更换。

（2）磁场绕组的检查。用万用表检查磁场绕组，若电阻符合表2-5的规定，则说明磁场绕组良好；若电阻小于规定值，说明磁场绕组有短路；若电阻无限大，则说明磁场绕组已经断路。

（3）定子绕组的检查。用万用表检查定子绕组是否断路和搭铁。JF系列交流发电机定子绕组的各项数据见表2-5。

装复电机后，需进行空载和满载试验，如性能符合规定，即可交付使用。

表2-5 JF系列交流发电机定子绕组和磁场绕组的各项数据

发电机型号	定子绕组						磁场绕组		
	铁芯槽数	每个线圈匝数	绕组导线直径/mm	每相串联的线圈数	线圈节距	三相绕组接法	匝数	导线直径/mm	电阻/(Ω, 20℃)
JF11	36	13	1.08	6	3	星形	520	0.62	5.3
JF13	36	13	1.04	6	3	星形	530	0.62	5.3
JF12	36	25	0.83	6	3	星形	1060	0.44	19.3
JF23	36	25	0.83	6	3	星形	1100	0.47	0
JF21	36	11	1.08×2	6	3	星形	575	0.64	5
JF152	36	11	1.35	6	3	星形	600	0.67	5.5
JF22	36	21	1.08	6	3	星形	1000	0.47	18
JF25	36	21	1	6	3	星形	1100	0.47	20
2JF750	36	8	1.2	6	3	星形	600	0.86	3.53
JF172	36	7	1.68	6	3	星形	700	0.74	5
JF750	36	15	0.93×2	6	3	星形	950	0.67	8.5
JF27	36	15	1.25	6	3	星形	1100	0.59	13
JF1000	42	12	1×2	7	3	星形	1250	0.67	14.7
JF210	36	14	1.08×2	6	3	星形	1200	0.67	13
JF01	24	21	1.04	4	3	星形	500	0.53	5
JFZ1813Z	36	7	2.0	6	3	星形	450	0.85	2.7
JFZ1813ZB	36	7双线	1.3	6	3	星形	450	0.85	2.7
JFZ1815Z	36	7双线	1.3	6	3	星形	350	0.67	3.3

2.7.3 调节器故障检查与调整

1. 电磁振动式调节器的检查与调整

充电系统出了故障，经检查确认发电机工作正常，而调节器有故障时，应将调节器从车上拆下，进行检查。

（1）触点、电阻和线圈状况的检查。检查触点是否氧化、烧蚀，电阻是否烧断以及线圈有无断路、短路等故障。

（2）各部间隙的检验与调整。以FT61型调节器为例，衔铁与铁芯间的间隙为1.05～

1.15 mm,如不符合规定,可将静触点支架上的螺丝钉松开,然后按需要将静触点支架向上或向下移动即可。高速触点的间隙为 0.2～0.3 mm,若不符合规定,可移动高速触点的支架进行调整。

(3) 试验与调整。调节器的试验电路如图 2-30 所示。起动电动机后,先合上开关 K_1,让蓄电池向发电机励磁。待发电机自励后,再将开关 K_1 打开,闭合开关 K_2。在发电机转速为 3 000 r/min 时,调节可变电阻 R,使发电机处于低载状况(12V 交流发电机为 4 A,24 V 交流发电机为 2 A),记下调节器所维持的电压值。若不符合规定,用改变弹簧张力的方法予以调整。然后再调节可变电阻,使发电机处于半载状况(即输出电流为额定电流的一半),记下调节器所维持的电压值。低载与半载调节电压的差值应符合规定。若超过 +0.5 V 时,可适当减小衔铁与铁芯间的间隙;若该差值为负值时,可适当加大衔铁与铁芯间的间隙。

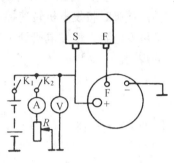

图 2-30　交流发电机电磁振动调节器的试验

2. 晶体管调节器的检查、试验与调整

(1) 晶体管调节器的故障与检查。晶体管调节器可能出现的故障见表 2-6。

表 2-6　晶体管调节器故障

现　象	原　因
发电机不发电	大功率三极管断路、稳压管或小功率三极管损坏使大功率三极管始终处于截止状态
发电机电压过高,充电电流过大,车上灯泡特亮或烧坏,蓄电池电液沸腾,消耗过快	大功率三极管短路、稳压管或小功率管损坏使大功率三极管始终处于饱和导通状态

如出现上述故障现象,可将调节器从车上拆下进行检查。方法是用一电压可调的直流稳压电源(输出电压 0～30 V、电流 3 A)和一支 12 V(或 24 V)、20 W 的车用小灯泡代替发电机磁场绕组,按图 2-31 接线后进行试验。注意:由于内搭铁和外搭铁式晶体管调节器灯泡的接法不同,在试验接线时应知道调节器的搭铁形式。

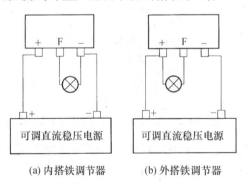

(a) 内搭铁调节器　　(b) 外搭铁调节器

图 2-31　判断晶体管调节器的好坏

调节直流稳压电源,使其输出电压从 0 逐渐增高,这时灯泡应逐渐变亮。当电压升到调节器的调节电压(14 V±0.2 V 或 28 V±0.5 V)时,灯泡应立即熄灭,再把电压逐渐降低时灯泡又点亮,并且亮度随电压降低而逐渐减弱,这种情况说明调节器良好。电压超过调节电压值,灯泡仍不熄灭或灯泡一直不亮,都说明调节器有故障。

(2) 晶体管调节器的试验与调整。根据调节器的搭铁形式按图 2-32 所示接线进行试验。试验时将发电机转速控制在 3 000 r/min,试验方法与试验电磁振动式调节器相同。调节可变电阻,使发电机处于半载时,记下调节器所维持的电压值,该电压值应符合表 2-7 的规定。

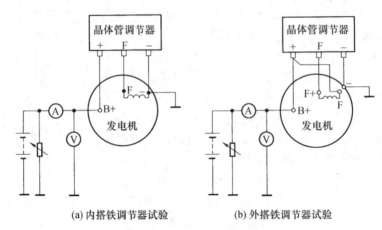

(a) 内搭铁调节器试验　　　　　(b) 外搭铁调节器试验

图 2-32　晶体管调节器测试电路

表 2-7　晶体管调节器的调整数据

型号	额定电压/V	配合工作的发电机型号或发电机额定功率/W	发电机转速为 3 000 r/min,输出为半载时的调节电压值/V
JFT126	14	JF13、JF15 系列	13.5～14.5
JFT246	28	JF23、JF25 系列	27～29
JFT201	14	JF01、JF11、JF21 系列	13.5～14.5
JFT201A	28	JF12、JF22、JF1000	27～29
JFT106	14	JF750	13.5～14.5
JFT107	14	JF01、JF11、JF21	13.5～14.5
JFT206	28	≤1 000 W	27～29
JFT207	28	JF12、JF22	27～29
JFT141	14	350 W、500 W	13.8～14.2
JFT142B	14	350 W、500 W	13.8～14.2
JFT241	28	350 W、500 W	27.5～28.5
JFT242B	28	350 W、500 W	27.5～28.5
JFT204	28	≤6 000 W	27.5～28.5

若调节电压值不符合规定,应加以调整。当调节器中有调整电位器时(如 JFT201 型调节器),可利用电位器进行调节使调节电压符合规定。如调节器中无调整电位器,但调节器电路可拆开调整,可通过调整分压器电阻使之符合规定。对于用树脂封装的不可拆式结构的调节器,如调压值不符合规定,则应更换。

3. 内装集成电路调节器的检查

由于集成电路调节器都是用环氧树脂封装或塑料模压而成的全密封结构,因此,损坏或失调后,只能更换而无法修复或调整,故只需检查出调节器好坏即可。

判断集成电路调节器好坏的最简单的方法是就车检查。检查之前,应首先明确发电机、集成电路调节器与外部连接端子的含义。

带有集成电路调节器的整体式交流发电机与外部(蓄电池、线束)接线端子通常用 B+(或+B、BATT)、D+、D-、IG、L、S(或R)和E(或-、B-)等符号表示,这些符号通常在发电机端盖上标出,其代表的含义如下:

B+(或+B、BATT)为发电机输出端子,用一根粗导线连接至蓄电池正极。

D+为发电机正极,用于充电指示灯的控制和发电机的预励磁。蓄电池正极经点火开关、充电指示灯连接至发电机D+端子。

D-为发电机负极。

IG通过线束连接至点火开关,有的发电机上无此端子。

L为充电指示灯连接端子,通过线束接充电指示灯或充电指示继电器。

S(或R)为调节器的电压检测端子,通过导线直接连接蓄电池的正极。

E为发电机和调节器的搭铁端子。

就车检查集成电路调节器所需的设备与检查晶体管调节器时相同。

首先拆下整体式发电机上所有连接导线,在蓄电池正极和交流发电机L接线柱之间串联一只5A电流表,若无电流表,可用12V、20W车用灯泡代替(对24V调节器可用24V、25W的车用灯泡),再将可调直流稳压电源的"+"接至交流发电机的S接头,"-"与发电机外壳或E相接,如图2-33所示。

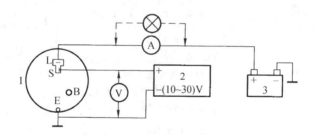

图2-33　集成电路调节器的检查
1. 交流发电机　2. 可调直流稳压电源　3. 蓄电池

连接好电路后,调节直流稳压电源,使电压缓慢升高,直至电流表指示0或测试灯泡熄灭,该直流电压就是集成电路调节器的调节电压值。若该值在13.5～14.5V的范围内,说明集成电路调节器正常。否则,说明该集成电路调节器有故障。

2.8　充电系统故障判断与排除

发动机运转时,由发电机、调节器、蓄电池等组成的充电系统的工作情况,可通过充电指示灯或电流表来判断。当充电系统出现不充电、充电电流过大或过小、充电电流不稳定等故障时,应及时进行检查并排除。充电系统的故障现象、原因及排除方法见表2-8。

表 2-8 充电系统的故障部位、故障原因及其排除方法

故障现象	故障部位		故障原因	排除方法
不充电（电流表指示放电或充电指示灯亮）	接线		接线断开或脱落	修理
	电流表		损坏或接线错误	更换、改接
	发电机不发电		① 二极管烧坏 ② 电刷卡死与滑环不接触 ③ 定子或转子绕组断路、短路绝缘不良	更换 更换、修理 更换、修理
不充电（电流表指示放电或充电指示灯亮）	调节器	调节电压过低	① 调整不当 ② 触点接触不良	调整 修理
			① 高速触点烧结在一起 ② 内部断路或短路	更换 更换、修理
		磁场继电器工作不良	① 继电器线圈或电阻断路、短路 ② 触点接触不良 ③ 大功率管断路或其他元件断路、短路	更换 修理 更换
充电电流过小（起动性能变差，灯光变暗）	接线		接头松动	修理
	发电机发电不足		① 发电机皮带过松 ② 个别二极管损坏 ③ 电刷接触不良，滑环油污 ④ 转子绕组局部短路，定子绕组局部短路或接头松开	调整 更换 修理 更换、修理
	调节器		① 电压调整偏低 ② 触点脏污或接触不良	调整 修理
充电电流过大（灯丝易烧坏、蓄电池电解液消耗过快）	调节器		① 调整不当 ② 触点脏，高速触点接触不良 ③ 线圈断路、短路 ④ 加速电阻断路低速电阻烧结 ⑤ 功率晶体管击穿	调整 修理、更换 修理、更换 修理、更换 更换
充电电流不稳定（电流表指针摆动）	接线		各连接处松动，接触不良	修理
	发电机		① 皮带过松 ② 转子或定子绕组有故障 ③ 电刷压力不足，接触不良 ④ 接线柱松动，接触不良	调整 修理、更换 修理、更换 修理
充电电流不稳定（电流表指针摆动）	调节器	调节作用不稳定 触点式	① 触点脏污，接触不良 ② 线圈、电阻有故障	修理 修理
		调节作用不稳定 电子式	① 连接部分松动 ② 电子元件性能变坏	修理 更换
		继电器工作不良	① 继电器线圈或电阻断路、短路 ② 触点接触不良	更换 修理、更换
发电机有异响（机械故障）	发电机		① 发电机安装不当，连接松动 ② 发电机轴承损坏，转子与定子相碰撞 ③ 二极管短路、断路、定子绕组断路	修理 修理、更换 修理、更换

2.9 42 V汽车电源系统简介

自20世纪80年以来,汽车的电子化使汽车电器与电子设备的用电量快速增加。现有的14 V汽车电源系统,最大只能提供3 kW的动力。随着汽车电器与电子设备的增加,未来电源系统的总功率将达到5~8 kW,如果仍沿用传统的14 V,电流将超过200~300 A,这将会使整车线束和电器部件的成本大幅度升高。20世纪90年代,德国大众、奥迪、宝马和保时捷等汽车公司成立了车载电源论坛,提出了14 V/42 V双电压供电系统的规范草案。福特公司与麻省理工学院也发起组织了MIT/工业联盟,成员包括通用、戴姆勒-奔驰、宝马、雷诺、沃尔沃、西门子、博世、摩托罗拉、德尔福等知名汽车商、零部件商,该组织主要研究14 V/42 V双电压供电系统对汽车电器与电子设备的影响及实现方法。为推动该技术的发展,美国汽车工程学会(SAE)也成立了双/高电压车辆电子系统委员会。

42 V电源系统的应用使汽车结构和技术发生重大变革。42 V电源系统可以将发动机水泵、冷却风扇、空调压缩机、转向助力泵等附件直接由电机驱动、减少空转消耗,提高能源利用率;42 V电源系统,为电动转向、电子制动、发动机电控气门配气相位电磁阀、线控技术、智能化驾驶等技术的发展提供充足的动力。

42 V电源完全取代14 V电源还需要一个过程。为完成过渡,许多厂家主张采用一种"双电压电源",使14 V电源和42 V电源并存使用,其中14V电源向照明灯、仪表、发动机电子控制功率较小的用电装置供电,42 V电源向电动转向、三元催化转换加热器、挡风玻璃加热器等大功率电器装置供电,42 V汽车电源系统的整体方案如图2-34所示。

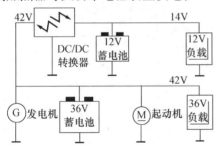

(a) 单电压发电机和单电压能源储存

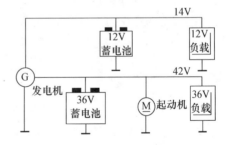

(b) 双电压发电机和单电压能源储存

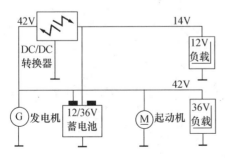

(c) 单电压发电机和双电压能源储存

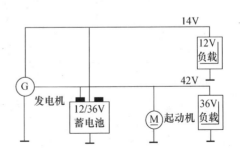

(d) 双电压发电机和双电压能源储存

图2-34 42 V汽车电源系统的整体方案

42 V 电源系统的核心是集成式起动发电机,即 ISG(integrated starter alternator),ISG 集发动机起动和交流发电机发电功能于一身,直接安装在发动机曲轴上,可以实现更强大的电力供应、具有良好的起步-停车特性、可实现制动能量再生和提供辅助动力等,有利于降低排气污染和降低燃油消耗,是传统汽车、混合动力汽车的发展方向。

2.10 思考题

1. 交流发电机的主要组成部分有哪些?
2. 交流发电机三相绕组的绕法应遵循哪些规则?
3. 何谓交流发电机的输出特性、空载特性和外特性?
4. 试分析交流发电机三相桥式电路和整流电路的整流过程。
5. 试分析 JFT106 型晶体管调节器的工作原理。
6. 简述交流发电机检测与实验项目和方法。
7. 简述整体式交流发电机接线端子 B+、D+、D-、IG、L、S 和 E 符号表示的含义。
8. 试分析解放 CA1091 充电系统电路。
9. 试分析上海通用别克轿车充电系统电路。
10. 如何排除充电系统的常见故障?

第3章 起动系统

3.1 起动系统的组成和作用

起动系统的组成如图3-1所示,主要由蓄电池、点火开关、起动继电器、起动机等组成。

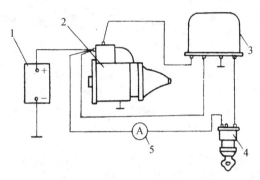

图3-1 起动系统的基本组成
1. 蓄电池 2. 起动机 3. 起动继电器 4. 点火开关 5. 电流表

起动系统的作用是通过起动机将蓄电池的电能转化为机械能,起动发动机运转。

3.2 起动机的结构与工作原理

3.2.1 起动机的组成

起动机的结构如图3-2所示。起动机一般由直流电动机、传动机构和电磁操纵机构3部分组成,各部分的作用如下:

(1) 直流电动机的作用是产生电磁转矩。

(2) 传动机构的作用是起动时使起动机小齿轮与飞轮齿圈啮合,并将起动机转矩传给发动机曲轴,起动后,使起动机小齿轮与飞轮齿圈脱开啮合。

(3) 电磁操纵机构的作用是接通或切断起动机与蓄电池间的主电路,并产生驱动拨叉的电磁力。

3.2.2 直流电动机的结构和工作原理

1. 直流电动机的结构

汽车用起动电动机一般为串励式直流电动机,主要由电枢(转子)、换向器、磁极(定子)以及机壳等部件组成。

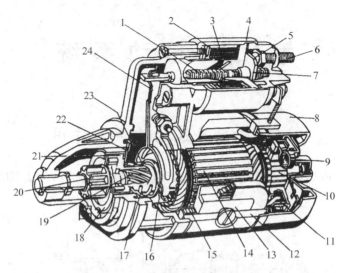

图 3-2 电磁啮合式起动机的结构

1. 回位弹簧 2. 保持线圈 3、6. 接线柱 7. 接触盘 8. 后端盖 9. 电刷弹簧 10. 换向器 11. 电刷 12. 磁极 13. 磁极铁芯 14. 电枢 15. 励磁绕组 16. 移动衬套 17. 缓冲弹簧 18. 单向离合器 19. 电枢轴花键 20. 驱动齿轮 21. 罩盖 22. 制动盘 23. 传动套筒 24. 拨叉

（1）电枢与换向器。电枢由电枢轴、电枢铁芯和电枢绕组等组成，其结构如图 3-3 所示。

铁芯由外圆带槽的硅钢片叠制而成，压装在电枢轴上，电枢绕组嵌装在铁芯的槽内。为了得到较大的转矩，流经电枢绕组的电流很大，一般为 200～600 A，故电枢绕组采用较粗的矩形裸铜线绕制。为了防止裸铜线绕组间短路，在铜线与铜线之间、铜线与铁芯之间，用绝缘纸隔开。裸铜线在高速运转时易在离心力的作用下甩出，所以在铁芯槽口两侧用轧线将铁芯挤紧。电枢绕组各线圈的端头均焊接在换向器上。换向器由铜片和云母片相间叠压而成，压装在电枢轴上。

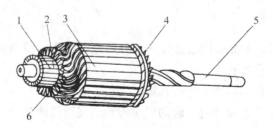

图 3-3 电枢的结构

1. 换向器铜片 2. 云母片 3. 电枢铁芯 4. 电枢绕组 5. 电枢轴 6. 电枢绕组接线端

（2）磁极。磁极由固定在机壳上的铁芯和缠绕在铁芯上的磁场绕组组成。磁极的作用是建立磁场，一般多为 4 个磁极，功率超过 7.35 kW 的起动机也有用 6 个磁极的。磁场绕组与电枢绕组串联，用矩形裸铜线绕制。4 个磁场绕组的连接方式有两种，如图 3-4 所示。不管采用哪一种连接方式，4 个磁场绕组所产生的磁极应该是相互交错的。

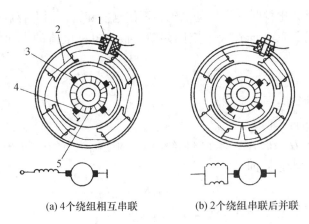

(a) 4个绕组相互串联　　　　(b) 2个绕组串联后并联

图 3-4　磁场绕组的连接方式

1. 绝缘接线柱　2. 磁场绕组　3. 正电刷　4. 负电刷　5. 换向器

（3）电刷与电刷架。电刷与电刷架的作用是将电流引入电动机。电刷一般用铜粉和石墨粉压制而成，以减小电阻同时增加耐磨性。电刷装在电刷架中，借弹簧压力紧压在换向器上。电动机内装有 4 个电刷架，其中 2 个电刷架与机壳直接相连而搭铁，称为搭铁电刷架。

2. 直流电动机的工作原理

直流电动机将电能转化为机械能，其工作原理如图 3-5 所示。由于换向器的作用，在 N 极和 S 极间的导体电流方向保持不变，电磁力形成的转矩方向保持不变，使电枢始终按同一方向转动。

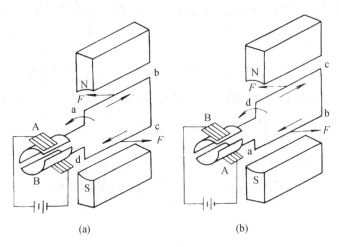

图 3-5　直流电动机的工作原理

由于一个线圈所产生的转矩不够大，且转速不稳定，因此电动机的电枢上绕有多组线圈，换向器的片数也随线圈的增加而相应增加，电动机转矩为：

$$M = C_m I_S \Phi \tag{3-1}$$

式中，C_m——电机常数，与电机的结构有关

　　　I_S——电枢电流

　　　Φ——磁极磁通

当直流电动机接入电源时,产生的电磁转矩使电枢旋转,而电枢旋转时其绕组切割磁力线产生感应电动势,其方向按右手定则判断,恰与电枢电流的方向相反,称为反电动势,其大小为:

$$E_f = C_m \Phi n \tag{3-2}$$

式中,E_f——反电动势

n——电动机的转速

这样,外加电压 U 一部分降落在电枢绕组 R_S 和励磁绕组的电阻 R_L,另一部分则用来平衡电动机的反电动势 E_f,即:

$$U = E_f + I_S R_S + I_S R_L \tag{3-3}$$

上式称为电动机的电压平衡方程式。由上式可得:

$$I_S = \frac{U - E_f}{R_S + R_L} = \frac{U - C_m \Phi n}{R_S + R_L} \tag{3-4}$$

由式(3-4)可知,当电动机轴上的阻力矩增大时,电枢转速就会降低,故 E_f 减小,电枢电流 I_S 增大,电磁转矩($M = C_m I_S \Phi$)也随之增大,直到电动机产生的电磁转矩与阻力矩达到新的平衡为止。反之,电动机负载减小时,电枢转速升高,I_S 减小,电磁转矩 M 也随之减小,直到电磁转矩与阻力矩达到新的平衡为止。可见,串励式直流电动机,当负载发生变化时,其转速、电流和转矩,将会自动发生变化,以满足负载变化的需要。

3.2.3 串励式直流电动机的特性

在直流电动机中,按磁场绕组与电枢绕组的连接方式的不同,又可分为串励式、并励式和复激式 3 种。汽车用的起动机大多为串励式直流电动机,其具有如下特性。

1. 转矩特性

电动机电磁转矩 M 随电枢电流 I_S 变化的关系 $M = f(I_S)$ 称为转矩特性。

串励式直流电动机电枢电流与励磁电流是相等的,故 Φ 在磁路未饱和时,磁通与电流成正比,即 $\Phi = C_1 I_S$,则电磁转矩为:

$$M = C_m \Phi I_S = C_m C_1 I_S^2 = C I_S^2 \tag{3-5}$$

即在磁路未饱和时,电磁转矩随电流的平方成正比;在磁路饱和后,电流增大,磁通保持不变,电磁转矩与电枢电流呈线性关系,电磁转矩 M 曲线如图 3-6 所示。

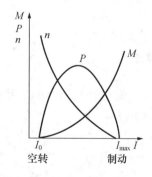

图 3-6 串励式直流电动机的特性曲线

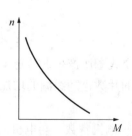

图 3-7 串励式直流电动机的机械特性

2. 机械特性

电动机的转速 n 随电磁转矩 M 而变化的关系 $n=f(M)$ 称为机械特性。由电压平衡方程式可得：

$$n = \frac{U - I_S(R_S + R_L)}{C_m \Phi} \tag{3-6}$$

在磁路未饱和时，I_S 增大时，Φ 也增大，其转速 n 将迅速下降，如图 3-6 中 n 曲线所示。由于 $M \propto I_S^2$，所以串励直流电动机的转速随转矩的增加而迅速下降，即具有软的机械特性，如图 3-7 所示。

3. 起动机的功率及其影响因素

（1）起动机的功率。起动机的功率 P（kW）可由下式确定：

$$P = \frac{Mn}{9550} \tag{3-7}$$

式中，M——起动机输出转矩（N·m）

n——起动机的转速（r/min）

起动机在全制动（$n=0$）和空载（$M=0$）时，其输出功率均为 0，而在 I_S 接近全制动电流的一半时其输出功率最大。由于起动机工作时间短，允许在最大功率状态下工作。通常将起动机的最大功率作为它的额定功率。

（2）影响起动机功率的因素。起动机工作过程中电流很大，所以其输出功率受起动机内部的电阻影响较大，除此之外，还受以下几方面因素的影响。

① 接触电阻和导线电阻。接触电阻包括导线与蓄电池极桩、起动机接线柱以及起动机内电刷与换向器等的接触电阻。接触电阻大、导线截面积过小或过长，都会造成较大的电压降而使起动机功率下降。

② 蓄电池的容量。蓄电池的容量越小，其内阻越大，起动时电动机的端电压就越低，此时会引起起动机的输出功率减小。

③ 温度。温度降低时，蓄电池的容量下降，其内阻变大，导致起动机输出功率下降。

3.2.4 起动机的型号和分类

根据 QC/T 73—1993《汽车电器设备产品型号编制方法》规定，起动机的规格型号如下：

| 1 | 2 | 3 | 4 | 5 |

第 1 部分表示产品代号，起动机的产品代号 QD、QDJ、QDY 分别表示起动机、减速起动机及永磁起动机。

第 2 部分表示电压等级代号，1 代表 12 V，2 代表 24 V，6 代表 6 V。

第 3 部分表示功率等级代号，其含义见表 3-1。

第 4 部分表示设计序号。

第 5 部分表示变型代号。

例如，QD124 表示额定电压为 12 V、功率为 1～2 kW、第 4 次设计的起动机。

表 3-1 起动机功率等级代号

功率等级代号	1	2	3	4	5	6	7	8	9
功率/kW	0～1	1～2	2～3	3～4	4～5	5～6	6～7	7～8	8～9

3.3 起动机的传动机构和电磁操纵机构

3.3.1 起动机的传动机构

起动机的传动机构又称啮合机构或啮合器，其主要组成部分是单向离合器。单向离合器的作用是在起动时将电枢的电磁转矩传递给发动机飞轮，而在发动机起动后，发动机带动起动机时，啮合机构立即打滑，即具有单向传递动力的作用。常见的单向离合器有滚柱式、摩擦片式、弹簧式和棘轮式等形式。

1. 滚柱式单向离合器

滚柱式单向离合器的结构如图 3-8 所示，驱动齿轮（1）与外壳（2）连接成一体，外壳内装有十字块（3），十字块（3）与花键套筒（8）固定连接，在外壳（2）与十字块（3）形成的 4 个楔形槽内分别装有一套滚柱（4）及压帽与弹簧（5），外壳（2）与护盖（7）相互扣合密封，在花键套筒（8）外面套有移动衬套（11）及缓冲弹簧（10）。整个单向离合器总成利用花键套筒（8）套在电枢轴的花键上，离合器总成在传动拨叉作用下，可以在电枢轴上轴向移动，也可以随电枢轴转动。

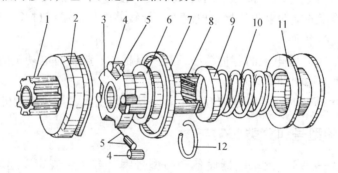

图 3-8 滚柱式单向离合器

1. 驱动齿轮 2. 外壳 3. 十字块 4. 滚柱 5. 压帽与弹簧 6. 垫圈 7. 护盖
8. 花键套筒 9. 弹簧座 10. 缓冲弹簧 11. 移动衬套 12. 卡簧

滚柱式单向离合器工作原理如图 3-9 所示，发动机起动时，电枢轴通过花键套筒带动十字块旋转，这时滚柱（4）在摩擦力作用下，滚入楔形槽的窄端，将十字块（3）与外壳（2）楔成一体，于是将转矩传给了驱动齿轮（1），带动飞轮齿圈（6）转动，起动发动机。发动机起动后，随着曲轴转速升高，飞轮齿圈将带动驱动齿轮高速旋转，当其转速大于十字块转速时，在摩擦力作用下，滚柱滚入楔形槽的宽端而打滑，这样转矩不能从驱动齿轮传给电枢轴，从而防止了电枢超速飞散。滚柱式单向离合器结构简单，工作可靠，但不能传递大的转矩。

2. 摩擦片式单向离合器

摩擦片式单向离合器多用于功率较大的柴油机起动机上。摩擦片式单向离合器的结构如图 3-10 所示,花键套筒(10)套在电枢轴的螺旋花键上,它的外表面上有 3 条螺旋花键套着内接合鼓(9),内接合鼓上有 4 个轴上槽,用来插放主动摩擦片的内凸齿,被动摩擦片的外凸齿插在与驱动齿轮成一体的外接合鼓(1)的槽中。主、被动摩擦片(8、6)相间排列。离合器工作时,利用主、被动摩擦片产生的摩擦力传递转矩。发动机起动时,内接合鼓开始的瞬间是静止的,在惯性力作用下,内接合鼓由于花键套筒的旋转而左移,从而使主、被动摩擦片压紧而传递动力,电枢转矩从而传给驱动齿轮。发动机起动后,飞轮齿圈的转速高于驱动齿轮,于是内接合鼓又沿传动套筒的螺旋花键右移,使主、被动摩擦片出现间隙而打滑,避免了电枢超速而飞散。

 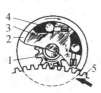 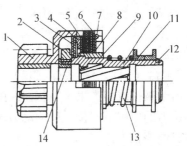

(a) 发动机起动时　　(b) 发动机起动后

图 3-9　滚柱式单向离合器工作原理图
1. 驱动齿轮　2. 外壳　3. 十字块　4. 滚柱　5. 飞轮齿圈

图 3-10　摩擦片式单向离合器
1. 驱动齿轮与外接合鼓　2. 螺母　3. 弹性圈　4. 压环　5. 调整垫圈　6. 被动摩擦片　7、12. 卡环　8. 主动摩擦片　9. 内接合鼓　10. 花键套筒　11. 移动衬套　13. 缓冲弹簧　14. 挡圈

摩擦片离合器可以传递较大转矩,并能在超载时自动打滑,但由于摩擦片易磨损,需经常检查调整,同时其结构也较为复杂。

3. 弹簧式单向离合器

弹簧式单向离合器的结构如图 3-11 所示,花键套筒(6)套在电枢轴的螺旋花键上,驱动齿轮(1)套在电枢轴的光滑部分,两者之间用两个月形键(3)连接,使驱动齿轮(1)与花键套筒(6)之间不能做轴向移动,但可以相对转动。在驱动齿轮柄和花键套筒外装有扭力弹簧(4),弹簧的两端各有 1/4 圈内径较小的部分,分别箍紧在齿轮柄和花键套筒上。

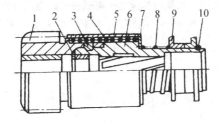

图 3-11　弹簧式单向离合器
1. 驱动齿轮　2. 挡圈　3. 月形键　4. 扭力弹簧　5. 护圈　6. 花键套筒　7. 垫圈　8. 缓冲弹簧　9. 移动衬套　10. 卡簧

起动发动机时,电枢轴带动花键套筒(6)转动,扭力弹簧(4)顺着其螺旋方向将齿轮柄与花键套筒(6)包紧,起动机转矩经扭力弹簧(4)传给驱动齿轮(1),起动发

动机。发动机起动后,驱动齿轮转速高于花键套筒,扭力弹簧放松,驱动齿轮与花键套筒松脱,发动机的转矩不能传给电动机电枢。弹簧式单向离合器结构简单,寿命长,成本低,但其轴向尺寸较大,所以主要用在一些大功率起动机上。

3.3.2 起动机电磁操纵机构

起动机的操纵机构按工作方式不同分为机械操纵式和电磁操纵式两类。现代汽车均采用电磁操纵式,起动机的起动过程是由电磁开关控制的。

富康轿车起动机电磁开关的组成与工作原理如图3-12所示。接通起动开关后,吸拉线圈和保持线圈通电,在吸拉线圈和保持线圈电磁力的共同作用下,使活动铁芯克服弹簧力右移,活动铁芯带动拨叉移动,将驱动齿轮推向飞轮。当驱动齿轮与飞轮啮合时,接触盘也被活动铁芯推至与触点接触位置,使起动机通入起动电流,产生电磁转矩起动发动机。接触盘接通触点后,吸拉线圈被短路,活动铁芯靠保持线圈的电磁力保持其啮合位置。

发动机起动后,断开起动开关,此时电磁开关线圈电流为:蓄电池正极→接线柱(11)→接触盘(10)→接线柱(12)→吸拉线圈(6)→保持线圈(5)→搭铁→蓄电池负极。由于吸拉线圈产生了与保持线圈相反方向的磁通,两线圈电磁力相互抵消,活动铁芯在弹簧力的作用下回位,使驱动齿轮退出啮合状态;接触盘同时回位,切断起动机电路,起动机便停止工作。

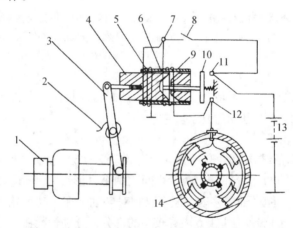

图3-12 富康轿车起动机电磁开关的组成与原理
1. 驱动齿轮 2. 回位弹簧 3. 拨叉 4. 活动铁芯 5. 保持线圈 6. 吸拉线圈 7. 电磁开关接线柱
8. 起动开关 9. 铁芯套筒 10. 接触盘 11、12. 接线柱 13. 蓄电池 14. 电动机

3.4 减速起动机和永磁起动机

3.4.1 减速起动机

在起动机电机轴与驱动齿轮之间装有减速器的起动机称为减速起动机。减速起动机可以解决直流电动机转速高与汽车发动机要求起动转矩大的矛盾。增加减速器,直流电动机的允许转速可达2 000 r/min,这样可以减小电动机的体积和重量,特别是高转速低扭矩的

直流电动机,其工作电流较小,可大大减轻蓄电池的负担,延长其使用寿命。常用减速起动机的减速器转速比约为4:1。

减速起动机中的减速器,按齿轮的啮合方式不同,可分为外啮合式减速器、内啮合式减速器和行星齿轮减速器3种。

外啮合式减速器如图3-13(a)所示,它的主动齿轮轴与从动齿轮轴平行,但两轴中心距较大。优点是结构简单、工作可靠、噪声小、便于维修,缺点是增加了起动机的径向尺寸。内啮合式减速器如图3-13(b)所示,其特点是两轴中心距离较小,工作可靠,但噪声较大。行星齿轮减速器如图3-13(c)所示,两轴中心线重合,有利于起动机的安装。因为扭力负载平均分布在几个行星齿轮上,故可采用塑料内齿圈和粉末冶金的行星齿轮,既减轻了起动机重量又抑制了噪声,是应用较广泛的一种。

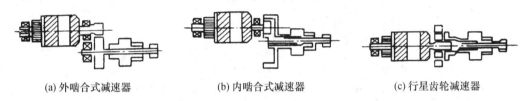

(a) 外啮合式减速器　　　(b) 内啮合式减速器　　　(c) 行星齿轮减速器

图3-13　减速起动机中减速器的3种形式

3.4.2　永磁起动机

用永磁材料制成起动机的磁极,以取代原有的磁场绕组和磁极铁芯的起动机称为永磁起动机。

奥迪100、A6等轿车使用的永磁起动机控制原理图,如图3-14所示。由于取消了磁场绕组和磁极铁芯,起动机的体积和质量大大减小,机械特性和换向性能得到改善,使换向火花造成的高频干扰减小,起动机的工作可靠性提高。但永磁材料随着使用时间的加长,会产生退磁现象,这样就使起动功率随使用期的延长而下降,所以目前仅限于小功率起动机应用。在永磁起动机电枢轴与驱动齿轮之间加装减速器,就产生了永磁减速起动机,它同时具有永磁起动机和减速起动机的特点。

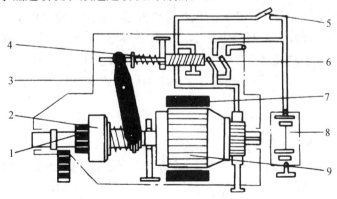

图3-14　永磁起动机控制原理

1. 驱动齿轮　2. 滚柱式单向离合器　3. 拨叉　4. 回位弹簧
5. 起动开关　6. 电磁开关　7. 磁极　8. 蓄电池　9. 电枢

3.5 汽车起动系统电路实例分析

3.5.1 解放 CA1091 汽车起动系统电路

解放 CA1091 汽车使用 QD151、QD1518、QD124A 或 QD124H 等型号电磁啮合式起动机，其起动系统电路如图 3-15 所示。解放 CA1091K2 型柴油车则使用 QD25 型减速式起动机。

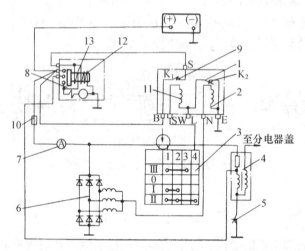

图 3-15 解放 CA1091 汽车起动系统电路
1. 保护继电器触点　2. 保护继电器　3. 点火开关　4. 点火线圈　5. 断电器　6. 发电机　7. 电流表　8. 起动机　9. 起动继电器触点　10. 熔断器　11. 起动继电器线圈　12. 保持线圈　13. 吸拉线圈

1. 复合继电器

该汽车起动系统在控制电路中采用了 JD171 型复合继电器，其电路如图 3-15 所示。复合继电器由起动继电器和保护继电器两部分组成。起动继电器的作用是控制起动机吸拉线圈和保持线圈中电流的通断；保护继电器的作用是与起动继电器配合，使起动电路具有起动保护功能。所谓起动保护是指起动机在发动机起动后能自动停止工作，还能在发动机运转时防止误起动，此外还控制充电指示灯。起动继电器和保护继电器都由铁芯、线圈、磁轭、衔铁、弹簧及一对触点组成，其中起动继电器触点 K_1 为常开式，而保护继电器触点 K_2 为常闭式。由于起动继电器线圈与保护继电器触点 K_2 串联，所以当 K_2 打开时，K_1 不可能闭合。

2. 起动系统的工作过程

以解放 CA1091 汽车为例，其起动系统工作过程如下：

（1）当点火开关（3）接至起动挡（Ⅱ挡）时，起动继电器线圈（11）通电，电流回路为蓄电池正极→熔断器（10）→电流表（7）→点火开关起动触点Ⅱ→起动继电器线圈（11）→保护继电器常闭触点（1）→搭铁→蓄电池负极。于是起动继电器的常开触点（9）闭合，接通了电磁开关电路。

（2）电磁开关电路接通，由蓄电池正极→起动继电器触点（9）→吸拉线圈（13）→

搭铁→蓄电池负极。

(3) 发动机起动后,松开点火开关,钥匙自动返回点火挡(Ⅰ挡),起动继电器触点(9)打开,切断了电磁开关的电路,电磁开关复位,起动机停止工作。

(4) 如果发动机起动后,点火开关没能及时返回Ⅰ挡,这时硅整流发电机中性点的电压加在复合继电器中保护继电器线圈上,使常闭触点(1)打开,自动切断了起动继电器的电路,触点(9)断开,起动机便自动停止工作。

(5) 若发动机运转时,误将点火开关旋至起动挡位,由于在此控制电路中,硅整流发电机中性点电压始终加在保护继电器的线圈上,常闭触点打开,起动继电器无电流通过,起动机不工作。

3.5.2 桑塔纳轿车起动系统电路

上海桑塔纳轿车采用的是 QD1225 型起动机,其起动系统电路图如图 3-16 所示。

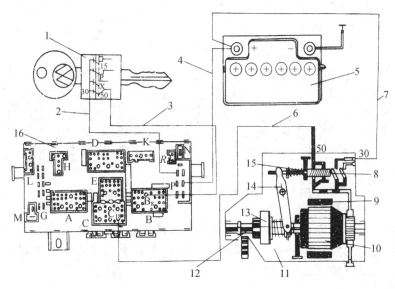

图 3-16 桑塔纳轿车起动系统电路
1. 点火开关 2. 红色线 3. 红/黑色线 4. 红色线 5. 蓄电池 6. 红/黑色线 7. 黑色线 8. 电磁开关 9. 定子 10. 转子 11. 起动机 12. 小齿轮 13. 单向离合器 14. 拨叉 15. 回位弹簧 16. 中央线路板

其主要工作过程是:点火开关接通电源,由红/黑色导线从点火开关上 50 接线柱送至中央线路板 B_8 接点,再接通中央线路板 C_{18} 接点,接至起动机电磁开关 50 接线柱。以后的工作过程与其他车型起动系统相同。

3.5.3 上海别克汽车起动系统电路

上海别克汽车装备了起动防盗系统,其电路图如图 3-17 所示。

当用钥匙将点火开关调到起动(START)位置时,位于点火锁芯总成的遥控接收器传感器将产生模拟电压信号,该信号送入车身控制模块 BCM。该模拟电压信号对各车辆为一个特定值,其值随车辆的不同而不同。当起动发动机时,BCM 将会比较预设定储存的模拟电压信号与从传感器来的信号,若两个信号一致,BCM 就会通过 2 级串行数据线发送燃油起动口令给动力控制模块 PCM，PCM 起动起动继电器，从而允许将燃油输送到发动机。

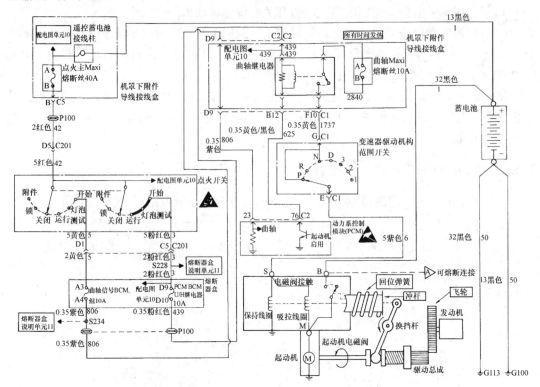

图 3-17 上海别克汽车起动防盗系统电路图

当起动发动机时，若不采用与点火开关相匹配的钥匙来起动发动机，遥控接收器传感器会发出不同数值的模拟电压信号。因该信号与 BCM 的信号不匹配，BCM 就不能通过 2 级串行数据线发送燃油起动密码给 PCM，结果使发动机不能起动。

3.6 起动机的试验与检修

3.6.1 起动机的正确使用和维护

为了延长起动机的使用寿命，并保证能迅速、可靠、安全地工作，起动机的正确使用和维护要求如下：

（1）使用起动机时，每次工作时间不得超过 5 s，重复起动必须间隔 15 s 以上。

（2）在低温下起动发动机时，应先预热发动机后再起动。

（3）起动机电路的导线连接要牢固，导线的截面积不应太小。

（4）使用不具备自动保护功能的起动机时，应在发动机起动后迅速松开起动开关。在发动机正常工作时，切勿随便接通起动开关。

（5）应尽可能使蓄电池处于充足电的状态，以保证起动机工作时的电压和电流，减少起动机重复工作的次数。

（6）应定期对起动机进行全面的维护和检修。

3.6.2 起动机试验

起动机试验的目的是检验起动机的技术状况。试验时必须采用良好且充足电的蓄电池，蓄电池的容量和电压应同试验起动机的功率和额定电压相匹配。通常只进行空转试验和全制动试验。

1. 空转试验

空转试验的目的是检查起动机内部是否有电气故障和机械故障。空转试验的方法如图3-18所示。

起动机不带负荷，接通电源，测量起动机的空载转速与电流，并与标准值进行比较，见表3-2，以判断起动机有无故障。若测得的起动机电流超出标准值，而转速低于标准值，则可能是起动机的电枢轴弯曲、轴承与电枢轴不同心、轴承磨损等造成的，也可能是电枢绕组和磁场绕组与机体短路或匝间短路所致；若电流和转速均低于标准值，则表明导线连接处或起动机内部电路接触不良、电刷弹簧弹力过小等。

此外，空转试验时，换向器上不应有强烈火花；电枢旋转应平稳，不应有机械碰擦声。试验的时间不能超过1 min，以免引起起动机过热。

2. 全制动试验

全制动试验方法如图3-19所示。试验的目的是检测起动机全制动时的电流和转矩，见表3-2，以判断起动机是否有机械和电气故障。其转矩不得低于标准转矩的90%。

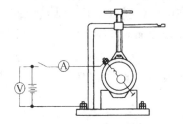

图3-18 起动机空转试验

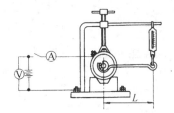

图3-19 起动机全制动试验

表3-2 部分起动机规格及性能

型号	规格		空载特性		全制动特性			电刷		驱动齿数		适用车型
	额定电压/V	额定功率/W	电流≤/A	转速≥/(r/min)	电压/V	电流≤/A	扭矩≥/N·m	牌号	弹簧压力/N	齿数	齿轮行程/mm	
QD124A	12	1.85	95	5 000	8	600	24	TS-2			20	解放CA1091
QD1215	12	1.85	90	5 000	6	700	24					解放CA1091
QD124F	12	1.47	90	5 000	8	650	29.4		8～13	11		东风EQ1090
QD1211	12	1.8	90	5 000	7.5	750	34		12～15	11		东风EQ1090
QD1225	12	0.96	45	5 000	7	480	13			9		上海桑塔纳
QD142A	12		90	5 000	7	650	25		12～15	9		南京依维柯
DW1.4	12	1.4	67	2 900	9.6	160	13			9		北京切诺基

（续表）

型号	规格		空载特性		全制动特性			电刷		驱动齿数		适用车型
	额定电压/V	额定功率/W	电流≤/A	转速≥/(r/min)	电压/V	电流≤/A	扭矩≥/N·m	牌号	弹簧压力/N	齿数	齿轮行程/mm	
D6RA37	12	0.57	20	1 000		350	85			9		神龙富康
CB-23	12	0.7	55	5 000								天津夏利
QD27	24	8.09	90	3 200	12	1 700	145	TS103	12～15	12	31	红岩 CQ261
QD25	24	3.5	90	6 000	9	900	34.3			9		跃进 NJ1061

3.6.3 起动机的检修

1. 起动机的解体和清洗

首先将待修起动机外部的尘污、油污清除干净，拆去防尘箍。然后用钢丝提起电刷弹簧取出电刷，拆下起动机贯穿螺栓，使后端盖、起动机外壳、电枢分离，最后拆下中间轴承板、拨叉和单向离合器。单个总成是否进一步分解，应视具体情况而定。

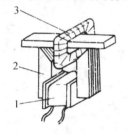

图 3-20 磁场绕组短路检查
1. 感应线圈 2. U 形铁芯
3. 被检绕组

2. 磁场绕组的检修

磁场绕组的常见故障有接头脱焊、绕组短路、断路或搭铁等。接头脱焊故障，解体后可直接看出。绕组搭铁可用万用表的欧姆挡测量绕组端子与外壳之间的电阻，如果电阻为∞，则无搭铁故障。将电枢绕组放在电枢检验仪上可检查绕组间是否短路。如图 3-20 所示，感应仪通电 5 min 后若绕组发热，则说明绕组有匝间短路。

绕组连接脱焊，应重新施焊；绕组绝缘不良，应拆除旧绝缘层重新包扎并浸漆、烘干。

3. 电枢的检修

（1）换向器的检修

① 目测外观，表面不应有烧蚀。轻微烧蚀用砂纸打磨，严重时应予以车削。

② 换向器失圆度检修。把电枢总成架在两块 V 形铁上，使轴线水平，转动电枢轴，用千分表测量偏心。换向器与电枢轴的不同心度不应超过规定值，不符合规定值时应在车床上修整。

③ 换向片间切槽深度检修。换向片切槽深度应为 0.7～0.9 mm。清除切槽内的异物，若槽深仍小于规定值，可用锯条刮削。

④ 换向器直径的检修。用游标卡尺测量换向器的外径，若直径小于制造厂规定的最小值，则应更换换向器。

（2）电枢轴的检修

① 轴颈与衬套的配合间隙检修。用游标卡尺测轴颈外径与衬套内径，配合间隙应符合规定值，间隙过大应更换衬套，并重新铰削配制。

② 电枢轴弯曲度的检修。把电枢轴架在两块 V 型铁上，用千分表检查电枢轴，电枢对其轴线的径向圆跳动应不大于 0.15 mm，否则应进行校正。

（3）电枢绕组的检修

① 电枢绕组短路的检修。把电枢放在电枢检验器上，接通电源，将锯片放在电枢上转动电枢，若锯片振动表明电枢绕组短路，应予以修理或更换。

② 电枢绕组搭铁的检修。将万用表置于欧姆挡，两表笔分别接换向器和铁芯，电阻应为无限大，否则表明电枢绕组搭铁，应予以修理或更换。

4. 单向离合器的检修

将单向离合器夹紧在虎钳上，用扭力扳手逆时针方向进行转动，这时应能承受制动试验时的最大转矩而不打滑，否则应拆开修理。

5. 电刷与电刷架的检修

电刷的高度应不低于新电刷高度的 2/3（国产起动机新电刷的高度为 14 mm），电刷与换向器的接触面积应在 75% 以上，电刷在电刷架内应活动自如无卡滞现象，否则需进行修磨或更换。

用万用表的欧姆挡或试灯法可检查绝缘电刷架的绝缘情况，若电刷架搭铁，则应在更换绝缘垫后重新铆合。

用弹簧秤检查电刷弹簧的压力，一般为 11.7～14.7 N。若压力不足，可将弹簧向与螺旋相反的方向扳动，以增加弹力。若无效时，则应更换。

6. 电磁开关的检修

（1）检查接触盘表面和触点。表面轻微烧蚀可用砂布打磨，严重烧蚀应修复或更换。

（2）检查吸拉线圈和保持线圈。用万用表 R×1 挡检查吸拉线圈和保持线圈的电阻值，其标准值见表 3-3。若已断路或有严重短路，应重绕。重绕时应注意导线的直径、匝数以及绕线的方向均应与原来的相同。常见起动机电磁开关的线圈数据见表 3-3。

表 3-3 起动机电磁开关线圈数据

起动机型号	线圈名称	导线/mm	绕向（从顶端看）	匝 数	20℃ 时电阻/Ω
QD124	吸拉线圈 保持线圈	φ0.9 φ0.83	同方向	$235 \pm \frac{5}{3}$ 245 ± 3	0.6 ± 0.05 0.97 ± 0.1
QD124A	吸拉线圈 保持线圈	φ1.25 φ0.75	同方向	$200 \pm \frac{3}{4}$ $200 \pm \frac{3}{4}$	0.33 ± 0.03 1.29 ± 0.12

3.6.4 起动机的调整

1. 起动机驱动齿轮端面与端盖凸缘间距的调整

起动机不工作时，驱动齿轮端面与端盖凸缘之间的距离见表 3-4。间距不当，可通过定位螺钉 2 调整，如图 3-21 所示。无定位螺钉时，则需用加减垫片进行调整。

表 3-4 起动机驱动齿轮与后端盖凸缘间的距离

车 型	东风 EQ1090 系列汽车	北京 BJ2020N 汽车	解放 CA1091 系列汽车
间距/mm	29～32	32.5～34	31～32

2. 开关接通时间的调整

接触盘与主电路接通时刻，驱动齿轮与限位螺母的间距应为 4.5 mm ± 1 mm，若不符合要求，则通过调节螺杆（1）进行调整，如图 3-21 所示。

检验调整方法是：首先拆掉电磁开关与电动机之间的导电片，再按图 3-22 接线，在驱动齿轮端面与限位螺母之间插入 4.5 mm ± 1 mm 厚的塞尺。然后闭合开关 S，若试灯不亮，说明触点接通时间过迟，应将调节螺杆慢慢旋出至试灯亮为止；如果试灯点亮，也应将调节螺杆旋入至试灯不亮，再慢慢旋出至试灯点亮即可。

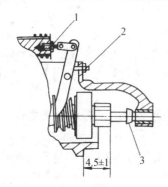 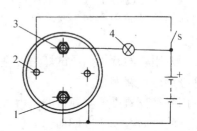

图 3-21 驱动齿轮端面与端盖凸缘间距的检查与调整
1. 调节螺杆 2. 定位螺钉 3. 限位螺钉

图 3-22 开关接通时间的检查
1. 电磁开关电动机导电片接线柱 2. 起动机电源接线柱 3. 电磁开关接线柱 4. 试灯

3.6.5 起动系统常见故障的诊断与排除

1. 起动机不转

接通起动开关后起动机不运转，该故障的原因如下：
（1）蓄电池过度放电，导线接头松动或太脏。
（2）起动机电磁开关触点烧蚀或因调整不当而未闭合。
（3）磁场绕组或电枢绕组断路、短路或搭铁。
（4）绝缘电刷搭铁。
（5）起动继电器触点不能闭合。

判断：首先应检查蓄电池充电情况和导线连接情况，若蓄电池充足电、接线良好，则故障出自起动机或起动机开关。可用起子将起动机开关两接线柱连通，若起动机空转正常，则应对电磁开关、起动继电器、起动开关进行检修；若起动机不转，则故障在起动机内部，应拆下起动机进一步检修。

2. 起动机运转无力

若蓄电池充足电，接线也正常，而起动机运转无力，该故障的原因如下：
（1）换向器太脏。
（2）电刷磨损过甚或电刷弹簧压力不足，使电刷接触不良。
（3）磁场绕组或电枢绕组局部短路。
（4）起动机电磁开关触点烧蚀。
（5）发动机起动阻力矩过大。

判断：拆下起动机防尘箍，取出电刷，观察换向器表面有无烧蚀与污垢，以及电刷与压簧是否良好，再视情况对起动机进一步拆检。

3. 起动机驱动齿轮与飞轮不能啮合且有撞击声

该故障的原因如下：

（1）起动机驱动齿轮或飞轮齿圈磨损过甚或已损坏。

（2）电动机开关闭合过早，起动机驱动齿轮尚未啮合就已快速旋转。

判断：首先将起动机电磁开关接通时机调迟，缩短活动铁芯拉臂长度，如故障不能排除，则需拆下起动机进行检修。

4. 松开起动开关后起动机仍运转

该故障的原因如下：

（1）起动机电磁开关在电路接通时因强烈火花将触点烧结在一起。

（2）驱动齿轮轴变形、脏污，驱动齿轮在轴上滑动阻力过大，或回位弹簧太软。

（3）因匝间短路造成吸拉线圈和保持线圈有效匝数比改变。

判断：立即断开蓄电池搭铁线使起动机停转，首先检查点火开关导线是否接错及起动继电器触点是否常开。若都正常，则必须对起动机进行拆检。

3.7 思 考 题

1. 起动机由哪几部分组成？各组成部分的作用是什么？
2. 什么是直流电动机的转矩特性和机械特性？
3. 简述滚柱式和摩擦片式单向离合器的工作原理。
4. 试分析解放 CA1091 汽车起动系统电路和起动系统工作过程。
5. 试分析桑塔纳轿车起动系统电路和起动系统工作过程。
6. 起动机的正确使用和维护要求有哪些？
7. 何谓起动机的空载试验和全制动试验？试验时应注意的问题有哪些？
8. 起动机常见故障有哪些？如何进行故障判断？

第4章 传统点火系统与电子点火系统

4.1 概 述

4.1.1 点火系统的作用

汽油机是靠高压火花点燃的。点火系统的作用是按照汽油机的工作要求，适时准确地点燃汽缸内的混合气。

4.1.2 点火系统的分类

按照点火系统的能源不同，可分为蓄电池点火系统和磁电机点火系统两类。汽车均采用蓄电池点火系统。点火系统的类型和应用见表4-1。

表4-1 点火系统的类型和应用

点火系统类型				应用
蓄电池点火系统	电感储能式	传统点火系统		早期化油器发动机
		无触点半导体点火系统	磁感应式	化油器发动机
			霍尔式	化油器发动机
			光电式	化油器发动机
			电磁震荡式	化油器发动机
		微机控制点火系统	有分电器点火系统	电喷发动机
			无分电器点火系统（DIS）	电喷发动机
	电容放电式（CDI）			摩托车发动机和赛车高速发动机
磁电机点火系统				无蓄电池的小型发动机

4.1.3 发动机点火系统的基本要求

点火系统应在发动机各种工况和使用条件下，保证可靠而准确地点火，应满足以下3个基本要求。

1. 能产生足以击穿火花塞电极间隙的电压

火花塞电极间产生火花的电压称为击穿电压。实验表明，发动机在低速满负荷运行时，需要 8～10 kV 的击穿电压，起动时需要的击穿电压最高可达 17 kV。为了保证可靠地点火，点火系统必须具有一定的次级电压储备、大多数点火系统可提供 28 kV 以上的击穿电压。

2. 火花应具有足够的能量

要使混合气可靠点燃，火花塞产生的电压应具有一定的能量。点燃混合气所必需的最低能量，与混合气的成分、浓度、火花塞电极的间隙及电极形状等有关。发动机正常工作时，由于混合气压缩终了的温度已接近其自燃温度，所以所需的火花能量很小，为 1～5 mJ。在发动机起动、怠速及加速时，则需较高的火花能量。为保证可靠点火，一般应保证有 50～80 mJ 的点火能量。目前采用的高能点火装置，一般点火能量都要求超过 80～100 mJ。

3. 点火时刻必须适应发动机工作情况

点火系统应按发动机汽缸的工作顺序进行点火，并且各缸必须在最佳的时刻进行点火，以满足发动机获得最大功率、最小燃料消耗和减少有害气体的排放等要求。

点火时刻是用点火提前角来表示的。点火提前角是指火花塞电极跳火时曲柄位置与活塞到达上止点时曲柄位置的夹角。

若点火过迟，在活塞到达上止点时才点火，使汽缸中压力降低，发动机功率下降并导致发动机过热，油耗增大。而点火过早，则燃烧完全在压缩过程中进行，汽缸内压力急剧上升，在活塞到达上止点前即达到最大压力，给正在上升的活塞一个很大的阻力，使发动机功率下降，油耗增加，并引起发动机爆燃。

影响最佳点火提前角的主要因素有：发动机转速、负荷、压缩比和温度等。

4.2 传统点火系统的组成及其工作原理

4.2.1 传统点火系统的组成

传统点火系统的组成如图 4-1 所示，它主要由蓄电池、点火开关、点火线圈、分电器和火花塞等组成。蓄电池供给点火系统所需电能；点火开关接通或断开点火系统电源；点火线圈储存点火能量，并将蓄电池电压转变为点火高压电。分电器由断电器、配电器和点火提前机构等部分组成。断电器的作用是接通或切断点火线圈的初级电路；配电器的作用是将点火线圈产生的点火高压，按发动机的工作顺序输送至相应缸火花塞；点火提前机构的作用是随发动机转速、负荷和辛烷值的变化来调节点火提前角。火花塞将点火高压引入燃烧室，并在电极间产生电火花，点燃可燃混合气。

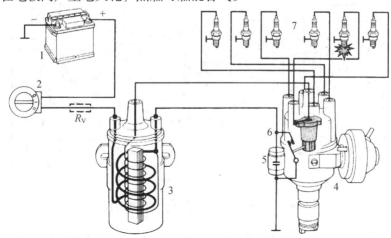

图 4-1 传统点火系统的组成

1. 蓄电池 2. 点火起动开关 3. 点火线圈 4. 点火分电器 5. 点火电容器 6. 断路器 7. 火花塞

4.2.2 传统点火系统的基本工作原理

传统点火系统的基本工作原理如图4-2所示。当点火开关接通、发动机运转时，分电器轴和断电器凸轮在发动机凸轮轴的驱动下旋转，使断电器触点交替地闭合、打开。在触点闭合时，电流经点火线圈的初级绕组形成闭合回路，产生初级电流 $i_1 = \dfrac{U_B}{R}(1-e^{-\frac{R}{L}t})$。初级电流在初级绕组 W_1 中按指数规律增长，逐渐趋于极限值 U_B/R，并建立较强的磁场。初级电流所流过的电路称为低压电路。低压电路的路径是：蓄电池正极→电流表→点火开关→点火线圈"+开关"接线柱→附加电阻 R_f→点火线圈"开关"接线柱→点火线圈初级绕组 W_1→点火线圈"−"接线柱→断电器触点K→搭铁→蓄电池负极。

当触点闭合一段时间，i_1 增长到初级断电电流为 $I_p = \dfrac{U_B}{R}(1-e^{-\frac{R}{L}t_b})$ 时，触点被凸轮顶开。此时，初级绕组储存的磁场能为 $W_p = 1/2LI_p^2$，当触点打开后，初级电路被切断，初级电流及磁场迅速消失，两个绕组中都产生感应电动势。由于初级电流及磁场迅速消失，变化率 di_1/dt 很大，在初级绕组中，可感应出 200～300 V 的自感电动势 U_1。由于次级绕组 W_2 的匝数较多，因而在次级绕组内就能感应出 15～20 kV 的互感电动势。由变压器原理：$\dfrac{U_2}{U_1} = \dfrac{W_2}{W_1}$，可知次级电压 $U_2 = U_1\dfrac{W_2}{W_1}$，次级电压的最大值：$U_{2\max} = \eta I_p \sqrt{\dfrac{L}{C_1\left(\dfrac{N_1}{N_2}\right)^2 + C_2}}$，

η 一般为 0.75～0.85，当点火线圈结构一定时，次级电压的最大值与初级断电电流 I_p 成正比，并随 C_1、C_2 的增大而减小。U_2 称为次级点火高压，通过高压线输给火花塞，击穿火花塞的电极间隙产生火花，点燃混合气。从点火线圈到火花塞的电路被称为高压电路，高压电路的路径是：次级绕组 W_2→附加电阻→"+开关"接线柱→点火开关→电流表→蓄电池→搭铁→火花塞侧电极→中心电极→配电器（旁电极、分火头）→次级绕组 W_2。

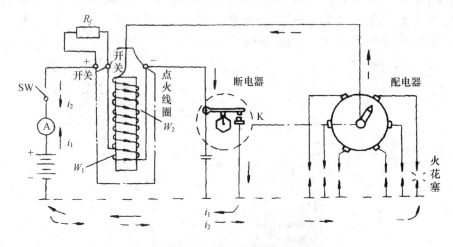

图 4-2 传统点火系统的基本工作原理

电容器与触点并联，其作用是减小触点火花，延长触点寿命并提高了次级电压。当触点打开时，初级绕组中产生的自感电动势向电容器迅速充电，开始充电时，电容器两端电

压为0,随着充电电压的不断提高,触点间隙逐渐增大,在触点间已不易形成电火花。同时触点打开后,初级绕组和电容器形成一个衰减振荡回路,使初级电流迅速切断,加速磁场消失,有利于次级电压的提高。

4.2.3 传统点火系统的主要部件

1. 点火线圈

点火线圈按磁路结构形式的不同,一般分为开磁路式和闭磁路式两种。开磁路点火线圈在传统点火系统中被广泛采用,闭磁路点火线圈多用于电子点火系统和微机控制的点火系统中。

(1) 开磁路点火线圈。传统的开磁路点火线圈的基本结构如图4-3所示,主要由铁芯、绕组、胶木盖、瓷杯等组成。

绕组与外壳之间,装有导磁用的钢片,用来加强磁通。当初级电流流过初级绕组时,使铁芯磁化,由于磁路上、下部分都是从空气中通过的,铁芯未构成闭合磁路,所以称它为开磁路点火线圈,如图4-4所示。这种点火线圈上部装有胶木盖,底部装有绝缘用的瓷杯,以增强耐高压击穿性能。为加强绝缘并防止潮气侵入,在外壳内填满沥青或变压器油。填充变压器油后,线圈散热性较好,温升较低,且绝缘性好。点火线圈的胶木盖上装有接线柱。

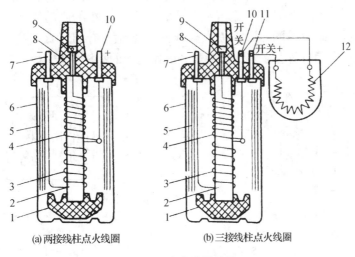

图4-3 点火线圈结构

1. 瓷杯 2. 铁芯 3. 初级绕组 4. 次级绕组 5. 导磁钢片 6. 外壳 7. "−"接线柱 8. 胶木盖 9. 高压线插座 10. "+"或"开关"接线柱 11. "+"接线柱 12. 附加电阻

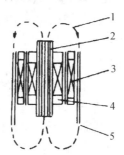

图4-4 开磁路点火线圈的磁路

1. 磁力线 2. 铁芯 3. 初级绕组 4. 次级绕组 5. 导磁钢片

根据低压接线柱的数目不同，点火线圈分为两接线柱和三接线柱两种，如图 4-3 所示。

两接线柱的点火线圈在低压接线柱上分别标有"＋"、"－"标志。三接线柱式点火线圈在外壳上装有一个附加电阻，同时增加了一个低压接线柱。附加电阻串联在标有"开关"和"开关＋"的两接线柱上，使发动机工作时，附加电阻串联在初级电路中。胶木盖的中央是高压线插座，四周较高，以防高压电在接线柱间放电。

附加电阻由低碳钢丝、镍铬丝或纯镍丝制成，具有温度升高时电阻增大，温度降低时电阻减小的特性。发动机工作时，利用附加电阻这一特点自动调节初级电流，以改善点火系统的工作特性。

发动机起动时，附加电阻短路，以增大初级电流，提高次级电压和火花能量，从而改善了发动机的起动性能。

（2）闭磁路点火线圈。闭磁路点火线圈的结构如图 4-5 所示，铁芯是"日"字形或"口"字形，铁芯上绕有初级绕组，在初级绕组外面绕有次级绕组，整个铁芯只有一个微小的气隙，磁力线经铁芯构成闭合磁路，减少了磁滞损失，其磁路如图 4-6 所示。闭磁路点火线圈漏磁少，磁路磁阻小，能量变换效率高达 75%，而开磁路点火线圈的能量变换效率只有 60%。此外，由于闭磁路铁芯导磁能力强，可在较小的磁动势（安匝数）下产生较强的磁通，因而可减少线圈匝数，使点火线圈小型化，有的还直接装在分电器上。这样，不仅结构紧凑，而且省去了点火线圈与分电器之间的高压导线。

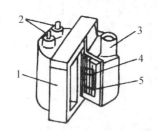

图 4-5　闭磁路点火线圈的结构
1. "日"字形铁芯　2. 初级绕组接线柱
3. 高压线接线柱　4. 初级绕组　5. 次级绕组

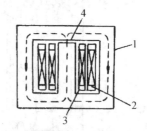

图 4-6　闭磁路点火线圈的磁路
1. "日"字形铁芯　2. 次级绕组
3. 初级绕组　4. 空气隙

2. 分电器

分电器由断电器、配电器、点火提前机构和电容器等组成，其结构如图 4-7 所示。

（1）断电器。断电器的作用是接通和切断低压电路。它由断电器凸轮和一对触点组成。

断电器触点和底板总成（4）安装在活动底板（10）上。断电器的一对触点由钨合金制成，俗称"白金触点"，分为动触点和定触点。定触点经底板搭铁，动触点安装在动触点臂一端并与壳体绝缘，经动触点弹簧片与绝缘接线柱（14）相连。动触点臂的中部装有胶木顶块，靠弹簧片（20）紧压在断电器凸轮上。触点间隙可借转动偏心螺钉（11）进行调整。断电器凸轮的凸角数和发动机汽缸数相同。工作时，凸轮轴以 1:1 的传动比带动分电器轴旋转，分电器轴又带动断电器凸轮转动，间歇地打开和闭合触点。

触点间隙对闭合角有直接的影响。若触点间隙过大，则凸轮转动时，触点推迟打开，

触点闭合角 β 变小，触点的闭合时间缩短，初级电流减小，从而使次级电压和点火能量下降；若触点间隙减小，触点闭合角 β 变大，初级电流增大，但触点间隙过小，造成触点断开时触点处产生火花，使点火能量损失、次级电压降低。

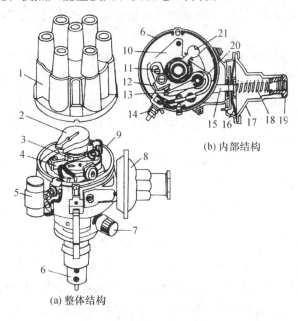

图 4-7 FD632 型分电器

1. 分电器盖 2. 分火头 3. 断电器凸轮 4. 断电器触点及底板总成 5. 电容器 6. 联轴节 7. 油杯 8. 真空提前机构 9. 分电器壳体 10. 活动底板 11. 偏心螺钉 12. 定触点与支架 13. 动触点臂 14. 接线柱 15. 拉杆 16. 膜片 17. 真空提前机构外壳 18. 弹簧 19. 螺母 20. 动触点弹簧片 21. 油毡及夹圈

触点间隙也影响点火时刻。触点间隙增大时，由于触点被推迟打开，会使点火提前角减小；反之，则会使点火提前角增大。

使用中由于触点烧蚀和动触点臂绝缘顶块的磨损，会使触点间隙变化，故应及时打磨触点，并调整其间隙。

（2）配电器。配电器的作用是按发动机的工作顺序将次级高压分配给各缸火花塞。配电器由分火头和分电器盖组成，如图 4-8 所示。

分电器盖由胶木制成，在分电器盖内外周有与发动机汽缸数相等的旁电极，各旁电极与分电器盖上各缸高压线插孔相连接。分电器盖的中间有中央高压线插孔，其内侧为中心电极，在电极孔中安装有带弹簧的炭精柱，弹性地抵靠在分火头的导电片上。

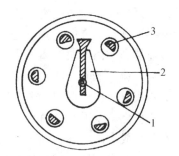

图 4-8 分电器盖

1. 中心电极及带弹簧的炭精柱 2. 分火头 3. 旁电极

分火头安装在断电器凸轮顶端，并随断电器凸轮及分电器轴旋转，分火头导电片在距旁电极为 0.25～0.8 mm 的间隙处掠过。当断电器触点张开时，分火头导电片对准点火缸旁电极，高压电便由中心电极传给各缸高压线和火花塞。

传统的点火高压线为铜芯外包缚聚氯乙烯绝缘层的高压导线。这种高压线的寿命长，但在点火系统工作时，会产生电磁波辐射。现代点火高压线普遍采用高压阻尼线。高压阻尼线的线芯常用的有金属阻芯式和塑料芯导线式，能有效地抑制电磁波辐射。

(3) 电容器。电容器的作用是：当触点打开时可减小触点间的火花，防止触点烧蚀，同时由于电容器能吸收触点打开时的电能，使初级电流迅速切断，提高了磁场变化的速率，从而提高次级电压。

电容器容量一般为 $0.15 \sim 0.35\ \mu F$。当电容器电容过小时，触点间的电弧放电增强，点火能量损失增大，触点烧蚀加重；当电容器电容过大时，触点火花减小，但电容器充放电的周期较长，磁通变化的速率降低，使次级电压下降。由于电容器工作时要承受触点打开瞬间初级绕组产生的 $200 \sim 300\ V$ 的自感电动势，所以要求其耐压值为 $500\ V$，电容器在 $20℃$ 时，绝缘电阻应不低于 $50\ M\Omega$。

(4) 点火提前机构。点火提前机构的作用是随发动机工况变化而自动调节点火提前角，保证发动机具有最佳点火提前角。传统点火系统一般仅考虑转速、负荷和汽油辛烷值对最佳点火提前角的影响，在分电器上设置了离心提前机构、真空提前机构和辛烷值选择器。

① 离心提前机构。离心提前机构的作用是随发动机转速的变化而自动调节点火提前角。发动机转速越高，最佳点火提前角越大。这是因为发动机转速升高时，在单位时间内，活塞的移动距离较大，曲轴也相应地转过较大的角度，如果混合气燃烧速率不变，则最佳点火提前角应按线性规律增长。但当转速升高到一定程度时，由于混合气的压力和温度的提高以及扰流的增强，使燃烧速度也随之加快，所以最佳点火提前角随发动机转速的升高呈非线性增大。

离心提前机构安装在断电器固定底板的下面，其结构如图 4-9 所示。在分电器轴（2）上固定有托板（4），两个离心块（1）分别套在托板的柱销（5）上，可绕柱销转动。离心块的另一端由弹簧（3）拉向轴心。断电器凸轮及拨板（7）为一体，套装在分电器轴上，拨板的矩形孔套在离心块的销钉（6）上，受离心块驱动。当分电器轴转动时，离心块上的销钉即通过拨板带动断电器凸轮相对分电器轴转动一个角度。

离心提前机构的工作原理如图 4-10 所示。当发动机转速升高时，离心块的离心力逐渐增大，克服弹簧拉力使离心块向外甩开。离心块上的销钉便推动拨板带着断电器凸轮顺着分电器轴旋转的方向向前转过一个角度，使断电器凸轮提前打开触点，点火提前角增大。转速越高，离心块的离心力越大，离心块甩开的程度就越大，点火提前角也就越大。反之，当转速降低时，离心力减小，弹簧便拉动离心块，拨板和断电器凸轮逆着分电器轴旋转的相反方向向后退回一个角度，使点火提前角减小。

离心块上两根弹簧是由直径不同的钢丝绕成的，其弹性系数不同，粗而强的一根弹簧，安装后成自由状态；细而弱的一根安装后略微拉紧。在低速范围内，只有细弹簧起作用，而当转速提高到一定程度后，两根弹簧同时起作用，以便点火提前角开始成正比增大，以后又趋向平缓，即点火提前角与转速不是线性关系，使之更符合发动机转速变化时对点火提前角的要求。

② 真空提前机构。真空提前机构的作用是随发动机负荷的大小变化而自动调节点火提前角。在相同转速下，随着发动机负荷的增大，最佳点火提前角将随之减小。这是由于发动机负荷大，即节气门开度大时，吸入汽缸的混合气增多，压缩终了时的汽缸压力和温

度增高，使燃烧速度加快，所以最佳点火提前角应随负荷增大而减小。

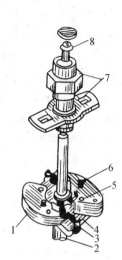

图 4-9　离心提前机构
1. 离心块　2. 分电器轴　3. 弹簧及支架　4. 托板
5. 柱销　6. 销钉　7. 凸轮及拨板　8. 限位螺钉

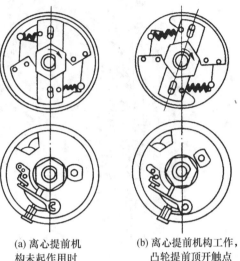

(a) 离心提前机构未起作用时　　(b) 离心提前机构工作，凸轮提前顶开触点

图 4-10　离心提前机构的工作原理

真空提前机构的工作原理如图 4-11 所示。当发动机负荷较小时，节气门开度小，真空度增大，吸动膜片，克服弹簧弹力向右拱曲，拉杆拉动活动底板并带动断电器凸轮逆着分电器轴旋转方向向后转动一定角度，使触点提前打开，点火提前角增大，如图 4-11（a）所示；当发动机负荷增大即节气门开度增大时，真空度减小，在弹簧弹力的作用下，膜片向左拱曲，拉杆带动活动底板顺着凸轮旋转方向向前转动一定角度，使点火提前角减小，如图 4-11（b）所示。

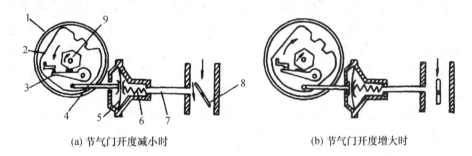

(a) 节气门开度减小时　　(b) 节气门开度增大时

图 4-11　真空提前机构的工作原理
1. 分电器壳体　2. 活动底板　3. 触点　4. 拉杆　5. 膜片　6. 弹簧　7. 真空管　8. 节气门　9. 凸轮

发动机在怠速时，如果点火提前角较大，将使发动机运转不稳，所以化油器空气道中的小孔此时位于节气门的上方，该处的真空度几乎为 0。在弹簧张力作用下，推动膜片使点火提前角减小或基本不提前，满足怠速时的要求。

3. 火花塞

火花塞的作用是将点火线圈产生的点火高压引入发动机的燃烧室，在其电极间隙中形成电火花，点燃混合气。

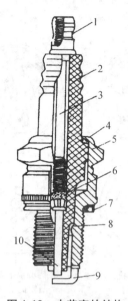

图 4-12 火花塞的结构

1. 接线螺母 2. 绝缘体 3. 金属杆 4、8. 内垫圈 5. 壳体 6. 导体玻璃 7. 多层密封垫圈 9. 侧电极 10. 中心电极

（1）火花塞的结构。火花塞的结构如图 4-12 所示，在钢质壳体（5）的内部固有陶瓷绝缘体（2）。在绝缘体中心孔的上部装有金属杆（3），金属杆上端有接线螺母（1），用来连接高压导线，下部装有中心电极（10）。金属杆（3）与中心电极（10）之间用导体玻璃（6）密封，铜制内垫圈（4 和 8）起密封和导热作用，壳体（5）上部的外侧，制成六角平面以便于拆装，下部的螺纹安装在发动机汽缸盖的火花塞孔内，壳体下端固定有弯曲的侧电极（9）。

中心电极和侧电极一般都是分别采用不同的镍锰合金或贵金属合金制成的，具有良好的耐高温、耐腐蚀性能。火花塞的电极间隙一般为 0.6～0.7mm。采用高能电子点火装置，其火花塞间隙可增大至 1.0～1.2mm。

火花塞与汽缸盖座孔间的密封有平面密封和锥面密封两种。平面密封时，在火花塞与座孔间应加装铜包石棉垫圈；锥面密封时，不需使用密封垫圈，而是利用火花塞壳体的锥形面与汽缸盖相应的锥形面进行密封。靠锥形面密封的火花塞，称锥座型火花塞。

（2）火花塞的热特性。要使火花塞能正常工作，其绝缘体裙部的温度应保持在 500～750℃，使落在绝缘体上的油滴立即烧掉，不致形成积炭，该温度为火花塞的"自净温度"。如果绝缘体裙部的温度低于自净温度，就会引起火花塞积炭；若温度过高，则混合气与炽热的绝缘体接触时，会引起炽热点火而形成早燃、爆燃等现象。

影响火花塞裙部温度的主要因素是裙部长度。裙部越长，受热面积越大，散热路径越长，散热越困难，则裙部温度越高，称为热型火花塞；反之，裙部越短，裙部温度越低，称为冷型火花塞。热型火花塞绝缘体长度为 16～20mm，标准型火花塞的绝缘体长度为 11～14mm，冷型火花塞的绝缘体长度小于 8mm。热型火花塞适用于功率小、转速和压缩比低的发动机；冷型火花塞适用于功率大、转速高和压缩比大的发动机。

（3）火花塞型号。根据 ZBT 37003—1989《火花塞产品型号编制方法的规定》，国产火花塞型号的表示方法如下：

如 E 4 T

第 1 部分为汉语拼音字母，表示火花塞结构类型，见表 4-2。

表 4-2 火花塞的结构类型

结构类型代号	螺纹规格	安装座形式	安装螺纹旋合长度/mm	壳体六角对边长度/mm
A	M10×1	平座	12.7	16
C	M12×1.25	平座	12.7	17.5
D	M12×1.25	平座	19	17.5
E	M14×1.25	平座	12.7	20.8

（续表）

结构类型代号	螺纹规格	安装座形式	安装螺纹旋合长度/mm	壳体六角对边长度/mm
F	M14×1.25	平座	19	20.8
(G)	M14×1.25	平座	9.5	20.8
(H)	M14×1.25	平座	11	20.8
(Z)	M14×1.25	平座	11	19
K	M14×1.25	矮型平座	19	19
L	M14×1.25	矮型平座	9.5	19
(M)	M14×1.25	矮型平座	11	19
N	M14×1.25	锥座	7.8	19
P	M14×1.25	锥座	11.2	16
Q	M14×1.25	锥座	17.5	16
R	M14×1.5	平座	12	20.8
S	M18×1.5	平座	19	(22)
T	M18×1.5	锥座	10.9	20.8

注：( ) 表示非标准的保留产品，不推荐使用。

第2部分为阿拉伯数字，表示火花塞热值，由热型到冷型依次用1，2，3，4，5，6，7，8，…表示。

第3部分为汉语拼音字母或通用符号字母，表示火花塞派生产品结构特征、发火端特征、材料特性及特殊技术要求。无字母时为普通型火花塞。

表示火花塞特征及特殊技术要求有两个以上字母时，按下列先后次序排列：

P——屏蔽型火花塞

R——电阻型火花塞

B——半导体型火花塞

T——绝缘体突出型火花塞

Y——沿面跳火型火花塞

J——多电极型火花塞

H——环状电极火花塞

U——电极缩入型火花塞

V——V型电极火花塞

C——镍-铜复合电极火花塞

G——贵金属电极火花塞

F——非标准火花塞，列在型号最末位

型号示例：如F5RTC型火花塞，为螺纹旋合长度19 mm，壳体六角对边20.8 mm，热值代号5的M14×1.25带电阻及镍铜复合电极的突出型平座火花塞。

4.3 无触点电子点火系统

4.3.1 无触点电子点火系统的组成

无触点电子点火系统的组成如图 4-13 所示，主要由点火信号发生器、点火器、点火线圈、分电器和火花塞等组成。与传统点火系统相比，无触点电子点火系统采用点火信号发生器和点火器取代白金触点，控制点火线圈初级电流的接通和关断。无触点电子点火系统按信号发生器的工作原理不同，可分为磁感应式、霍尔式、光电式和电磁振荡式等类型。其中磁感应式、霍尔式应用较为广泛。

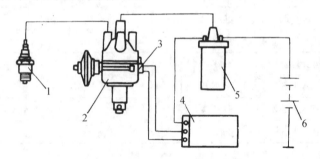

图 4-13 无触点电子点火系统的组成

1. 火花塞 2. 分电器 3. 点火信号发生器 4. 点火器 5. 点火线圈 6. 蓄电池

4.3.2 磁感应式电子点火系统

磁感应式电子点火系统，主要由磁感应式信号发生器、分电器、点火线圈、火花塞等组成。

1. 磁感应信号发生器

磁感应信号发生器的作用是产生与发动机曲轴位置相应的磁感应电压信号，并输入到点火器中作为点火控制信号。磁感应信号发生器的结构和工作原理如图 4-14 所示，由信号转子、永久磁铁、铁芯和绕在铁芯上的传感线圈等组成。信号转子安装在分电器轴上，凸齿数与发动机汽缸数相等。

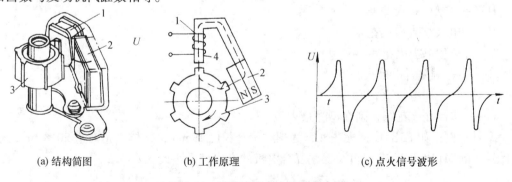

(a) 结构简图 (b) 工作原理 (c) 点火信号波形

图 4-14 磁感应式点火信号发生器

1. 感应线圈 2. 永久磁铁 3. 导磁转子 4. 导磁铁芯

当信号转子转动时,转子与铁芯之间的空气隙发生变化。转子凸齿靠近铁芯时,空气隙减小,磁路的磁阻减小,磁通量增大;转子凸齿离开铁芯时,空气隙增大,磁路的磁阻增大,磁通量减小。磁通量的交替变化使感应线圈产生交变的感应电动势。

2. 点火器

点火器的作用是根据信号发生器的磁感应电压信号控制点火线圈初级绕组的接通和关断。部分 EQ1090 汽车采用 JKF667 型点火器的电路如图 4-15 所示。其工作原理如下:

当接通点火开关 S 时,蓄电池经电阻 R_4 向三极管 VT_1 提供基极电流使 VT_1 导通,此时 VT_1 集电极电位(B 点)降低,使三极管 VT_2、TV_3 截止,此时只要分电器轴不转动,点火线圈初级绕组中也无电流通过。

当起动发动机时,信号转子随分电器轴转动,分电器中的点火信号发生器便有磁感应电压信号产生。当传感线圈输出负信号电压时,电流便经 VD_3、R_2、VD_2 形成回路,VD_3 导通时,使 VT_1 的发射结反偏而截止。VT_1 集电极电位升高,使 VT_2、VT_3 导通,于是点火线圈初级绕组 W_1 便有电流通过;当传感线圈输出正信号电压时,正信号电压经 R_1、VD_1、R_2 加到 VT_1 的基极,使 VT_1 导通,VT_1 集电极电位迅速下降至 0 V,VT_2、VT_3 迅速截止,点火线圈初级电流被切断,次级绕组 W_2 中感应出次级高压经分电器分配给各缸火花塞。

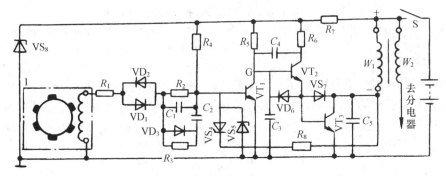

图 4-15 JKF667 型点火器的电路

该点火器除上述基本点火功能以外,还具有点火能量控制、闭合角控制功能以及各种校正和保护功能。

由电阻 R_7 和稳压管 VD_8 组成的点火能量控制电路使电路的工作电压稳定在 6 V 左右,使该点火器控制的点火能量不随电源电压的波动而变化。

由 R_2 和电容 C_1 组成了加速电路,可使电路的开关速度加快,次级电压升高,从而提高了点火性能。

由二极管 VD_3、电容 C_2、电阻 R_3 等元件组成的闭合角控制电路,使得发动机在低速运转时,自动减小闭合角,即减少末级功率三极管 VT_3 的相对导通时间,以减小初级电流;而发动机高速运转时,则自动增大闭合角,延长功率三极管 VT_3 的相对导通时间,使初级电流有充足的时间上升到规定值,从而避免了发动机低速时点火线圈过热、高速时点火能量不足和断火现象。

电路中 C_3 是一支容量较小的滤波电容,用于滤除三极管在导通和截止的一瞬间产生的高频自激振荡,从而防止了电路自激,提高了电路工作的稳定性。

在 VT_3 的 cd 结上并联了一个 400 V 的稳压二极管 VS_7，能够保护三极管 VT_3 的 cd 结不致因浪涌电压而被击穿。VD_6 用于保护三极管 be 结，电容 C_5 用于吸收点火线圈初级绕组的自感电动势，也起保护三极管 V_3 的作用。

4.3.3 霍尔效应式电子点火系统

霍尔效应式电子点火系统由内装霍尔信号发生器的分电器、点火器、点火线圈和火花塞等组成。国产桑塔纳、红旗、捷达等轿车的化油器发动机均采用该种类型的电子点火系统。桑塔纳轿车霍尔式电子点火系统电路如图 4-16 所示。

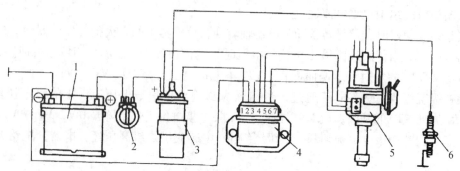

图 4-16　桑塔纳轿车霍尔式电子点火系统电路图

1. 蓄电池　2. 点火开关　3. 点火线圈　4. 点火器　5. 内装霍尔信号发生器的分电器　6. 火花塞

1. 霍尔效应

霍尔效应的原理如图 4-17 所示。当电流 I 通过放在磁场中的半导体基片（又称霍尔元件）且电流方向和磁场方向垂直时，在垂直于电流和磁通的半导体基片的横向侧面上即产生一个电压，这个电压称为霍尔电压 U_H。霍尔电压 U_H 的高低与通过的电流 I 和磁感应强度 B 成正比，可用下式表示：

$$U_H = \frac{R_H}{d} IB \tag{4-1}$$

式中，R_H——霍尔系数；

　　　d——基片厚度；

　　　I——电流；

　　　B——磁场强度。

由上式可知，当通过的电流 I 为一定值时，霍尔电压 U_H 与磁场强度 B 成正比，即霍尔电压随磁场强度的大小变化而变化。

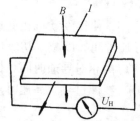

图 4-17　霍尔效应原理

I. 电流　B. 磁场　U_H. 霍尔电压

2. 霍尔信号发生器

霍尔信号发生器是根据霍尔效应原理制成的，它装在分电器内。霍尔信号发生器的基本结构如图 4-18 所示，它由触发叶轮 1 和信号触发开关 4 组成。触发叶轮套装在分电器轴的上部，它可以随分电器轴一起转动，又能相对于分电器轴作少量转动，以保证离心调节装置正常工作。触发叶轮的叶片数与汽缸数相等，其上部套装分火头，分火头与触发叶轮一起转动。

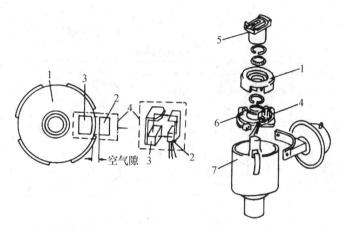

图 4-18 霍尔信号发生器

1. 触发叶轮 2. 霍尔集成块 3. 带导板的永久磁铁 4. 触发开关 5. 分火头 6. 触发开关托盘 7. 分电器壳体

信号触发开关（4）由带导板（导磁）的永久磁铁（3）和霍尔集成块（2）组成。触发叶轮（1）的叶片在霍尔集成块（2）和永久磁铁（3）之间转动。当叶片进入永久磁铁与霍尔集成块之间的空气隙时，霍尔集成块中的磁场即被触发叶轮的叶片所旁路（或称隔磁），这时霍尔元件不产生霍尔电压；当叶片离开空气隙时，永久磁铁的磁通便穿过霍尔集成块经导板构成回路，此时霍尔元件产生霍尔电压。霍尔信号发生器工作时，霍尔元件产生的微弱的霍尔电压信号，经过集成电路脉冲整形、放大、变换等部分组成的集成电路处理以后，以标准方波输出，如图 4-19 所示。

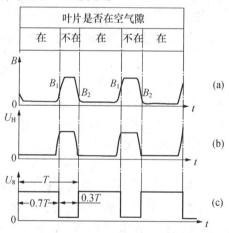

(a) 磁感应强度 (b) 霍尔电压 (c) 信号发生器输出电压

图 4-19 霍尔信号发生器工作波形

3. 点火器

桑塔纳轿车装用了集成电路电子点火器。点火器中的核心部件是 L497 双列直插式点火集成块，它有 16 个管脚。该点火器除具有一般点火器的开关作用外，还增加了点火线圈限流控制、闭合角控制、停车断电保护、过压保护等功能。桑塔纳轿车电子点火系统电子点火组件基本电路如图 4-20 所示。

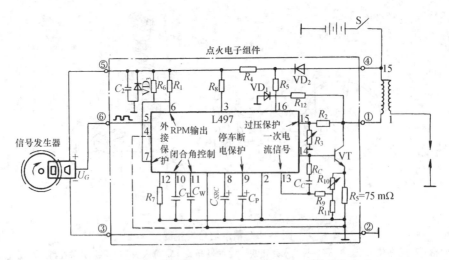

图 4-20 桑塔纳轿车电子点火系统电子点火组件基本电路

4.4 微机控制点火系统

微机控制点火系统采用微机控制点火提前角和闭合角。按照系统的组成可分为有分电器和无分电器两类。本节先介绍有分电器的微机控制点火系统。在发动机电控系统中,微机控制点火系统作为一个子系统。

4.4.1 微机控制点火系统的组成

微机控制点火系统主要由各种传感器、电控单元、分电器、点火线圈等组成,如图 4-21 所示。

1. 传感器

传感器的作用是检测发动机运行工况。主要传感器有:发动机转速传感器、曲轴位置传感器、凸轮轴位置传感器、空气流量计(或进气压力传感器)、冷却液温度传感器、进气温度传感器、爆燃传感器、气门位置传感器等。

2. 电控单元

电控单元,又称 ECU 或电脑,其作用是根据发动机各传感器输入的信息按照控制程序,控制点火线圈的闭合时间和断开时刻,实现闭合角和点火提前角的控制。

电控单元由输入回路、输出回路、A/D 转换器、微型计算机以及电源电路、备用电路等组成。

3. 点火器

点火器的作用是根据电控单元输出信号,通过内部的大功率三极管的导通和截止,控制初级电流的通断完成点火工作。有些点火器只有大功率三极管,单纯起开关作用;有的除开关作用外,还有恒流控制、闭合角控制、汽缸判别、点火监视等功能。大功率三极管设置在电控单元内部时,点火系统中无点火器。

第4章 传统点火系统与电子点火系统　　79

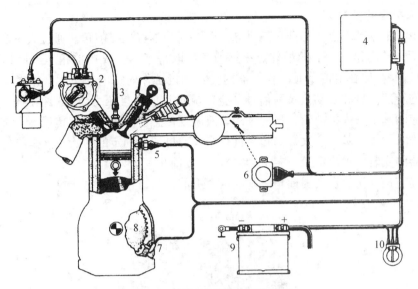

图 4-21　微机控制点火系统组成

1. 点火线圈　2. 分电器　3. 火花塞　4. 电控单元　5. 冷却液温度传感器　6. 节气门位置传感器
7. 发动机转速传感器和上止点位置传感器　8. 齿圈　9. 蓄电池　10. 点火开关

4.4.2　微机控制点火系统的基本工作原理

1. 闭合角控制

在传统点火系统中，闭合角是指断电器闭合期间分电器凸轮轴转过的角度。在电子点火系统中，闭合角是指点火器功率输出级三极管饱和导通期间分电器凸轮轴转过的角度，又称为导通角。在微机控制点火系统中，电控单元根据闭合角三维脉谱图控制闭合角。制造厂通过大量实验，确定发动机在不同转速和蓄电池电压下的最佳闭合角，取得闭合角三维脉谱图，并存储在电控单元的存储器内，如图 4-22 所示。发动机工作时，电控单元根据发动机转速传感器输入的转速信号和蓄电池电压即可查得所对应的闭合角，控制点火线圈初级绕组的接通时间。

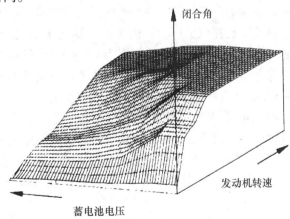

图 4-22　闭合角三维脉谱图

2. 点火提前角控制

电控单元根据基本点火提前角三维脉谱图控制基本点火提前角。通过大量实验,确定发动机在不同转速和负荷下的最佳点火提前角,取得基本点火提前角三维脉谱图(如图4-23所示),并存储在电控单元的存储器内。发动机工作时,电控单元根据发动机转速传感器输入的转速信号和发动机负荷信号(空气流量计或进气压力传感器检测信号),即可查得所对应的基本点火提前角,再根据冷却液温度传感器、进气温度传感器、节气门位置传感器等输入信号对基本点火提前角控进行修正,再加上固定的初始点火提前角(由曲轴位置传感器的安装位置决定),得到实际的点火提前角,即

点火提前角 = 初始点火提前角 + 基本点火提前角 + 修正点火提前角

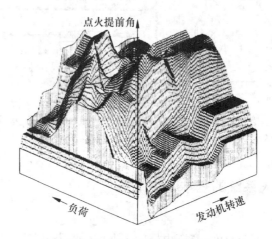

图 4-23 基本点火提前角三维脉谱图

根据曲轴位置传感器或凸轮轴位置传感器提供的基准信号,控制点火线圈初级绕组的关断,实现点火提前角控制。

3. 爆燃控制

实验表明,当点火提前角接近发动机爆燃极限时,发动机的动力性和经济性最佳。为尽可能地增大点火提前角,同时又避免由于点火提前角的增大使发动机产生爆燃,采用爆燃传感器作为点火提前角控制的反馈信号,进行点火提前角的闭环控制。

爆燃传感器通常用螺栓安装在汽缸体上,内部结构如图4-24所示,主要由压电陶瓷晶体、震子等部件组成。发动机爆燃时,产生频率为 $1 \sim 10 \text{ kHz}$ 的压力波,经汽缸体传给螺栓和压电陶瓷晶体。碟形弹簧对震子和压电陶瓷晶体产生一定的预加载荷,载荷的大小影响传感器的频率响应和线性度。压电陶瓷晶体随爆燃强度的变化,产生 20 mV/g 的电动势,输入电控单元,经输入电路放大、滤波和模/数转换,转换为指示爆燃的数字信号。一旦产生爆燃,电控单元输出控制信号推迟点火提前角。当爆燃停止时,电控单元以一定的角度逐渐增加点火提前角。如此循环往复,使点火时刻接近发动机爆燃极限。当爆燃传感器出现故障时,电控单元推迟点火提前角并中止爆燃控制。爆燃控制的原理框图如图4-25所示。

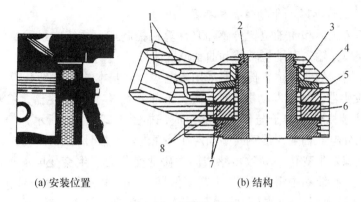

(a) 安装位置　　　　　　　　　(b) 结构

图 4-24　爆燃传感器

1. 电插头　2. 套筒　3. 螺母　4. 碟形弹簧　5. 震子　6. 压电陶瓷晶体　7. 绝缘片　8. 接触片

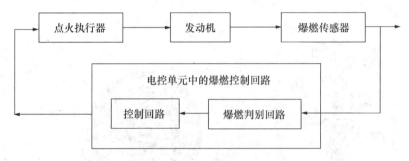

图 4-25　爆燃控制的原理框图

4.4.3　微机控制点火系统的应用实例

丰田汽车 TCCS 计算机点火系统的组成如图 4-26 所示，该点火系统是发动机电控系统的一个子系统。电控单元除控制点火外，还对燃油喷射、怠速、自动变速器等进行控制，此外还具有故障保险、设备功能以及自诊断功能。

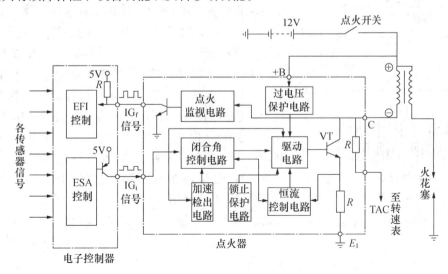

图 4-26　TCCS 系统的组成

1. 发动机转速传感器和曲轴位置传感器

发动机转速传感器和曲轴位置传感器是计算机控制点火系统中最重要的传感器之一，其作用是向电控单元输入发动机转速和曲轴位置信号。

安装在分电器内的曲轴位置传感器采用磁电式，其基本结构如图 4-27（a）所示，上部分为 G 信号发生器，检测发动机曲轴位置；下部分为 N_e 信号发生器，检测发动机转速。N_e 信号发生器主要由信号转子与传感线圈组成，如图 4-27（a）所示，信号转子上有 24 个轮齿，固定在分电器轴上，传感线圈固定在外壳内。当信号转子旋转时，轮齿与传感线圈凸缘部的空气隙发生变化，导致传感线圈内磁通变化而产生交变电动势信号 N_e，分电器轴每转一圈，传感线圈中将产生 24 个交变信号，每产生一个交变信号相当于曲轴位置 30°。电控单元通过内部特设的转角脉冲发生器，将 30°转角计算成转角的步长成为 1°，以满足控制精度的需要。同理，电控单元依据 N_e 信号中两个脉冲波所经过的时间，准确地计算出发动机转速。

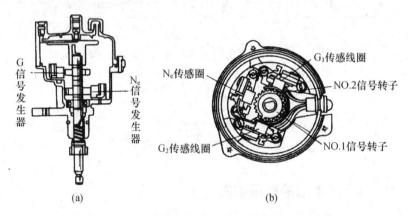

图 4-27 TCCS 系统发动机转速和曲轴位置传感器

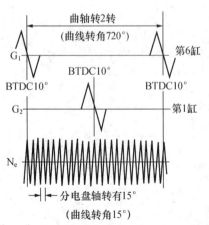

图 4-28 G 信号与 N_e 信号的关系

曲轴位置传感器的上部产生 G 信号，G 信号是测试曲轴位置的基准信号，用来判断各缸压缩上止点的位置。G 信号发生器由带有凸缘的信号转子及相对的 G_1、G_2 两个传感线圈组成，其基本结构如图 4-27（b）所示。当 G 信号转子上的凸缘通过 G_1 传感线圈的凸缘时，产生 G_1 信号；当 G 信号转子上的凸缘通过 G_2 传感线圈的凸缘时，产生 G_2 信号。G_1 信号与 G_2 信号在分电器内相差 180°，相当于曲轴转角 360°。分电器轴转一圈，G_1 信号与 G_2 信号分别出现一次。G_1 信号用来检测第 6 缸压缩上止点的位置，G_2 信号用来检测第 1 缸压缩上止点的位置。当传感线圈产生的电压波形为 0 V 时，检测出的位置是上止点前（BTDC）10°。G 信号与 N_e 信号的关系如图 4-28 所示。

2. 电控单元

在发动机工作中，电控单元根据各传感器输入信号，确定发动机最佳点火提前角，然后根据曲轴位置传感器输入的 G_1、G_2 信号与 N_e 信号，判断出发动机曲轴到达规定的位置时适时地输出控制信号 IG_t 至点火器。当 IG_t 信号变成低电位时，点火器中大功率三极管截止，将点火线圈的初级绕组电路切断，次级绕组产生点火高压（约 20～35 kV），经分电器至各缸火花塞。

发动机起动时，将发动机控制在固定的初始点火提前角（BTDC 10°）；在发动机转速超过一定值时，点火提前角由计算机输出的点火时刻信号 IG_t 进行控制。

3. 点火器

点火器的控制电路如图 4-29 所示，该点火器的作用，除根据电控单元输出的 IG_t 信号，通过大功率三极管（VT）控制点火线圈初级绕组外，还具有以下功能：

(1) 闭合角控制及恒流控制功能。

(2) 点火监视功能。该点火器中设有点火监视电路，监视点火系统工作情况。当点火器发生故障，点火系统不能正常工作时，当点火监视信号 IG_f 连续 3～5 次未反馈到电控单元时，立即向电子燃油喷射控制（EFI）电路发出停止喷油的信号，喷油器停止喷油。

(3) 加速检出功能。该电路在发动机转速急剧上升时，向闭合角控制电路发出信号，通过闭合角控制电路使大功率三极管提前导通，保证点火线圈有足够的初级电流，产生足够的次级电压，而不会发生断火现象。

(4) 锁止保护功能。当停车而未关断点火开关时，点火器自动切断初级电路。

(5) 过压保护。该电路在电源供电电压过高时，大功率三极管截止，实现过压保护。

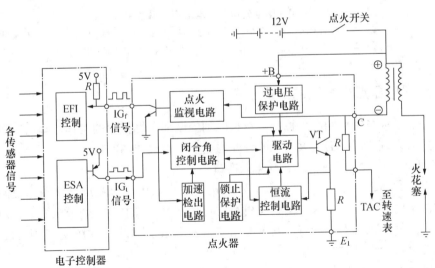

图 4-29　TCCS 系统点火器电路框图

4.5 无分电器点火系统

4.5.1 无分电器点火系统的组成

无分电器点火系统又称直接点火系统,英文简称为 DIS (Distributorless Ignition System 或 Direction Ignition System)。该种类型的微机控制点火系统,除采用电控单元控制闭合角、点火时刻和爆燃控制外,还取消了分电器。电控单元控制点火线圈模块来实现点火高压的分配。博世(BOSCH)公司无分电器点火系统的组成如图 4-30 所示。

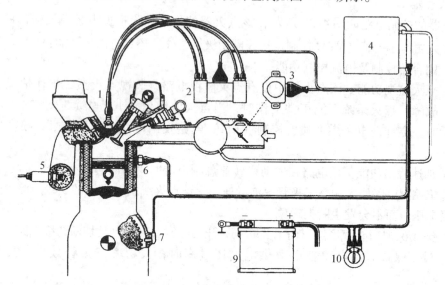

图 4-30 博世公司无分电器点火系统组成
1. 火花塞 2. 带输出级的点火线圈模块 3. 节气门位置传感器 4. 电控单元 5. 氧传感器 6. 冷却液温度传感器 7. 发动机转速传感器和曲轴位置传感器 8. 带缺齿齿圈 9. 蓄电池 10. 点火开关

4.5.2 无分电器点火系统的工作原理

无分电器点火系统的闭合角控制、点火时刻控制和爆燃控制的工作原理与有分电器的微机控制点火系统相同,而点火高压的分配通过多个点火线圈实现。

1. 采用双火花点火线圈分配各缸点火高压

对于汽缸数为 2、4、6、8 等偶数的发动机,通常采用双火花点火线圈,使同时处于上止点的两个汽缸共用一个双火花点火线圈数同时点火,其中一缸处于压缩上止点前正常点火;另一缸处于排气上止点前,点火火花"浪费"在排气中,如图 4-31 所示。双火花点火线圈的个数为汽缸数的一半。

上海别克四缸发动机将两个双火花点火线圈和点火控制模块制成一体,其结构如图 4-32 所示。1 缸和 4 缸共用一个点火线圈,2 缸和 3 缸共用一个点火线圈。每个点火线圈的次级绕组的两端通过各缸高压线连接火花塞。电控单元根据发动机转速传感器、曲轴位置传感器或凸轮轴位置传感器信号判定出各缸上止点位置,控制功率三极管,使初级绕组适时接通和关断,实现点火高压的分配。

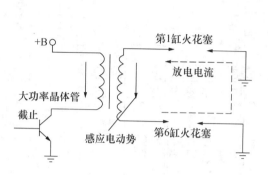

图 4-31　双火花输出的点火线圈放电电路

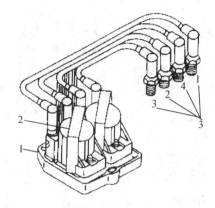

图 4-32　点火控制模块和点火线圈结构
1. 点火控制模块　2. 点火线圈　3. 火花塞

上海别克 EI 点火系统控制电路如图 4-33 所示,这些电路执行以下功能:

(1) 3X 参照高(电路 430):7X 曲轴位置传感器发送信号到 EI 控制模块,而点火控制模块产生参考脉冲送到 PCM。PCM 使此信号计算曲轴位置和发动机速度。

(2) 3X 参照低(电路 453):此线路通过点火控制模块接地,并且保证点火控制模块与 PCM 之间接地电路无电压降。

(3) 点火控制旁路(电路 424):初始起动时,PCM 寻找凸轮位置传感器和 7X 曲轴位置传感器的同步脉冲。脉冲指示#1 活塞和#1 进气门的位置。在 PCM 接收到此信号的同一时刻,向旁路电路提供 5V 电压。这通常发生在曲轴一两转之内。旁路电路断路或接地将设置故障诊断码 P1350,发动机将使用基本点火正时运转。为保证性能,点火控制模块设有一个固定的点火提前角。

(4) 点火控制(IC)(电路 423):PCM 使用此电路触发 EI 控制模块。PCM 使用曲轴参考信号计算所需的点火提前角。

(5) 24X 参照信号:通过在标定转速中提供更高的分辨率,24X 曲轴位置传感器增加怠速性能和低速运行性能。

2. 采用单火花点火线圈分配各缸点火高压

汽缸数为奇数的多缸发动机,如汽缸数为 3、5 的发动机,由于各缸处于上止点的时刻不同,每缸分别采用一个单火花点火线圈,实现点火高压的分配。对于汽缸数为偶数的发动机,每缸也可采用一个单火花点火线圈,实现点火高压的分配。采用单火花点火线圈的上海帕萨特 B5 轿车四缸发动机点火高压分配电路如图 4-34 所示。

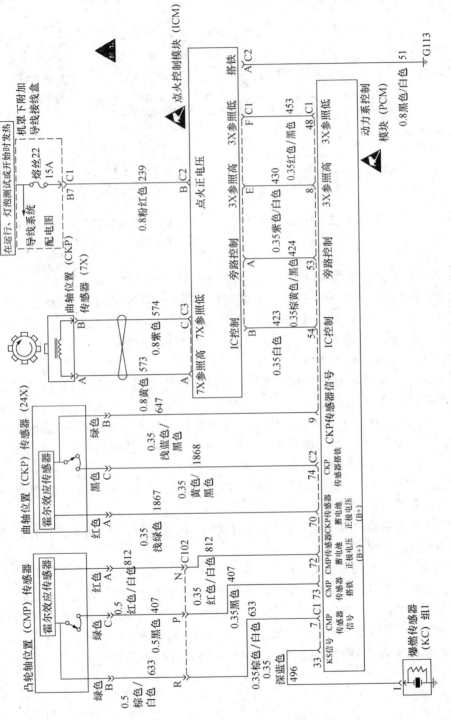

图4-33 上海别克EI点火系统控制电路

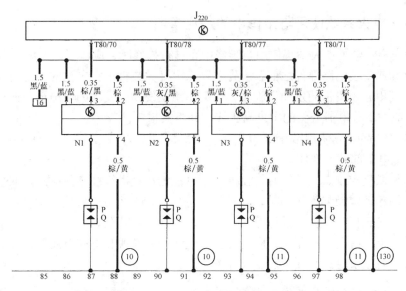

图 4-34　上海帕萨特 B5 轿车四缸发动机点火高压分配电路

J220. 发动机控制单元, 在发动机室防护罩内　N1. 第 1 缸点火线圈　N2. 第 2 缸点火线圈　N3. 第 3 缸点火线圈　N4. 第 4 缸点火线圈　P. 火花塞连接器　Q. 火花塞　T10e. 10 针插头, 在发动机室中的控制单元防护罩内的左侧, 橙色 (4 号位)　T80. 80 针插头, 在发动机控制单元上　⑬0. 接地连接点, 在发动机室线束内 (由 12 分出)　⑩. 接地点, 发动机汽缸盖上　⑪. 接地点, 发动机汽缸盖上

4.6　电子点火系统的故障诊断

4.6.1　点火系统的常见故障

点火系统的故障有无火、断火或缺火、点火正时不当和火花弱等类型。

1. 无火

各缸火花塞均不跳火。其故障表现是: 发动机不能起动, 或发动机在运行中突然熄火后再不能起动。

2. 断火或缺火

某缸或几缸火花塞不跳火或火花时有时无。其故障表现是: 发动机怠速不稳、动力下降, 有时会出现排气管放炮和冒黑烟。

3. 点火正时不当

点火正时不当而使点火提前角过大或过小, 或者是点火提前角调节装置不良而使点火提前角不当。当点火提前角过大时, 会使发动机的功率下降, 严重时会出现一加大油门发动机就有尖锐的金属敲击声 (俗称敲缸), 并使发动机的温度过高; 如果点火提前角过小, 会出现发动机加速困难、排气管放炮、发动机温度过高的现象。

4. 火花弱

火花塞电极能跳火, 但其火花能量不足。火花弱会导致发动机运转不平稳、排气管放炮、不能起动等故障现象。

4.6.2 电子点火系统使用与维修中的注意事项

为确保安全，电子点火系统使用与维修中在进行检修时，应注意以下事项：

(1) 拆卸或安装电路部件之前，应先关闭点火开关或拆下蓄电池的负极搭铁线。

(2) 当利用起动机带动发动机旋转，而又不想使发动机发动的情况下，如进行汽缸压力检查等，应拔下分电器盖上的中央高压线，并将其搭铁。

(3) 检修电路时应使用数字式万用表，严禁采用试灯或"划火"的方法检修电路。否则，会导致电子部件的损坏。

(4) 检修微机控制点火系统时，在拆下蓄电池的负极搭铁线之前应先读取故障码。

(5) 使用起动辅助装置起动时，电压不得超过 16.5 V。使用快速充电设备对蓄电池充电时，必须从汽车上拆下蓄电池上的"+"、"-"接线柱电缆。

(6) 在车上进行电焊作业时，应先拆去蓄电池的搭铁线和电控单元的连接器。

(7) 清洗发动机时，必须关断点火开关。

4.6.3 无触点电子点火系统的故障检查

1. 桑塔纳轿车霍尔式电子点火系统的故障检查

(1) 点火系统的检查。怀疑点火系统有故障时，可拔出分电器中央高压线，使其端部离汽缸体 5～7 mm，然后起动发动机运转，观察高压线端部是否跳火，如无强烈火花，说明点火系统有故障。

(2) 点火线圈、高压导线和分火头的检查。测量点火线圈初、次级绕组的电阻值，测量前，先断开点火开关，拆除点火线圈上的导线。初级绕组的电阻值，即点火线圈"+"（或 15）与"-"（或 16）接线柱之间的电阻值，应为 0.52～0.76 Ω；次级绕组的电阻值，即点火线圈"+"与高压插孔之间的电阻值，应为 2.4～3.5 kΩ，如电阻值符合规定，说明点火线圈良好，应及时装上点火线圈上的所有导线。

(3) 点火器的检查。如图 4-35 所示。

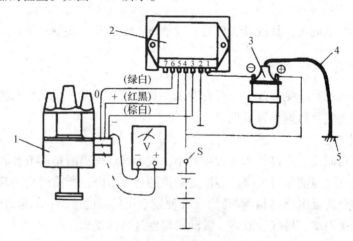

图 4-35 检查信号发生器输出电压
1. 分电器 2. 点火器 3. 点火线圈 4. 中央高压导线 5. 发动机体

① 检查点火器电源电路是否正常。关断点火开关，拔下点火器的插接器，将万用表拨至直流电压挡，两表针接在线束插头的4和2接线柱上，接通点火开关，电压表测得的电压值应约为蓄电池电压。否则，应找出电源断路故障并予以排除。

② 检查点火器工作性能是否正常。关断点火开关，连接好点火器插接器，拔下分电器霍尔信号发生器插接器，将电压表两表针接在点火线圈的15（+）和16（-）接线柱上。当接通点火开关时，电压表的电压值应为2～6 V，并在1～2 s后降为0 V，否则应更换点火器。

③ 检查点火器向霍尔信号发生器输出电压值是否正常。关断点火开关，将电压表的两表针接在霍尔信号发生器线束插头"+"和"-"接线柱上，接通点火开关时，电压表测得的电压值应为5～11 V，如低于5 V或为0 V，再用同样方法对点火器插接器中的接线柱5和3进行测试，若电压值为5 V以上，则说明点火器与信号发生器之间的线束断路，应予以拆除；若电压值仍为5 V以下，则应更换点火器。

④ 检查霍尔信号发生器有无故障。在点火线圈、点火器及连接导线正常的前提下，关断点火开关，打开分电器盖，拔出分电器盖上的中央高压线并搭铁，将电压表的两表针接在插接器信号输出线（绿白线）和接地线（-）接线柱上，然后按发动机转动方向转动发动机，同时观察电压表上的读数，电压表上的读数应在0～9 V之间变化。当分电器触发叶轮的叶片在空气隙时，其电压值为2～9 V；当触发叶轮的叶片不在空气隙时，其电压值约0.3～0.4 V。若电压不在0～9 V之间变化，则应更换霍尔信号发生器。

2. 上海别克微机控制点火系统的故障诊断

（1）进行自诊断测试。首先应进行自诊断测试，如果系统中有关传感器及有关电路发生故障，组合仪表上的发动机检查灯就会发亮，告诉驾驶员发动机控制系统出现故障，同时故障内容以故障码的形式存储在计算机的存储器中，维修时，先读取故障码，然后再查阅该故障码表的内容，检查和排除故障。有关故障码的读取方法将在第8章结合具体车型详细介绍。

（2）检查火花塞跳火情况。将火花试验器J26792卡在发动机机体上可靠搭铁，然后将高压线的一端连接到火花塞试验器上，高压线的另一端连接到待测点火线圈的高压接线柱上，把另一高压线的一端连接到待测点火线圈的另一高压接线柱上，再将该高压线的另一端连接到搭铁上，然后起动发动机，同时观察火花试验器。如果无强烈火花，说明点火系统有故障，可进一步检查故障的原因和部位。

（3）观察点火线圈是否有裂纹，检查线圈次级电阻是否超出规定范围（5～7 kΩ），观察是否有高压线一起产生火花，检查高压线是否有裂纹、积炭、火花塞护颈套损坏、夹断、布线不正确或电阻值超出规定范围（1 968 Ω/m）。

（4）检查点火模块供电或搭铁连接是否可靠，系统导线是否损坏。

（5）拆下火花塞并检查火花塞上是否有污物、裂纹、间隙不正确、电极烧损或损坏，火花塞的热特性不当确等情况。如果火花塞受到气体或油质污染，在更换火花塞前应确定产生污物的原因。

4.7 思考题

1. 点火系统的类型和特点有哪些？
2. 试述传统点火系统的基本工作原理。
3. 简要说明下列部件的结构和工作原理：
   a. 点火线圈　b. 分电器　c. 火花塞
4. 简要分析磁感应式电子点火系统的组成和工作原理。
5. 简要分析霍尔效应式电子点火系统的组成和工作原理。
6. 试述微机控制点火系统的一般组成及工作原理。
7. 试述无分电器点火系统的组成及工作原理。
8. 试分析上海别克汽车点火系统的组成及特点。
9. 电子点火系统检修的一般要求有哪些？
10. 简述桑塔纳轿车霍尔式电子点火系统的故障检查的方法步骤。
11. 简述上海别克微机控制点火系统的故障检查的方法步骤。

第 5 章　照明与信号系统

5.1　照明与信号系统的组成及其要求

5.1.1　照明系统

1. 前照灯

前照灯的主要用途是照亮车辆前方的道路和物体，确保行车安全。同时还可利用远光、近光交替变换作为夜间超车、会车信号。要求前照灯应能保证提供车前 100 m 以上路面明亮、均匀的照明，并且不应对迎面来车的驾驶员造成眩目。

前照灯安装在汽车头部的两侧，每辆车安装 2 只或 4 只，灯光光色为白色。

2. 雾灯

雾灯的主要用途是在雾天、下雨、下雪或尘土弥漫等能见度较低的情况下，作为道路照明和为迎面来车及后面来车提供信号。前雾灯安装在前照灯附近或比前照灯稍低的位置，前雾灯光色为黄色。后雾灯采用单只时，应安装在车辆纵向平面的左侧，与制动灯间的距离应大于 100 mm，后雾灯灯光光色为红色。

3. 倒车灯

倒车灯用于倒车时汽车后方道路照明及警告其他车辆和行人，兼有灯光信号装置的功能。倒车灯装在汽车尾部，灯光光色为白色。

4. 牌照灯

牌照灯用于照亮车辆牌照，要求夜间在车后 20 m 外能看清牌照号码。牌照灯装在汽车尾部牌照上方，灯光光色为白色。

5. 内部照明系统

内部照明系统由顶灯、仪表灯、踏步灯、工作灯、行李箱灯组成，主要是为驾驶员、乘客提供方便。灯光光色为白色。

5.1.2　灯光信号系统

1. 转向信号灯

转向信号灯装在汽车的前后左右四角，其用途是在车辆转向、路边停车、变更车道、超车时，发出明暗交替的闪光信号，给前后车辆、行人提供行车信号。

前、后转向信号灯的灯光光色为琥珀色。转向信号灯的指示距离：要求前、后转向信号灯白天距 100 m 以外可见，侧转向信号灯白天距 30 m 以外可见。转向信号灯的闪光频率应控制在 1.0～2.0 Hz，起动时间应不大于 1.5 s。

2. 危险报警信号灯

危险报警信号灯用于车辆遇到紧急危险情况时，同时点亮前后左右转向灯以发出警告信号。它与转向信号灯有相同的要求。

3. 制动灯

制动灯用于指示车辆的制动或减速信号。制动灯安装在车尾两侧，两制动灯应与汽车的纵轴线对称并在同一高度上，制动灯灯光光色为红光，应保证白天距 100 m 以外可见。

4. 示廓灯

示廓灯安装在汽车前、后、左、右侧的边缘。大型车辆的中部、驾驶室外侧还增设了一对示宽灯，用于夜间行驶时指示汽车宽度。示廓灯灯光标志在夜间 300 m 以外可见。前示廓灯的灯光光色为白色，后示廓灯的灯光光色多为红色。

5. 后位灯

后位灯装于汽车后部，其作用是在夜间行车时指示车辆的位置，后位灯灯光光色为红色。

5.1.3 声响信号装置

1. 电喇叭

电喇叭的作用是警告行人和其他车辆，电喇叭声级为 90～105 dB（A）。

2. 倒车警告装置

由倒车蜂鸣器和倒车灯组成，其作用是当汽车倒车时，发出灯光和音响信号，警告车后行人和车辆。

5.2 照 明 系 统

解放 CA1091 汽车照明系统的组成和电路如图 5-1 所示。

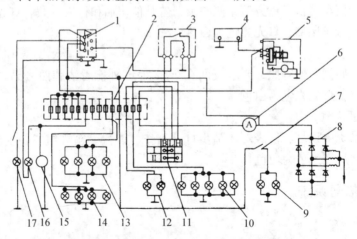

图 5-1　解放 CA1091 汽车照明系统电路

1. 灯光开关　2. 熔断器　3. 前照灯继电器　4. 蓄电池　5. 起动机　6. 电流表　7. 雾灯开关
8. 发电机　9. 雾灯　10. 前照灯远光灯　11. 前照灯变光开关　12. 前照灯近光灯　13. 示廓灯
14. 仪表照明灯　15. 工作灯插座　16. 驾驶室顶灯　17. 发动机罩下工作灯

5.2.1 传统前照灯的组成

传统前照灯由灯泡、反射镜和配光镜 3 个光学组件组成。传统前照灯按结构形式可分为半封闭式和封闭式两种类型。

半封闭前照灯的结构如图5-2所示。反射镜是由薄钢板冲压而成。配光镜靠卷曲反射镜边缘上的牙齿而紧固在反射镜上,两者之间垫有橡皮密封圈并用螺丝固定。灯泡从反射镜后端装入,更换灯泡时不需拆开配光镜,但密封性差。

封闭式前照灯又称真空灯,其结构如图5-3所示,反射镜和配光镜制成一体,形成一个整体,内部充以惰性气体,灯丝焊接在反射镜底座上。其优点是密封性能好,可避免反射镜污染,反射效率高,但灯丝烧坏后,需要更换前照灯总成。

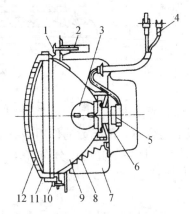
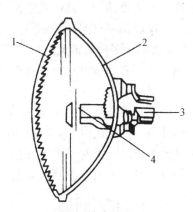

图5-2 半封闭式前照灯的结构　　　　　图5-3 封闭式前照灯的结构
1. 配光镜　2. 固定圈　3. 调整圈　4. 反射镜　5. 拉紧弹簧　6. 灯壳　　1. 近光灯丝　2. 远光灯丝
7. 防尘罩　8. 插座　9. 接线片　10. 灯泡　11. 调整螺母　12. 调整螺栓　　3. 配光屏　4. 配光镜

1. 灯泡

灯泡是前照灯的光源,前照灯的灯泡分为充气灯泡和卤钨灯泡两类。

充气灯泡的结构如图5-4（a）所示,灯丝用钨丝制成,灯泡内充满氩、氪和氮的混合惰性气体。充入惰性气体可以在灯丝发热膨胀后,增加玻璃壳内的压强,减少钨的蒸发,从而可提高灯丝的设计温度和发光效率,延长灯泡使用寿命。

卤钨灯泡的结构如图5-4（b）所示,灯丝用钨丝制成,充入的气体中加入卤族元素,如碘、溴、氯、氟等。灯泡工作时,在其内部形成卤钨再生循环反应,即从灯丝炽热蒸发

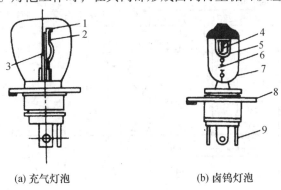

(a) 充气灯泡　　　　　　(b) 卤钨灯泡

图5-4 灯泡
1、5. 配光屏　2、4. 近光灯丝　3、6. 远光灯丝　7. 泡壳　8. 定焦盘　9. 插片

的气态钨与卤素反应,生成一种挥发性的卤化钨,它扩散到灯丝附近的高温区又受热分解,使钨又重新回到灯丝上,被释放的卤素又继续扩散参与下一轮循环反应,从而防止钨的蒸发,避免了灯泡发黑。由于充入的惰性气体压力较高,卤钨灯泡的玻璃采用耐高温、机械强度较高的石英玻璃或硬玻璃制成。卤钨灯泡的发光效率高,比一般灯泡高 50%~60%,耐久性好。

2. 反射镜

反射镜用薄钢板冲压而成,其形状为旋转抛物面,内表面进行镀银、镀铝或镀铬,并经抛光加工而成。

反射镜将灯泡的光线聚合、反射后照射前方,如图 5-5 所示。经反射镜反射后,尚有少量的散射光线,照向侧方和下方的散射光线有助于照明两侧 5~10 m 的路面。

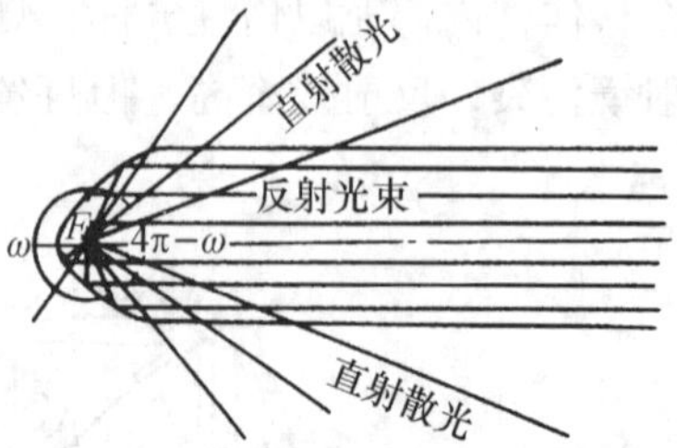

3. 配光镜

配光镜由透明玻璃制成。配光镜的外表面平滑,内

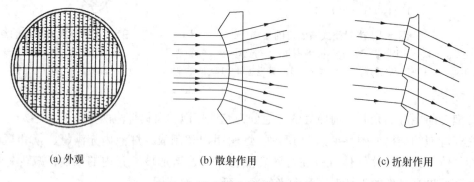

图 5-5 反射镜的反射作用

侧被精心设计成由许多特殊的透镜和棱镜组成的组合体。配光镜的作用是将反射镜反射出来的光线进行折射与反射(如图 5-6 所示),使照射区域的光照度分布符合标准要求。GB 4599—1994《汽车前照灯配光性能》中近光配光图要求如图 5-7 所示。

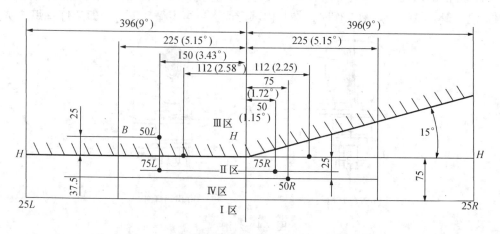

(a) 外观 (b) 散射作用 (c) 折射作用

图 5-6 配光镜散射和折射作用

图 5-7 近光配光图(测定距离:25 m 单位:cm)

Ⅰ、Ⅱ、Ⅳ. 亮区 Ⅲ. 暗区

5.2.2 传统前照灯的防眩目

夜间会车时，前照灯的强光会造成迎面汽车驾驶员眩目，容易发生交通事故。前照灯应满足防眩目要求。前照灯采用远光和近光的双丝灯泡，在会车时可通过切换远光、近光来实现防眩目。

1. 普通双丝灯泡

普通双丝灯泡中的远光灯丝位于反光镜旋转抛物面的焦点，而近光灯丝位于焦点的上方，如图5-8（a）所示。当远光灯丝通电时，灯泡的光线经反射镜反射后，沿光轴线平行射向远方，可获得较远的照射距离和较小的散射光束。而近光灯丝通电时，经反射镜反射后的光线多倾向路面，从而避免了迎面汽车驾驶员的眩目。但仍有小部分光线射向上方，如图5-8（b）所示。

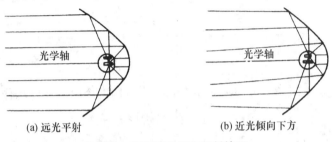

图5-8 普通双丝灯泡照射情况

2. 有配光屏的双灯丝灯泡

这种灯泡的远光灯灯丝仍位于反射镜旋转抛物面焦点，而近光灯灯丝则位于焦点的上方，并在其下方装有一个金属配光屏，如图5-9所示。近光灯点亮时，金属配光屏先将光线反射到反射镜上部，经反射镜反射后使光线照向路面，从而提高了防眩目性能。

5.2.3 传统前照灯控制电路

传统前照灯控制电路的基本组成如图5-10所示，灯光开关控制灯光继电器接通或关断前照灯电源，夜间会车时通过变光器交替接通前照灯远光和近光。由于前照灯的功率较大，每只远光灯或近光灯的功率通常为35～60W，故采用灯光继电器进行控制以减小灯光开关的电源负荷。当前照灯、前小灯、后位灯或其线路中发生搭铁故障时，熔断器立即熔断，为避免全车灯光熄灭，左、右前照灯的远、近光分别采用4支熔断丝，以确保行车安全。

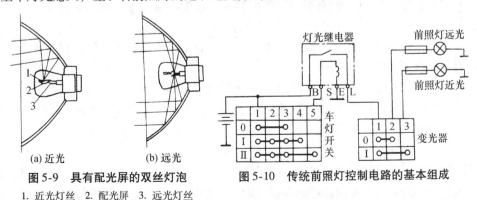

图5-9 具有配光屏的双丝灯泡　　图5-10 传统前照灯控制电路的基本组成
1. 近光灯丝　2. 配光屏　3. 远光灯丝

5.2.4 光电子前照灯

光电子前照灯由气体放电灯、遮光屏、多椭圆式反射镜（PES 反射镜）和配光镜等部分组成，光电子前照灯的组成如图 5-11 所示。

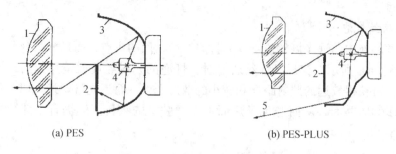

图 5-11 光电子前照灯的组成
1. 配光镜 2. 遮光屏 3. 反射镜 4. 灯泡 5. 辅助近光灯

1. 气体放电灯

气体放电灯又称 GDL（Gas Discharge Lamp），灯内两个电极在电场作用下，电流通过氙气或金属蒸气而放电发光。图 5-12 是 GDL 灯结构示意图。

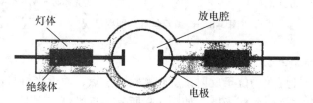

图 5-12 气体放电灯原理图

GDL 的工作电压很高，其电路控制系统包含起辉系统和控制单元，可以将车用电源的低电压转换成所需的高电压，并控制、调整起辉阶段，同时对 GDL 的工作状态进行监测。

室温下 GDL 灯泡内有汞、各种金属盐和压力惰性气体氙。当车灯打开时，氙首先点亮，并使金属盐和汞蒸发，这种混有金属的蒸气混合物正是提高灯泡效率的主要原因。GDL 的大部分光来自汞，而金属则影响了光线的色谱。

GDL 工作前需要进行以下四个步骤：

（1）起辉阶段。在电极上施加一个高压脉冲，产生电弧，使电极间的气体电离，形成管状放电通路。

（2）跟随发光阶段。气体电离后电流通过放电通路，激活氙气，使它立即发光，这时的光强约为正常工作时候的 20%。

（3）预热阶段。灯泡的功率不断增大，温度快速升高，汞和金属盐开始蒸发。并且随着光通量的增加，灯泡内的压力也不断上升，最后灯泡发出的光线从蓝色变成白色。

（4）持续工作阶段。灯泡稳定工作于 35 W 的额定功率，以保证弧光的稳定，此时车灯已达到额定的光通量（28 000 lm）和温度（4 500 K）。

为控制以上各个工作阶段，需要一个电路控制系统，如图 5-13 所示。GDL 起辉时的电压高达 10～20 kV，这由起辉单元提供；而在预热阶段，系统必须进行限流、限压的控制，使车灯快速起动，但同时避免过压，延长灯泡寿命。此外，内部控制系统还有遥控灭灯电路和安全保护电路。

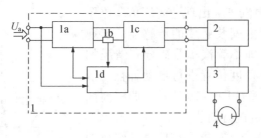

图 5-13　光电子前照灯的电路组成框图
1. ECU（1a-A/D 转换器　1b-分流器　1c-D/A 转换器　1d-微处理器）
2. 点火装置　3. 灯插座　4. 氙气气体放电灯　UB. 电池电压

用 GDL 作为前照灯，需要为其安装自准机构。由于它的开关特性，会车时如果用来做远光灯会造成炫目。最适合的情况是采用四前灯系统，用 GDL 来做前照灯，同时用一个传统的远光灯，以保证 GDL 可以持续工作在稳定状态。

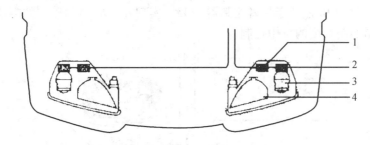

图 5-14　光电子四灯制前照灯系统
1. 带 ECU 的电子镇流装置　2. 带灯插接件的点火装置　3. 气体放电前照灯镜片　4. 卤素远光灯

2. PES 反射镜和配光镜

PES 反射镜的反射特性如图 5-15 所示。

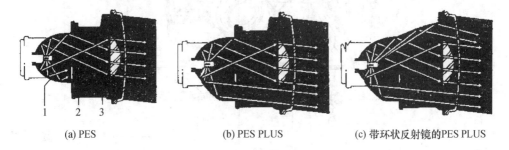

(a) PES　　　　(b) PES PLUS　　　　(c) 带环状反射镜的PES PLUS

图 5-15　PES 反射镜反射特性
1. 反射镜　2. 屏　3. 透镜

PES 反射镜可以改善近处的光照条件。在前灯出射面积小于 $30\,cm^2$ 的情况下，能获得与传统前灯相同甚至超过传统前灯的光照条件。这是由于 PES 反射镜用 CAD 设计椭圆反射面并运用了几何光学知识。它采用一个遮光板来获得合适的光束形式，遮光板的设计可以采用非常清晰的交界线。

3. 自适应式前照灯

从1990年开始德国汽车上出现了前灯角度位置调整机构。在汽车悬架上安装必要的传感器，实现前灯角度的自动调节，即不管汽车载荷分布情况如何变化，总可以对前灯角度位置进行自动补偿。前照灯自动调整机构的示意如图5-16所示。调整前照灯角度位置通过步进电机进行调节。

AUDI A6L轿车自适应式光电子前照灯的组成如图5-17所示。AUDI A6L轿车自适应式光电子前照灯的控制电路如图5-18～图5-23所示。该控制电路具有以下特点：

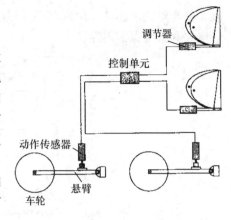

图5-16　前照灯角度位置自动调整机构

（1）采用车载电网控制器J519，实现车灯开关和雾灯开关的状态检测和供电控制。

（2）左、右侧两侧气体放电前照灯分别采用前照灯控制器J343和J344，实现左、右侧两侧气体放电前照灯的分别控制。

（3）采用弯道灯和前照灯距离控制器J745，实现左、右两侧气体放电前照灯的水平照射距离和弯道照明角度的集中控制。

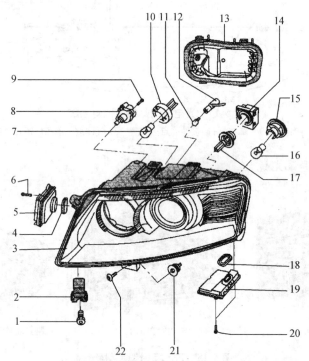

图5-17　AUDI A6L轿车自适应式光电子前照灯的组成

1、6、9、20、22. 螺栓　2. 定距支架　3. 前照灯外壳　4. 密封条　5. 电源模块　7. 白炽灯　8. 前照灯光线水平调整伺服电动机　10、12、15. 灯座　11. 停车白炽灯　13. 壳体盖　14. 气体放电前照灯　16. 转向信号灯　17. 近光灯气体放电前照灯　18. 密封条　19. 气体放电前照灯控制单元　21. 调节螺母

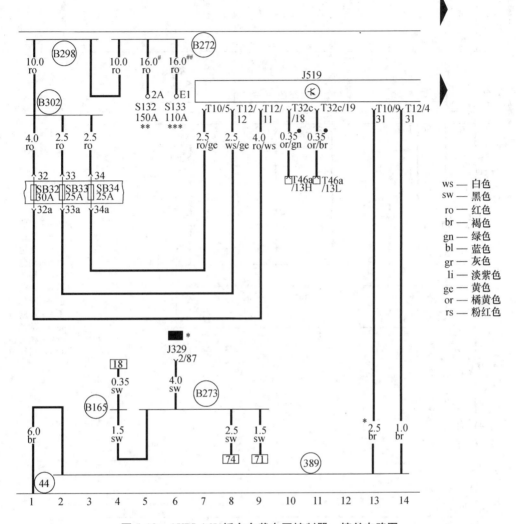

图 5-18　AUDI A6L 轿车车载电网控制器、熔丝电路图

J329. 端子 K1.15 供电继电器　J519. 车载电网控制器　S132. 熔丝 2　S133. 熔丝 3　SB32. 熔丝架上的熔丝 32　SB33. 熔丝架上的熔丝 33　SB34. 熔丝架上的熔丝 34　T10. 10 芯黑色插接器，插头 A，在车载电网控制器上　T12. 12 芯黑色插接器，插头 B，在车载电网控制器上　T32c. 32 芯白色插接器，插头 C，在车载电网控制器上　T46a. 46 芯插接器，左侧 CAN 分离插头　㊹. 左侧 A 柱下部的接地点　㊕. 接地连接 24，在主导线束中　⑯. 正极连接 2 (15)，在车内导线束中　㊗. 正极连接 (30)，在主导线束中　㊗. 正极连接 (15)，在主导线束中　㊘. 正极连接 2 (30)，在主导线束中　㊘. 正极连接 6 (30)，在主导线束中
●. CAN 总线（数据导线）　*. 驾驶员侧杂物箱后面的 9 座继电器座　**. 行李箱右侧熔丝和继电器座　***. 行李箱中后右蓄电池处的主熔丝盒　#. 至 2006 年车型　##. 至 2007 年车型

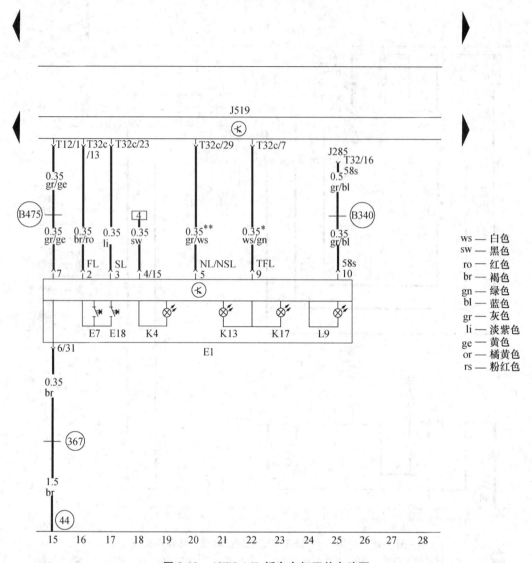

图 5-19 AUDI A6L 轿车车灯开关电路图

E1. 车灯开关 E7. 前雾灯开关 E18. 后雾灯开关 J285. 仪表板中的控制器 J519. 车载电网控制器 K4. 停车灯指示灯 K13. 后雾灯指示灯 K17. 前雾灯指示灯 L9. 前照灯开关照明 T12. 12 芯黑色插接器,插头 B,在车载电网控制器上 T32. 32 芯蓝色插接器,在组合仪表上 T32c. 32 芯白色插接器,插头 C,在车载电网控制器上 ㊹. 左侧 A 柱下部的接地点 ㊾. 接地连接 2,在主导线束中 ㉞. 连接 1 (58s),在主导线束中 ㊻. 接地连接 11,在主导线束中 *. 带白天行车灯的车辆 **. 带前雾灯的车辆

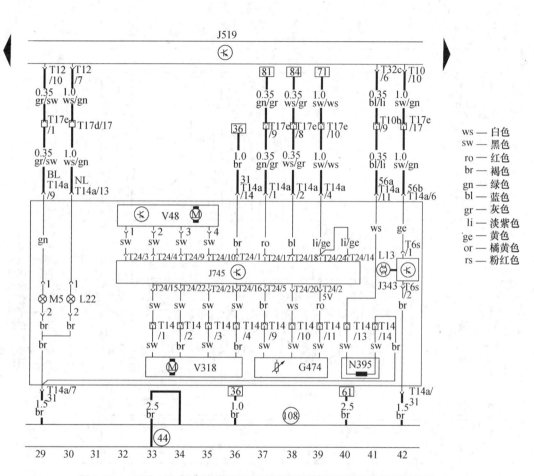

图 5-20　AUDI A6L 轿车弯道照明灯和前照灯照明距离调节装置控制器、左侧气体放电前照灯、左侧前雾灯电路图

G474. 左摆动模式定位传感器　J343. 左侧气体放电前照灯控制器　J519. 车载电网控制器　J745. 弯道灯和前照灯照明距离调节控制器　L13. 左侧气体放电前照灯　L22. 左侧前雾灯　M5. 左前转向信号灯　N395. 左侧前照灯防眩调整磁铁　T6s. 6 芯黑色插接器，在左侧气体放电前照灯控制器上　T10. 10 芯黑色插接器，插头 A，在车载电网控制器上　T10b. 10 芯蓝色插接器，在左侧 A 柱接线板上　T12. 12 芯黑色插接器，插头 B，在车载电网控制器上　T14. 14 芯黑色插接器，在前照灯上　T14a. 14 芯黑色插接器，在左侧前照灯上　T17d. 17 芯黑色插接器，在左侧 A 柱接线板上　T17e. 17 芯红色插接器，在左侧 A 柱接线板上　T24. 24 芯白色插接器，在弯道灯和前照灯照明距离调节控制器上　T32c. 32 芯白色插接器，插头 C，在车载电网控制器上　V48. 左侧前照灯照明距离调节伺服电动机　V318. 左侧动态弯道灯伺服电动机　㊹. 左侧 A 柱下部的接地点　⑩⑧. 接地连接 2，在左前导线束中

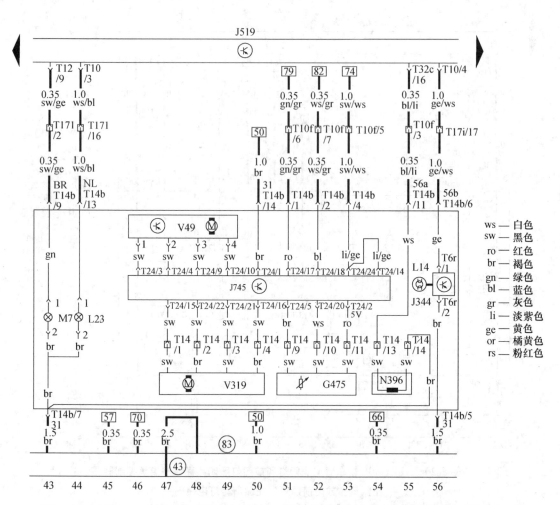

图 5-21　AUDI A6L 轿车弯道照明灯和前照灯照明距离调节装置控制器、
右侧气体放电前照灯、右侧前雾灯电路图

G475. 右摆动模式定位传感器　J344. 右侧气体放电前照灯控制器　J519. 车载电网控制器　J745. 弯道灯和前照灯照明距离调节控制器　L14. 右侧气体放电前照灯　L23. 右侧前雾灯　M7. 右前转向信号灯　N396. 右侧前照灯防眩调整电磁铁　T6r. 6 芯黑色插接器，在右侧气体放电前照灯控制器上　T10. 10 芯黑色插接器，插头 A，在车载电网控制器上　T10f. 10 芯白色插接器，在右侧 A 柱接线板上　T12. 12 芯黑色插接器，插头 B，在车载电网控制器上　T14. 14 芯黑色插接器，在前照灯上　T14b. 14 芯黑色插接器，在右侧前照灯上　T17i. 17 芯红色插接器，在右侧 A 柱接线板上　T24. 24 芯白色插接器，在弯道灯和前照灯照明距离调节控制器上　T32e. 32 芯白色插接器，插头 C，在车载电网控制器上　V49. 右侧前照灯照明距离调节伺服电动机　V319. 右侧动态弯道灯伺服电动机　㊸. 右侧 A 柱下部接地点　㊸. 接地连接 1，在右前导线束中

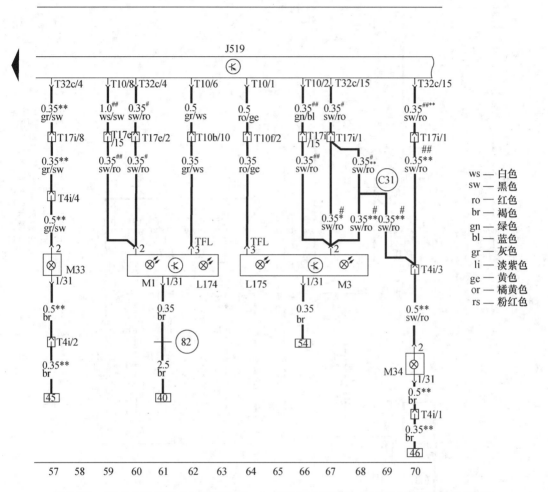

图 5-22　AUDI A6L 轿车左右侧停车灯、左右侧白天行车灯、左前/右前示宽灯电路图

J519. 车载电网控制器　L174. 左侧白天行车灯　L175. 右侧白天行车灯　M1. 左侧停车灯　M3. 右侧停车灯　M33. 左前示宽灯　M34. 右前示宽灯　T4i. 4 芯黑色插接器，在发动机室内右前方　T10. 10 芯黑色插接器，插头 A，在车载电网控制器上　T10b. 10 芯蓝色插接器，在左侧 A 柱接线板上　T10f. 10 芯白色插接器，在右侧 A 柱接线板上　T17e. 17 芯红色插接器，在左侧 A 柱接线板上　T17i. 17 芯红色插接器，在右侧 A 柱接线板上　T32e. 32 芯白色插接器，插头 C，在车载电网控制器上　㉘. 接地连接 1，在左前导线束中　*. 不适用于美国　**. 仅适用于美国　#. 适用于 2005 年 10 月前的车辆　##. 自 2005 年 11 月起

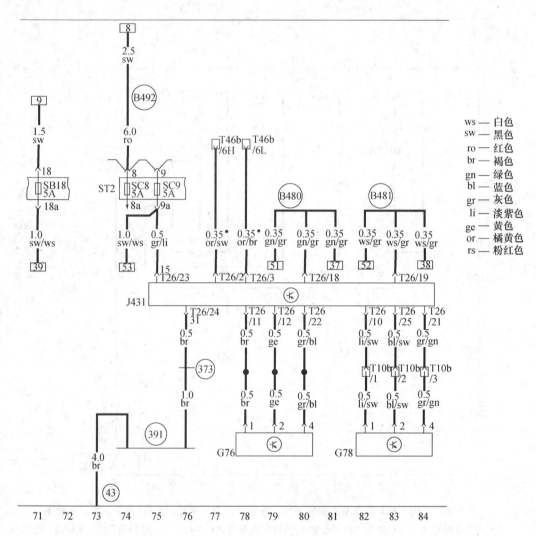

图 5-23 AUDI A6L 轿车前照灯照明距离调节控制器、
左后汽车高度传感器、左前汽车高度传感器电路图

G76. 左后汽车高度传感器　G78. 左前汽车高度传感器　J431. 前照灯照明距离调节控制器　SB18. 熔丝架上的熔丝 18　SC8. 熔丝架上的熔丝 8　SC9. 熔丝架上的熔丝 9　T10b. 10 芯蓝色插接器，在左侧 A 柱接线板上　T26. 26 芯黑色插接器，在前照灯照明距离调节控制器上　T46b. 46 芯插接器，右侧 CAN 分离插头　㊸. 右侧 A 柱下部接地点　㊳. 接地连接 8，在主导线束中　㊚. 接地连接 26，在主导线束中　㊻. 接地连接 16，在主导线束中　㊽. 接地连接 17，在主导线束中　㊾. 正极连接 3（15），在车内导线束中　●. CAN 总线（数据导线）

5.2.5 LED 照明系统

发光二极管（light-emitting diode，LED）具有发光效率高、工作温度低、抗震性好、发光响应速度快、使用寿命长等优点。

LED 是一种固态的半导体器件，它可以直接把电转化为光。LED 的核心是一个半导体晶片，晶片的一端附在一个支架上，一端是负极，另一端连接电源的正极，使整个晶片被环氧树脂封装起来。半导体晶片由两部分组成，一部分是 P 型半导体，空穴占主导地位，另一端是 N 型半导体，主要是电子。两部分连接起来时，形成一个 P-N 结。当电流通过导线作用于晶片的时候，电子会被推向 P 区，在 P 区里电子跟空穴复合，就会以光子的形式发出能量，这就是 LED 发光原理。

LED 灯光的颜色由形成 P-N 结的材料决定，目前可以制造各种不同波长的 LED。一般来说 LED 晶片都是由稼基晶体形成，这个稼基晶体里边包含荧光粉产生一种特定的颜色，从而使 LED 灯发出不同颜色的灯光。

LED 主要用于车灯照明和信号灯，如转向灯、普通制动灯与高位制动灯。

发光二极管的寿命一般为 10 万小时，而一般的钨丝灯只有几千小时。因此在汽车使用寿命期限之内，LED 发光器件不需要更换。LED 的发光体不是灯丝结构，使其在承受恶劣工作环境方面表现出明显的优势。

LED 开启速度比白炽灯快，一般 LED 由接通电源到其发光亮度达到工作要求，需要时间 $\leqslant 1$ ms，而钨丝灯由接通电源到其发光亮度达到工作要求的时间 $\geqslant 200$ ms。

5.2.6 前照灯的检验项目与要求

1. 前照灯的检验项目与要求

为保障车辆夜间行驶安全，国标 GB 7258—2004《机动车安全运行技术条件》中对前照灯的光束照射位置、发光强度和配光特性做了如下规定：

（1）在检测前照灯的近光光束照射位置时，车辆空载，允许乘一名驾驶员。前照灯在距屏幕 10 m 处，光束明暗截止线转角或中点的高度应为 $0.65H \sim 0.80H$（H 为前照灯中心高度），其水平方向位置向左、右偏均不得大于 100 mm。

（2）四灯制前照灯其远光单光束灯在屏幕上的调整，要求光束中心离地高度为 $0.85H \sim 0.9H$。水平位置要求左灯向左偏不得大于 100 mm，向右偏不得大于 160 mm。右灯向左或向右偏均不得大于 160 mm。

（3）对于安装两只前照灯的机动车，每只灯的发光强度 $\geqslant 15\,000$ cd（坎德拉），对于安装了 4 只前照灯的车辆，每只灯的发光强度 $\geqslant 12\,000$ cd。

（4）前照灯的配光性能应符合 GB 4599—1994《汽车前照灯配光性能》的要求。

2. 前照灯的故障诊断

汽车前照灯常见的故障主要有灯光不亮、发光强度不足等。常见故障的诊断方法如下：

（1）前照灯远光和近光均不亮。其原因主要有：熔断器熔断、灯泡灯丝烧断、灯光开关接线柱的线头、变光开关接线柱的线头以及搭铁线松动或断路等故障。

（2）一只前照灯远光或近光不亮。通常是前照灯灯泡的灯丝烧断或相应的线路故障。

（3）前照灯发光强度低于规定值。其原因主要有：工作电压偏低、发电机输出功率不足、蓄电池电量不足、前照灯电路接触不良；灯泡和灯芯老化或产品质量差；灯泡的功率选择偏低，如发光强度不够；前照灯反射镜有污染或镀层脱落；配光镜装配不当等。

5.3 灯光信号系统和声响信号系统

灯光信号系统和声响信号系统由转向信号灯、危险报警信号灯、制动灯、电喇叭和倒车蜂鸣器等组成。解放 CA1091 汽车信号系统的电路如图 5-24 所示。

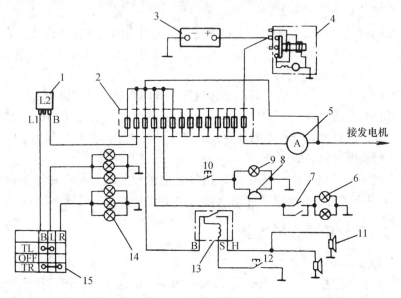

图 5-24 解放 CA1091 汽车灯光信号和声响信号系统电路

1. 闪光器 2. 熔断器盒 3. 蓄电池 4. 起动机 5. 电流表 6. 制动灯 7. 制动灯开关 8. 倒车蜂鸣器 9. 倒车灯 10. 倒车信号开关 11. 电喇叭 12. 电喇叭按钮 13. 电喇叭继电器 14. 转向信号灯和转向指示灯 15. 转向灯开关

5.3.1 转向信号灯电路

转向信号电路主要由转向信号灯、电子闪光器、转向灯开关等组成。转向信号灯的闪烁是由闪光器控制的。

电子闪光器分晶体管式和集成电路式两类。因集成电路成本的降低，汽车上广泛使用集成电路闪光器。上海桑塔纳轿车装用的电子闪光器即为集成电路式闪光器，其电路原理如图 5-25 所示。它的核心器件 ICU243B 是一块低功耗、高精度的汽车电子闪光器专用集成电路。U243B 的标称电压为 12 V，实际工作电压范围为 9～18 V，采用双列八脚直插塑料封装。内部电路主要由输入检测器 SR、电压检测器 D、振荡器 Z 及功率输出级 4 部分组成。

输入检测器用来检测转向信号灯开关是否接通。振荡器由一个电压比较器和外接 R_4 及 C_1 提供一个变化的电压，从而形成电路的振荡。

振荡器工作时，输出级便控制继电器线圈的电路，使继电器触点反复开闭，于是转向灯和转向指示灯便以一定的频率闪烁。

如果一只转向灯烧坏，则流过取样电阻 R_S 的电流减小，其电压降减小，经电压检测器识别后，便控制振荡器电压比较器的参考电压，从而改变振荡（即闪光）频率，使转向指示灯的闪烁频率增大一倍。

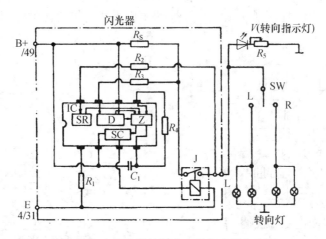

图 5-25　上海桑塔纳轿车电子闪光器电路图
SR. 输入检测器　D. 电压检测器　Z. 振荡器　SC. 输出级　R_S. 取样电阻　J. 继电器

5.3.2　危险报警信号灯电路

汽车在行驶中出现紧急情况或意外事故时，应使用危险报警信号灯。危险报警信号灯在转向信号灯电路中通过危险报警开关控制。当接通危险报警开关后，全部转向信号灯同时闪烁，发出危险报警信号。

危险报警信号灯在汽车出现紧急情况（例如制动失灵）时使用，通常左、右转向信号灯同时闪烁来发出危险报警信号。左、右转向信号灯同时闪烁由闪光器产生，但由危险报警开关控制。

其工作原理如图 5-26 所示，通过控制危险报警开关 7，直接控制闪烁器产生的断续电流流过左、右转向灯系，产生危险报警信号。

5.3.3　制动信号灯

制动灯电路由制动信号灯和制动开关组成。车辆制动时，制动开关接通制动灯电源，制动灯点亮，警示车后行人和车辆。制动开关有液压式和气压式两种。

1. 液压式制动灯开关

液压式制动灯开关用于液压制动系统的汽车，通常安装在液压制动主缸的前端，其结构如图 5-27 所示。当踩下制动踏板时，由于制动系统的液压增大，膜片（2）向上拱曲，接触片（3）同时接通接线柱（6）和接线柱（7），接通制动灯电源，制动灯点亮。松开制动踏板时，制动系统液压降低，接触片在回位弹簧（4）作用下复位，切断制动灯电源。

2. 气压式制动信号灯开关

气压式制动信号灯开关，用于采用气压制动系统的汽车，通常安装在制动阀上，其结

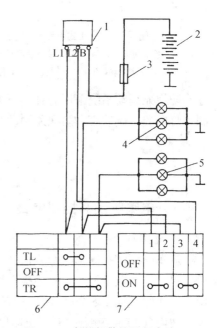

图 5-26　危险报警信号灯电路
1. 闪光器　2. 蓄电池　3. 熔断丝
4. 左转向信号灯　5. 右转向信号灯
6. 转向灯开关　7. 危险报警开关

构如图 5-28 所示。制动时，制动压缩空气推动橡皮膜片上拱，使触点闭合，接通制动灯电路。

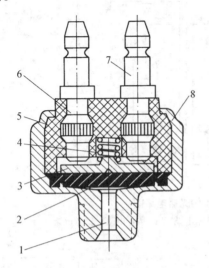

图 5-27　液压式制动灯开关

1. 通制动液　2. 膜片　3. 接触片　4. 弹簧
5. 胶木底座　6、7. 接线柱　8. 壳体

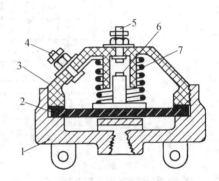

图 5-28　气压式制动灯开关

1. 外壳　2. 膜片　3. 胶木壳　4、5. 接线柱
6. 触点　7. 弹簧

防抱死制动系统采用的制动开关安装在制动踏板上方，踏下制动踏板时制动开关接通制动灯电源，制动灯和防抱死制动系统工作，使开关触点闭合，接通制动信号灯电路。

5.4　声响信号系统

5.4.1　电喇叭及其控制电路

1. 电喇叭

汽车电喇叭有筒形、螺旋形和盆形等不同的结构形式。由于盆形电喇叭具有结构简单、尺寸小、重量轻、声束的指向性好等优点，所以在汽车上普遍采用。盆形电喇叭的结构与工作原理如图 5-29 所示。按下电喇叭按钮时，电喇叭电路通电，电流由蓄电池"+"极→线圈（2）→触点（7）→喇叭按钮（10）→搭铁→蓄电池"-"极，形成回路。当电流通过线圈（2）时，产生磁场，铁芯被磁化，吸动上铁芯（3），带动膜片（4）中心下移，同时带动衔铁（6）运动，压迫触点臂将触点（7）打开，触点（7）打开后线圈（2）电路被切断，其磁力消失，下铁芯（1）、上铁芯（3）及膜片（4）又在触点臂和膜片（4）自身弹力的作用下复位，触点（7）又闭合。触点（7）闭合后，线圈（2）又通电产生磁力吸下铁芯（1）和上铁芯（3），触点（7）又被顶开，如此循环，触点以一定的频率打开、闭合，膜片不断振动发出声响，通过共鸣板产生共鸣，从而产生音量适中、和谐悦耳的声音。为了获得更加悦耳且容易辨别的声音，有些汽车上装有两个不同音调（高、低音）的电喇叭。

为了保护喇叭触点，在触点（7）之间并联一只电容或消弧电阻。

2. 电喇叭控制电路

由于电喇叭的工作电流比较大（15～20 A），容易烧坏喇叭按钮，所以在电路中装有喇叭继电器。电喇叭继电器的控制电路如图 5-30 所示。

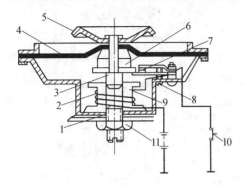
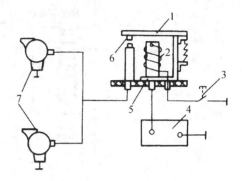

图 5-29　盆形电喇叭　　　　　　　　　　　图 5-30　电喇叭控制电路
1. 下铁芯　2. 线圈　3. 上铁芯　4. 膜片　5. 共鸣板　6. 衔铁　　1. 触点臂　2. 线圈　3. 喇叭按钮　4. 蓄电池
7. 触点　8. 调整螺钉　9. 铁芯　10. 按钮　11. 锁紧螺母　　　　5. 铁芯　6. 触点　7. 电喇叭

当按下喇叭按钮时，电流由蓄电池"＋"极→铁芯（5）→线圈（2）→喇叭按钮（3）→搭铁→蓄电池"－"极，构成回路。此时，电流通过继电器线圈（2），铁芯（5）产生磁力，吸下触点臂（1）使触点（6）闭合，电喇叭电路接通。当松开喇叭按钮（3）时，继电器线圈（2）断电，磁力消失，释放触点臂（1），触点（6）在弹簧力的作用下打开，喇叭断电停止发声。

5.4.2　倒车报警控制装置

倒车灯的作用主要是在汽车倒车时提醒行人及其他车辆驾驶员。它由装在变速器盖上的倒车开关控制，其电路如图 5-31 所示。

倒车报警开关结构如图 5-32 所示，当变速杆将倒挡变速叉轴拨到倒挡位置时，倒挡轴叉上的凹槽恰好对准钢球，钢球在弹簧作用下带动膜片和接触盘下移，使静触点与接触盘接触，倒车灯点亮。与此同时，也接通了倒车警报器电路，使警报器发出声响。同时，蓄电池电流还通过线圈 L_2 对电容器进行充电。由于流入线圈 L_1 和 L_2 的电流大小相等，方向相反，产生的电磁吸力互相抵消，使线圈不显磁性，因此继电器触点继续闭合。随着电容器两端的电压逐渐上升，使流入线圈的电流变小，即电磁吸力减小，但线圈 L_1 产生的电磁吸力不变，当 L_1 与 L_2 产生的吸力差大于触点的弹簧拉力时，触点被吸开，警报器电路被切断而停止发出声响。

在继电器触点打开时，电容器又通过线圈 L_2 和 L_1 放电，使线圈产生磁力，触点仍继续打开。当电容器两端电压下降到一定值时，线圈磁力减弱，继电器触点重又闭合，报警器通电发出声响，电容器重又开始充电。如此反复，继电器触点不断开闭，倒车警报器发出断续的声响，以示倒车。

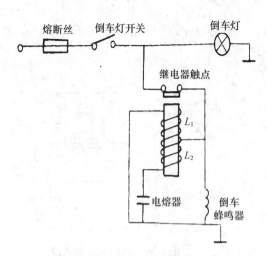

图 5-31 倒车报警装置

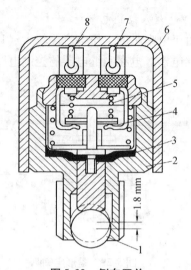

图 5-32 倒车开关
1. 钢球 2. 壳体 3. 膜片 4. 触点 5. 弹簧
6. 保护罩 7、8. 接线柱

5.5 思考题

1. 照明系统由哪些部分组成？各起什么作用？
2. 在汽车上采取何种措施防止眩目？
3. 前照灯的检测项目和要求有哪些？
4. 试分析前照灯的控制电路。
5. 光电子前照灯主要由哪些部分组成？简述各部分的工作原理。
6. 汽车灯光信号和声响信号系统由哪些部分组成？各起什么作用？
7. 简述热丝式、电容式、晶体管式闪光器的工作原理。
8. 简述盆形电喇叭的工作原理。

第6章 汽车仪表与报警指示灯系统

6.1 汽车仪表与报警指示灯系统的组成

汽车仪表与报警指示灯系统安装在仪表板上,由各种仪表、报警指示灯组成。

汽车仪表主要有车速里程表、发动机转速表、冷却液温度表、燃油表、机油压力表等,用于指示汽车运行的有关参数;报警灯主要有机油压力过低报警灯、制动液面过低报警灯、ABS故障报警灯、安全气囊故障报警灯等,用于警示有关系统的故障;指示灯主要有转向指示灯,远、近光指示灯,驻车指示灯,制动指示灯,挡位指示灯等,用于指示汽车运行状态。

早期的载货汽车采用分离式结构,将各个独立的仪表与报警指示灯布置在仪表板上。现代汽车均采用组合式仪表,即仪表板采用同一块电路板并布置有各种仪表和报警指示灯。桑塔纳轿车采用组合仪表,仪表与报警指示灯系统的组成如图6-1所示。

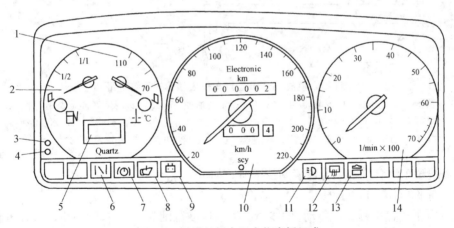

图6-1 桑塔纳轿车组合仪表板组成

1. 冷却液温度表 2. 燃油表 3. 电子钟分钟调整钮 4. 电子钟时钟调整钮 5. 电子液晶钟 6. 阻风门拉起指示灯 7. 手制动拉起和制动液面报警灯 8. 机油压力报警灯 9. 充电指示灯 10. 电子车速里程表 11. 远光指示灯 12. 后窗除霜加热指示灯 13. 冷却液液面报警灯 14. 电子发动机转速表

6.2 汽车仪表系统

6.2.1 汽车仪表系统电路

解放CA1091汽车仪表主要包括电流表、车速里程表、水温表、机油压力表、制动气压表等,仪表和报警指示灯系统电路如图6-2所示。桑塔纳轿车组合仪表主要包括车速里程表、发动机转速表、冷却液温度表、机油压力表等,仪表和报警指示灯系统电路原理图如图6-3所示。

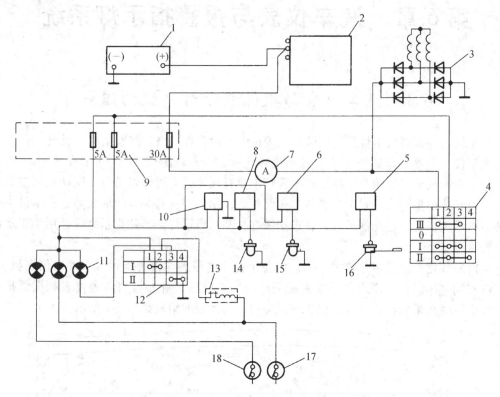

图6-2 解放CA1091型汽车仪表和警报系统电路

1. 蓄电池 2. 起动机 3. 发电机 4. 点火开关 5. 燃油表 6. 机油压力表 7. 电流表 8. 水温表
9. 熔断丝盒 10. 仪表用稳压器 11. 驻车指示灯 12. 停车开关 13. 倒车蜂鸣器 14. 水温传感器
15. 油压传感器 16. 燃油表传感器 17. 气压警报开关 18. 油压警报开关

桑塔纳轿车组合仪表组合仪表的技术参数如下。

(1) 标称电压:12 V,DC。

(2) 电子车速里程表:传动比1:975,指示速度范围为20~220 km/h,累计里程表为0~999 999 km,单程累计为0~999.9 km。

(3) 发动机转速表:满刻度频率为233.3 Hz,指示转速范围为0~7 000 r/min。

(4) 冷却液温度表:指示温度范围为70~130℃,高温报警为124℃(红色报警灯闪亮)。

(5) 燃油表:指示油箱燃油的量,指示的刻度为1/2~1(油箱容积)。当油箱内剩油量只有9 L左右时,橙色报警灯发亮。

(6) 低油压报警开关:常闭式,压力报警值为0.03 MPa;常开式,压力报警值为0.18 MPa。

(7) 电子液晶时钟:4位7段,显示时、分。具有12 h和24 h两种时制,可任意选择。

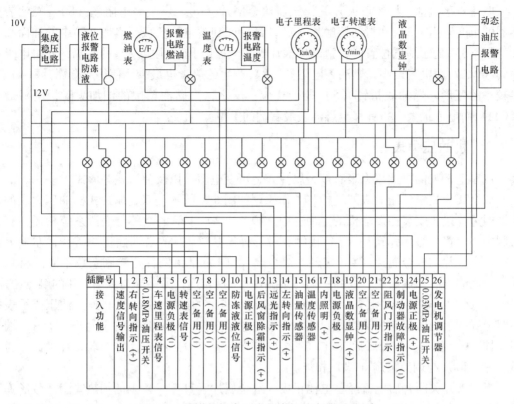

图 6-3　桑塔纳轿车组合仪表板的电路原理图

6.2.2　燃油表

燃油表的作用是指示油箱中燃油量的多少。燃油表一般由一个装在油箱中的传感器和仪表板上的燃油显示表构成。根据燃油表的工作原理不同可以分为电磁式和电热式（双金属片式）。

电热式燃油表的结构如图 6-4 所示。燃油表传感器为滑动电阻，燃油表与冷却液温度表及其指示灯共用一个稳压电源，仪表工作电压为 9.5～10.5 V。

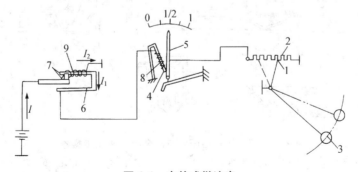

图 6-4　电热式燃油表

1. 滑动接触片　2. 可变电阻　3. 浮子　4. 双金属片　5. 燃油表指针
6. 稳压器双金属片　7. 触点　8. 燃油表电阻丝　9. 稳压器电阻丝

电流自蓄电池正极经点火开关稳压器双金属片（6）、燃油表电阻丝（8）、燃油表传感器的可变电阻（2）和滑动接触片（1），最后回到蓄电池负极。当燃油箱中的油面高度和浮子（3）处于最低位置时，滑动接触片（1）位于可变电阻（2）的右端，此时电阻最大（560Ω）而电流最小，燃油表电阻丝（8）产生的热量也最少，使得双金属片（4）产生较小的变形，燃油表指针（5）处于 0 位；反之，当燃油箱中的油加满时，电阻最小（50Ω）而电流最大，指针移至燃油表最右端的 1 位。

6.2.3 机油压力表

汽车上常见的机油压力表有双金属片式、可变电阻式以及弹簧式等形式。

双金属片式机油压力表的结构与工作原理如图 6-5 所示，双金属片式机油压力表的传感器通过管接头安装在发动机的主油道中。膜片（2）下侧的空腔与润滑系统相通，膜片上侧中心位置与弓形弹簧片（3）接触，弓形弹簧片（3）的右端固定并搭铁，左端上侧焊有触点，并与双金属片（4）接触，双金属片（4）是由两种热膨胀系数不同的材料构成，上面缠绕有加热线圈，线圈一端与接触片（6）相连，另一端与双金属片的触点相连，接触片（6）通过接线柱（7）和导线与油压指示表上的接线柱（9）相连。油压指示表中的双金属片上也缠绕有加热线圈，线圈一端通过接线柱（15）连接到点火开关，另一端与接线柱（9）相连。双金属片（11）一端与调节齿扇（10）相连，另一端装有指针并通过弹簧片（14）与调节齿扇（13）相连。

当点火开关闭合后电流经蓄电池正极、双金属片（11 和 4）上的加热线圈、弓形弹簧片（3）和搭铁，回到蓄电池负极，构成闭合回路。电路中有电流流过时，加热线圈就对双金属片加热，双金属片（4）受热膨胀弯曲与弓形弹簧片（3）分开，电路被切断。经过一段时间，双金属片冷却恢复原来形状，双金属片（4）和弓形弹簧片（3）之间的触点接合，这样又构成闭合回路，加热线圈又开始对双金属片加热，如此反复循环。

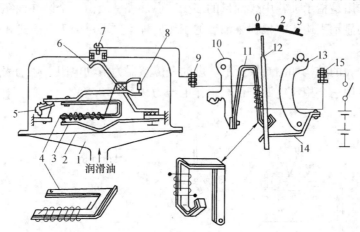

图 6-5 双金属式油压表与双金属式油压传感器
1. 油腔　2. 膜片　3. 弓形弹簧片　4、11. 双金属片　5. 调节齿轮　6. 接触片
7、9、15. 接线柱　8. 校正电阻　10、13. 调节齿扇　12. 指针　14. 弹簧片

当润滑系统油压较低时，弓形弹簧片和双金属片之间的触点之间的作用力较小，电路

中只要有微小电流，就可以使双金属片（4）产生与弓形弹簧片触点分离的变形，这样接合的时间较短，断开的时间较长，电路中的电流有效值较小，指示机油压力较小；当润滑系统油压升高时，在膜片（2）的作用下，双金属片（4）和弓形弹簧片（3）之间的触点接合面积增大，这样线圈中就需要有较长时间的电流流过，才能使双金属片产生于弓形弹簧片分离的受热膨胀变形。这样触点接合的时间也就变长，断开的时间变短，从而电路中电流的有效值就增大。电路中电流的有效值的大小又表现为双金属片（11）的变形大小，最终表现为指针（12）的偏移量。电流有效值大，指针偏移量也就较大，指示机油压力较高。

6.2.4 水温表

水温表又称冷却液温度表，用来指示发动机冷却液温度。水温表可以分为双金属片式和电磁式，而水温传感器可以分为双金属片式和热敏电阻式。因双金属片式是根据材料的热胀冷缩热性质设计的，故也称为电热式。

桑塔纳轿车电热式冷却液温度表的组成和工作原理如图6-6所示。冷却液（水）温度表传感器（6）为负温度系数热敏电阻，当发动机冷却液温达到115℃左右时，水温表传感器阻值为

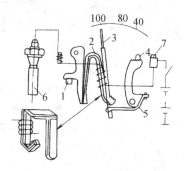

图6-6 电热式冷却液温度表
1、4. 调整齿扇 2. 双金属片 3. 水温表指针
5. 弹簧片 6. 水温表传感器 7. 稳压器

62Ω，此时冷却液温度表指示满刻度，同时冷却液液面报警灯应闪光报警。当发动机低温时，电阻值在500Ω左右，冷却液温度指针指向低位刻度。双金属片（2）因热变形而带动指针（3）转动，而变形量取决于流经双金属片上电阻丝电流的大小。

6.2.5 车速里程表

车速里程表包括车速表和里程数，根据结构与原理不同可以分为磁感应式和电子式。桑塔纳轿车采用电子式车速里程表，其结构如图6-7所示。它主要由动圈式车速测量机构（8）、行星齿轮减速传动机构带动的十进制记录里程数字轮（4）、处理与速度有关的脉冲信号的线路板组合（5）、接受与速度有关的霍尔型转速传感器以及步进电动机（6）等组成。

安装在变速器后部的车速传感器将车速转化为脉冲信号，经由电子元器件组成的电路处理后，输出电流驱动动圈式测量机构，带动指针偏转一定的角度。由于车速传感器产生的脉冲频率经电路处理后，与输出的电流相对应，所以指针指示相应的车速。将输入的脉冲频率由电路分频处理后，驱动步进电动机，经行星齿轮减速累计行驶里程。

传统的磁感应式车速里程表，其结构和工作原理如图6-8所示。里程表由软轴、3对蜗轮蜗杆、中间齿轮、单程里程计数器、总里程计数器和复零机构组成，软轴与变速器输出轴齿轮相啮合。仪表盘上的两个计数器中，上面一个计数器共有6个计数轮，记录总行驶里程，下面一个计数器共有4个计数轮，记录短程行驶里程。

汽车行驶时，与变速器输出轴齿轮啮合的软轴驱动3对蜗轮蜗杆转动，第3个蜗轮带动总里程计数器最右边一个计数轮转动，并从右至左逐级驱动其余5个计数轮。单程计数

器的右边一个计数轮由总里程计数器上的右边的一个计数轮通过中间齿轮驱动,并从右至左逐级驱动其余 3 个计数轮。

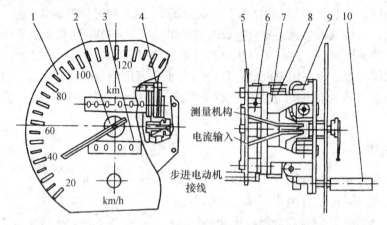

图 6-7 桑塔纳 2000 系列轿车电子车速里程表
1. 刻度盘 2. 指针组合 3. 里程计数器 4. 行星齿轮系 5. 线路板组合 6. 步进电机
7. 座架 8. 动圈式测量机构 9. 计数器组合 10. 日程复位机构

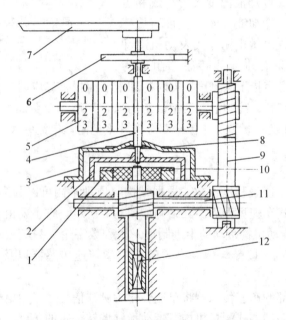

图 6-8 磁感应式车速里程表结构和工作原理
1. 永久磁铁 2. 感应罩 3. 护罩 4. 针轴 5. 计数器 6. 指针 7. 车速表指针
8. 卡簧 9. 竖直蜗轮轴 10. 补偿环 11. 水平蜗轮轴 12. 转轴

6.2.6 发动机转速表

发动机转速表有机械式和电子式两种类型。电子式发动机转速表的结构简单,性能稳定可靠,并且安装方便,得到了广泛的应用。

汽油机用电子式发动机转速表的工作原理如图 6-9 所示,发动机转速信号来源于点火系统的断点器或点火器的点火控制信号。每次点火时，点火线圈负接线柱产生一个自感脉冲信号，该脉冲信号的频率与发动机的转速之间的关系是确定的。对于四缸发动机，曲轴转两圈，断点器开闭4次，通过记录脉冲信号的频率就可以知道发动机的转速。

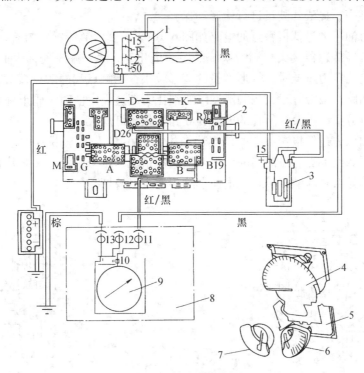

图6-9 转速表接线图
1. 点火开关　2. 中央线路板　3. 点火线圈　4. 转速表　5. 支架　6. 燃油表　7. 冷却液温度表
8. 仪表板　9. 转速表　10. 黑色3孔插座　11、14. 14孔白色插座　12. 14孔黑色插座

桑塔纳轿车采用电子式发动机转速表，转速信号取自点火线圈"－"端子，当点火线圈初级电流接通或切断时，产生的脉冲信号经中央线路板、仪表盘印刷电路、仪表盘白色14孔插座进入转速表控制电路。控制电路为数字集成电路，脉冲信号经集成电路处理后，由转速表指针指示出发动机转速值。在转速表的背面，有一个黑色3孔插座，该插座与印制电路连接。

6.3　汽车报警灯

汽车报警灯用于监视汽车各部件的运行情况，并在仪表板上显示出来，以保证汽车的安全行驶。报警灯系统包括充电指示灯、润滑油压力过低报警灯、制动气压过低报警灯、水温过高报警灯和制动液液面过低报警灯等。报警灯一般由传感器和红色报警灯组成。

6.3.1　充电指示灯

充电指示灯的作用是指示发电机、调节器的工作状况。由于充电指示灯较电流表的成本低，目前大多数汽车以充电指示灯取代了电流表。

6.3.2 机油压力过低报警灯

在许多汽车上,除了装有机油压力表外,还装有机油压力过低报警装置,在机油压力过低时,报警灯亮,提醒驾驶员进行检修和保养。

弹簧管式机油压力过低报警灯的电路如图 6-10 所示。盒形传感器内有一个管形弹簧,管形弹簧的一端经传感器接头与润滑系统的主油道相连,另一端密闭,上面焊有动触点。当润滑系统的机油压力过低时,管形弹簧的变形较小,动触点和静触点接触,使报警灯所在的电路构成回路,报警灯亮;当润滑系统机油压力超过设定值时,管形弹簧的变形使得动触点和静触点分离,报警灯所在的电路为断路,报警灯熄灭。

膜片式机油压力过低报警系统的传感器结构如图 6-11 所示。膜片的上侧面承受弹簧向下的弹力,下侧面承受润滑油路的压力。当润滑系统的压力过低时,膜片在弹簧作用下向下移动,使动触点和静触点接触,报警电路接通,报警灯亮。

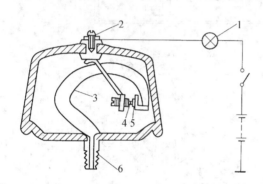

图 6-10 弹簧管式机油压力报警灯电路
1. 报警灯 2. 接线柱 3. 管形弹簧 4. 静触点
5. 动触点 6. 管接头

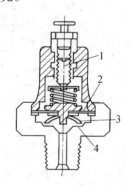

图 6-11 膜片式油压报警传感器
1. 调整螺钉 2. 膜片 3. 活动触点
4. 固定触点

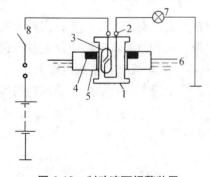

图 6-12 制动液面报警装置
1. 舌簧开关外壳 2. 接线柱 3. 舌簧开关
4. 永久磁铁 5. 浮子 6. 制动液面
7. 报警灯 8. 点火开关

6.3.3 制动液面报警灯

制动液面报警装置是在制动液储存罐里的液面低于设定值时报警,以确保行车安全。

制动液面报警装置的结构与电路原理如图 6-12 所示。该装置的外壳(1)固定,壳内为舌簧开关,舌簧开关的两个接线柱接入报警灯所在电路,壳外的浮子上装有永久磁铁。当液面下降到规定值时,永久磁铁和浮子下降,舌簧开关在永久磁铁的作用下闭合,打开点火开关后报警灯点亮;当液面高于规定值时,则舌簧开关断开,报警灯熄灭。

6.3.4 燃油液位报警装置

燃油液位报警装置是在油箱内的燃油低于设定值时报警,提示驾驶员注意加油,其结构与电路原理如图 6-13 所示。整个装置主要由热敏电阻元件和报警灯等组成,热敏电阻元件安装在油箱内的特定位置。打开点火开关,燃油量过低,液面低于热敏电阻时,由于热敏电阻暴露在空气中,散热效果较差,温度升高,电阻值变小,则报警灯所在电路中的电流值变大,能够使报警灯点亮;当燃油液面高于热敏电阻,热敏电阻浸泡在燃油中,散热效果较好,自身温度降低,电阻值变大,报警灯所在电路中电流很小,报警灯不发光。

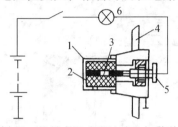

图 6-13 热敏电阻式燃油液位报警装置

1. 燃油液位传感器外壳 2. 防爆用金属网 3. 热敏电阻元件 4. 油箱外壳 5. 接线柱 6. 报警灯

6.3.5 水温报警灯

水温报警电路根据结构不同可分为单触点式和双触点式。单触点式和双触点式水温报警装置的结构原理如图 6-14 所示。单触点式水温报警电路只能在水温高过设定值时,双金属片向下弯曲,其左端的触点与静触点接合是电路导通,报警灯亮;双触点式水温报警装置除了具有以上功能外,还能在水温低于设定值时,双金属片向上弯曲,接合绿灯(水温过低指示灯)所在电路,提示驾驶员注意暖机。只有当水温在正常范围内时,红灯和绿灯都不亮,才说明冷却系统工作正常。

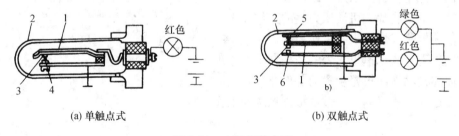

(a) 单触点式 (b) 双触点式

图 6-14 水温报警电路

1. 双金属片 2. 壳体 3. 动触点 4. 静触点 5. 冷触点 6. 热触点

6.4 仪表信息终端

随着汽车电子、通信技术的不断发展,使汽车的显示和控制元件也不断增加。现在汽车通信系统基本上已是标准装置,车载电话、音像娱乐、巡航系统和智能导航等也逐步普及。将车载电话、音像娱乐、巡航系统、智能导航、报警等装置通过 CAN 总线连接,通过总线向仪表信息终端发送和接收数据,实现信息的显示和控制功能。

仪表信息终端的结构如图 6-15 所示。中心显示和控制装置将汽车各系统的信息和外部通信信息集中显示,驾驶员还可通过触摸屏选择操作控制指令。为满足交通安全的要求，采用语音识别的语言输入声控技术将可能在未来汽车上获得应用。

仪表信息终端具有输入、输出元件少、信息量大等优点，同时可充分满足人体工程学对汽车监视和操作的要求。

仪表信息终端可满足未来智能交通信息通信的要求。交通通讯站台收集和发布有关道路信息，驾驶员根据仪表信息终端接受的信息，进行行车线路的优化。

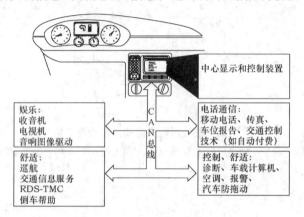

图6-15 仪表信息终端的结构

6.5 思考题

1. 简述汽车仪表系统的组成和作用。
2. 简述汽车报警指示灯的组成和作用。
3. 简述双金属片式机油压力表的工作原理。
4. 简述电磁式燃油表的工作原理。
5. 简述电子式车速里程表的结构和工作原理。
6. 简述制动液面报警装置的工作原理。
7. 简述膜片式机油压力过低报警系统的工作原理。

第7章 汽车辅助电器设备

7.1 电动刮水器与风窗洗涤器

7.1.1 电动刮水器

1. 电动刮水器的组成

电动刮水器的组成如图7-1所示。电动机（5）旋转，带动蜗轮蜗杆减速机构（4），使与蜗轮轴相连的摇臂带着两侧拉杆做往复运动，拉杆则通过摆杆带着左、右雨刷架做往复摆动，安装在雨刷架上的橡皮雨刷便刷去风窗玻璃上的雨水、雪和灰尘。

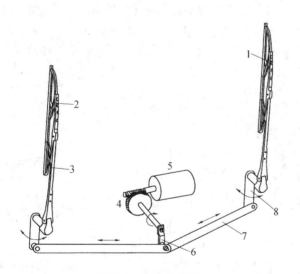

图7-1 电动刮水器
1. 铰接式雨刮片架 2. 雨刮片 3. 雨刮臂 4. 蜗轮蜗杆减速机构
5. 电动机 6. 摇臂 7. 拉杆 8. 摆杆

刮水器停止工作时，为了不影响驾驶员的视野，刮水器设计时应具有自动复位装置，保证刮水器始终停在风窗玻璃的下面。

刮水器的主要部件就是永磁式直流电动机。

汽车上的刮水器一般都是双速的，电动刮水器采用三刷式电动机实现刮水器的刮水频率控制。

2. 电动刮水器的变速原理

刮水器的不同工作速度通过控制电动机的高低转速实现。三刷式永磁电动机变速原理如图7-2所示，当电刷相隔180°时，电机转子绕组形成对称的两条并联支路，电动机稳定在某一较低转速下运行；当电刷偏置时，电机转子绕组支路上串联的有效绕组匝数减少，因而正、负电刷间的反电动势减小，电枢电流增大，引起电动机的转矩增大，在负载不变的情况下，使电动机获得某一较高的转速。

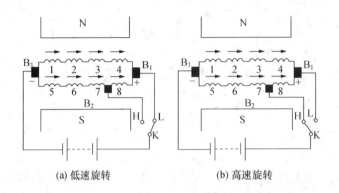

(a) 低速旋转　　　　　　　(b) 高速旋转

图 7-2　刮水器电动机变速原理电路图

（1）慢速刮水。刮水器变速控制电路如图 7-3 所示，当接通电源开关（1），变速开关（12）拉到 I 档位置时，电流由蓄电池正极→电源开关（1）→熔断丝（2）→电刷（B_3）→电枢绕组（10）→电刷（B_1）→接线柱（②）→接触片→接线柱（③）→搭铁→蓄电池负极，电动机低速运转。

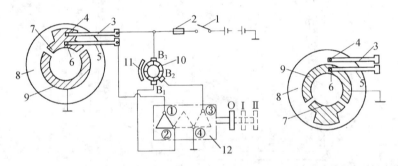

(a) 刮水器自动回位时铜环位置　　　　　(b) 刮水器连续刮水时铜环位置

图 7-3　刮水器变速控制电路

1. 电源开关　2. 熔断丝　3、5. 触点臂　4、6. 触点　7、9. 铜环
8. 蜗轮　10. 电枢绕组　11. 永久磁铁　12. 变速开关

（2）快速刮水。当变速开关（12）拉到 II 档位置时，电流由蓄电池正极→电源开关（1）→熔断丝（2）→电刷（B_3）→电枢绕组（10）→电刷（B_2）→接线柱（④）→接触片→接线柱（③）→搭铁→蓄电池负极，电动机快速运转。

（3）停机复位。当变速开关（12）推到 0 挡位置时，如果刮水片未停在风窗玻璃下沿位置，由于触点（6）仍与铜环（9）接触，如图 7-3（b）所示，电流继续流经电枢，电流从蓄电池正极→电源开关（1）→熔断丝（2）→电刷（B_3）→电枢绕组（10）→电刷（B_1）→接线柱（②）→接触片→接线柱（①）→触点臂（5）→铜环（9）→搭铁→蓄电池负极，电动机继续转动。当刮水片摆到风窗玻璃下沿时，触点臂

第7章 汽车辅助电器设备

（3、5）与铜环（7）接通而短路，如图7-3（a）所示位置，切断电动机电流，刮水器停止运转。

7.1.2 风窗玻璃洗涤器

在干燥的天气情况下，风窗玻璃上的灰尘及污物需要利用风窗洗涤器来冲洗。风窗玻璃洗涤器的结构组成如图7-4所示，主要由洗涤液储液罐、电动洗涤泵、软管、三通接头和喷嘴等部件组成。

风窗玻璃的清洗应遵守一定的顺序：先打开风窗洗涤器的开关，等洗涤液由喷嘴喷撒到风窗玻璃的上部，湿润后，再起动刮雨器。无洗涤液时，不能开启电动洗涤泵。

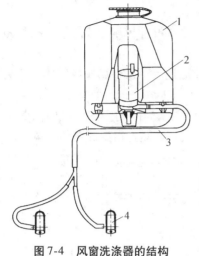

图7-4 风窗洗涤器的结构
1. 储液罐 2. 洗涤泵 3. 输水软管 4. 喷嘴

7.2 汽车空调

7.2.1 汽车空调的基本组成和类型

汽车空调系统一般由冷气装置、采暖装置、通风换气装置和空气净化装置4部分组成。

冷气装置就是在温度较高的夏季，对车厢内的空气降温保湿；采暖装置是在温度较低时，为车厢内提供暖气以及用于风窗玻璃的除霜、除雾等；通风换气装置则是定时将车内空气与车外空气进行循环，以保证车厢内空气的清新；空气净化装置可以除去车厢内的异味、尘埃等。

根据驱动形式的不同，汽车空调分为独立式和非独立式两类。独立式空调是压缩机由一台专用的发动机驱动，它不受汽车的整体运行情况影响，运行平稳，功率较大，主要应用在一些大中型客车上；非独立式空调压缩机由汽车发动机直接驱动，其特点是压缩机的运行情况受发动机运行工况的影响，功率较小，主要应用在一些小型客车和轿车上。

根据空调的功能可以分为单一功能型和冷暖一体型。单一功能型就是将制冷系统、暖风系统、通风系统各自独立安装，独立操作，一般应用在大型客车和载货汽车上；冷暖一体型空调是制冷、暖风和通风共用一台鼓风机，共用一套风道送风口，冷风、暖风和通风在同一块控制板上控制。

7.2.2 汽车空调制冷循环工作过程

汽车制冷循环系统主要由压缩机、冷凝器、储液干燥器、热力膨胀阀和蒸发器等部件组成。各部件之间的连接管路一般为耐压金属管道或耐压耐氟的橡胶软管。

传统的汽车空调制冷剂是R-12（氟利昂12），为克服氟利昂对大气臭氧层的破坏，现代汽车空调普遍采用R-134a无氟制冷剂。汽车空调制冷系统的组成如图7-5所示，制冷循环的工作原理如下。

（1）压缩过程：发动机运转时，通过曲轴皮带轮驱动空调压缩机运转，将低温低压的制冷剂蒸气从蒸发器中吸入,并加压成高温高压的蒸气输入冷凝器。

(2) 放热过程:冷凝器中高温高压的蒸气,在冷却水和冷却风扇的作用下,将热量散发到空气中,使制冷剂冷凝变成高压液态。

(3) 节流膨胀过程:高压液态制冷剂经膨胀阀节流后进入蒸发器膨胀成气体,压力和温度下降。

(4) 吸热制冷过程:蒸发器中的制冷剂在蒸发过程中从周围的空气中吸收大量的热量,使周围的空气得到冷却,用鼓风机将空气经蒸发器吹入客厢,得到凉爽的冷风。

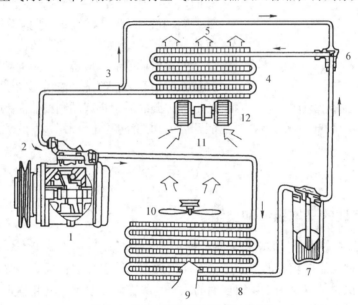

图 7-5　汽车空调制冷循环工作原理

1. 压缩机　2. 低压侧　3. 感温包　4. 蒸发器　5. 冷气　6. 膨胀阀　7. 储液干燥器
8. 冷凝器　9. 迎面风　10. 发动机冷却风扇　11. 热空气　12. 鼓风机

7.2.3　制冷系统结构部件

1. 压缩机

桑塔纳型轿车空调系统所采用的空调压缩机的结构如图 7-6 所示,压缩机内部有 5 个汽缸,均布在缸体圆周上。当发动机工作,空调开关闭合,电磁离合器结合,压缩机在发动机的驱动下运转。压缩机内部的斜盘和压缩机轴固定在一起,所以斜盘的旋转通过连杆驱动活塞做往复轴向运动。在吸气过程中,低温低压的制冷剂蒸气被吸入汽缸,在压缩过程,制冷剂蒸气被压缩成高温高压的制冷剂蒸气。

2. 电磁离合器

电磁离合器的作用就是根据需要接通或切断输入压缩机的动力。它是汽车空调控制系统中的重要控制部件之一,其结构如图 7-7 所示,主要由带轮、电磁线圈、盘状衔铁和轴承等组成。

当电磁线圈没有通电时,盘状衔铁与带轮分离,带轮在压缩机驱动轴上空转,压缩机不工作;当电磁线圈通电时,产生的电磁吸力吸引盘状衔铁,动力经带轮、盘状衔铁传递给压缩机驱动轴,驱动压缩机工作。

3. 冷凝器

桑塔纳轿车的空调系统采用铝制管片式冷凝器，安装在发动机水箱前面，其作用就是将从压缩机出来的高温高压制冷剂蒸气冷凝成高温高压的制冷剂液体。

4. 储液干燥器

储液干燥器的结构如图7-8所示，在储液干燥器上设有高压开关、低压开关、易熔塞和检视孔。

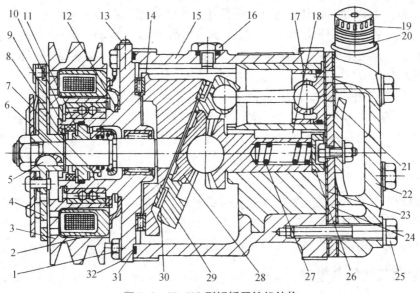

图 7-6 SD-508 型翘板压缩机结构

1. 前盖紧固螺栓 2. 电磁离合器线圈总成 3. 驱动带轮 4. 吸盘 5. 半月键 6. 轴封静环 7. 密封件 8. 弹性垫圈 9. 油毡密封器 10. 卡簧挡圈 11. 孔用弹性挡圈 12. 轴用弹性挡圈 13. 导线夹固定螺钉 14. 连接管 15. 汽缸体 16. 注油螺栓 17. 活塞 18. 平键 19. 吸气口护帽 20. 排气口护帽 21. 垫片 22. 汽缸盖 23. 汽缸垫 24. 阀板 25. 后盖紧固螺栓 26. 调节螺母 27. 弹簧 28. 行星盘 29. 推力片 30. 推力轴承 31. 密封圈 32. 前缸盖

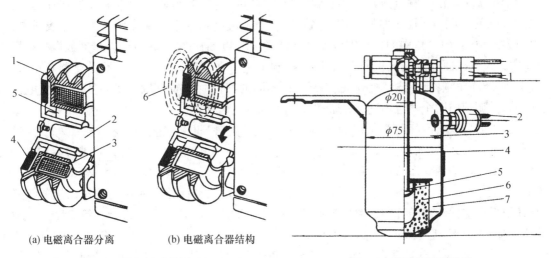

图 7-7 电磁离合器结合

1. 带轮 2. 压缩机驱动轴 3. 电磁线圈 4. 盘状衔铁 5. 轴承 6. 磁场

图 7-8 储液干燥器结构

1. 高压开关 2. 低压开关 3. 储液罐上体 4. 储液罐 5. 滤网 6. 干燥剂 7. 储液罐下体

储液干燥器的作用是在液态制冷剂流过时，除去其中的水分和杂质。当含有蒸汽的液态制冷剂进入储液干燥器后，使液态和气态的制冷剂分离。液态制冷剂通过膨胀阀进入蒸发器，多余的制冷剂可以暂时储存在储液干燥器中。干燥剂用于吸收制冷剂中的水分，以防止器件被腐蚀或因结冰堵塞膨胀阀。滤网的作用是过滤掉制冷剂中的杂质，防止膨胀阀堵塞。

高压开关控制散热风扇的高速挡。当制冷系统的压力高于 1 447.9 kPa 时，高压开关接通，散热风扇继电器线圈通电，触点闭合，接通风扇电机高速挡电路，风扇电机高速转动；当系统压力低于 1 206.6 kPa 时，高压开关断开，风扇电机高速挡电路切断，电机低速转动，低压开关控制空调系统工作状态；当制冷系统压力高于 300 kPa 时，低压开关接通，空调系统正常工作；当系统压力等于或低于 200 kPa 时，低压开关断开，使空调系统停止工作。

5. 膨胀阀

桑塔纳轿车空调系统采用的膨胀阀主要由感温包、毛细管、膜片、弹簧与调节螺钉等组成，安装在蒸发器入口处。其功能是随车内热负荷的变化自动调节制冷形流量，同时起到节流膨胀作用，将储液干燥器输送的高温高压液态制冷剂转变为低温低压的雾状制冷剂送入蒸发器。

6. 蒸发器

桑塔纳轿车空调系统的蒸发器为铝板带式蒸发器，其功能是吸收汽车内部的热量，调节空气温度。当液态制冷剂经膨胀阀节流降压变成低压、雾状制冷剂后，立即在蒸发器内沸腾或蒸发，制冷剂的汽化将会吸收热量，使蒸发器周围温度降低。

7.2.4 空调系统控制电路

上海桑塔纳轿车空调系统电路原理如图 7-9 所示，主要由电源电路、电磁离合器控制电路、鼓风机控制电路和冷凝器冷却风扇控制电路等主要电路组成。

电源电路由蓄电池（A）、点火开关（D）、减荷继电器（J59）以及熔断丝（S1、S14、S23）和空调主继电器（J32）组成。当点火开关（D）断开（即处于 OFF 挡）时，减荷继电器不通电，触点断开而使空调系统的供电线路 X 号线断电，空调无法起动运行；当点火开关（D）接通（即处于 ON 挡）时，减荷继电器通电，触点闭合，X 号线通电，这时主继电器（J32）中的 2 号继电器经熔断丝（S14）通电使其触点闭合接通鼓风机电机（V2），鼓风机便可由鼓风机开关（E9）控制下进行强制通风换气。它不受空调（A/C）开关（E30）的限制。鼓风机开关（E9）在不同的挡位时，鼓风机电机（V2）的供电回路串入的调速电阻个数也不同，从而可得到不同的送风速度。

夏季需要获得冷气时必须接通空调（A/C）开关（E30），电流从蓄电池"＋"极经减荷继电器（J59）的触点、熔断丝（S14）、空调（A/C）开关（E30），经 E30 后分为 3路：第 1 路经空调（A/C）指示灯（K48）构成回路，指示灯（K48）点亮表示空调（A/C）开关接通；第 2 路经新鲜空气翻板电磁阀（N63）构成回路，使该阀动作以接通新鲜空气翻板真空促动器的真空通路使鼓风机通过蒸发器总成的空气通道进风；第 3 路经环境温度开关（F38）后又分为两路，一路到蒸发器温控器（E33），由 E33 控制电磁离合器（N25）和怠速提升电磁真空转换阀（N16）的供电，只有当蒸发器温度高于调定温度时，蒸发器温控器（E33）触点接通，电磁离合器电路接通，压缩机才能运转制冷，同时，电磁真空转换阀（N16）动作而使发动机在较高转速运转以有足够的动力驱动压缩机的工作。若蒸发器温度低于调定温度，温控器（E33）触点断开，压缩机将停止运转，同时怠速提升电磁阀（N16）断电，怠速提升装置不起作用。低压开关（F73）串联在蒸发器温控器（E33）和电磁离合器（N25）之间的电路上。当严重缺少制冷剂而使系统高压侧压力低于0.2 MPa时，低压开关（F73）触点断开，压缩机将无法运转。经过环境温度开关（F38）后的另一路电流则进入主继电器（J32）中的1号继电器后形成回路，使其两对触点吸合，其中一对触点用于控制冷凝器冷却风扇继电器（J26），另一对触点则用于控制鼓风机电机（V2）。高压开关（F23）串联在继电器（J26）和主继电器（J32）中1号继电器的前一对触点之间，当制冷系统高压侧压力低于1.5 MPa时，高压开关（F23）触点断开，电阻R串联在冷凝器冷却风扇电机（V7）的供电回路中，冷却风扇（V7）低速运转。当制冷系统高压侧压力高于1.5 MPa时，高压开关（F23）触点接通，使得继电器（J26）通电触点吸合，电阻R被短接，这时冷却风扇（V7）高速运转以加强冷凝器和发动机的冷却强度。主继电器（J32）中1号继电器的一对触点还控制鼓风机，当空调（A/C）开关一接通即闭合，这时如鼓风机开关（E9）没有接通鼓风机电路，鼓风机（V2）也将由该对触点获得电流而低速旋转，以防止接通空调（A/C）开关后忘记接通鼓风机开关时造成蒸发器表面温度过低而结冰。因此，在接通空调（A/C）开关之前，应首先接通鼓风机开关。

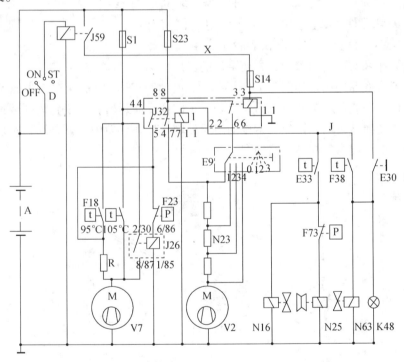

图7-9　上海桑塔纳轿车空调系统电路

A. 蓄电池　D. 点火开关　J59. 减荷继电器　S1、S14、S23. 熔断丝　J32. 空调主继电器　E9. 鼓风机开关　E33. 蒸发器温控器　F38. 环境温度开关　E30. 空调（A/C）开关　F18. 冷凝器冷却风扇温控开关　F23. 高压开关（1.5 MPa）　J26. 冷凝器冷却风扇继电器　N23. 鼓风机调速电阻　F73. 低压开关（0.2 MPa）　V7. 冷凝器冷却风扇电机　V2. 鼓风机电机　N16. 怠速提升电磁阀　N25. 电磁离合器　N63. 新鲜空气翻板电磁阀　K48. 空调（A/C）开关指示灯减荷继电器（J59）的作用是当点火开关在起动挡时，中断空调系统等附属电器的工作，以保证发动机起动时有足够的电流。

7.3 风窗除霜装置和电动门窗

7.3.1 风窗除霜装置

当环境温度低于0℃时，空气中的水蒸气在风窗玻璃上很容易结霜，从而影响驾驶员的视野，所以有必要在汽车上配置除霜装置。

在装有空调的汽车上，除霜装置的热源是空调的暖气。通过风扇将暖风吹到风窗玻璃上，以防止结霜。

对后风窗玻璃通常采用电热去霜装置，如图7-10所示。在风窗玻璃内表面间隔地镀有数条很窄的导电膜，接通电路时，即可对风窗进行加热。

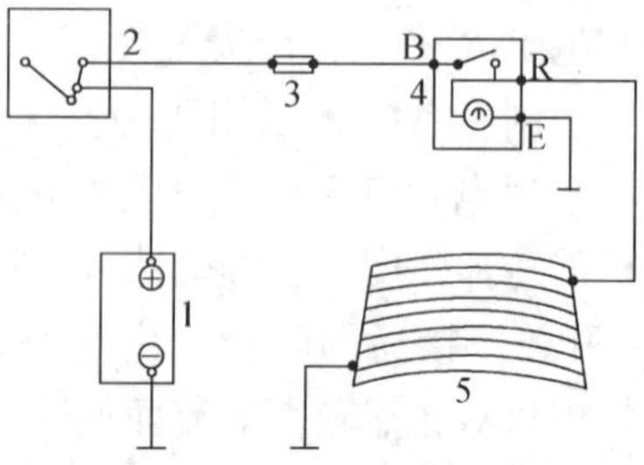

图7-10 后窗除霜装置
1. 电池 2. 点火开关 3. 熔断丝 4. 除霜器开关和指示灯 5. 除霜器电热丝

7.3.2 电动门窗

电动门窗主要由车窗玻璃、车窗升降器、驱动电机和控制开关等部件组成。为操作方便，电动门窗有两套控制开关：一套分布在汽车仪表台上，由驾驶员控制；一套分布在对应的门窗上，方便乘员的使用。

电动门窗升降器的结构如图7-11所示，电动门窗的驱动电机为双向永磁型直流电动机。当电动机正向或反向接通电源后，电动机正向或反向运转，经蜗轮蜗杆减速后，再由缓冲联轴器驱动绳索卷筒、钢丝绳索拉动门窗玻璃托架在导轨中上下移动，实现门面玻璃的上下移动。电动门窗的控制电路如图7-12所示。

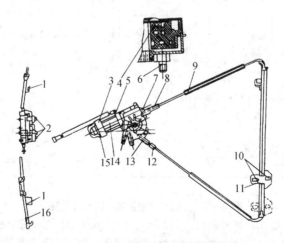

图7-11 桑塔纳轿车门窗玻璃升降器结构
1. 支架安装位置 2. 电动机安装位置 3. 固定架 4. 缓冲联轴器 5. 电动机 6. 绳索卷筒 7. 盖板 8. 调整弹簧 9. 绳索 10. 门窗玻璃安装位置 11. 滑动支架 12. 弹簧套筒 13. 安装缓冲器 14. 铭牌 15. 均压孔 16. 支架

第 7 章 汽车辅助电器设备

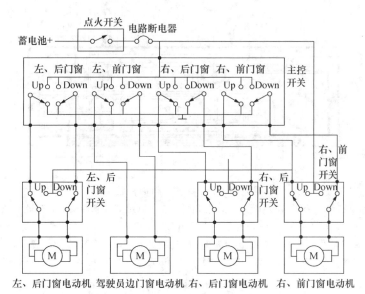

图 7-12 电动门窗的控制电路

7.4 汽车音响

汽车上均配置音响系统，包括收音机、收放机、CD 唱机等，在一些高档轿车和长途客车上还装有 VCD、DVD 播放设备。

国产 SS-40 型数字调谐立体声收放机音响系统电路组成如图 7-13 所示，主要由收音电路、放音电路、立体声解码电路和音频功放电路等组成。SS-40 型汽车收放机面板结构如图 7-14 所示，该音响系统具有自动搜索频道、频道预置、手动调谐、波段切换、音调控制和放音自动换向等功能。

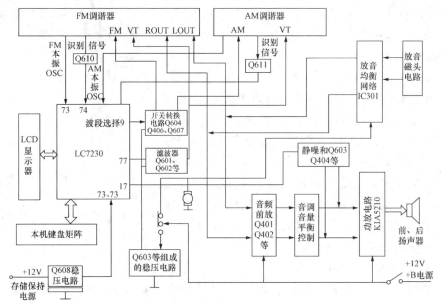

图 7-13 SS-40 收放机电路框图

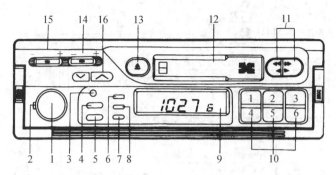

图7-14 SS-40 收放机面板结构

1. 电源开关、音量旋钮和左右声道音量平衡旋钮（拉出时） 2. 前后喇叭平衡旋钮 3. 存储（ME）键 4. 波段切换键 5. 搜索键 6. 当地电台控制（LOC）开关 7. 自动存储（AMS）键 8. 立体声/单声道（ST/MO）键 9. 液晶（LCD）显示器 10. 预置键（1～6） 11. 放音和快进/快倒键 12. 磁带舱门 13. 磁带退出（EJECT）键 14. 高音控制（TREBLE）键 15. 低音控制（BASS）键 16. 手动调谐（TUNING）键

7.5 中控门锁

1. 中控门锁的组成

中控门锁一般由门锁执行器（闭锁器）、连杆操纵机构、控制器和控制开关等组成，如图7-15所示。

2. 门锁执行器

门锁执行器用于拨动车门门锁装置的锁扣，使门开锁或闭锁。常用的有电磁式和电机式两种。双线圈电磁式门锁执行器结构原理如图7-16所示，分别对锁门线圈和开门线圈进行通电即可使门闭锁和开锁。电机式门锁执行器结构如图7-17所示，它由双向永磁电动机以及齿轮和齿条等组成，电机旋转带动齿条伸出或缩回完成开锁或闭锁动作。

3. 中控门锁控制电路

桑塔纳2000轿车中控门锁控制电路图如图7-18所示，它采用电机式门锁执行器，工作原理是，将左前门门锁提钮压下，门锁控制开关第2位触点接通。由于提钮压下过程中，集控开关的附带的控制触点K已被短暂闭合过，故左前侧集控门锁控制器J_{53}已使其触点闭合。这时A路电源经熔断丝，并通过闭合触点及门锁控制开关第2掷第2位加至中控门锁内部电源线P_2，与此同时电源的负极经门锁控制开关第1掷第2位加至中控门锁内部电源线P_1。门锁电机V_{30}、V_{31}和V_{32}反转，

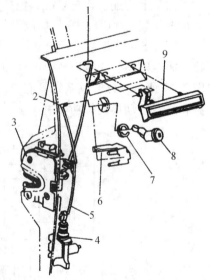

图7-15 中控门锁系统的组成

1. 外门锁手把至门锁连杆 2. 锁芯至门锁连杆 3. 门锁总成 4. 门锁电动机 5. 电动机至门锁连杆 6. 锁芯定位架 7. 垫圈 8. 锁芯 9. 外门锁手把

带动各门锁锁闭。1～2s后，J_{53}控制其已闭合的触点断开，从而切断了为门锁电机供电的A路电源，电机停转，并一直保持此状态。

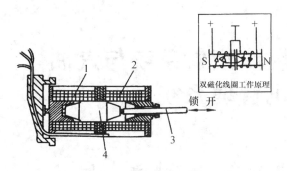

图 7-16　双线圈电磁式门锁执行器

1. 锁门线圈　2. 开门线圈　3. 连接门机构　4. 柱塞

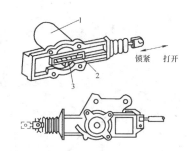

图 7-17　电机式门锁执行器

1. 电机　2. 齿条门线圈　3. 小齿轮

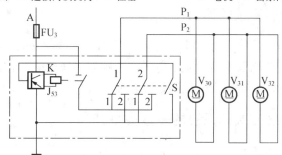

图 7-18　桑塔纳 2000 轿车中央门锁控制电路

若将左前门门锁操纵提钮拔起，门锁控制开关 2 位触点被断开，第 1 位触点闭合。在这一过程中，集控开关附带的控制触点 S 又被短暂闭合，从而使 J_{53} 的触点再次闭合 1～2s。这时 A 路电源经 J_{53} 的闭合触点和门锁控制开关第 1 掷第 1 位加至内部电源线 P_1，而电源的负极经门锁控制开关第 2 掷第 1 位加至内部电源线 P_2。内部电源的供电电压极性改变，门锁电机 V_{30}、V_{31} 和 V_{32} 正转，带动各自的门锁开启。1～2s 后，J_{53} 控制其已闭合的触点断开，门锁电机停转。

门锁的锁闭与开启有两种方式可供选择：一是独立地按下或提起右前、右后和左后车门上的门锁提钮可分别锁闭或开启这 3 个车门的门锁；另一种方式是通过设在左前门上的门锁提钮或门锁钥匙对 4 个车门门锁的锁闭和开启进行集中控制。为此右前、右后和左后门各自采用手动和电机驱动同步联动的门锁锁闭与开启装置。左前门的门锁只有通过钥匙（车外钥匙）和提钮（车内锁门）手动进行锁闭和开启操作。但锁操纵机构通过一个联动的连杆同步带动一个集控开关，通过该开关可以同时控制其他车门的锁闭与开启机构，对各自的车门门锁进行集中操纵。

7.6　思考题

1. 试分析电动刮水器变速控制电路如何实现停机复位。
2. 简述汽车空调制冷循环工作过程。
3. 简述风窗除霜装置的原理。
4. 简述电动门窗的组成。
5. 简述中控门锁的组成。

第8章 电子燃油喷射系统与汽油发动机管理系统

8.1 电子燃油喷射系统概述

8.1.1 电子燃油喷射系统的作用

汽油机电子燃油喷射系统又称EFI。EFI是Electronic Fuel Injection的英文缩写，是取代汽油机化油器的新型的燃油供给系统。电子燃油喷射系统的基本作用是按照发动机各种工况的要求控制喷油量，以实现空燃比的最佳控制。

8.1.2 电子燃油喷射方式和系统的基本类型

1. 电子燃油喷射方式

按照混合气形成方式，电子燃油喷射方式可分为进气道喷射（Port Fuel Injection，PFI）和直接喷射（Direction Fuel Injection，DFI）两种方式。进气道喷射方式又称间接喷射方式，是将燃油喷入进气管道和空气混合后形成混合气后吸入汽缸，如图8-1（a）、(b) 所示。直接喷射方式将燃油直接喷入汽缸在汽缸内形成可燃混合气，如图8-1（c）所示。直接喷射方式可进一步改善汽油机的燃油经济性能、动力性能和排放性能。

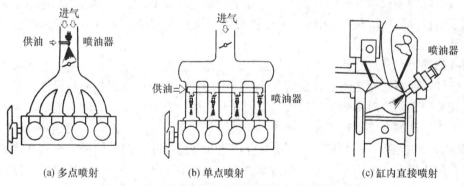

(a) 多点喷射　　　　　(b) 单点喷射　　　　　(c) 缸内直接喷射

图8-1 汽油机电子燃油喷射系统的基本类型和特点

对于进气道喷射电子燃油喷射系统，按照喷油器的个数和安装部位分类，可进一步分为多点喷射（Multi Point Fuel Injection，MPI）和单点喷射（Single Point Fuel Injection，SPI）两种方式。

单点喷射的基本特点如图8-1（a）所示，即在进气管节气门处只安装一个喷油器，电控单元控制该喷油器的喷油时刻和喷油量，形成混合气后分配到各缸进气歧管。多点喷射的基本特点如图8-1（b）所示，即在每缸进气歧管进气门的上方分别安装一个喷油器，电控单元（ECU）控制各喷油器的喷油时刻和喷油量，分别与各进气歧管的空气混合形成可燃混合气。

2. 电子燃油喷射系统的基本类型

按照进气量的检测方式分类，电子燃油喷射系统可分为质量流量式、速度密度式和节气门速度式 3 种类型。

质量流量式（Mass-flow）燃油喷射系统利用空气流量计直接测量发动机的进气量，电控单元根据进气量和发动机转速，计算出每一工作循环各缸吸入的空气量，从而确定相应的喷油量。博世公司的 L 型和 LH 型燃油喷射系统即属于该种类型。

速度密度式（Speed Density）燃油喷射系统利用进气管绝对压力传感器和发动机转速传感器信号计算出每一工作循环各缸的进气量，从而确定相应的喷油量。博世公司的 D 型燃油喷射系统即属于该种类型。

节气门速度式（Throttle Speed）燃油喷射系统利用节气门开度和发动机转速信号计算每一工作循环各缸进气量，从而确定相应的喷油量。

此外，按照控制系统有无空燃比反馈控制分类，电子燃油喷射系统可分为空燃比开环控制系统和空燃比闭环控制系统。空燃比闭环控制系统通过氧传感器的检测信号作为反馈信号对喷油量进行调节，实现理论空燃比的精确控制。空燃比开环控制系统无氧传感器的检测信号，喷油量按照设定的控制程序和数据进行喷油量控制。

汽油机电子燃油喷射系统的类型和特点见表 8-1。

表 8-1 汽油机电子燃油喷射系统的类型和特点

基本类型		结构特点	混合气形成过程
进气道喷射	多点喷射系统 L型 LH型	通过空气流量传感器和发动机转速传感器确定基本喷油脉宽；每个进气歧管各安装一个喷油器；喷油压力约 0.25～0.30 MPa	喷油器将定量的燃油向各缸进气歧管喷射与空气混合为可燃混合气吸入汽缸内
	多点喷射系统 D型	通过进气压力传感器检测进气量和发动机转速传感器确定基本喷油脉宽；每个进气歧管各安装一个喷油器；喷油压力约 0.25～0.30 MPa	同上
	单点喷射系统	通过空气流量传感器（或进气压力传感器或节气门位置传感器）和发动机转速传感器确定基本喷油脉宽；在节气门上方安装一个喷油器；喷油压力约 0.10 MPa	喷油器将定量的燃油喷射在节气门上方与空气混合为混合气吸入发动机汽缸内
直接喷射		通过空气流量传感器（或进气压力传感器）和发动机转速传感器确定基本喷油脉宽；在每缸燃烧室安装一个喷油器；喷油压力约 12.0 MPa	喷油器将定量的燃油喷射到燃烧室内与空气混合为可燃混合气

8.2 L型、LH型多点电子燃油喷射系统

8.2.1 L型、LH型电子燃油喷射系统的组成

L 型叶特朗尼克系统（L-Jetronic）是多点电子燃油喷射系统的基本类型之一，由德国博世公司开发生产。LH 型叶特朗尼克系统（LH-Jetronic）和莫特朗尼克系统（Motronic）等均在 L 型电子燃油喷射系统的基础上发展起来的，其共同特点是系统中采用空气流量传感器检测进气量，电控单元根据发动机转速信号和空气流量信号确定基本喷油量。L 型、

LH 型电子燃油喷射系统的组成如图 8-2 和图 8-3 所示，二者在系统组成和工作原理上极为相似，可将整个系统分为供油系统、进气系统和控制系统 3 个子系统。

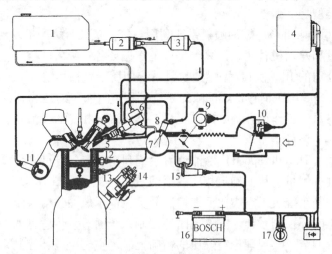

图 8-2 L 型电子燃油喷射系统的组成（L-Jetronic）
1. 燃油箱 2. 电动燃油泵 3. 燃油滤清器 4. 电控单元 5. 喷油器 6. 压力调节器 7. 进气歧管 8. 冷起动阀
9. 节气门开关 10. 叶片式空气流量计 11. 氧传感器（λ 传感器） 12. 温度-时间开关 13. 冷却液温度传感器
14. 分电器 15. 急速空气阀 16. 蓄电池 17. 点火开关

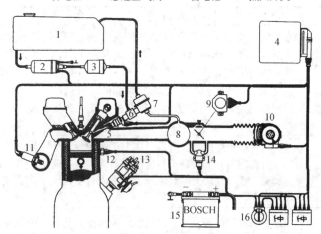

图 8-3 LH 型电子燃油喷射系统的组成（LH-Jetronic）
1. 燃油箱 2. 燃油泵 3. 燃油滤清器 4. 电控单元 5. 喷油器 6. 油轨 7. 压力调节器 8. 进气歧管
9. 节气门位置传感器 10. 热线式空气流量计 11. 氧传感器（λ 传感器） 12. 冷却液温度传感器 13. 分电器
14. 急速空气阀 15. 蓄电池 16. 点火开关

L 型、LH 型电子燃油喷射系统二者的主要差别：

（1）L 型采用叶片式空气流量计检测进气量，而 LH 型采用热线式或热膜式空气流量计检测进气量。热线式或热膜式空气流量计比叶片式空气流量计具有更高检测精度；

（2）L 型采用冷起动阀通过温度-时间开关控制冷车起动加浓，LH 型取消冷起动阀和温度-时间开关，冷车起动时通过增加各缸喷油器的喷油量实现起动加浓；

（3）L 型电子燃油喷射系统电动燃油泵安装在油箱外部，LH 型供油系统采用燃油箱内装式燃油泵，以简化系统布置提高系统可靠性。

8.2.2 供油系统

1. 系统组成和工作过程

供油系统的组成与布置如图 8-4 所示。其工作过程是：电动燃油泵将燃油从油箱中泵出，经滤清器滤清后进入油轨，经压力调节器调节燃油压力，使燃油压力与进气压力之差保持恒定。油轨将燃油输送给冷起动阀和各喷油器，喷油器根据电控单元输出的喷油信号，定时定量地将燃油喷射到各缸进气歧管内。

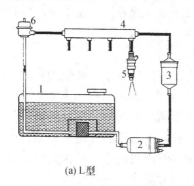 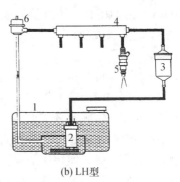

(a) L型　　　　　　　　　　　　　　　(b) LH型

图 8-4　供油系统的组成与布置
1. 燃油箱　2. 电动燃油泵　3. 燃油滤清器　4. 油轨　5. 喷油器　6. 压力调节器

2. 电动燃油泵

电动燃油泵的作用是向燃油系统输送一定压力的燃油。电动燃油泵的典型结构如图 8-5 所示，主要由永磁电动机、油泵转子和泵体等部分组成。电动机转子与油泵转子同轴，由壳体封闭为一体，内部充满燃油。电动燃油泵工作时，永磁电动机驱动油泵转子一起旋转，将燃油加压后从出油口泵出。燃油流经电动机时对电动机进行冷却，在使用时，不要等油箱中的燃油全部耗尽后再加油，以免烧坏油泵。

进油口一端设有限压阀，防止管路堵塞时造成油压过高。在油压超过 300 kPa 以上时，限压阀打开，超压的燃油流回进油口。出油口一端设有单向阀，在发动机熄火后使供油管路保持一定的油压，以便于下次起动。

按照泵油原理的不同，燃油泵可分为滚柱泵、涡轮泵、内齿轮泵和侧槽泵 4 种。滚柱泵泵油原理如图 8-6 所示，油泵转子在电动机的驱动下，进油口一侧容积由小变大，产生真空，将燃油从进油口吸入。出油口一侧容积由大变小，将燃油加压后从出油口泵出。

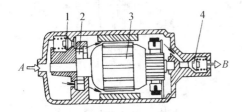 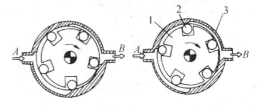

图 8-5　电动燃油泵的结构　　　　　　　　**图 8-6　圆滚柱式油泵工作原理**
1. 限压阀　2. 燃油泵　3. 永磁电动机电枢　4. 单向阀　　　1. 转子　2. 滚柱　3. 泵体
　　A. 进油口　B. 出油口　　　　　　　　　　　　　　　A. 进油口　B. 出油口

L 型系统的电动燃油泵油通过叶片式空气流量计的油泵开关控制,在发动机起动和运转过程中,油泵开关闭合,油泵继电器接通电动燃油泵电源,燃油泵运转。LH 型系统的电动燃油泵由电控单元通过检测点火开关信号和发动机转速信号实现控制,每次接通点火开关,电控单元控制燃油泵运转 3～5 s,发动机运转过程中电控单元根据发动机转速信号控制燃油泵连续运转。

3. 燃油滤清器

燃油滤清器的作用是滤除汽油中的杂质。滤清器壳体内有一个纸质滤芯,滤芯的孔径平均为 10 μm,后面串接一个纤维制成的过滤网,以提高滤清效果。在维护时应按规定的行驶里程更换燃油滤清器。

4. 压力调节器

压力调节器的作用是调节供油压力与进气管压力之差保持不变,使喷油器的喷油量不受进气压力的影响,而由喷油器的开启时间决定。压力调节器的结构如图 8-7 所示,由金属壳体组成的内腔,被膜片分成两室,膜片的一侧为预压缩的弹簧,膜片的另一侧为一定压力的燃油。当燃油压力超过预调压力时,油压克服弹簧压力使膜片向上移动,由膜片控制的阀门将回油孔开启,使超压的燃油经回油孔和回油管流回油箱。在弹簧室内有一真空管与节气门后方的进气压力相通,使供油压力随进气压力变化,但供油压力与进气压力之差是恒定的,该数值通常为 250～300 kPa。

5. 喷油器

喷油器的作用是在电控单元的控制下向各缸进气歧管定时定量地喷油,其结构如图 8-8 所示。喷油器体内装有电磁线圈,喷油器头部的针阀与衔铁结合成一体。当电控单元接通喷油器电路时,电磁线圈通电,产生的电磁力将衔铁和针阀吸起,使燃油从针阀头部的环形间隙喷出。针阀的升程约 0.1 mm,喷油器每次开启时间约为 2～10 ms。开启时间越长,喷油量越多。

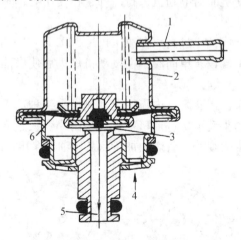

图 8-7 燃油压力调节器
1. 接真空管 2. 弹簧 3. 阀门 4. 进油孔
5. 回油孔 6. 膜片

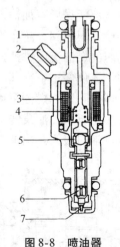

图 8-8 喷油器
1. 滤网 2. 电插头 3. 电磁线圈 4. 弹簧
5. 衔铁 6. 针阀 7. 轴针

多缸发动机的各喷油器通常采用分组喷射和顺序喷射。L 型电子燃油喷射系统采用分组喷射,即将喷油器分成二至三组,每组有由二至三个喷油器同时喷射,其喷油正时由电控单元根据分电器内的凸轮轴位置传感器信号或点火信号决定。四缸发动机分组喷射控制电路示例如图 8-9 所示。

LH 型电子燃油喷射系统一般采用顺序喷射。顺序喷射就是电控单元分别独立控制各缸喷油器的喷油时间和喷油量，有利于提高空燃比的控制精度。四缸发动机顺序喷射的控制电路如图 8-10 所示。

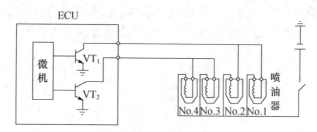

图 8-9　四缸发动机分组喷射控制电路

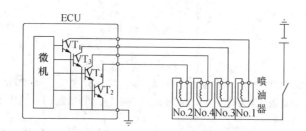

图 8-10　四缸发动机顺序喷射控制电路

8.2.3　进气系统

1. 系统的组成及工作过程

进气系统的组成如图 8-11 所示。空气经滤清器滤清后，由空气流量计进行检测，再通过节气门进入各缸进气歧管。节气门由驾驶员通过加速踏板操纵，控制进气量的大小。在节气门旁通道上装有怠速空气阀，以控制怠速进气量的大小，从而实现怠速控制。

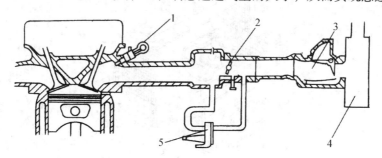

图 8-11　L 型进气系统的组成
1. 喷油器　2. 节气门　3. 空气流量计　4. 空气滤清器　5. 怠速空气阀

2. 空气流量传感器

（1）叶片式空气流量计。L 型系统中采用叶片式空气流量计，其结构如图 8-12 所示。

空气流量计内腔的空气通道上装有空气流量叶片，该叶片的偏转角度随进气量变化。当进气量增加时，气流对叶片的作用力增加，叶片的转角增大，并与回位弹簧的作用力相平衡，电位计向电控单元输出的电压信号相应增大。电控单元根据电位计输出的电压信号即可确定进气量的大小。空气流量计中设有阻尼挡板，以克服进气管中因压力波动造成的空气叶片的振动。空气流量计叶片一侧还设有一个旁通空气通道，作为怠速进气通道，调节螺钉可调节旁通通道内的空气流量，从而调节怠速工况下的混合气浓度，该调节螺钉又称为怠速CO调节螺钉。进气温度传感器安装在空气流量计的进气道上。

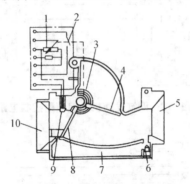

图 8-12　叶片式空气流量计

1. 电位器　2. 油泵开关　3. 回位弹簧　4. 阻尼挡板　5. 出气口　6. CO调节螺钉
7. 怠速进气通道　8. 空气流量叶片　9. 进气温度传感器　10. 进气口

（2）热线式空气流量计和热膜式空气流量计。LH型系统中采用热线式空气流量计，热线式空气流量计的结构如图8-13所示，主要由白金热线、温度补偿电阻和控制线路等部分组成。白金热线和温度补偿电阻安装在取样管内，白金热线的作用是感知空气流量，温度补偿电阻能对进气温度进行补偿修正，控制线路控制白金热线与温度补偿电阻的温差保持不变，并将空气流量转化为电压信号。由于取样管置于主空气通道中央，该种检测方式称为主流测量方式。

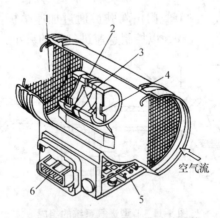

图 8-13　热线式空气流量计的结构

1. 金属网　2. 取样管　3. 白金热线　4. 温度补偿电阻　5. 控制电路板　6. 电路连接器

热线式空气流量计电路的工作原理和输出特性如图8-14所示。在空气通道中放置白

金热线 R_H，其热量被空气吸收。白金热线周围通过的空气质量流量越大，被带走的热量越多。将白金热线 R_H 和温度补偿电阻 R_K 分别置于惠斯顿电桥电路的两个桥臂上，控制电路控制白金热线与吸入空气温度差保持在 100 K。当空气质量流量增大时，由于空气带走的热量增多，为保持白金热线温度，控制电路使白金热线 R_H 通过的电流增大；反之，则减小。精密电阻 R_3 也是惠斯顿电桥的一个桥臂，将通过白金热线 R_H 的电流信号转换为空气流量计的输出电压信号。

当白金热线沾污后，其热辐射降低，会影响测量精度。在发动机每次停机后，控制电路控制白金热线加大电流，在 1000℃ 高温约 1 s，以烧掉白金热线上的污物。

在电阻为 R 的白金热线上通过电流 I_H 时，时有一种密度为 ρ 的气体，以速度为 v 通过白金热线，则白金热线的电功率和气体流动时带走的功率平衡：

$$I_H^2 \cdot R = c_1 \cdot \lambda \cdot \Delta T \tag{8-1}$$

气体散热的功率与白金热线与气体的温差 ΔT 和放热系数 λ 成正比，λ 的近似公式为：

$$\lambda = c_1 \cdot \sqrt{\rho \cdot v} + c_2 = c_1 \cdot \sqrt{Q_{LM}} + c_2 \tag{8-2}$$

式中，c_1、c_2 均为常数。公式（8-2）表明放热系数是气体质量流量 Q_{LM} 的函数。

联合方程式（8-1）和（8-2）可得到加热电流和质量流量间的关系式：

$$I_H = c_1 \cdot \sqrt{(\sqrt{Q_{LM}} + c_2) \cdot \sqrt{\frac{\Delta T}{R}}} \tag{8-3}$$

可见，空气流量变化时，调节加热电流 I_H，使白金热线与气体的温差不变，$\Delta T = 100$ K，则加热电流与气体质量流量成 $I_H = f \cdot \sqrt[4]{Q_{LM}}$ 关系。

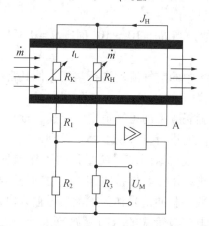

图 8-14　热线式空气流量计电路的工作原理

R_H. 白金热线电阻　R_K. 温度补偿电阻　R_3. 精密电阻　R_1、R_2. 电桥电阻　U_M. 检测输出电压信号

A. 混合集成电路

热膜式空气流量计的结构和工作原理与热线式空气流量计基本相同，如图 8-15 所示，采用热膜取代了白金热线。热膜由发热金属铂固定在陶瓷基片上制成。它具有结构简单、工作可靠等特点。热膜式空气流量计将传感元件的热传导部件安装在传感器后方（沿空气流动方向），在薄膜表面不会产生沉积污物，因此，它不需要额外加热消除热膜上的污染物。

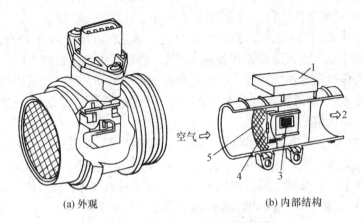

图 8-15 热膜式空气流量计的结构
1. 控制电路 2. 进气 3. 热膜 4. 温度补偿电阻 5. 金属网

(3) 卡门旋涡式空气流量传感器。卡门旋涡频率空气流量传感器按照检测方式的不同可分为超声波式和光电二极管式两种。

在进气管道中设置一锥体涡流发生器,当空气通过时,在涡流发生器后部将产生卡门旋涡,通过检测卡门旋涡的数量即可检测空气流量。空气流速 v 与卡门旋涡频率 f 的关系由下式决定:

$$v = \frac{d}{St} \cdot f \tag{8-4}$$

式中:d——涡流发生器外径尺寸;

St——斯特罗巴尔常数,当 $Re = 10 \sim 10^4$ 时,$St = 0.138 \sim 0.148$;

f——卡门旋涡频率。

通过整流器,将进气系统中的空气流动进行整流,使其雷诺数控制在 $Re = 10 \sim 10^4$ 的范围内,斯特罗巴尔常数 St 为定值。

由上式可知,测得卡门旋涡频率即可知道空气流速,根据空气通道的有效截面即得进气的体积流量,再根据进气温度进行空气密度修正,即可检测进气质量流量。

通用汽车公司采用的超声波式卡门旋涡流量计的工作原理如图 8-16 所示。超声波的传播速度受到卡门旋涡的影响,用接收器接收连续发射的超声波信号,经检测电路的信号放大、滤波和脉冲整形,将数字脉冲信号作为检测信号输入电控单元。

丰田汽车公司采用的光电二极管式的卡门旋涡流量计的工作原理如图 8-17 所示。把卡门涡流发生器两侧的压力变化通过导压孔引向有薄金属制成的反光镜背面,使反光镜产生振动,反光镜振动时将发光二极管的反光反射到光电管上,在光电管上产生与卡门旋涡频率相同的电压脉冲信号。

3. 节气门体

节气门体的主要作用是控制发动机运行工况。节气门体包括控制进气量的节气门通道和怠速空气旁通道。节气门位置传感器安装在节气门轴上,用来检测节气门开度。

发动机怠速运行时,节气门处于完全关闭状态。发动机冷车时,怠速空气阀随发动机冷却液温度的变化自动调节开启截面,实现快怠速调节;热车后,可通过怠速调整螺钉调整发动机的热车稳定怠速。

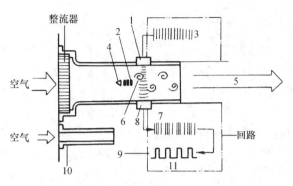

图 8-16 超声波式卡门旋涡流量计的工作原理
1. 信号发生器 2. 涡流稳定板 3. 超声波发生器 4. 涡流发生器 5. 发动机进气 6. 卡门涡旋 7. 与涡流数对应的疏密波 8. 接收器 9. 输入 ECU 信号 10. 旁通进气通路 11. 整形器

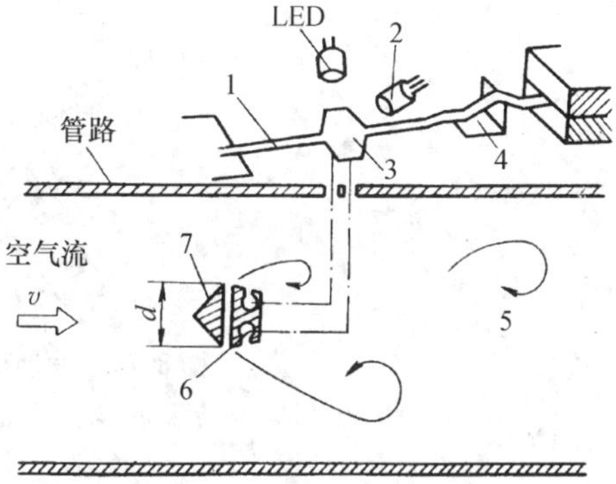

图 8-17 光电二极管式卡门旋涡流量计的工作原理
1. 钢片弹簧 2. 光电管 3. 反光镜 4. 钢片弹簧 5. 卡门旋涡 6. 导压孔 7. 涡流发生器

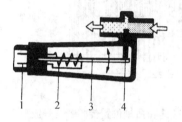

图 8-18 双金属片式怠速空气阀
1. 电插头 2. 电热丝 3. 双金属片 4. 闸状阀门

双金属片式怠速空气阀的结构如图 8-18 所示。发动机冷车起动时,双金属片(3)向上弯曲变形使闸状阀门(4)开启截面增大,进气量增加,怠速升高。随着发动机温度升高和电流通过电热丝,使双金属片受热,缓缓将阀门关闭,怠速逐渐降低,直至达到稳定的怠速。

为实现发动机怠速控制,在发动机控制系统中由电控单元控制怠速电磁阀或步进电机,进行怠速控制。关于怠速控制的详细内容,将在 8.6 节中详细介绍。

8.2.4 电控系统

电控系统由检测发动机工况的各传感器、电控单元(ECU)和执行器 3 部分组成。各传感器向电控单元输入检测信号,电控单元根据存储的控制程序和输入信号计算各缸所需喷油量,并向各喷油器输出喷油脉冲信号,实现发动机空燃比控制。

1. 传感器

(1) 转速传感器。在 L 型系统中,转速信号由点火线圈"-"接线柱产生的脉冲信号作为转速信号。在 LH 型系统中,发动机转速传感器通常采用磁脉冲式。

(2) 曲轴位置传感器和凸轮轴位置传感器(CKPS、CMPS)。磁脉冲式曲轴位置传感器的结构如图 8-19 所示,其工作原理与转速传感器相同。在飞轮端面上安装一个钢质正时销,曲轴每转一圈产生一个交流电压信号,该信号对应于第 1 缸上止点前一个确定的角度,电控单元根据该信号即可确定第 1 缸上止点位置,结合转速信号可确定各缸上止点的位置。

桑塔纳、富康等轿车电控发动机转速和曲轴位置传感器的结构形式如图 8-20 所示。带缺齿的齿环安装在发动机飞轮前端面,电磁线圈的交流电压信号作为发动机转速信号和第 1 缸上止点参照位置信号。发动机转速和曲轴位置传感器产生的电压信号波形如图 8-21 所示。

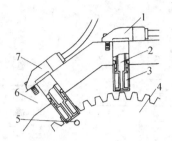

图 8-19 发动机转速传感器和曲轴位置传感器
1. 发动机转速传感器 2. 永久磁铁 3. 电磁线圈 4. 发动机飞轮齿圈 5. 正时销
6. 发动机飞轮壳 7. 曲轴位置传感器

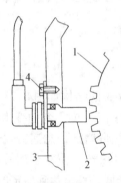

图 8-20 带缺齿环的发动机转速传感器
1. 缺 2 个齿的齿环（60－2 个齿） 2. 发动机转速传感器 3. 发动机飞轮壳 4. 安装螺栓

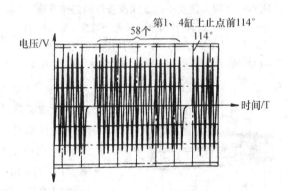

图 8-21 发动机转速和曲轴位置传感器信号波形

凸轮轴位置传感器通常安装在凸轮轴或分电器上，常用的结构形式有霍尔式和磁脉冲式。霍尔式凸轮轴位置传感器的结构和工作原理与 4.3 节讲述的相同。

（3）空气流量传感器（AFS）。空气流量计的安装位置、作用及各种形式的空气流量计的结构与工作原理在本节进气系统中已进行了详细介绍。

（4）节气门位置传感器（TPS）。节气门位置传感器的作用是检测节气门的开度，其结构与工作原理如图 8-22 所示。开关式节气门位置传感器又称节气门开关，主要由动触点、怠速触点、全负荷触点等部分组成。动触点可在导向凸轮导轨内移动，导向凸轮随节气门轴一起转动。当节气门关闭时，活动触点与怠速触点接触，检测出发动机处于怠速状态；当节气门完全打开时，活动触点与全负荷触点接触，检测出发动机处于全负荷状态；节气门部分开启时，活动触点既不跟怠速触点接触，也不跟全负荷触点接触，表明发动机处于部分负荷状态。

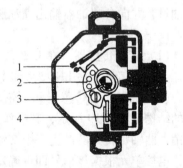

图 8-22 开关式节气门位置传感器
1. 全负荷触点 2. 导向凸轮 3. 节气门轴 4. 怠速触点

电位计式节气门位置传感器的结构如图 8-23 所示，其特点是动触点作为节气门位置检测信号（VTA），其检测输出电压信号随节气门开度线性增加。该种形式的传感器广泛用于其他类型的电子燃油喷射系统中。

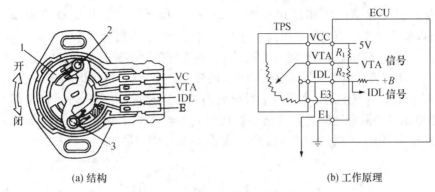

(a) 结构　　　　　　　　　　　(b) 工作原理

图 8-23　电位计式节气门位置传感器

1. 电位计　2. 电刷　3. 电刷　VCC. 工作电源信号 5V（由 ECU 输入）
VTA. 节气门开度检测信号　IDL. 怠速触点信号　E. 接地端

（5）冷却液温度传感器（ECTS）和进气温度传感器（IATS）。冷却液温度传感器安装在发动机冷却液管道上，其作用是检测发动机冷却液的温度。

冷却液温度传感器的结构如图 8-24 所示。它利用负温度系数热敏电阻的阻值随温度变化的特性，即阻值随温度升高而降低的特性。

进气温度传感器安装在空气流量计的进气管道上，其作用是检测发动机进气温度，其结构和工作原理与冷却液温度传感器相似。

（6）氧传感器。氧传感器又称 λ 传感器，有二氧化锆（ZrO_2）和二氧化钛（TiO_2）两种基本类型。氧传感器安装在发动机排气管上，用于检测排气管中氧的浓度，作为电控单元进行空燃比反馈控制的输入信号。

二氧化锆氧传感器的结构如图 8-25 所示，它主要由二氧化锆（ZrO_2）固态电解质制成的锆管、铂电极、保护套和加热元件等组成。锆管固定在带有螺纹的固定套中，其内侧与大气相通，外侧与废气相通。锆管内外表面都覆盖一层多孔性的铂膜作为电极，在锆管铂膜的外表覆盖着一层多孔陶瓷。加热元件由蓄电池供电，以加热锆管使氧传感器处于最佳工作温度。

图 8-24　冷却液温度传感器

1. 电插头　2. 外壳　3. 负温度系数的热敏电阻

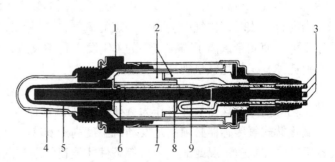

图 8-25　加热型氧传感器

1. 外壳　2. 陶瓷绝缘子　3. 传感器电缆　4. 带槽的保护管　5. 二氧化锆（ZrO_2）固态电解质锆管　6. 传感器检测信号输出引线　7. 保护外套　8. 加热元件　9. 加热元件引线夹子

二氧化锆氧传感器的工作原理如图 8-26（a）所示，二氧化锆在高温下（300～850℃）可以使氧气发生电离形成氧离子并在其内部传导。当混合气浓（$\lambda<1$）时，废气中的含氧少，同时伴有未完全燃烧的 CO、H_2、碳氢化合物等成分，在铂的催化作用下与氧发生反应，使锆管外侧的氧气浓度变为 0，两极间产生 800～1 000 mV 的电压；当混合气稀（$\lambda>1$）时，废气中的含氧升高，使锆管内外两侧的氧气浓度差小，两极间产生 100 mV 的较小电压；当混合气浓度为理论空燃比时（$\lambda=1$）时，两极间产生的电压发生突变。氧传感器输出电压随空燃比变化的特性如图 8-26（b）所示。

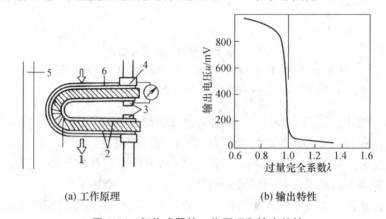

(a) 工作原理　　　　　　　　(b) 输出特性

图 8-26　氧传感器的工作原理和输出特性

1. 氧传感器检测元件　2. 铂电极　3. 接触元件　4. 接触元件　5. 排气管　6. 保护套

二氧化钛（TiO_2）属 N 型半导体材料，其阻值大小取决于材料温度及周围环境中氧离子的浓度，利用该特性可检测排气中的氧离子浓度。二氧化钛氧传感器输出特性与电路工作原理如图 8-27 所示。

二氧化钛氧传感器与氧化锆式氧传感器的结构相似，主要由二氧化钛传感元件、钢质壳体、加热元件和电极引线等组成。与二氧化锆（ZrO_2）式氧传感器所不同的是，二氧化钛式氧传感器不需要与大气进行比较，因此传感元件的密封与防水十分方便，利用玻璃或滑石粉等密封即达到使用要求。

二氧化钛式氧传感器的电阻将在混合气的过量空气系数 λ 约为 1 时产生突变。当混合气较稀时，排气中氧离子含量较多，传感元件周围的氧离子浓度较大，二氧化钛呈现低阻状态；当混合气浓时，排气中会剩余一定的氧气，传感元件周围的氧离子很少，在催化剂铂的作用下，使剩余氧离子与排气中的 CO 发生化学反应，生成 CO_2，将排气中的氧离子进一步消耗掉，二氧化钛呈现高阻状态。

当 ECU 给传感器施加稳定电压时，随着混合气浓度的变化，在其输出端便可得到一个交替变化的信号，该信号即可作为 A/F 控制的反馈信号。

二氧化钛式氧传感器必须满足发动机温度高于 60℃、氧传感器自身温度高于 600℃以及发动机工作在怠速工况或部分负荷等条件才能正常调节混合气温度。因此，采用加热元件使其迅速达到工作温度。

安装氧传感器的发动机应使用无铅汽油，以免造成氧传感器中毒失效。

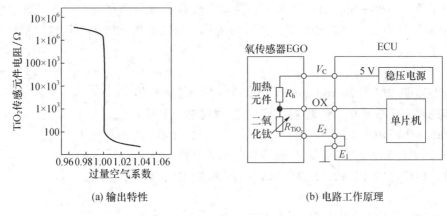

(a) 输出特性　　　　　　　　　(b) 电路工作原理

图 8-27　二氧化钛氧传感器输出特性与电路工作原理

2. 电控单元

电控单元又称 ECU（Electronic Control Unit），是汽车计算机控制系统的核心。电控单元可以分为硬件和软件两部分：硬件部分是构成电控单元的电路元器件，软件部分是实现电控单元控制功能的指令和数据系统。

电控单元主要由输入信号电路、微处理器、输出信号电路和电源电路等部分组成。电控单元的基本组成如图 8-28 所示。

（1）输入信号电路

ECU 的输入信号主要有两种形式，即数字信号和模拟信号。

数字信号包括脉冲信号和开关信号。脉冲信号（如矩形波信号、正弦波信号等）和开关信号需要通过输入电路的信号处理。对于无杂波的矩形波信号和开关信号，输入电路的作用一般是将其电平转换为微机的输入电平（5 V），而含有杂波的正弦波信号则需通过输入电路的波滤、整形和电平转换后才可输入微机。对于磁感应式转速传感器，由于其信号的峰值电压随转速变化，输入电路中还应包括信号放大电路和信号稳压电路，以便在转速很低时放大过弱的信号，而在转速很高时则限制过高的电压输入。

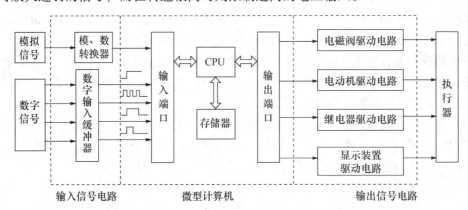

图 8-28　ECU 的基本组成

模拟信号是连续变化的电压信号，必须通过 A/D 转换为数字信号后才能被微处理器接受。由于控制系统往往要求模数信号转换具有较高的分辨率和精度，所以通常采用 10 位以上的 A/D 转换器。为了跟上输入信号的变化，提高测控系统的实时性，采样间隔一般要求小于 4 ms。

(2) 微控制器

微控制器即 MCU（Micro Controller Unit），在一块大规模集成电路芯片上集成了中央处理器（CPU）、存储器（RAM/ROM/EPROM/EEPROM）、I/O 接口电路、定时器/计数器、串行/并行通讯接口、A/D 和 D/A 器件等微型计算机的各个功能部件，构成微型计算机。MCU 的基本组成框图如图 8-29 所示。

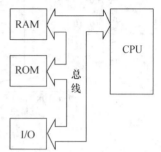

图 8-29 MCU 的基本组成框图

早期开发的 ECU 多采用 8 位 MCU，如 Intel 公司的 MCS8048、MCS8083、MCS8032 等，20 世纪 90 年代后期 ECU 多采用 16 位 MCU 如 Intel 公司的 MCS8061、MCS8097，Freescale 公司的 MC68HC12、MC68HC16，SIEMENS 公司的 80C517 等。现已开始采用 32 位 MCU 如 Freescale 公司的 MC68332 等。

微控制器首先完成传感器信号的 A/D 转换、周期脉冲信号测量和其他有关汽车行驶状态信号的输入处理，然后计算并控制所需的输出值按要求适时地向执行机构发送控制信号。由于许多控制所需输入的传感器信息是相同的，而微处理器的处理速度越来越快，有能力完成多个任务的分时控制，从而使 ECU 由单独控制向集中控制发展。

CPU 主要由进行算术、逻辑运算的运算器、暂时存储数据的寄存器、按照程序执行各装置之间信号传送及控制任务的控制器等构成。CPU 的工作是在时钟脉冲发生器的操作下进行的，当微机通电后，脉冲发生器立即产生一连串的具有一定频率的脉宽的电压脉冲，使计算机全部工作同步，按照统一的节拍操作，保证同一时间内完成一定的操作，实现控制系统各部协调工作的目的。

存储器分为两类：能读出也能写入的存储器叫随机存储器，简称 RAM。只能读出的存储器叫只读存储器，简称 ROM。

RAM 主要用来存储计算机操作时的可变数据，如用来存储计算机输入、输出数据和计算过程中产生的中间数据等，可随时调出或被新的数据代替。RAM 在计算机中起暂时存储信息作用。当电源切断时，存入 RAM 的数据完全消失。

ROM 用来存储各种永久性的程序和永久性、半永久性的数据。如电子控制燃油喷射发动机系统中的一系列控制程序软件、喷油特性脉谱、点火控制特性脉谱以及其他特性数据等。当电源切断时，存入 ROM 的信息不会丢失。

为了方便程序和数据的修改，只读存储器还有 PROM、EPROM、EEPROM 等类型。

PROM 为可编程序只读存储器。这种存储器可由用户根据需要，自行编写程序，用 PROM 编程器的专用仪器对 PROM 编程，将信息资料存入 PROM 中。

EPROM 为可擦除可编程只读存储器。EPROM 芯片的顶部有一窗口，其内部存储的程序可用紫外线照射的方法予以擦除，然后再用专用编程器存入新的程序。当重新编程后，将芯片顶部窗口封盖好，可保存存入的程序。

EEPROM 为电力擦除可编程只读存储器。这种存储器可以不从微机的电路板上取下，而在通电的情况下，进行擦除和重新编程。

总线是一束传递信息的内部连线。在微机系统中，中央处理器、存储器与输入、输出口，通过传递信息的总线连接起来，它们之间的信息交换均要通过总线进行。总线按传递信息的类别可分为数据总线、地址总线与控制总线三种。

数据总线主要用于传递数据和指令。地址总线用于传递地址码。在微机总线上，各器件之间的通讯，主要是靠地址码准确地进行联系。例如需要对存储器内某单元进行存储或读出数据时，必须先将该单元的地址码送到地址总线上，然后再送出写入或读出的指令，才能完成操作。控制总线 CPU 可以通过它随时掌握务器件的状态，并根据需要随时向有关器件发出控制指令。

输入/输出（I/O）接口是 CPU 与输入装置、输出装置间进行信息交流的控制电路。根据 CPU 的命令，输入信号以所需要的频率通过 I/O 接口接收，输出信号则按发出控制信号的形成和要求通过 I/O 接口，以最佳的速度送出。输入、输出装置，一般都通过 I/O 接口才能与微机连接。

(3) 输出信号电路

输出信号处理电路的作用是联系协调微处理器和执行器。执行器控制信号有数字信号和模拟信号，而由微处理器产生的控制信号都是数字信号，因此，输出电路也分为数字信号输出通道和模拟信号输出通道。

由微处理器输出接口通过放大电路控制执行器动作，或通过放大电路控制继电器动作。微处理器产生的数字脉冲信号（喷油脉宽）通过放大电路控制喷油器喷油的输出驱动电路。由微处理器模拟信号输出接口通过放大电路控制输出电流或电压的变化，以控制执行器的动作，如电磁阀的开度大小等。

(4) 电源电路

在汽车运行过程中，蓄电池存在一定的电压波动，同时电控单元的工作电压通常为 5 V。为确保电单元工作稳定，电源电路通常采用 DC/DC IC 模块，保证在宽广电压范围 (6～16 V) 内转变为电控单元内部电子器件所需的恒定电压。

ECU 中的软件起着控制决策的作用，还可完成部分硬件的功能。软件包括控制程序和数据两部分。控制软件采用模块化结构，将整个控制系统的程序分成若干个功能相对独立的程序模块，每个模块分别进行设计、编程和调试，最后将调试好的程序模块连接起来。

8.2.5 喷油脉宽的确定

1. 基本喷油脉宽的确定

L、LH 型电子燃油喷射系统属于质量流量式进气量检测方式。基本喷油脉宽可通过空气流量计直接测量的进入汽缸的空气质量流量确定。

采用热线式空气流量计可直接测量进入汽缸的空气质量流量，不需要进气温度和大气压力的修正。LH 型电子燃油喷射系统基本喷油脉宽 T_p 可按下式确定：

$$T_p = \frac{q_m}{K_1 \cdot n \cdot (A/F)_T} \tag{8-5}$$

式中，q_m——空气的质量流量 (g/s)；

n——发动机转速 (r/min)；

$(A/F)_T$——目标空燃比；

K_1——由喷油器结构尺寸、喷射方式以及汽缸数确定的常数。

为了提制精度，需要以比进气脉动频率更快的采样速度对空气流量计的输出信号进行A/D转换，并按点火间隔时间进行平均化处理，求得进气行程中的平均输出信号。由于热线式空气流量计的输出电压随空气质量流量的变化关系是非线性的，所以需要先进行线性化处理，然后再求出基本喷射时间。

燃油喷射控制系统也可采用查询法求得基本喷油时间，即通过试验确定发动机特定工况下的最佳喷油时间，取得一组发动机转速、空气流量或进气管压力所对应的喷油时间标准数据并存入ROM存储器中。工作时，电子控制器中的CPU根据发动机转速和空气流量（或进气管压力），从ROM中查询得到基本喷油时间，通过插值法计算得到该工况下的喷油时间。采用查询法求得最佳的基本喷油时间，可实现非线性控制，使燃油喷射的控制精度更高。

2. 喷油脉宽的修正

为满足发动机各种运况对实际空燃比控制的要求，发动机运行时ECU通过采集冷却液温度传感器、节气门位置传感器和蓄电池电压等的检测信号对喷油脉宽进行修正。同时，为有效地降低汽车有害气体的排放，以适应日趋严格的排放法规，采用三元催化转换器对排气进行净化处理。三元催化转换器在理论空燃比下，对NO_x、CO、HC转换率最高。利用氧传感器的检测信号作为反馈信号对空燃比进行控制，实现理论空燃比的闭环控制。

当氧传感器到达正常工作温度，开始向电控单元提供检测信号时，控制系统则进入空燃比闭环控制阶段。此时实际喷油脉冲T_0依下式计算：

$$T_0 = T_P \cdot \alpha \cdot (1 + K_{TW} + K_{AS} + K_{AI} + K_{MR}) \cdot K_{FC} + T_S \tag{8-6}$$

式中，T_P——基本喷油脉冲；

α——空燃比反馈修正系数；

K_{TW}——水温修正系数；

K_{AS}——起动时和起动后喷油量增量修正系数；

K_{AI}——怠速后喷油量修正系数；

K_{MR}——空燃比修正系数；

K_{FC}——停油系数；

T_S——电压修正系数。

空燃比闭环控制的基本工作原理如图8-30所示。ECU将氧传感器的输出电压与表示理论空燃比的基准电压进行比较，判断混合气是浓还是稀。当混合气比理论空燃比浓时，反馈修正系数降低为负值，减少喷油量；反之，反馈修正系数增加为正值，增加喷油量。反馈修正系数是按一定斜率的阶梯形变化，其目的就是改善反馈修正的响应特性，提高理论空燃比的控制精度。

在发动机工作过程中，当氧传感器的温度过低时，不能准确地检测空燃比。因此，在起动过程中和起动后的暖车过程中停止反馈控制。此外，当发动机加速、减速过程以及全负荷运行时，也要停止空燃比的反馈控制。

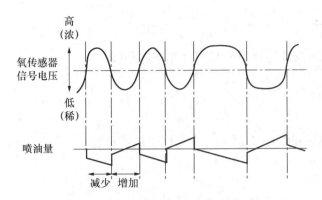

图 8-30 空燃比闭环控制的基本工作原理

为限定发动机的最高转速,当发动机转速超过设定的最高转速时,停油系数 K_{FC} 为 0;当发动机处于强制怠速,即节气门开度为 0 而发动机转速高于设定的怠速值时,停油系数 K_{FC} 为 0,以降低油耗和排放。

8.3 D 型电子燃油喷射系统

8.3.1 系统的组成和特点

D 型电子燃油喷射系统的组成如图 8-31 所示。其主要特点是采用进气歧管绝对压力传感器取代空气流量计,作为发动机进气量的间接检测信号。

D 型电子燃油喷射系统通常也可分为供油系统、进气系统和电控系统 3 个子系统。与 L 型电子燃油喷射系统相比,除进气系统和进气量的检测方式不同外,其他系统的结构与工作原理基本相同。

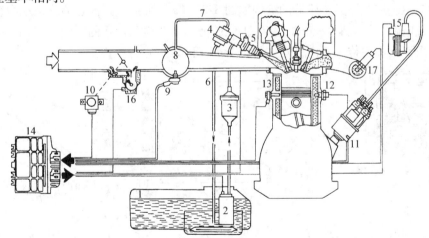

图 8-31 D 型电子燃油喷射系统的组成(D-Jetronic)

1. 燃油箱 2. 电动燃油泵 3. 燃油滤清器 4. 油压调节器 5. 喷油器 6. 回油管 7. 真空管 8. 进气管 9. 进气压力传感器和进气温度传感器 10. 节气门位置传感器 11. 分电器和霍尔传感器 12. 冷却液温度传感器 13. 爆燃传感器 14. 电控单元 15. 点火器和点火线圈 16. 怠速空气阀 17. 氧传感器

8.3.2 供油系统

D型的供油系统与前面介绍的L、LH型基本相同。

8.3.3 进气系统

1. 系统组成

进气系统的组成如图8-32所示,主要由空气滤清器、节气门、怠速空气阀和进气压力传感器等部件组成。

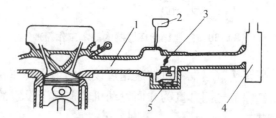

图8-32 进气系统的组成
1. 进气歧管 2. 进气压力传感器 3. 节气门 4. 空气滤清器 5. 怠速空气阀

发动机工作时,进气压力随节气门开度而变化。当节气门开度增大时,由于进气节流作用减小,进气压力增大;反之,当节气门开度减小时,进气压力减小,即进气压力与发动机的负荷和进气量有关。对于给定型号的发动机,每一工作循环各缸进气量由发动机转速和进气压力确定。

2. 进气压力传感器

进气压力传感器又称进气歧管绝对压力传感器,其作用是检测发动机的进气压力,作为发动机喷油量控制的基本信号。进气压力传感器目前普遍应用压敏电阻式。

压敏电阻式进气压力传感器的结构如图8-33(a)所示,其核心部分是压力转换元件和混合集成电路。为克服发动机工作时进气压力波动对检测信号的影响,用细孔径的软管将进气压力引入压力传感器内,对进气压力进行机械滤波。

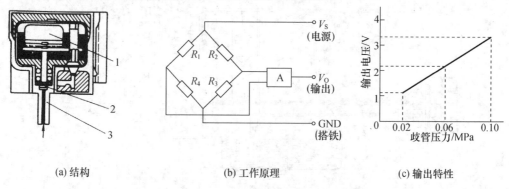

(a) 结构   (b) 工作原理   (c) 输出特性

图8-33 压敏电阻式进气压力传感器
1. 压力转换元件 2. 滤清器 3. 进气压力连接管
R_1、R_2、R_3、R_4. 硅膜片应变电阻 A. 放大电路

压敏电阻式进气压力传感器的工作原理如图 8-33（b）所示。压力转换元件是利用半导体的压阻效应制成的硅膜片。硅膜片是约为 3 mm 的正方形，其中部经光刻腐蚀形成直径约 2 mm、厚约 50 μm 的薄膜，薄膜周围分布 4 个应变电阻，以惠斯顿电桥方式连接。薄膜一侧是真空室，薄膜的另一侧承受进气压力的作用。进气压力越高，膜片的变形越大，应变电阻的阻值与压力成正比。利用惠斯顿电桥即可将进气压力转变为电压信号，并经混合集成电路放大后输出。

8.3.4 电控系统的组成和电路示例

1. 电控系统的组成

电控系统由检测发动机工况的各传感器、电控单元和各执行元件 3 部分组成。电控单元根据发动机转速和进气压力传感器的输入信号确定基本喷射时间，并根据节气门位置传感器、冷却液温度传感器、进气温度传感器、氧传感器等检测信号对喷射时间进行修正。

2. 基本喷油脉宽的确定

发动机工作时的基本喷油脉宽是根据发动机转速和进气压力确定的。电控单元内存储着满足理论空燃比要求的基本喷油脉宽与发动机转速、进气压力关系图，称为基本喷油脉宽三维图，如图 8-34 所示。发动机工作时，电控单元根据发动机转速传感器和进气压力传感器输入的信号即可确定相应的基本喷油脉宽，再根据其他传感器输入的信号对基本喷油脉宽进行修正，即可确定喷油器的实际喷油脉宽。

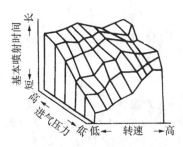

图 8-34 基本喷油脉宽三维图

3. 电路示例

SANTANA 2000GLi 采用改进的 D 型电子燃油喷射系统（Motronic M1.5.4），电控系统的电路如图 8-35 所示。该系统具有空燃比闭环控制、点火时刻闭环控制、怠速控制等功能。

电动燃油泵由电控单元控制，当电控单元检测到发动机转速信号时，电控单元控制燃油泵继电器电磁线圈通电，继电器接通电动燃油泵的工作电源，电动燃油泵通电运转。

采用安装在分电器上的霍尔传感器，检测发动机转速和凸轮轴位置。采用氧传感器作为空燃比控制的反馈信号，实现空燃比的闭环控制。

采用爆燃传感器作为点火时刻控制的反馈信号，实现点火时刻的闭环控制。点火高压通过分电器实现。

步进电机作为怠速执行结构，怠速时根据冷却液温度传感器检测信号和空调开关信号，控制节气门开度，调节发动机怠速进气量，实现怠速控制。

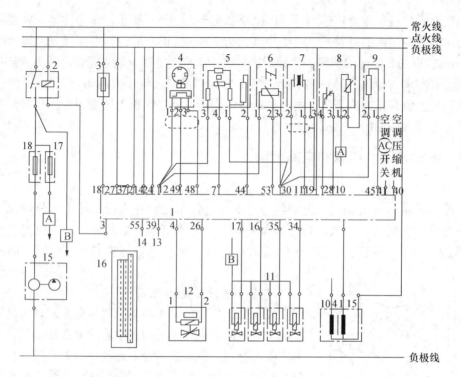

图 8-35 SANTANA 2000GLi Motronic M1.5.4 电路图

1. 电控单元 2. 燃油泵继电器 3. 熔断器 4. 霍尔传感器 5. 进气压力传感器 6. 节气门位置传感器 7. 爆燃传感器 8. 氧传感器 9. 冷却液温度传感器 10. 点火线圈 11. 喷油器 12. 怠速步进电机 13. 点火提前角、怠速维修 14. 故障诊断输出端 15. 燃油泵 16. 电控单元连接器 17. 氧传感器加热器熔断器 18. 燃油泵熔断器

8.4 单点电子燃油喷射系统

单点电子燃油喷射系统又称节气门体燃油喷射系统（Throttle Body Injection，TBI）或中央燃油喷射系统（Central Fuel Injection，CFI）。该系统在结构布置上与化油器很相似，具有结构简单、维修方便、成本较低等优点。典型的单点燃油喷射系统有德国博世公司的 Mono-Jetronic 系统、美国通用汽车公司的 TBI 系统、福特公司的 CFI 系统等。

8.4.1 系统的组成

单点燃油喷射系统的组成如图 8-36 所示，可将整个系统分为供油系统、进气系统和电控系统 3 个子系统。

供油系统由电动燃油泵（1）、燃油滤清器（3）、压力调节器（4）和喷油器（5）组成。电动燃油泵将燃油从油箱中泵出，经燃油滤清器滤清后输送给压力调节器和喷油器。电控单元控制喷油器将燃油间歇地喷入节气门上方，与空气混合形成混合气后进入各缸进气歧管内。由于喷油器安装在节气门上方，空气流速较大，有利于燃油雾化，单点燃油喷射系统的喷油压力低，通常为 80～100 kPa。

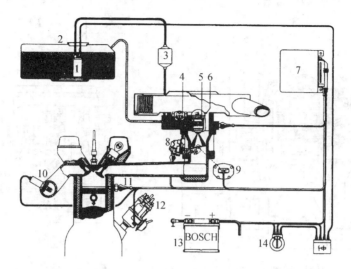

图 8-36 单点电子燃油喷射系统（Mono-Jetronic）的组成
1. 燃油泵 2. 燃油箱 3. 滤清器 4. 压力调节器 5. 喷油器 6. 进气温度传感器 7. 电控单元 8. 节气门步进电机 9. 节气门位置传感器 10. 氧传感器 11. 冷却液温度传感器 12. 分电器 13. 蓄电池 14. 点火开关

进气系统由空气滤清器、节气门和节气门步进电机等组成。空气经空气滤清器、节气门体、各缸进气歧管进入汽缸。因空气流量检测方式的不同，进气系统中可在节气门前方安装空气流量计或在节气门后方安装进气压力传感器。此外，单点燃油喷射系统常采用节流速度方式检测进气量，即通过节气门位置传感器和发动机转速传感器信号确定进气量。

电控系统由电控单元、发动机转速传感器、负荷传感器（空气流量传感器、进气压力传感器或节气门位置传感器）、空气温度传感器、冷却液温度传感器、氧传感器和喷油器等部件组成。电控单元根据控制程序和各传感器输入信号计算出喷油脉冲信号宽度，控制喷油器实现燃油喷射。

8.4.2 系统主要部件的结构和工作原理

单点燃油喷射系统的许多部件结构和工作原理与前面介绍的基本相同，中央喷射单元是系统中的典型部件。

中央喷射单元的结构如图 8-37 所示，由油压调节器、喷油器、节气门体和节气门组成，在节气门体上还装有节气门位置传感器、怠速调节装置等。

喷油器是中央喷射单元中的重要部件，其作用是在发动机各种工况下，向汽缸提供精确计量的雾化燃油。单点式喷油器的结构如图 8-38 所示。扁平衔铁和球形阀（3）用激光熔焊在一起。球形阀下方有阀座，通过 6 个径向布置的计量喷孔喷出燃油。在球形阀的上方装有压缩弹簧和电磁线圈。当喷油脉冲电流通过电磁线圈时，产生的电磁吸力克服弹簧压力将球形阀吸离阀座，使燃油喷出。当喷油脉冲电流切断时，在弹簧压力的作用下，球形阀落座而停止喷油。

压力调节器的作用是调节喷油器的喷油压力并保持稳定。油压升高时，回油阀的开启截面增大，回油量增多；油压降低时，回油阀的开启截面减小，回油量减小。

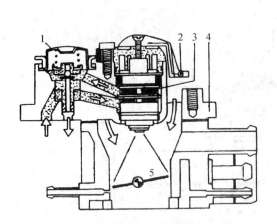

图 8-37 中央喷射单元的结构
1. 压力调节器 2. 进气温度传感器 3. 喷油器
4. 节气门体 5. 节气门

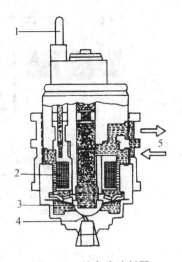

图 8-38 单点式喷射器
1. 电插头 2. 电磁线圈 3. 球形阀
4. 喷油孔 5. 供油流向

8.5 汽油发动机管理系统

8.5.1 汽油发动机管理系统的组成和功能

发动机管理系统又称 EMS（Engine Management System），通常可分为汽油机发动机管理系统和柴油机发动机管理系统。

汽油机发动机管理系统由一个电控单元集中控制发动机燃油喷射、点火时刻、急速和排放等。典型的汽油机发动机管理系统有博世公司的莫特朗尼克系统（MOTRONIC）、福特汽车公司的发动机电子控制系统（EEC-IV）、通用汽车公司的数字燃油喷射系统（DFI）等。汽油机发动机管理系统的控制内容和功能见表 8-2。

表 8-2 汽油发动机管理系统的组成和功能

	控制系统	基本类型	功　　能
主要控制	燃油喷射控制系统	多点喷射系统，单点喷射系统	空燃比的闭环控制，燃油泵控制
	点火控制系统	有分电器点火系统，直接点火系统	闭合角控制，点火提前角控制，爆燃控制，点火高压分配
辅助控制	急速控制系统	旁通空气式，直通空气式	急速控制
	排放控制系统	废气再循环，燃油箱蒸汽控制	废气再循环，燃油箱蒸气控制
	可变气门正时与气门升程电子控制		气门升程与气门正时控制
	进气增压控制	废气涡轮增压，谐波增压	进气增压控制
通信与故障自诊断	通信	SCI、SPI、CAN、LIN、J1850 通信接口	数据通信
	故障自诊断	OBD-2，CAN-BUS	故障诊断和检测

8.5.2 莫特朗尼克系统

1. 系统的组成

莫特朗尼克系统的组成和功能如图 8-39 所示。该系统主要由燃油喷射系统、点火系统、怠速控制系统等子系统组成。桑塔纳时代超人 2000GSi，奥迪 100 V6 2.6E，富康 AG、AL 等国产轿车均采用不同版本的莫特朗尼克系统。

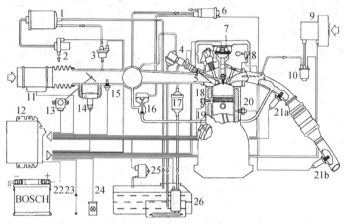

图 8-39 莫特朗尼克系统的组成

1. 活性炭罐　2. 进气阀　3. 活性炭罐电磁阀　4. 油压调节器　5. 喷油器　6. EGR 电磁阀　7. 点火线圈　8. 凸轮轴位置传感器　9. 二次空气泵　10. 二次空气阀　11. 空气流量计　12. 发动机 ECU（ECM）　13. 节气门位置传感器　14. 怠速控制阀　15. 进气温度传感器　16. EGR 阀　17. 燃油滤清器　18. 爆燃传感器　19. 发动机转速与曲轴位置传感器　20. 冷却液温度传感器　21a（b）. 前（后）氧传感器　22. 蓄电池　23. 数据传输插座　24. 故障指示灯　25. 燃油蒸气压差传感器

2. 电控系统的功能

莫特朗尼克电控系统的组成如图 8-40 所示。

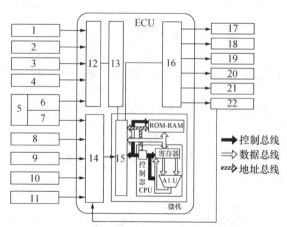

图 8-40 发动机电子控制系统的组成

1. 空气流量传感器或进气压力传感器　2. 进气温度传感器　3. 冷却液温度传感器　4. 氧传感器　5. 节气门位置传感器　6. 节气门开度信号　7. 怠速触点　8. 发动机转速传感器　9. 曲轴位置传感器和凸轮轴位置传感器　10. 氧传感器　11. 点火和起动信号　12. 输入回路　13. A/D 转换器　14. 输入回路　15. I/O 接口　16. 输出回路　17. 喷油器　18. 电动燃油泵继电器　19. 怠速电磁阀或步进电机　20. 油箱燃油蒸气碳罐电磁阀　21. 发动机故障指示灯和故障诊断座　22. 点火线圈与点火器

采用飞思卡尔半导体公司的 MC68HC912BC32 单片机的发动机管理系统电路组成框图如图 8-41 所示，该单片机具有 SCI、SPI、CAN、LIN 和 J1850 通讯接口。

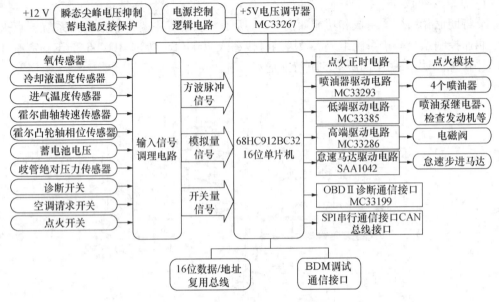

图 8-41　MC68HC912BC32 单片机的发动机管理系统电路组成框图

8.5.3　发动机主要控制系统

发动机主要控制系统包括燃油喷射系统和点火系统。燃油喷射系统可采用 L、LH、D、MONO 等形式，以实现发动机空燃比的最佳控制。点火控制系统可采用有分电器和无分电器（直接点火系统）的系统，以实现闭合角控制、点火时刻控制和爆燃控制等功能。

8.6　发动机辅助控制系统

发动机辅助控制系统包括怠速控制系统、排放控制系统、进气增压控制系统和故障自诊断系统等。

8.6.1　怠速控制系统

怠速控制系统的作用是满足发动机怠速时暖车转速运转、空调运行、起步等发动机负荷变化和降低燃油消耗的要求。

1. 怠速进气量的控制方式

怠速控制实质是控制怠速时的进气量。怠速进气量的控制有两种基本方式：一是控制节气门的旁通空气道的旁通空气式，二是直接控制节气门关闭位置的节气门直动式，如图 8-42 所示。

2. 系统的组成

怠速控制系统的组成如图 8-43 所示，由各传感器、电控单元和怠速执行机构组成。发动机怠速运行时，电控单元根据冷却液温度传感器、空调开关、挡位开关等输入信号和怠速控制程序，向怠速执行机构输出控制信号，改变怠速进气量，实现怠速控制。怠速执行机构主要有怠速电磁阀和怠速步进电机两种机构形式。

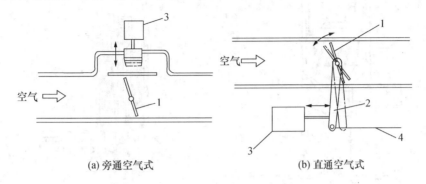

图 8-42　怠速进气量的控制方式
1. 节气门　2. 节气门操纵臂　3. 怠速执行器　4. 加速踏板拉索

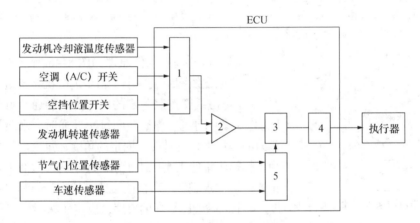

图 8-43　怠速控制系统的组成框图
1. 目标转速　2. 比较电路　3. 控制量计算　4. 驱动电路　5. 怠速状态判断

3. 怠速电磁阀

旋转式怠速电磁阀的结构如图 8-44 所示。电控单元根据各传感器输入信号和怠速设定值，控制电枢电流的大小和方向，使电枢正方向旋转，带动旋转阀片改变旁通空气道面积，以改变进气量，进行怠速控制。将输入转速信号与设定转速进行比较，即可实现怠速的闭环控制。

直动式怠速电磁阀的结构如图 8-45 所示。电控单元改变电磁线圈电流的大小或占空比，控制阀轴的轴向位移，改变旁通空气道面积和进气量的大小，实现怠速控制。

4. 怠速步进电机

怠速步进电机广泛应用于旁通空气式和节气门直动式怠速控制机构中。步进电机正反方向的旋转运动经传动机构操纵节气门轴改变节气门开度，实现怠速进气量控制。

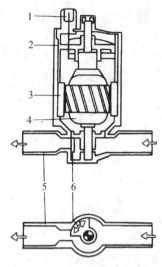
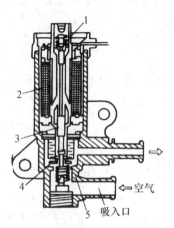

图 8-44 旋转式怠速电磁阀
1. 电接头 2. 壳体 3. 永久磁铁 4. 电枢
5. 旁通空气道 6. 旋转阀片

图 8-45 直动式怠速电磁阀
1. 弹簧 2. 电磁线圈 3. 阀轴 4. 阀 5. 壳体

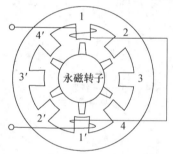

图 8-46 步进电机的基本工作原理

步进电机的基本工作原理如图 8-46 所示,由永磁转子和 4 个电磁线圈组成一个 4 相步进电机。步进电机工作时,4 个电磁线圈按照一定的次序依次导通,每个周期有 1 个电磁线圈导通,电磁线圈每次导通时,永磁转子在电磁力的作用下,旋转一个固定的角度,每次旋转的角度成为步幅,步幅的大小取决于永磁转子的齿数和电磁线圈的布置,增加永磁转子磁极的对数可较小步幅和提高控制精度。4 个电磁线圈导通的次序,决定了永磁转子的旋转方向。控制 4 个电磁线圈的导通次序即可实现步进电机的正、反向旋转及其旋转的角度。

怠速步进电机的控制电路如图 8-47 所示。电控单元判断发动机处于怠速运转时,依一定次序使 $VT_1 \sim VT_4$ 晶体管导通,分别给步进电机各电磁线圈供电,驱动步进电机调节旁通空气量,使发动机转速达到目标值。

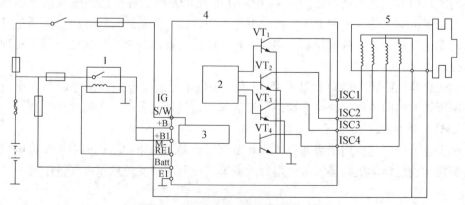

图 8-47 怠速步进电机控制基本电路
1. 主继电器 2. 微处理器 3. 主继电器控制电路 4. ECU 5. 怠速步进电机

为了改善发动机的起动性能，发动机熄火后，电控单元控制 ISCV 阀全部开启，在关闭点火开关后，必须继续给电控单元和 ISCV 阀供电。主继电器由电控单元的 M-REL 端供电，保持接通状态，怠速步进电机运转至 ISCV 阀全部开启后才断电。

发动机起动时，由于怠速控制阀预先设为全开，在起动期间经过 ISCV 阀的旁通空气量最大，发动机易于起动。当发动机起动后，电控单元根据冷却液温度，控制发动机转速，即低温时使怠速控制阀开启量较大，怠速转速升高，以加速暖机过程。在暖机中，ISCV 阀随水温上升而逐渐关闭，冷却水温达到 70℃ 时，暖机控制结束。结束暖机后，进入闭环控制，此时以怠速转速作为反馈信号，根据转速的增减来相应改变 ISCV 阀的开度。如果实际转速与 ECU 存储器中存放的目标转速相差超过 20 r/min 时，电控单元则控制 ISCV 阀增减旁通空气量，使发动机实际转速与目标转速相同。

目标转速值视发动机工况而定，如空挡开关是否接通、空调开关是否接通等。当用电设备增多时，由于蓄电池电压降低，相应地增加旁通空气量，提高发动机的怠速转速。

5. 节气门体单元

在捷达、时代超人等轿车发动机电控系统中，广泛采用节气门体单元进行发动机怠速控制。节气门体单元集成了节气门位置传感器和节气门开度执行器的功能，其电路如图 8-48 所示。怠速时，怠速触点开关 F60 闭合，怠速直流电机 V60 的正反转由电控单元输出电路中的双向驱动电路驱动，并由怠速节气门位置传感器 G88 检测节气门开度。驾驶员踏下加速踏板时，怠速触点开关 F60 断开，怠速直流电机 V60 停转，节气门开度通过节气门位置传感器 G69 检测。节气门体单元结构如图 8-49 所示。

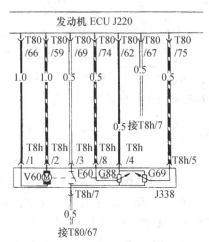

图 8-48 节气门体单元电路

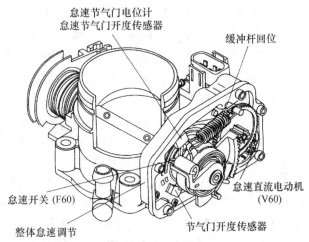

图 8-49 节气门体单元结构

8.6.2 排放控制系统

1. 燃油箱燃油蒸气控制

燃油箱燃油蒸气控制又称 EVAP（Evaporative Emission Control System），是指将燃油箱蒸气通入活性炭罐，燃油蒸气被活性炭吸附，发动机工作时，电控单元向电磁阀输出电流信号使电磁阀开启，活性炭罐中的燃油蒸气通过真空管进入发动机进气歧管内，再进入发动机汽缸燃烧。燃油箱燃油蒸气控制的组成如图 8-50 所示。

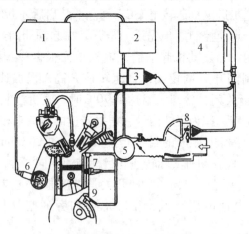

图 8-50 燃油箱燃油蒸气控制的组成
1. 燃油箱 2. 活性炭罐 3. 电磁阀 4. 电控单元 5. 进气歧管 6. 氧传感器
7. 冷却液温度传感器 8. 空气流量计 9. 发动机转速传感器

由于活性炭罐中的燃油蒸气进入发动机会影响混合气的浓度，因此为保证满足理论空燃比混合气的要求，电控单元只有在发动机达到正常的工作温度、氧传感器正常工作和发动机运行在稳定状态下才控制活性炭罐电磁阀开启。在发动机低温、氧传感器未到达正常工作温度和发动机加速、减速等状态下，活性炭罐电磁阀保持关闭状态。

2. 排气再循环控制

排气再循环又称 EGR（Exhaust Gas Recirculation），是指将一定量的排气引入进气管中并与可燃混合气一起吸入汽缸，以降低发动机燃烧温度，减少排气中氮氧化物（NO_x）等有害气体的排放。排气再循环影响混合气的着火性能，降低了发动机功率，故需要选择 NO_x 排出量多的工况进行适量的排气再循环。通常用 EGR 率作为排气再循环指标：

$$\text{EGR 率} = \frac{\text{排气再循环量}}{\text{进气空气量} + \text{排气再循环量}} \times 100\% \tag{8-7}$$

最大 EGR 率一般不超过 15%～25%。

电子式 EGR 系统的组成和工作原理如图 8-51 所示。发动机工作时，电控单元根据冷却液温度传感器、转速传感器、节气门位置传感器等信号和控制程序向排气再循环电磁阀输出控制信号，控制电磁阀打开和关闭。当电磁阀打开时，接通排气再循环控制阀的真空管路，使排气再循环控制阀开启，部分排气进入进气管，进行排气再循环；当电磁阀关闭时，切断排气再循环控制阀的真空管路，并将大气压力引入排气再循环控制阀上方，使排气再循环控制阀关闭，停止排气再循环。这种 EGR 工作方式通常称为外部 EGR。

此外，通过合理设计排气门的排气相位或改变发动机不同负荷和转速的进气相位，增加进、排气相位的重叠角，使部分废气滞留在汽缸内，以达到降低发动机工作温度和 NO_x 排出量的目的，这种 EGR 工作方式称为内部 EGR。

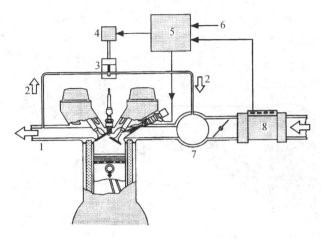

图 8-51 电子式 EGR 系统的组成
1. 排气歧管 2. 排气 3. 排气再循环阀 4. 电磁线圈 5. ECU 6. 输入信号 7. 排气歧管 8. 空气流量计

3. 三元催化转化器

三元催化转化器（Three Way Catalyst Converter，TWC）用于将排气中的主要有害气体 CO、HC、NO_x 转化为 CO_2、HO_2 和 N_2 等无害气体，是一种广泛采用的排气净化装置。三元催化转化器的结构如图 8-52 所示，它主要由钢壳体容器、催化剂和载体三部分组成。壳体材料是耐高温，耐腐蚀的不锈钢，催化剂通常采用铂（Pt）、铑（Rh）等贵金属，载体通常采用陶瓷载体。陶瓷载体是由一种高温坚韧的镁、铝、硅酸盐烧结而成。陶瓷载体中穿有几千个小通道，在 $1\,cm^2$ 的截面上约 60 个通道以流过排气。陶瓷载体被固定在催化反应器壳体上，在壳体金属壁面与载体之间加入一层膨胀垫，它可以由金属织物或树脂纤维制成。金属织物一般是用 0.25 mm 直径合金钢丝编制，可承受高温下壳体与载体材料的不同膨胀，在汽车行驶时引起的机械冲击，以及作用在陶瓷体上的气体压力等。

当发动机起动预热 5 min 后，三元催化转化器的工作温度达到开始活化温度 250 ℃时，三元催化转化器开始工作，在催化剂的作用下，同时发生下列反应：

$$2CO + O_2 = 2CO_2$$
$$4CH + 3O_2 = 2H_2O + 2CO_2$$
$$2NO + 2CO = N_2 + 2CO_2$$

一旦活化开始催化器便因反应放热而自动地保持高温。三元催化转化器的理想工作温度约为 400～800℃，可保持催化器高净化率和长寿命。正常寿命约 10 万公里。800～1000℃时，贵金属与氧化载体之间可能烧结，产生热老化，导致活化表面积的减小。使用温度超过 1000℃时，因催化剂过热加快老化，以至于完全丧失催化功能。因此，必须防止催化剂过热。铅可使催化剂中毒失效，因此必须使用无铅汽油。

三元催化转化器的工作特性如图 8-53 所示。只有当 A/F 在理论空燃比很窄的窗口（$\lambda = 1.00 \pm 0.01$）内转换效率才可达到 90% 以上。只有在 A/F 闭环控制的条件下，三元催化转化器才能发挥有效的排气净化作用。

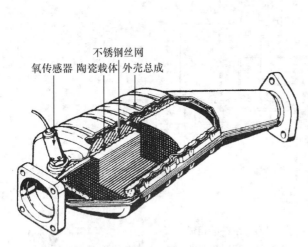

图 8-52 三元催化转化器的结构

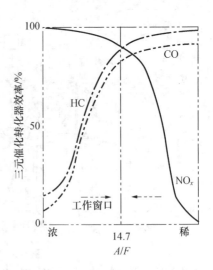

图 8-53 三元催化转化器的工作特性

8.6.3 进气增压控制系统

为提高发动机的动力性、降低油耗，常用废气涡轮增压和谐波增压等进气增压方式。

1. 废气涡轮增压系统

废气涡轮增压电子控制系统的组成如图 8-54 所示，用发动机排出的高温、高压废气，驱动涡轮增压器的废气涡轮（3）高速旋转，并驱动动力涡轮一起转动，将空气加压后吸入汽缸。为保证发动机在不同转速及工况下都得到最佳增压值，并防止发动机爆燃，同时限制热负荷，对涡轮增压系统常采用增压控制与爆燃控制相结合的控制方法。

在电控单元（11）的存储器中，存储着发动机增压特性的有关数据。发动机工作时，电控单元根据增压等传感器输入的信号，可以确定实际进气增压，然后将实际进气压力与存储的理论值进行比较。若实际值与理论值不相符合，电控单元（11）则输出控制信号，对增压电磁阀进行控制，改变废气旁通阀（5）的控制压力，使废气旁通阀开度改变。

当发动机出现爆燃时，电控单元根据传感器输入的爆燃信号，减小点火提前角，同时降低增压。当爆燃消失时，再增加点火提前角和进气压力。

2. 谐波增压系统

谐波增压又称声控进气系统（Acoustic Control Iduction System，AClS）。当气体高速流向进气门时，如果进气门突然关闭，进气门附近气体流动突然停止，由于惯性进气管仍在进气，于是进气门附近的气体被压缩，进气压力上升。当压力增大到一定值后，被压缩的气体开始膨胀，向着进气气流相反方向流动，压力下降。膨胀气体的波传到进气管口时又被反射回来，形成压力波。如果在进气门刚要打开时，进气压力波恰好到达进气门附近，这样进气门打开时，就会提高进气效率。

通过改变进气管长度可改变进气压力波波长，使压力波集中于要打开的进气门处，打开进气门时就会形成增压进气。谐波增压的基本工作原理如图 8-55 所示，进气管长度变长时，压力波波长大，可使中低速转速时进气压力增大。进气管长度变短时，压力波波长短，可使高速时进气压力增大。

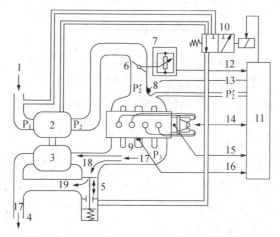

图 8-54 废气涡轮增压电子控制系统的组成

1. 进气 2. 动力涡轮 3. 废气涡轮 4. 排气系统 5. 废气旁通阀 6. 节气门 7. 节气门位置传感器 8. 冷却液温度传感器 9. 爆燃传感器 10. 增压压力控制电磁阀 11. ECU 12. 节气门位置传感器信号 13. 增压进气温度 14. 点火提前角 15. 发动机转速信号 16. 爆燃传感器信号 17. 排气流 18. 通过涡轮的气流 19. 通过废气旁通阀的气流 P_1. 增压之前的进气压力 P_2. 增压之后的进气压力 P_2'. 进气歧管压力 P_3. 排气背压

谐波增压电子控制系统的组成如图 8-56 所示。电控单元根据发动机转速信号、节气门位置传感器信号控制电磁阀的通断，调节膜片执行器真空度，操纵进气转换阀门改变进气管道长度。

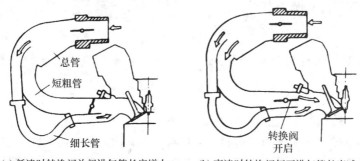

(a) 低速时转换阀关闭进气管长度增大　　(b) 高速时转换阀打开进气管长度减小

图 8-55 谐波增压的基本工作原理

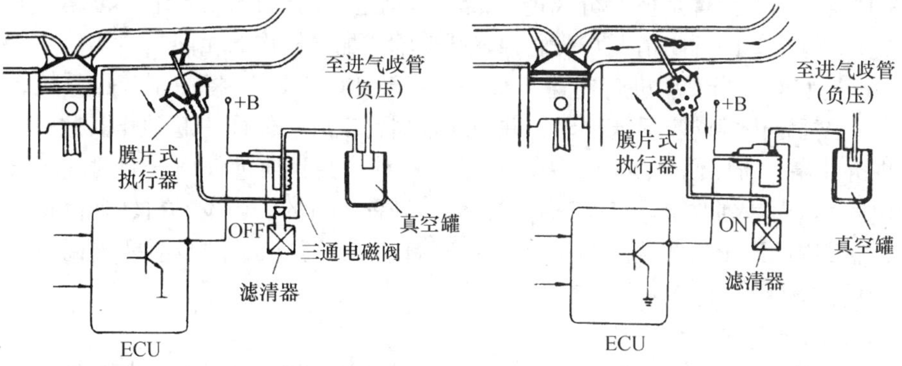

(a) 低速时转短进气管关闭，细长进气管进气　　(b) 高速时短进气管打开

图 8-56 谐波增压的电子控制系统的组成

8.6.4 可变气门正时与气门升程电子控制系统

可变气门正时与气门升程电子控制又称 VTEC（Variable Valve Life Timing and Valve Electronic Control），进气门的正时与升程随转速的不同而改变，使发动机在低速时具有较高的燃烧效率和较低的燃油消耗，而在高速时则可以充分地发挥其强劲的动力，从而改善汽车的动力性和经济性。

1. VTEC 机械机构工作原理

VTEC 机械机构工作原理如图 8-57 所示。发动机的凸轮轴除原有驱动两个进气门的主凸轮和辅助凸轮外，还增设中间凸轮，3 个凸轮中中间凸轮升程最大。进气门摇臂也因此分成 3 个部分，即主摇臂、中间摇臂和辅助摇臂。3 根摇臂轴的内部装有液压控制的同步活塞 A 和 B，液压系统则由发动机控制模块根据发动机的转速、负荷、冷却液温度和车速等参数进行控制。

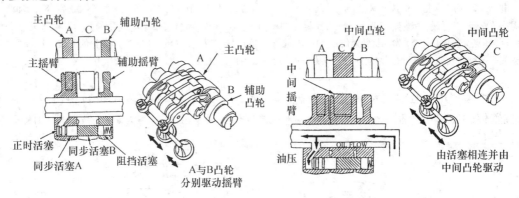

(a) 低速时主凸轮和辅助凸轮分别驱动两个进气门　　(b) 高速时中间凸轮驱动两个进气门

图 8-57　VTEC 机械机构工作原理

VTEC 机械机构工作过程如下：

（1）低速状态。发动机低速运转时，主摇臂、中间摇臂和辅助摇臂是彼此分离独立动作的。此时，凸轮 A 与凸轮 B 分别驱动主摇臂和辅助摇臂以控制进气门的开闭。由于凸轮 B 的升程很小，因而进气门只稍微打开。虽然此时中间摇臂已被凸轮 C 驱动，但由于中间摇臂与主摇臂、辅助摇臂是彼此分离的，故不影响进气门的正常开闭。即低速时，VTEC 机构不工作，进气门的开闭情况与普通顶置凸轮轴式配气机构的相同。

（2）高速状态。当发动机转速达到某一特定转速时，ECM 将控制液压系统，由正时活塞推动 3 根摇臂内的同步活塞移动，并使 3 根摇臂锁成一体而一起动作。此时，由于凸轮 C 较凸轮 B 高，所以便由凸轮 C 来驱动整个摇臂，并且使进气门开启时间延长，开启的升程增大，从而达到改变进气门正时和进气门升程的目的。当发动机转速降低至某一设定值时，摇臂中的同步活塞端的油压也将由 ECM 控制而降低，同步活塞被回位弹簧推回原位，3 根摇臂又将彼此分离独立工作。

2. VTEC 控制系统工作原理

VTEC 控制系统的工作原理如图 8-58 所示。发动机转速、负荷和冷却液温度等信号输入发动机控制模块（ECM）后，经运算处理，ECM 将决定对配气机构是否实行 VTEC 控制。若实行 VTEC 控制，ECM 使 VTEC 电磁阀的电磁绕组通电，使电磁阀在电磁力的作用下吸起，来自机油泵的油压便作用在同步活塞上。VTEC 电磁阀开启后，控制系统还可以通过 VTEC 压力开关反馈信号给 ECM，以便监控系统工作。

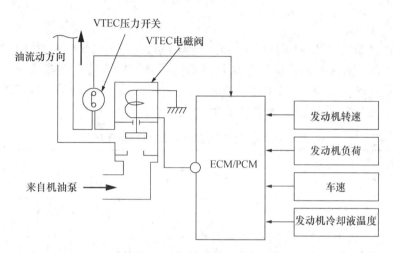

图 8-58　VTEC 控制系统的工作原理

8.6.5　故障自诊断系统、故障运行和安全保险

1. 故障自诊断系统

故障自诊断系统的功能是电控单元随时监视电控系统各部件的工作状况。当出现故障时，仪表板上的发动机故障指示灯点亮，以提醒驾驶员，并将故障信息存储在电控单元故障存储器中。检修时，检修人员用测试仪读取故障信息，即可迅速查明故障原因。

2. 故障运行和后备系统

故障运行是指当某些传感器出现故障时，电控单元启用存储器中的代用值，控制发动机继续运行。出现故障时具有代用值的传感器有：冷却液温度传感器（80℃）、进气温度传感器（25℃）、空气流量传感器、进气压力传感器、节气门位置传感器等。

当电控单元控制程序出现故障时，电控单元启用后备系统对发动机进行简易控制，使车辆维持运行，进入跛行（limp home）状态。后备系统采用专用集成电路，将喷油时间、点火时刻、闭合角等发动机运行基本参数设定为某一固定值。

3. 安全保险功能

安全保险是指当电控系统某些重要的部件出现故障时，为确保安全，中止系统运行的功能。例如，当电控单元检测出点火系统不工作时，电控单元即中止燃油喷射；当电控单元接收不到发动机转速信号时，电动燃油泵停止运转，点火系统停止工作；当爆燃传感器出现故障时，电控单元推迟点火提前角并中止爆燃控制程序。

8.7 直喷汽油发动机管理系统

8.7.1 概述

汽油直接燃油喷射又称 GDI（Gasoline Direct Injection）。电子喷油器以 12 MPa 的压力，在最佳时机将汽油直接喷入汽缸形成满足发动机经济性能或动力性能的理想的可燃混合气。与进气道喷射（PFI）方式相比，GDI 可进一步提高发动机的动力性、燃油经济性和排放性。GDI 与 PFI 主要结构、性能特点对比见表 8-3。

表 8-3 GDI 与 PFI 主要结构、性能特点对比

结构、性能	GDI	PFI
喷油方式	缸内直喷	进气道喷射
喷油压力	8～12 MPa	0.1 或 0.3 MPa
喷油时刻	中小负荷时在压缩行程后期喷油，形成分层稀薄快燃混合气，大负荷和全负荷在进气行程中喷油，形成均质混合气	顺序喷射，各种负荷形成均质混合气
空燃比（A/F）	12～50（>17 为稀薄燃烧）	14.7
压缩比	10～14	8～10
进气系统	螺旋式进气道，进气口设置碟形涡流阀，形成进气滚流和涡流；VVT、涡轮增压、机械与涡轮复合增压	VVT、涡轮增压、机械与涡轮复合增压
充气效率	中小负荷取消节气门节流作用，燃油汽化冷却进气，充气效率高	节气门具有节流作用，充气效率一般
加速响应	加速响应快，仅需 2 个工作循环	加速响应快慢，需 10 个以上工作循环
排放性	CO、HC 低，增加 NO_x 传感器和宽带氧传感器实现对 NO_x 的控制	CO、HC 低

汽油直接燃油喷射结合分层稀薄燃烧技术，在中小负荷时，在压缩行程的后期开始喷油，在火花塞附近形成较浓的可燃混合气，在远离火花塞的区域，形成稀薄分层混合气，满足发动机经济性能的要求。在发动机大负荷及全负荷时，在早期进气行程中将燃油喷入汽缸，使燃油有足够的时间与空气混合，形成完全均质的混合气进行燃烧，满足发动机动力性能的要求。此外，通过采用废气涡轮增压技术、提高发动机压缩比，可进一步提高发动机动力性能和经济性能。

8.7.2 GDI 系统的结构和工作原理

GDI 系统包括供油系统、进气系统、排气系统和电控系统 4 个子系统，GDI 系统的组成如图 8-59 所示。

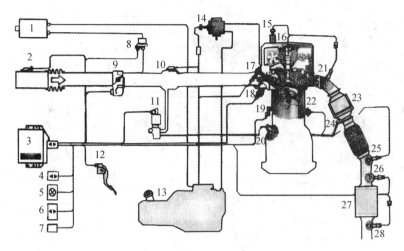

图 8-59 GDI 系统的组成

1. 活性炭罐 2. 空气流量传感器 3. ECU 4. CAN-BUS 5. 诊断指示灯 6. 诊断接口 7. 防盗锁 8. 燃油箱通风电磁阀 9. 电子节气门位置传感器 10. 进气温度传感器 11. EGR 阀 12. 加速踏板模块 13. 燃油箱（内装电动燃油泵） 14. 高压燃油泵 15. 凸轮轴位置调节器 16. 点火线圈与火花塞 17. 喷油器 18. 滚流阀 19. 爆燃传感器 20. 转速传感器 21. 宽带氧传感器 22. 冷却液温度传感器 23. 前置催化转化器 24. EGR 废气管 25. 跃变式氧传感器 26. 排气温度传感器 27. NO_x 催化转化器 28. NO_x 传感器

1. 供油系统

（1）供油系统的组成

GDI 供油系统的组成如图 8-60 所示。GDI 发动机的供油系统主要由燃油箱、电动燃油泵、燃油滤清器、燃油低压传感器、高压燃油泵、燃油压力调节器、油轨、限压阀、喷油器、燃油高压传感器等组成。

GDI 供油系统包括低压油路和高压油路。电动燃油泵至高压燃油泵之间的油路为低压油路，高压燃油泵至喷油器之间的油路为高压油路。

燃油泵控制单元控制电动燃油泵，使低压油路内的油压达到 0.5 MPa。高压燃油泵由驱动凸轮驱动，将来自低压油路的燃油加压输入油轨，油轨压力经燃油压力调节器调压，使油轨压力保持稳定，油轨压力取决于发动机的负荷和转速，通常为 8～12 MPa。高压燃油通过油轨被输送到各缸的喷油器内，当压力超过 12 MPa 时，高压油路限压阀开启，以保护高压油路部件。

（2）电动燃油泵及其控制单元

燃油泵电控单元根据燃油低压传感器的检测信号以 PWM 信号来控制电动燃油泵，使低压燃油系统的油压达到 0.5 MPa。在起动时使低压燃油系统的压力达到 0.65 MPa。为确保油路安全，当燃油压力超过 0.68 MPa 时，燃油滤清器限压阀的开启，多余的燃油经回油管流回油箱。

（3）高压泵

由于工作压力较高，高压泵通常采用轴向柱塞泵的结构形式。当发动机起动或正常运转时，发动机凸轮轴的油泵驱动凸轮驱动油泵柱塞往复运动，将来自燃油滤清器的低压燃油加压后泵入油轨形成高压油路。高压油路的组成部件如图 8-61 所示。

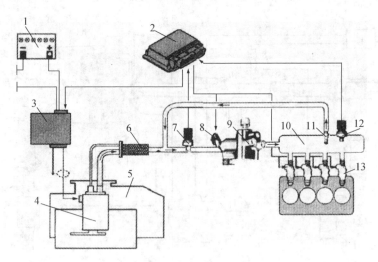

图 8-60　GDI 供油系统的组成

1. 蓄电池　2. 发动机电控单元　3. 电动燃油泵控制单元　4. 电动燃油泵　5. 燃油箱　6. 燃油滤清器　7. 燃油低压传感器　8. 燃油压力调节阀　9. 高压燃油泵　10. 油轨　11. 限压阀　12. 燃油高压传感器　13. 喷油器

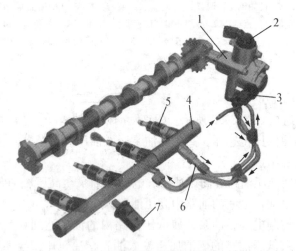

图 8-61　高压油路的组成部件

1. 高压燃油泵　2. 燃油压力调节器　3. 燃油低压传感器　4. 油轨　5. 喷油器　6. 限压阀　7. 燃油高压传感器

（4）燃油高压传感器

燃油高压传感器安装在油轨上，用于检测油轨压力。燃油高压传感器的结构如图 8-62 所示。油轨燃油经压力接口进入钢质膜片的下侧形成高压油腔，油压变化时应变电阻的阻值发生变化，通过检测调理电路将油压信号转化为电压信号。燃油高压传感器的输出特性如图 8-63 所示。

（5）喷油器

喷油器的结构如图 8-64 所示，主要由电磁线圈、弹簧、衔铁、针阀和阀座等组成。发动机工作时，ECU 控制电磁线圈的接通和关断，当电磁线圈接通时，产生的电磁力使衔铁克服弹簧力提起一定的升程，与衔铁制成一体的针阀离开阀座，高压燃油经螺旋油道从出油口喷入燃烧室，喷油量的大小由喷油脉宽决定。当电磁线圈关断时，衔铁在弹簧力作用下迅速回位,针阀关闭,喷油器立即停止喷油。采用旋流喷嘴有利于燃油雾化,并可防止喷孔堵塞。喷油器的工作过程和工作特性如图 8-65 所示。

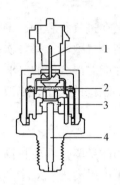

图 8-62　燃油高压传感器
1. 电路端子　2. 检测调理电路　3. 应变电阻　4. 高压油道

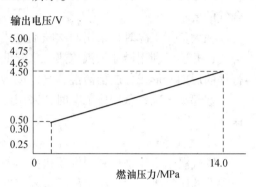

图 8-63　燃油高压传感器的输出特性

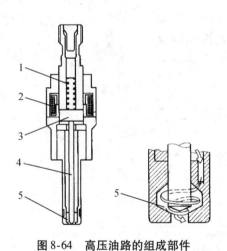

图 8-64　高压油路的组成部件
1. 弹簧　2. 电磁线圈　3. 衔铁　4. 针阀　5. 螺旋油孔

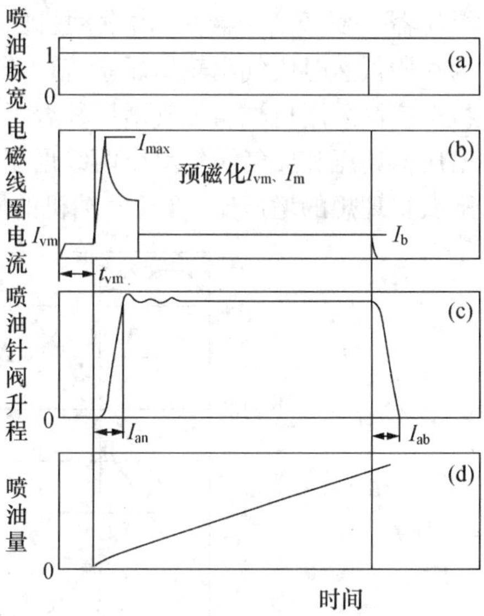

图 8-65　喷油器的工作过程和工作特性

发动机每个工作循环,各缸喷油器通常采用一次或两次喷射。第一次喷油和第二次喷油的时刻如图 8-66 所示。

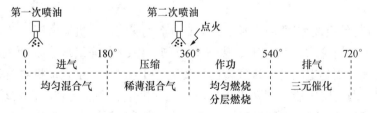

图 8-66　第 1 次喷油和第 2 次喷油的时刻

在中、小负荷工况下，只在压缩行程后期进行一次喷油，形成分层稀薄混合气，在火花塞周围形成相对较浓的混合气，既有利于发动机点火，又可以满足发动机经济运行对混合气的要求。

在大负荷工况时，采用两次喷油方式。第一次喷油是在进气行程中，形成均质燃烧混合气，并还可利用燃油的汽化热，来降低进气温度，提高充气效率；第二次喷油是在压缩行程的后期，形成分层稀薄混合气，以满足发动机动力性能对混合气的要求。

在起动工况、急加速工况时，采用两次喷油以调节空燃比的大小，以改善起动、急加速性能。

2. 进气系统

废气涡轮增压是指利用发动机排出的高温高压气体的能量驱使涡轮机高速运转并带动同轴上的压气机，大气经增压后进入汽缸，废气涡轮增压可提高进气效率和发动机输出功率。大气经增压后经中冷器进入汽缸成为增压中冷。

废气涡轮增压方式，在发动机低速运转时增压比低，中高速时的增压比增大，而机械增压器（罗茨增压器），由发动机曲轴驱动，低速时增压比高，中高速时的增压比很小。为克服低速时废气涡轮增压系统增压比小的不足，大众、奔驰等汽车公司在直喷汽油发动机上广泛采用机械与废气增压复合增压技术发动机（TSI），TSI 发动机在低速时采用机械增压器增压和废气涡轮增压两级增压，在高速时由废气涡轮增压，使发动机在各种转速范围获得理想的增压比。TSI 发动机的增压特性如图 8-67 所示。

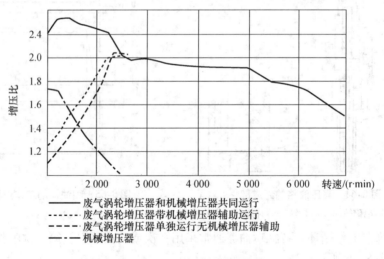

图 8-67 TSI 发动机增压特性

TSI 增压系统的组成如图 8-68 所示，主要由空气滤清器、机械增压器（罗茨增压器）、电磁离合器、废气涡轮增压增压器、废气旁通阀、中冷器等组成。发动机低速运转时，ECU 控制电磁离合器通电结合，进气转换阀关闭，机械增压器由发动机曲轴驱动，实现机械增压，与废气涡轮增压器实现两级增压。在发动机中、高速运转时，发动机 ECU 控制电磁离合器断电分离，同时控制进气转换阀打开，停止机械增压器工作，进气增压由废气涡轮增压实现单级增压。在发动机出现爆燃或过热时，ECU 控制废气旁通阀开启，发动机废气经废气旁通阀绕过废气涡轮增压器，以降低增压比或终止废气涡轮增压器工作。

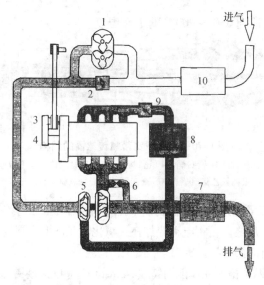

图8-68 TSI 增压系统的组成

1. 机械增压器 2. 进气转换阀 3. 电磁离合器 4. 发动机曲轴 5. 废气涡轮增压器
6. 废气旁通阀 7. 三元催化转化器 8. 中冷器 9. 节气门 10. 空气滤清器

3. 排气系统

（1）排气系统的组成

GDI 发动机排气系统的组成如图8-69所示，主要由宽带氧传感器（2）、三元催化转化器（3）、废气温度传感器（4）、NO_x 存储式催化器（6）、NO_x 传感器（7）及其控制单元（9）等组成。

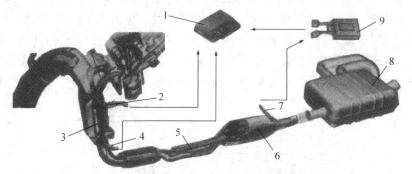

图8-69 GDI 发动机排气系统的组成

1. 发动机电控单元 2. 宽带氧传感器 3. 三元催化转化器 4. 废气温度传感器 5. 前消声器
6. NO_x 存储式催化净化器 7. NO_x 传感器 8. 后消音器 9. NO_x 传感器控制单元

（2）宽带氧传感器

GDI 发动机的前氧传感器采用宽带氧传感器，实现在宽空燃比范围内（$\lambda = 0.7 \sim 4.0$）的排气检测。平面型宽带氧传感器的结构如图8-70所示，主要由测量室（1）、双保护管（2）、探针壳体（5）、接触支架（7）、接触夹片（8）等部分组成。测量室（1）是 ZrO_2 陶瓷体，其作用与跳跃式二氧化锆氧传感器相同，陶瓷体由矩形平面薄片叠加而成，在最佳工作温度 600℃时，电压变化的响应快，响应时间小于 50 ms，最低工作温度为 350℃。λ 探针设有调节电路，以产生输出信号和调节 λ 探针温度。集成在 λ 探针中的加热元件，使λ探针尽快达到650~900℃的工作温度。

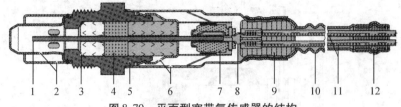

图8-70 平面型宽带氧传感器的结构
1. 测量室 2. 双保护管 3. 密封圈 4. 密封包 5. λ探针壳体 6. 保护套 7. 接触基座
8. 接触夹片 9. 聚四氟乙烯套管 10. 聚四氟乙烯套管软管 11. 五芯导线 12. 密封

宽带氧传感器利用二氧化锆氧传感器的以下工作特性制成的：当氧离子移动时，在二氧化锆元件上会产生电动势；反之，若将电动势加在二氧化锆元件上，则会产生氧离子的移动。

宽带氧传感器的工作原理如图8-71所示。由氧气泵室（8）、扩散室（6）、基准空气室（5）和各室Pt电极形成两个检测元：能斯特（Nernst）检测元和泵氧元。扩散室（6）与基准空气室（5）及其两侧电极形成能斯特检测元，能斯特检测元两电极之间的电极电压为能斯特电压U_S。氧气泵室（8）、扩散室（6）及其两侧电极形成泵氧元，泵氧元之间的电极电压为泵电压U_P。

发动机排气（1）经排气入口（10）、微孔扩散阻挡层（11）进入扩散室（6）。当混合气较稀时，检测元的检测电压U_S低于参考电压U_{Ref}，调节电路（4）使泵氧元产生正方向的泵电流I_P，将氧气经微孔扩散阻挡层（11）从扩散室（6）内泵出，使扩散室（6）的氧气浓度达到理论空燃比的浓度，保持能斯特电压U_S为450 mV的平衡状态；当混合气较浓时，能斯特检测元的能斯特电压U_S高于参考电压U_{Ref}，调节电路（4）使泵氧元产生反方向的泵电流I_P，将氧气经微孔扩散阻挡层（11）泵入扩散室（6）内，使扩散室（6）的氧气浓度达到理论空燃比的浓度，同样保持能斯特电压U_S为450 mV的平衡状态；当混合气为理论空燃比时，检测元的能斯特电压U_S等于参考电压U_{Ref}，调节电路（4）则无须向扩散室（6）泵入或泵出氧气，泵电流I_P为零。因此，泵电流I_P的大小和方向即可表示混合气的浓度，调节电路（4）将泵电流I_P转换成泵电压U_P输出，作为混合气浓度的检测信号。

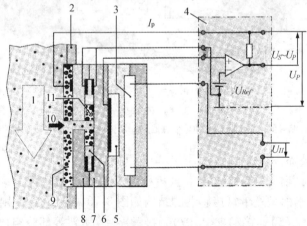

图8-71 宽带氧传感器的工作原理
1. 排气 2. 排气管 3. 加热元件 4. 调节电路 5. 基准空气室 6. 扩散室 7. 测试室（能斯特浓度室）
8. 氧气泵室 9. 微孔保护层 10. 排气入口 11. 微孔扩散阻挡层
U_S. 能斯特检测电压 U_P. 泵氧元泵电压 U_H. 加热元件电压 U_{Ref}. 参考电压

宽带氧传感器的工作特性如图 8-72 所示。当混合气为理论空燃比混合气（$\lambda=1$）时，$I_P=0$；当混合气为稀混合气（$\lambda>1$）时，I_P 随 λ 渐渐升高；当混合气为浓混合气（$\lambda<1$）时，I_P 转为负值。

(3) 存储式 NO_x 催化转化器

根据三元催化转化器的工作特性，当空燃比增大时，三元催化转化器对 CO 和 HC 的转化效率很高，而对 NO_x 的转化效率却很低，只有很少一部分 NO_x 转化为 N_2 和 O_2。而 GDI 发动机采用稀薄燃烧又产生大量的 NO_x，为此需要采用存储式 NO_x 催化转化器来进行 NO_x 的转化。

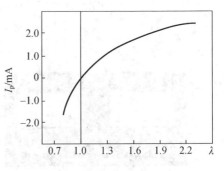

图 8-72 宽带氧传感器的工作特性

存储式 NO_x 催化转化器的陶瓷表面具有氧化钡（BaO）涂层。当温度达到 250～500℃时，存储式 NO_x 催化转化器不断进行下述存储过程和还原过程：

a. 存储过程

当发动机以 $\lambda>1$ 稀薄燃烧模式工作时，废气中的 NO_x 与 NO_x 存储催化转化器表面上的氧化钡（BaO）发生氧化反应，生成 NO_2。NO_2 再与 BaO 发生化学反应，生成 $Ba(NO_3)_2$，并存储在催化转化器中。存储过程一般需要 60～90s。

b. 还原过程

当存储式催化转化器中的 NO_x 负载量已达到饱和时，发动机控制系统使发动机短时间处于均质混合气且使混合气浓度为 $\lambda<1$ 的较浓模式工作。由于混合气变浓，排放的废气温度升高，存储式催化转化器的温度升高，此时所形成的 $Ba(NO_3)_2$ 与废气中的 CO 发生还原反应，生成 BaO、CO_2 和 NO_x，NO_x 在催化转化器中进一步转化成 N_2。还原过程一般为 2s。当 NO_x 传感器监测到 NO_x 的达到微小负载量时，发动机又进行 $\lambda>1$ 稀薄燃烧模式。

(4) NO_x 传感器

NO_x 传感器安装在存储式 NO_x 催化转化器的后部，用于检测 NO_x 的存储量。NO_x 传感器采用 ZrO_2 的能斯特电动势原理检测 NO_x 的浓度，其工作原理如图 8-73 所示。NO_x 传感器包括由检测室（5）和检测 Pt 电极（2）组成的检测元和由泵氧室（6）和泵氧 Pt 电极（1）组成的泵氧元。废气流经微孔扩散层进入检测室（5），该单元通过还原电极将 NO_x 分解成氧气和氮气，当 NO_x 的浓度变化时，检测元与泵氧元产生泵电流，泵电流的数值输入 NO_x 传感器控制单元，以判定 NO_x 的浓度。

(5) NO_x 传感器控制单元

NO_x 传感器控制单元的作用是对 NO_x 传感器的检测信号进行处理，然后经 CAN 总线发送至发动机电控单元。发动机控制单元根据 NO_x 的饱和程度，进行 NO_x 存储过程和还原过程控制。

(6) 废气温度传感器

废气温度传感器安装在 TWC 与存储式 NO_x 催化转化器之间，用于检测废气温度，作为存储式 NO_x 催化净化器催化净化控制的依据。该传感器的热敏元件为正温度系数热敏电阻。废气温度传感器的工作特性如图 8-74 所示。

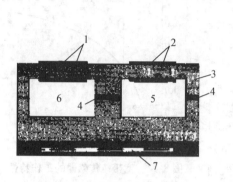

图8-73 NO$_x$传感器工作原理

1. 检测元电极 2. 泵氧元电极 3. 陶瓷电解质 4. 微孔扩散层 5. 检测室 6. 泵氧室 7. 加热元件

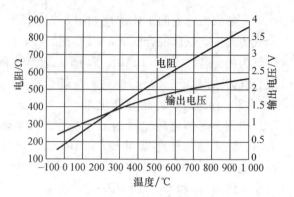

图8-74 废气温度传感器的工作特性

8.7.3 GDI 发动机的电子控制系统电路示例

GDI 发动机的电子控制系统由各传感器、发动机 ECU 和各执行器三部分组成。发动机 ECU 通过 CAN 总线与其他电子控制系统的 ECU 通信，故障诊断通信采用 CAN 总线方式。

3.2 FSI 缸内直喷发动机的电子控制系统的电路图如图8-75至图8-89所示。该发动机已广泛应用于一汽08款奥迪 A6L 和奥迪 A4L 等轿车上。

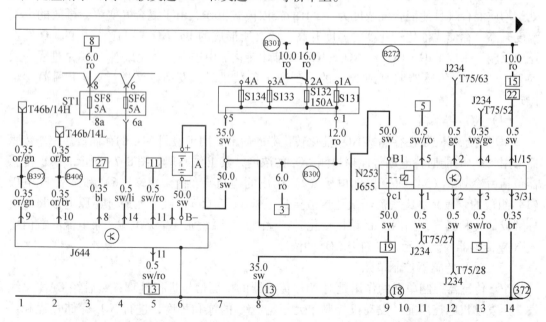

图8-75 蓄电池、电源管理系统控制单元、蓄电池断开继电器及熔断熔丝电路

A. 蓄电池 J234. 安全气囊控制单元 J644. 电源管理系统控制单元 J655. 蓄电池断路继电器 N253. 蓄电池断路引爆装置 S131. 熔断熔丝1 S132. 熔断熔丝2 S133. 熔断熔丝3 S134. 熔断熔丝4 SF6. 熔丝架上的熔丝6 SF8. 熔丝架上的熔丝8 T46b. 46芯插头连接，右侧 CAN 分离插头 T75. 75芯灰色插头连接，在安全气囊控制单元上 ⑬. 发动机舱内右侧接地点 ⑱. 接地点，在发动机缸体上 ㊳. 接地连接7，在主导线束中 ㉗. 正极连接（30）在主导线束中 ㊚. 连接4（30），在主导线束中 ㊚. 正极连接5（30），在主导线束中 ㊟. 连接1（舒适/便捷功能高速 CAN 总线），在主导线束中 ㊠. 连接1（舒适/便捷功能低速 CAN 总线），在主导线束中

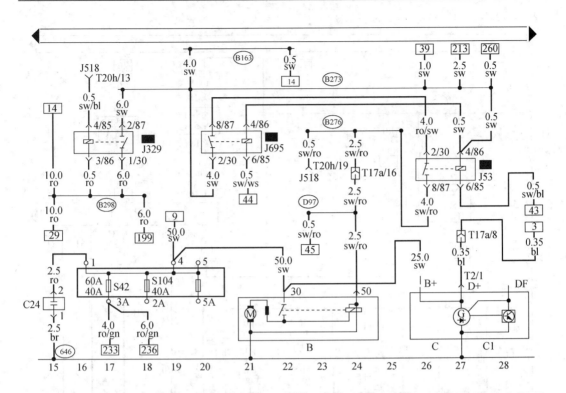

图 8-76 起动机、三相交流发电机、总线端 15 供电继电器、起动机继电器及抗干扰电容器电路
B. 起动机　C. 发电机　C1. 电压调节器　C24. 抗干扰电容器　J53. 起动机继电器1　J329. 总线端15供电继电器
J518. 进入及起动许可控制单元　J695. 起动机继电器2　S42. 冷却液风扇单独熔丝　S104. 冷却液风扇第2挡熔丝
T2. 2芯黑色插头连接,三相交流发电机上　T17a. 17芯红色插头连接,左侧排水槽电控箱接线板　T20h. 20芯黑色
插头连接,插头A,在进入和起动许可控制单元上　㊻. 前围板接地点2　㊳. 正极连接1(15),在车内导线束中
㊷. 正极连接(15),在主导线束中　㊶. 正极连接(50),在主导线束中　㊸. 正极连接2(30),在主导线束中
㊙. 连接(50),在发动机舱右侧导线束中

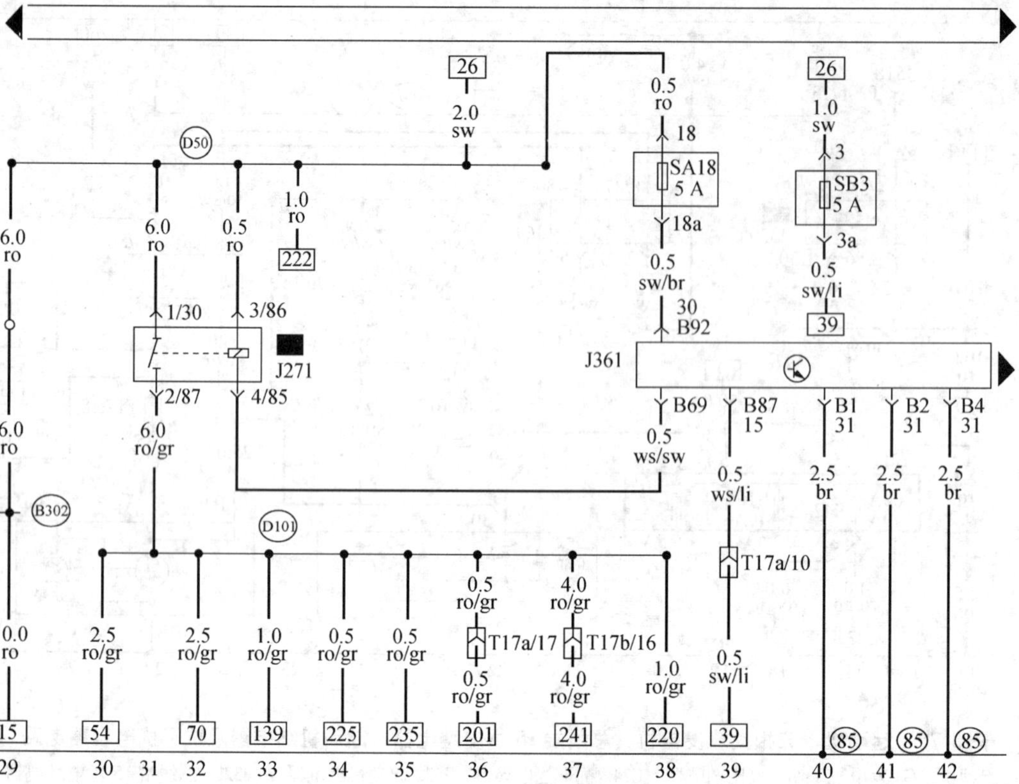

图 8-77 Simos 控制单元、Motronic 供电继电器电路

J271. Motronic 供电继电器 J361. Simos 控制单元 SA18. 发动机舱熔丝架上的熔丝 8 SB3. 熔丝架上的熔丝 3 T17a. 17 芯红色插头连接，左侧排水槽电控箱接线板 T17b. 17 芯黑色插头连接，左侧排水槽电控箱接线板 85. 接地连接 1，在发动机舱导线束中 B302. 正极连接 6（30），在主导线束中 D50. 正极连接（30），在发动机舱导线束中 D101. 连接 1，在发动机舱导线束中

第 8 章 电子燃油喷射系统与汽油发动机管理系统

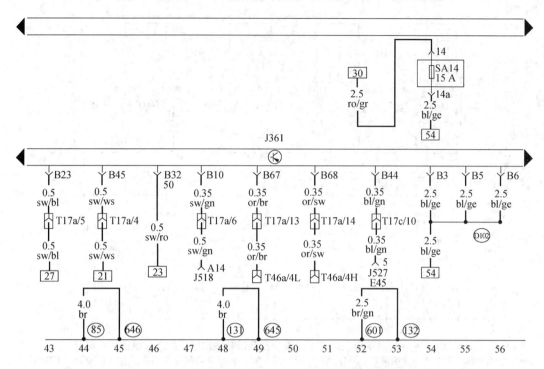

图 8-78　Simos 控制单元、CAN 分离插头及接地连接电路

E45. 定速巡航装置开关　J361. Simos 控制单元　J518. 进入及起动许可控制单元　J527. 转向柱电子装置控制单元　SA14. 发动机舱熔丝架上的熔丝 4　T17a. 17 芯红色插头连接，左侧排水槽电控箱接线板　T17c. 1 芯白色插头连接，左侧排水槽电控箱接线　T46a. 46 芯插头连接，左侧 CAN 分离插头　㉟. 接地连接 1，在发动机舱导线束中　⑬⓪. 接地连接 2，在发动机舱导线束中　⑬②. 接地连接 3，在发动机舱导线束中　⑥⓪①. 汽缸盖上左侧的接地点　⑥㊵⑤. 前围板接地点 1　⑥㊵⑥. 前围板接地点 2　Ⓓ102. 连接 2，在发动机舱导线束中

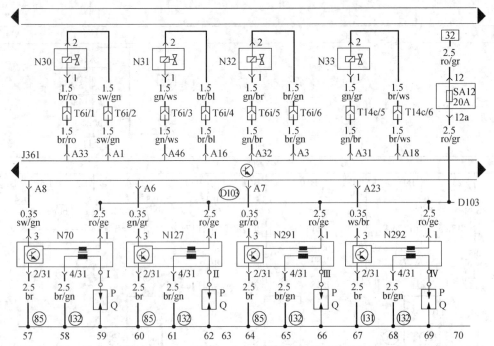

图 8-79 Simos 控制单元、汽缸 1-4 喷油器及带功率输出级的点火线圈 1-4 电路

J361. 控制单元 N30. 汽缸 1 喷油器 N31. 汽缸 2 喷油器 N32. 汽缸 3 喷油器 N33. 汽缸 4 喷油器 N70. 带功率输出级的点火线圈 1 N127. 带功率输出级的点火线圈 2 N291. 带功率输出级的点火线圈 3 N292. 带功率输出级的点火线圈 4 P. 火花塞插头 Q. 火花塞 SA12. 发动机舱熔丝架上的熔丝 2 T6i. 6 芯黑色插头连接,在发动机舱内右侧 T14c. 14 芯黑色插头连接,在发动机舱内左侧 ⑧⑤. 接地连接 1,在发动机舱导线束中 ⑬⓪. 接地连接 2,在发动机舱导线束中 ⑬②. 接地连接 3,在发动机舱导线束中 ⑩③. 连接 3,在发动机舱导线束中

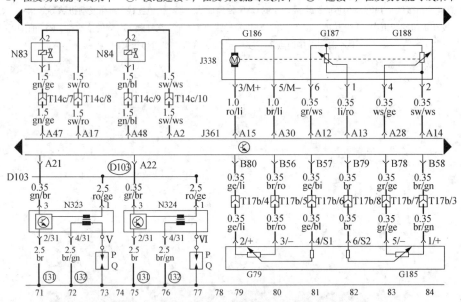

图 8-80 Simos 控制单元、汽缸 5 和 6 的喷油器及带功率输出级的点火线圈 5 和 6、油门踏板位置传感器及节气门控制单元电路

G79. 油门踏板位置传感器 1 G185. 油门踏板位置传感器 2 G186. 进气门驱动装置,电控节气门 G187. 节气门驱动装置角度传感器 1,电控节气门 G188. 节气门驱动装置角度传感器 2,电控节气门 J338. 节气门控制单元 J361. Simos 控制单元 N83. 汽缸 5 喷油器 N84. 汽缸 6 喷油器 N323. 带功率输出级的点火线圈 5 N324. 带功率输出级的点火线圈 6 P. 火花塞插头 Q. 火花塞 T14c. 14,在发动机舱内左侧 T17b. 17 芯黑色插头连接,左侧排水槽电控箱接线板 ⑬⓪. 接地连接 2,在发动机舱导线束中 ⑬②. 接地连接 3,在发动机舱导线束中 ⑩③. 连接 3,在发动机舱导线束中

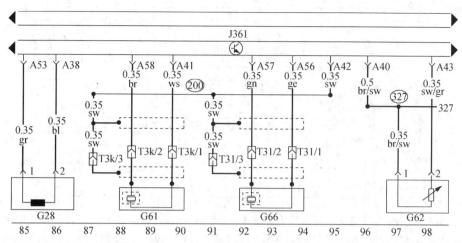

图 8-81 Simos 控制单元、发动机转速传感器、冷却液温度传感器及爆燃传感器电路

G28. 发动机转速传感器　G61. 爆燃传感器1　G62. 冷却液温度传感器　G66. 爆燃传感器2　J361. Simos 控制单元
T3k. 3 芯绿色插头连接，在爆燃传感器1上　T31. 3 芯灰色插头连接，左爆燃传感器2上　200. 接地连接（屏蔽），在发动机舱导线束中　327. 接地连接（传感器接地），在发动机导线束中

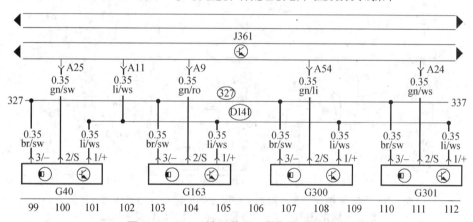

图 8-82 Simos 控制单元、霍尔传感器电路
G40. 霍尔传感器1　G163. 霍尔传感器2　G300. 霍尔传感器3

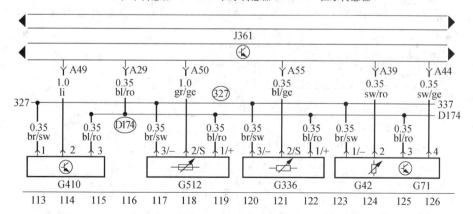

图 8-83 Simos 控制单元、进气压力传感器、进气温度传感器及燃油压力低压传感器电路
G42. 进气温度传感器　G71. 进气压力传感器　G336. 进气歧管转换阀电位计　G410. 燃油压力低压传感器
G512. 进气歧管转换阀电位计　J361. Simos 控制单元　327. 接地连接（传感器接地），在发动机导线束中
D174. 发动机前置电缆导线束中的连接2（5 V）

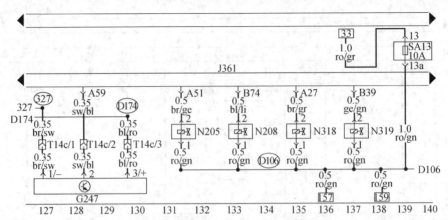

图 8-84 Simos 控制单元、燃油压力传感器、凸轮轴调节阀及排气门中凸轮轴调节阀电路

G247. 燃油压力传感器　J361. Simos 控制单元　N205. 凸轮轴调节阀 1　N208. 凸轮轴调节阀 2　N318. 排气门中凸轮轴调节阀 1　N319. 排气门中凸轮轴调节阀 2　SA13. 发动机舱熔丝架上的熔丝 3　⑳. 接地连接（传感器接地），在发动机导线束中　⑩. 连接 4，在发动机舱导线束中　⑰. 发动机前置电缆导线束中的连接 2（5 V）

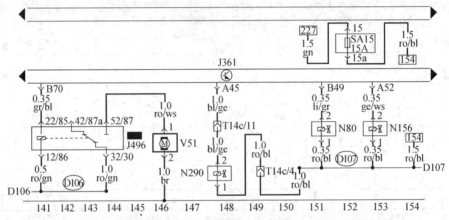

图 8-85　Simos 控制单元、冷却液辅助泵继电器、冷却液持续循环泵、
活性炭罐电磁阀 1、进气歧管转换阀及燃油计量阀电路

J361. Simos 控制单元　J496. 冷却液辅助泵继电器　N80. 活性炭罐电磁阀 1　N156. 进气歧管转换阀　N290. 燃油计量阀　SA15. 发动机舱熔丝架上的熔丝 5　T14c. 14 芯黑色插头连接，在发动机舱内左侧　V51. 冷却液持续循环泵　⑬. 接地连接 2，在发动机舱导线束中　⑩. 连接 4，在发动机舱导线束中　⑩. 发动机舱导线束中的连接 5

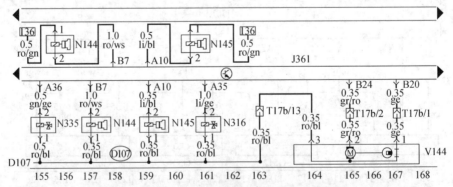

图 8-86　Simos 控制单元、进气歧管转换阀、电动液压发动机制作左侧电磁阀、
电动液压发动机支座右侧电磁阀及燃油系统诊断泵电路

J361. Simos 控制单元　N144. 电动液压发动机制作左侧电磁阀　N145. 电动液压发动机支座右侧电磁阀　N316. 进气歧管转换阀　N335. 进气歧管转换阀　T17b. 17 芯黑色插头连接，左侧排水槽电控箱接线板　V144. 燃油系统诊断泵　⑩. 发动机舱导线束中的连接 5

第 8 章 电子燃油喷射系统与汽油发动机管理系统

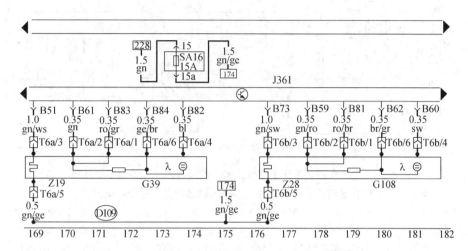

图 8-87 Simos 控制单元、氧传感器 1 及氧传感器 2 电路

G39. 氧传感器 1　G108. 氧传感器 2　J361. Simos 控制单元　SA16. 发动机舱熔丝架上的熔丝 6　T6a. 氧传感器的 6 芯黑色插头连接　T6b. 氧传感器 2 的 6 芯黑色插头连接　Z19. 氧传感器 1 的加热装置　Z28. 氧传感器 2 的加热装置　⑩. 连接 7，在发动机舱导线束中

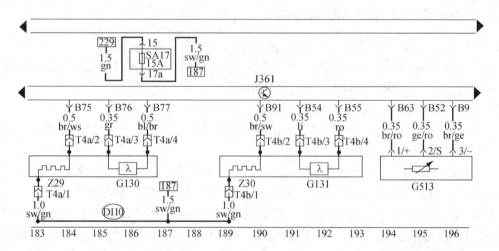

图 8-88 Simos 控制单元、可变进气管位置传感器及三元催化反应器后的氧传感器电路

G130. 三元催化反应器后的氧传感器 1　G131. 三元催化反应器后的氧传感器 2　G513. 可变进气管位置传感器　J361. Simos 控制单元　SA17. 发动机舱熔丝架上的熔丝 7　T4a. 4 芯黑色插头连接，三元催化反应器后的氧传感器 1　T4b. 4 芯棕色插头连接，三元催化反应器后的氧传感器 2　Z29. 三元催化反应器后的氧传感器 1 加热装置　Z30. 三元催化反应器后的氧传感器 2 加热装置　⑩. 连接 8，在发动机舱导线束中

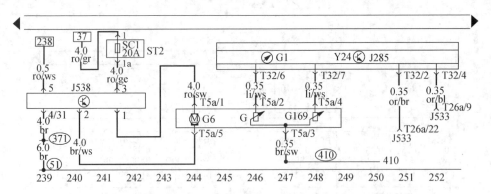

图 8-89 燃油泵控制单元、组合仪表中的控制单元、预供给燃油泵、
燃油存量表传感器、燃油存量表及燃油存量传感器 2 电路

G. 燃油存量传感器 1　G1. 燃油存量表　G6. 燃油供油泵　G169. 燃油存量传感器 2　J285. 组合仪表中的控制单元　J533. 数据总线诊断接口　J538. 燃油泵控制单元　SC1. 熔丝架上的熔丝 1　T5a. 5 芯黑色插头连接，在燃油箱上　T26a. 26 芯黑色插头连接，在数据总线诊断接口上　T32. 32 芯蓝色插头连接，在组合仪表上　Y24. 组合仪表显示单元　5151. 行李舱右侧的接地点　㊇. 接地连接 6，在主导线束中　㊉. 接地连接 1（传感器接地），在主导线束中

8.8 发动机管理系统电路和检测诊断

8.8.1 电喷发动机检修的基本规则

为确保人员和设备安全，电喷发动机检修时应遵循以下基本规则：

（1）在拆卸电控系统部件之前，必须先将点火开关关断（OFF），必要时应拆下蓄电池负极搭铁线，以免损坏电脑或造成电路短路。

（2）连接蓄电池时，应仔细区分蓄电池"＋"、"－"极。

（3）电路检修时，应使用数字式万用电表，严禁用"试灯"和"划火"等方法测试任何与 ECU 相连的电器装置。

（4）拆检油路时，应严禁烟火，泄漏的燃油应及时收集和清除。进行点火系统的"跳火实验"时，应确保跳火处清洁无油污。在现场应预先备好干粉灭火器。

（5）防止高压对电控单元的损坏。快速充电应从汽车上拆开蓄电池的正负极接线后，单独对蓄电池进行充电；车身上使用电弧焊时，必须把电控单元从汽车上拆下或拆开电控单元的电路插头。

（6）在拆下蓄电池负极搭铁线之前，应先读取电控系统的故障码；否则，电控系统存储的故障码会自动清除，给检修带来不便。

8.8.2 桑塔纳 2000GSi 轿车发动机管理系统检测诊断

1. 发动机管理系统的组成和特点

桑塔纳 2000GSi 轿车发动机管理系统采用博世公司的莫特朗尼克系统（MOTRONIC），发动机型号为 AJR，控制版本为 BOSCH M3.8.2。发动机管理系统的电路图如图 8-90、8-91 所示。该发动机电控系统具有以下特点：

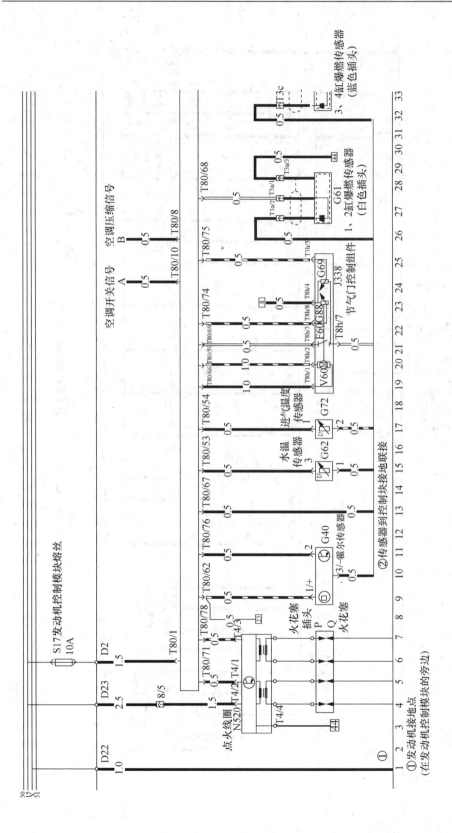

图8-90 桑塔纳2000GSi发动机管理系统电路图

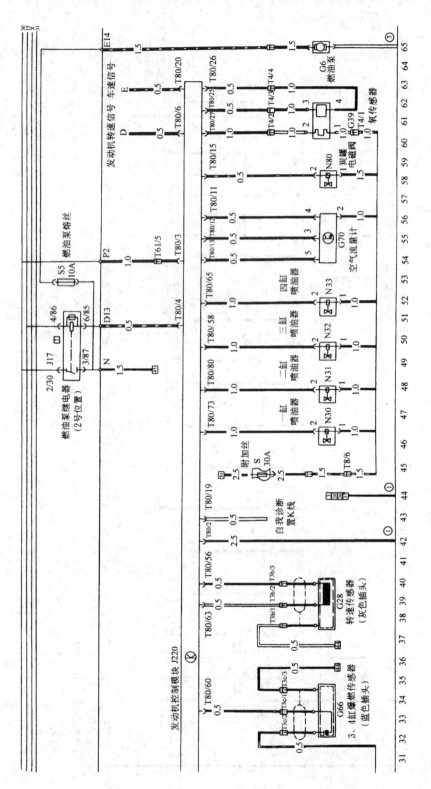

图8-91 桑塔纳2000GSi发动机管理系统电路图（续）

(1) 电控单元集中控制各缸喷油器、电动燃油泵、燃油蒸气、点火线圈模块和怠速电机，实现各缸的空燃比闭环控制、点火时刻的闭环控制、油箱燃油蒸气和怠速控制等。

(2) 采用热膜式空气流量计检测发动机进气量，在曲轴后端安装带缺齿齿环和用电磁感应式发动机转速传感器，在凸轮轴前端安装霍尔式凸轮轴位置传感器。

(3) 各缸喷油器采用顺序喷射方式，发动机每一工作循环各喷油器喷油一次。

(4) 采用无分电器点火系统，同时处于上止点的两缸共用一个点火线圈并同时点火。

(5) 电控系统具有故障自诊断等功能，需要使用诊断检测仪进行故障检测和诊断。

2. 汽车电控系统测试仪概述

汽车电控系统测试仪可检测汽车所有的电控系统。国产和进口电控系统测试仪的型号较多，可根据测试仪的使用说明书进行故障码的读取、消除和数据检测。部分电控系统测试仪及检测车型见表 8-4。

表 8-4 部分汽车专用测试仪及检测车型

测试仪	主要检测车型	制造商
元征 431ME 电眼睛	奔驰、大众/奥迪、通用、福特、克莱斯勒、丰田、日产、三菱、本田、现代大宇等汽车公司车型	深圳元征计算机有限公司
SCANNER	同上	美国施耐宝公司（Snap-on）
V. A. G1551/1552	大众/奥迪、上海大众、一汽大众等国产车型	德国大众汽车公司
TECH2	通用汽车公司、上海通用所有车型	美国通用汽车公司
DRBⅡ	克莱斯勒公司、北京切诺基、广东湛江捷龙等	美国克莱斯勒汽车公司
STARⅡ	福特汽车公司所有电子控制系统	美国福特汽车公司

国产大众车系电控系统可用元征 431ME 电眼睛故障诊断仪或者使用德国大众汽车公司的 V. A. G1551、V. A. G1552 专用测试仪进行测试。桑塔纳 2000GSi 轿车发动机电控系统故障码及其内容见表 8-5。

表 8-5 桑塔纳 2000GSi 发动机故障码及其内容

故障码	故障码内容	故障码	故障码内容	故障码	故障码内容
00000	无故障	00524	爆燃传感器 1	01247	活性炭罐电磁阀
00281	车速传感器	0527	进气温度传感器	01249	喷油器 1
00282	怠速控制装置	00530	怠速控制装置位置传感器	01250	喷油器 2
00513	发动机转速传感器	00532	ECU 供电电压过高或过低	01251	喷油器 3
00515	霍尔式凸轮轴位置传感器	00540	爆燃传感器 2	01252	喷油器 4
00518	节气门位置传感器	00553	空气流量传感器	01257	怠速控制阀
00520	空气流量传感器	00561	加热型氧传感器	01259	燃油泵继电器短路或断路
00522	冷却液温度传感器	00668	蓄电池电压过低（<10V）	17978	ECU 不工作
00523	进气温度传感器	01165	气门控制组件基本设定错误	65535	ECU 工作不良

8.7.3 红旗 CA7220AE 轿车 4GE 型发动机电控系统

1. 发动机电控系统的组成和特点

红旗 CA7220AE 轿车发动机装用 4GE 型发动机，发动机电控系统采用西门子公司的发动机管理系统。发动机电控系统的电路图如图 8-92 所示。

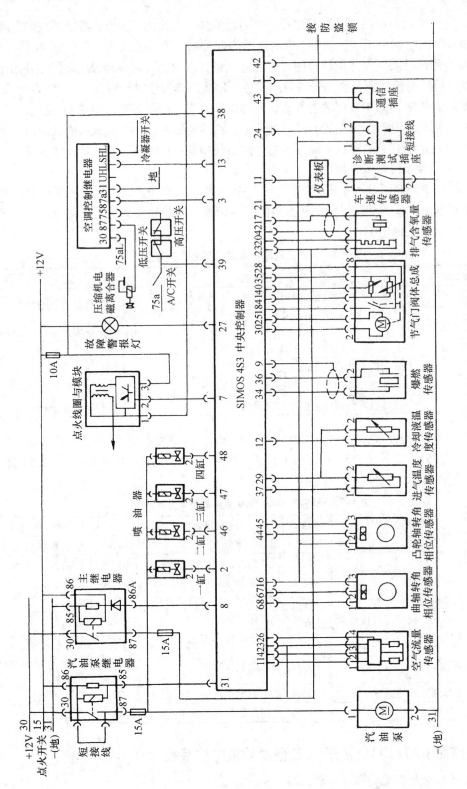

图8-92 红旗CA7220AE轿车4GE型发动机电控系统电路

红旗 CA7220AE 轿车 4GE 型发动机电控系统具有以下特点：

（1）电控单元集中控制发动机燃油喷射系统、点火系统、油箱燃油蒸气排放系统和怠速系统等。

（2）采用热膜式空气流量计检测发动机进气量。

（3）在分电器上安装霍尔式传感器，检测发动机转速和凸轮轴位置。

（4）各缸喷油器采用顺序喷射方式，每一工作循环各喷油器依次喷油一次。

（5）电控系统具有故障自诊断等功能，仪表板设有发动机电控系统故障指示灯。可通过跨接诊断座通过故障指示灯读取故障代码，或使用诊断检测仪进行电控系统的故障检测和诊断。

2. 用人工方式读取闪光故障码

4GE 型发动机电控系统设有通信插座和诊断测试插座，除用测试仪从通信插座可读取故障信息外，还可用人工方式用跨接诊断测试插座和故障指示灯读取闪光故障码。闪光故障码的读取方法如下：

（1）关断点火开关，从发动机舱内找出中央配电盒，用备用熔丝跨接蓝色诊断测试插座，如图 8-93 所示。

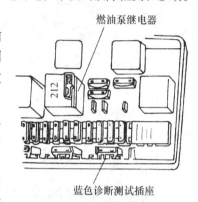

图 8-93 跨接蓝色诊断测试插座

（2）接通点火开关，观察发动机故障指示灯的闪烁，读取闪光故障码，如图 8-94 所示。故障码由两位数组成，先闪烁十位再闪烁个位，同位之间停顿 0.4 s，两位之间停顿 1.2 s，两个故障码之间停顿 3.2 s，闪光故障码的闪烁节奏如图 8-95 所示。

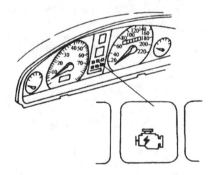

图 8-94 发动机故障指示灯的位置

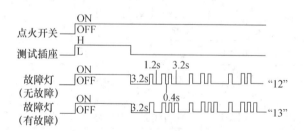

图 8-95 闪光故障码的闪烁节奏

例如，连续闪 1 次，间歇 1.2 s 后再连续闪 2 次，表示故障码 12。故障码内容见表 8-6。用专用测试仪通过从通信插座可读取故障信息和检测数据。

表 8-6 4GE 型发动机电控系统故障码内容

闪光码	V. A. G1552 故障码	故障内容	闪光码	V. A. G1552 故障码	故障内容
12		无故障	15	00522	冷却液温度变化率过大
13	00522	冷却液温度传感器与供电端短路	16	00523	空气温度传感器与供电端短路

(续表)

闪光码	V. A. G1552 故障码	故障内容	闪光码	V. A. G1552 故障码	故障内容
14	00522	冷却液温度传感器与供电端短路	17	00523	空气温度传感器与地短路
18	00520	进气流量传感器与地短路	58	00516	怠速开关信号故障
19	00520	进气流量传感器与供电端短路	59	00282	怠速执行器（直流电动机）引线断路
20	00515	凸轮轴转角相位传感器错误	60	00282	怠速执行器（直流电动机）引线短路
21	00513	曲轴转角相位传感器信号错误	61	00282	
22	00625	车速信号故障	62	00282	怠速执行器（直流电动机）旋转方向相反
23	00534	爆燃传感器故障	63	00533	怠速执行器（直流电动机）卡死在节气门关闭位置
24	00524	爆燃传感器故障	64	00533	怠速执行器（直流电动机）卡死在节气门开始位置
30	01249	1缸喷油器与供电端短路	65	00530	怠速执行器（直流电动机）卡死在节气门开启上限位置
31	01248	1缸喷油器与地短路	66	00530	怠速执行器（直流电动机）超出规定值
32	01250	2缸喷油器与供电端短路	67	00530	怠速执行器：传感器监测结果与实际转向相反
33	01250		70		氧传感器信号端与供电端短路
34	01251	3缸喷油器与供电端短路	71		氧传感器信号端与地短路
35	01251	3缸喷油器与地短路	73	01259	油泵继电器输出故障
36	01252	4缸喷油器与供电端短路	74	00624	空调控制器故障
37	01252	4缸喷油器与地短路	75	00546	通信线信号故障
50	00518	节气门位置传感器与供电端短路	76	00000	微机放大器短路
77		故障指示灯与供电端短路	81	00532	蓄电池电源电压过高
78		故障指示灯与地短路	82	65535	微机故障
80	00532	蓄电池电源电压过高			

3. 故障码的消除

根据故障码的内容排除故障后,应清除电控单元存储的故障码。故障码的清除方法是将诊断测试插座持续接地 7 min,或更长一段时间,故障码便自动清除。从诊断测试插座拆下熔丝,若故障码无法清除,表明仍有故障。

8.7.4 第 2 代车载诊断系统 OBD-Ⅱ

世界各大汽车公司所采用的故障诊断座、故障码和随车诊断装置各不相同,给汽车检测维修带来很大不便。1994 年美国汽车工程师学会(SAE)制定了第 2 代车载诊断系统 OBD-Ⅱ(On-Board Diagnostics Ⅱ),并要求自 1996 年起所有在美国销售的汽车必须执行 OBD-Ⅱ系统。各种汽车测试仪也专门配备了标准 OBD-Ⅱ测试卡和标准 OBDⅡ-16 测试接头。

第 2 代车载诊断系统,制定了统一的汽车控制系统内部网络的通信协议,制定了统一的诊断座形式,制定了统一的故障代码设置规则和动力系统及其网络部分诊断代码,扩展了车载诊断系统的检测项目。其相关标准包括:SAE J1930 电气/电子系统诊断术语、定义和缩写;SAE J1978 OBD-Ⅱ测试仪技术要求;SAE J1979 电气/电子诊断测试模式;SAE J2190 增加的电气/电子诊断测试模式;SAE J1962 诊断座技术要求;SAE J1850 B 类数据通信网络接口技术要求;SAE J2012 推荐故障代码定义。与此相对应,欧盟也要求欧洲各国汽车制造商生产的汽车必须配置欧洲的车载故障诊断系统,欧洲的车载故障诊断标准由国际标准化组织(ISO)提出,基本上沿用 SAE 的相关标准,主要区别是通信协议不同。

1. 诊断座

OBD-Ⅱ采用统一的 16 端子诊断座。诊断座的形状和编号如图 8-96 所示。各端子的用途见表 8-7。美国 OBD-Ⅱ用端子 2、6、10、14 作为数据传输端子,其中端子 2、10 为 SAE J1850 通信数据传输端子。如果在汽车电控系统中使用 CAN 总线技术,则端子 6、14 被定义为 CAN 数据总线传输端子,它们分别与 CAN 总线的两条信号线 CAN High 和 CAN Low 相连。如果未采用 CAN 总线,则端子 6、14 预留给制造商使用。端子 7、15 预留给制造商使用。但其各端子定义略有差别,端子 1、3、4、5、8、9、11、12、13、16 定义相同,其中端子 4 为底盘搭铁,端子 5 为信号搭铁,端子 16 接蓄电池正极,其他预留给制造商使用。

图 8-96 OBD-Ⅱ诊断座的形状和编号

表8-7　OBD-Ⅱ诊断座的和编号和用途

编号	用途	编号	用途	编号	用途	编号	用途
1	制造厂用	7	欧洲款车诊断用（K线）	9	制造厂用	13	制造厂用
2	美国款车诊断用	8	制造厂用	10	美国款车诊断用	14	CAN Low
3	制造厂用	5	信号回路搭铁	11	制造厂用	15	欧洲款车诊断用（L线）
4	在车身上搭铁	6	CAN High	12	制造厂用	16	蓄电池"+"极

欧洲OBD-Ⅱ用端子7、15作为ISO 9141-2或ISO/DIS 14230通信数据传输端子。根据通信协议要求，汽车电子控制单元（ECU）通过诊断座与测试仪进行通信时，可以用单线（K线）通信，也可以用双线（K线和L线）通信。使用单线通信时，端子7和K线相连，端子15预留给制造商使用；使用双线通信时，端子7和K线相连，端子15和L线相连。端子2、6、10、14预留给制造商使用。

2. 通信协议

OBD-Ⅱ标准使用的通信协议有3个：SAE J1850 PWM（脉冲宽度调节），波特率为41.6×10^3 b/s，诊断座中所用的端子是2、4、5、10、16；SAE J1850 VPW（可变脉冲宽度调节），波特率为10.4×10^3 b/s，诊断座中所用端子是2、4、5、16；ISO 9141-2（或ISO/DIS 14230-4），波特率为10.4×10^3 b/s，诊断座中所用端子是4、5、7、15、16。

通常，欧洲车系使用ISO 9141-2通信协议，美国通用汽车公司用的是SAE J1850 VPM协议，美国福特汽车公司用的是SAE J1850 PWM通信协议。另外，标准规定每辆车只能使用其中的一种通信协议，但诊断测试仪必须兼容3种通信协议，并在通信连接之后能自动识别所用何种协议。

3. 故障代码

OBD-Ⅱ故障代码由4部分组成，例如：

$$\underset{①}{P}\quad\underset{②}{0}\quad\underset{③}{1}\quad\underset{④}{05}$$

① 第1位用英文字母：B代表车身控制系统，C代表底盘控制系统，P代表发动机和变速器控制系统，U代表网络。

② 第2位用数字：0代表SAE定义的故障码，其他1，2，3，…，9是汽车制造厂自行定义的故障码。

③ 第3位用数字（SAE定义的）：1和2代表燃油和进气系统，3代表点火系统，4代表排气控制系统，5代表车速、急速和辅助控制系统，6代表电脑和执行元件系统，7、8、9代表传动系统。

④ 第4位用数字：由0～99之间的数字组成，表示故障编码序号。

8.9　思　考　题

1. 电子燃油喷射系统的基本类型有哪些？
2. 简述LH型电子燃油喷射系统的组成和各部件的作用。

3. 简述热线式空气流量计的工作原理。
4. 试比较 D 型电子燃油喷射系统和 L 型电子燃油喷射系统的进气系统的差别。
5. 说明压敏电阻式进气压力传感器的工作原理。
6. 简述单点电子燃油喷射系统的组成。
7. 用框图表示发动机管理系统的组成,该系统有哪些主要控制和辅助控制功能?
8. 试分析桑塔纳 2000GSi AJR 发动机电控系统电路图,说明该系统的特点。
9. 简述汽油缸内直接喷射系统的组成和各部件的作用。
10. 简述 GDI 缸内直接喷发动机燃油系统的组成。
11. 简述宽带氧传感器的基本工作原理。
12. 试分析 3.2 FSI 缸内直喷发动机的电子控制系统电路图,说明该系统的特点。
13. 电喷发动机检修的基本规则有哪些?
14. 如何用人工方式读取和清除红旗 CA7220AE 轿车 4GE 型发动机电控系统的故障码?

第 9 章 柴油机高压共轨喷射系统

9.1 柴油机高压共轨喷射系统组成和基本工作原理

柴油机高压共轨喷射系统（Hight Pressure Commen-rail Fuel Injection）是取代传统机械喷射系统的一种新型电控喷射系统。所谓高压是指喷油压力最高能达到 150～200 MPa；所谓共轨是指由高压油泵将高压燃油输送到共轨（Commen-rail），同时向各个电子喷油器供油，电控单元对各缸喷油器的喷油时刻、喷油量和喷油速率等进行精确控制。

高压共轨燃油喷射系统包括供油系统、进气增压系统、排气系统和电子控制系统。高压共轨燃油喷射系统的基本组成如图 9-1 所示。

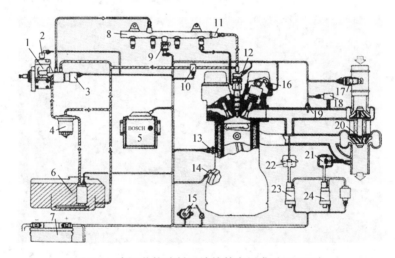

图 9-1 高压共轨喷射系统的基本组成（BOSCH）

1. 高压油泵 2. 回油电磁阀 3. 压力控制阀 4. 柴油滤清器 5. 电控单元 6. 油箱（内有输油泵和粗滤器） 7. 蓄电池 8. 共轨 9. 燃油压力传感器 10. 燃油温度传感器 11. 限压阀 12. 喷油器 13. 冷却液温度传感器 14. 发动机转速传感器 15. 加速踏板位置传感器 16. 凸轮轴位置传感器 17. 空气流量计 18. 增压压力传感器 19. 进气温度传感器 20. 涡轮增压器 21. 排气旁通阀 22. EGR 阀 23. EGR 电磁阀 24. 排气旁通电磁阀

高压共轨喷射系统的基本工作原理为：电动输油泵将燃油从油箱泵出后，经油水分离器和燃油滤清器滤清后，输入高压油泵，部分燃油通过高油泵上的安全阀进入油泵的润滑和冷却油路后，流回油箱，部分燃油进入高压泵中，高压泵将燃油加压到 150～200 MPa 后，输送到共轨，电控单元根据压力传感器的检测信号通过压力控制阀调节共轨压力保持稳定。

电控单元根据曲轴转速传感器、凸轮轴位置传感器、油门踏板位置传感器、冷却液温度传感器等检测信号和设定的控制程序，确定各种工况下的最佳喷油时刻、喷油量、喷油速率等，控制喷油器的喷油时刻和喷油脉宽，使发动机获得理想的动力性、经济性，并可有效控制发动机的排放性能。

高压共轨喷射系统主要具有以下优点：

（1）共轨压力采用闭环控制。共轨燃油压力传感器实时反馈共轨中的压力，电控单元通过调节压力控制阀的电流实现进入共轨的燃油量和压力，保证发动机各种工况下具有良好的喷油雾化效果，提高燃烧效率。

（2）对喷油过程进行精确控制。电控单元对各缸电子喷油器的喷油正时和喷油量进行精确控制，采用预喷射、主喷射等方法，实现对喷射速率的精确控制。

（3）进行进气增压控制和爆燃控制，进一步提高发动机的动力性和经济性。

（4）高压油泵只具有高压泵油的作用，降低了对传动装置的设计要求。

（5）对废气排放进行电子控制，可完全满足欧Ⅵ、欧Ⅴ排放的要求。

9.2　高压共轨供油系统

9.2.1　高压共轨供油系统的组成

高压共轨供油系统的作用是向各缸喷油器供给清洁、压力稳定和充足的燃油供应。

高压共轨供油系统的组成如图9-2所示。高压共轨供油系统由油箱、电动输油泵、柴油滤清器、高压油泵、油轨、回油管、喷油器等组成。

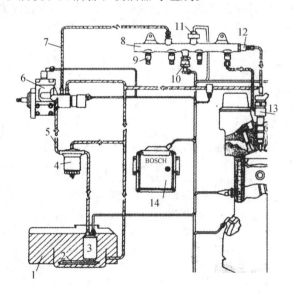

图9-2　高压共轨供油系统的组成

1. 油箱　2. 粗滤器　3. 电动输油泵　4. 柴油滤清器　5. 低压油管　6. 高压油泵　7. 高压油管
8. 油轨　9. 流量限制阀　10. 压力控制阀（PCV）　11. 共轨压力传感器　12. 压力限制阀
13. 喷油器　14. ECU

高压共轨供油系统可分为低压油路和高压油路两部分。低压油路的作用是向高压油泵提供清洁、充足的低压燃油，并使多余的燃油流回油箱。低压油路的部件包括电动输油泵、柴油滤清器、低压油轨、回油管等。

高压油路的作用是向各缸喷油器提供清洁、充足的高压燃油。高压油路的部件包括高压油泵、油轨、喷油器和高压油管等。为保证油轨压力稳定，ECU 根据共轨压力传感器的检测信号向压力控制阀输出 PWM 信号，实现共轨压力闭环控制。

9.2.2　高压共轨供油系统的主要部件

1. 输油泵

输油泵采用安装在燃油箱内部的电动燃油泵或集成在高压油泵一侧的齿轮泵形式。其作用是将燃油从燃油箱加压泵出，泵油压力约为 0.2 MPa，经燃油滤清器过滤后输送到高压油泵进油口。

2. 高压油泵

高压油泵的作用是向共轨输送充足的高压燃油。高压油泵的结构图如图 9-3、图 9-4 所示。高压油泵上有三套柱塞组件，三套柱塞由偏心轮轴上的三个偏心轮驱动，三套柱塞在相位上相差 120°，高压油泵的偏心轮由发动机曲轴通过齿轮机构驱动。

高压油泵的基本工作原理如下：当柱塞下行时，来自输出泵的低压燃油经低压油路输入各柱塞组件的进油阀，并由进油阀进入柱塞腔，实现充油过程；当柱塞上行时，进油阀关闭，燃油压力升高，当柱塞腔压力高于共轨压力时，出油阀打开，柱塞腔的高压燃油在压力控制阀的控制下进入共轨。偏心轮每转动一圈，三套柱塞分别完成三次泵油过程。

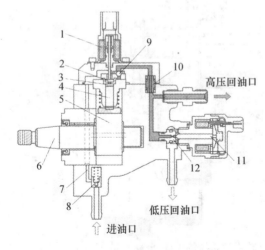

图 9-3　高压油泵的纵向结构图

1. 回油电磁阀　2. 进油阀　3. 泵腔　4. 柱塞组件　5. 偏心轮
6. 驱动轴　7. 低压油路　8. 安全阀　9. 出油阀　10. 密封装置
11. 球形阀　12. 压力控制阀

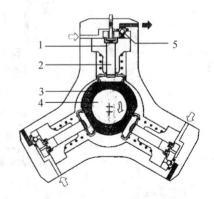

图 9-4　高压油泵的纵向结构图

1. 进油阀　2. 柱塞组件　3. 偏心轮
4. 驱动轴　5. 出油阀

3. 压力控制阀

压力控制阀（Pressure Control Valve，PCV）的作用是控制共轨压力保持稳定。博世公司高压共轨喷射系统压力控制阀的结构如图9-5所示。

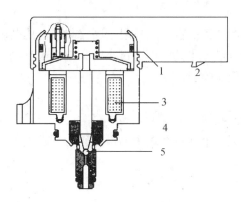

图9-5　压力控制阀的结构
1. 弹簧　2. 电器接口　3. 线圈　4. 衔铁　5. 球阀

球阀的一侧受到自共轨燃油压力的作用，另一侧受到衔铁的弹簧预紧力和电磁阀电磁力的作用。而电磁阀产生电磁力的大小与电磁线圈中的电流大小有关。当电磁线圈没有通电时，弹簧预紧力使球阀紧压在密封座面上，在燃油压力超过10 MPa时，才能将其打开，从PCV处泄流到低压回路；当电磁线圈通电时，电磁线圈的电磁力和弹簧预紧力共同作用在球阀上，电磁力大小决定了共轨中的燃油压力。电磁阀的电磁力由电控单元通过调整电磁线圈中电流的大小来控制。共轨燃油压力线圈相当于一个感性负载，线圈中的平均电流一般通过PWM信号实现控制。发动机工作时，共轨燃油压力通常按照工作状态的不同要求，控制在20～160 MPa的范围内。

4. 共轨组件

共轨组件的组成如图9-6所示。共轨组件由油轨、油轨压力传感器、限压阀、连接共轨和喷油器的流量限制阀等组成。

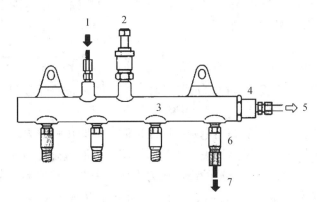

图9-6　共轨组件的组成
1. 共轨进油口　2. 共轨压力传感器　3. 共轨　4. 压力限制阀　5. 低压油路接口　6. 流量限制阀　7. 喷油器接口

(1) 油轨

油轨的功能是向各汽缸喷油器分配由输油泵加压的燃油，起蓄压器的作用，同时还消除了燃油中的压力波动。

(2) 流量限制阀

流量限制阀的结构如图9-7所示。流量限制阀安装在高压共轨与喷油器管路之间。其作用是限制供给喷油器的流量。当共轨压力过小时，流量限制阀关闭，关断共轨与喷油器管之间的通道，以防产生低压喷射。

(3) 压力限制阀

压力限制阀的作用是当共轨中的燃油压力过高时，压力限制阀连通共轨到低压的燃油回路，实现安全泄压，保证整个共轨系统中的最高压力不超过极限安全压力。压力限制阀的结构如图9-8所示。

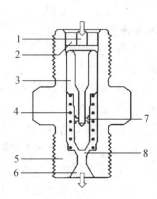
图9-7 流量限制阀的结构
1. 共轨接口 2. 密封垫 3. 柱塞 4. 弹簧
5. 阀体 6. 喷油器接口 7. 截流孔 8. 密封座面

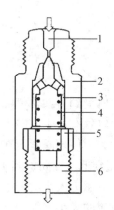
图9-8 压力限制阀的结构
1. 共轨接口 2. 密封垫 3. 柱塞
4. 弹簧 5. 阀体 6. 低压回路接口

(4) 共轨压力传感器

共轨压力传感器安装在共轨上，用于测量共轨中的燃油压力。其结构和工作原理与8.7节讲述的燃油高压传感器相同。

3. 喷油器

喷油器的结构如图9-9所示，主要由电磁阀（1）、柱塞控制腔（5）、控制柱塞（6）、喷油器针阀（8）等部分组成。电控单元控制通过控制电磁阀的开启和关闭，以改变控制柱塞控制腔的油压，从而实现喷油过程的控制。

喷油器工作原理是：当电磁阀的电磁线圈断电时，球阀在弹簧力的作用下压紧在电磁阀的阀座上，喷油器上的回油管路被关断，高压回路经进油截流孔→柱塞控制腔→溢流截流孔→球阀阀座进入柱塞顶部，燃油的高压压力直接作用在柱塞顶部，克服喷油器底端针阀承压面上的燃油压力，加上弹簧的预紧力，使得柱塞针阀向下紧压在喷油器针阀座面上，喷油器不喷射。

当电磁阀的电磁线圈通电后，电磁力使球阀离开阀座，柱塞控制腔的燃油经溢流节流孔回到低压回路，柱塞控制腔的压力迅速降低。高压燃油在喷油器针阀承压面上的压力作用下，使柱塞和针阀迅速提起，喷射器开始喷油。由于进油截流孔和溢流截流孔经设计计算，孔径很小，流体的节流作用使柱塞控制腔的压力在电磁阀开启时小于来自共轨的高压燃油的压力，同时又不会影响供给针阀的高压燃油的压力。喷油量的大小取决于喷油器开启时间，ECU控制电磁线圈开始通电的时刻和持续通电时间（喷油脉宽）即可控制时刻和喷油量。喷油器的结构参数一旦确定，喷油器的喷油量由喷射压力和喷油时间决定。喷油器工作特性示例如图9-10所示。

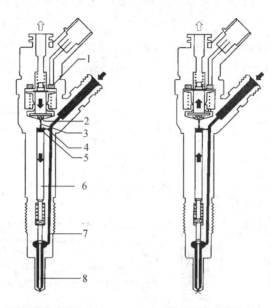

(a) 电磁线圈断电喷油器关闭　　(b) 电磁线圈通电喷油器喷油

图9-9　喷油器的结构

1. 电磁阀　2. 球阀　3. 溢流截流孔　4. 进油截流孔　5. 柱塞控制腔　6. 控制柱塞　7. 去针阀的高压油路　8. 针阀

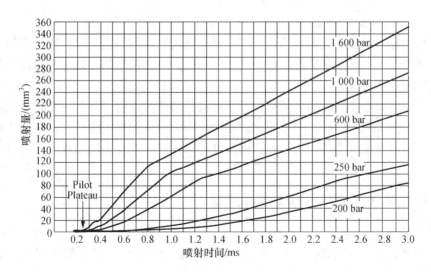

图9-10　喷油器工作特性示例

9.3 进气增压系统与排气系统

9.3.1 废气涡轮增压进气系统的组成和基本工作原理

1. 废气涡轮增压进气系统的组成

为提高发动机的动力性和燃油经济性，高压共轨喷射系统均采用废气涡轮增压中冷系统。废气涡轮增压中冷进气系统的基本组成如图 9-11 所示，主要由空气滤清器（3）、空气流量计（4）、废气涡轮增压器（6）、废气旁通阀（8）和中冷器（2）等部分组成。由于空气流量计的作用是通过检测检测进气量确定发动机负荷，因此有的高压共轨喷射系统取消空气流量计，而通过加速踏板位置检测发动机负荷。

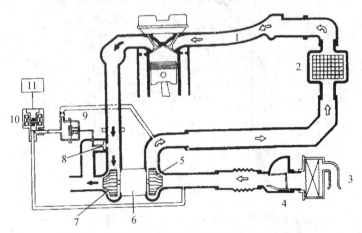

图 9-11　废气涡轮增压中冷进气系统的基本组成

1. 进气歧管　2. 中冷器　3. 空气滤清器　4. 空气流量计　5. 涡轮增压器压气机叶轮　6. 废气涡轮增压器
7. 涡轮增压器废气涡轮　8. 废气旁通阀　9. 增压控制阀　10. 增压控制电磁阀　11. 电控单元

2. 废气涡轮增压系统的基本工作原理

发动机工作时排出的高温、高压废气，驱动涡轮增压器的废气涡轮高速旋转，并驱动涡轮增压器压气机叶轮一起旋转，将空气加压后进入中冷器冷却，高压低温的空气增加了进气密度和发动机进气量。

为保证发动机在不同转速、负荷工况下都得到最佳增压值，并防止发动机爆燃，同时限制热负荷，发动机工作时，电控单元根据增压压力传感器输入的信号，对增压控制电磁阀进行控制，改变废气旁通阀的压力，使废气旁通阀开度改变，增加或减少废气旁量，实现增压控制。

9.3.2 排气系统的组成和基本工作原理

1. 排气系统的组成

排气系统的基本组成如图 9-12 所示，主要由排气管（1）、氧化催化器（2）、NO_x 还原催化器（3）、消声器（4）等部分组成。

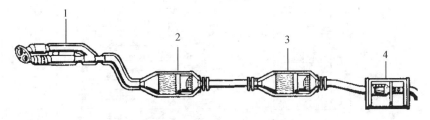

图 9-12 排气系统的基本组成
1. 排气管 2. 氧化催化器 3. NO_x 还原催化器 4. 消声器

2. 排气净化措施

(1) 氧化型催化器

利用铂（Pt）、钯（Pd）作为催化剂制成氧化型催化器，在排气温度下使 HC、CO 转化为 H_2O 和 CO_2。在冷起动时采用电加热元件，使催化器尽快达到正常工作温度。

(2) 电控废气再循环（EGR）

采用电控废气再循环，控制不同负荷和转速的 EGR 率，降低发动机工作温度，从而降低 NO_x 的排放量。

(3) 颗粒过滤器和静电式微粒收集器

采用金属丝网、陶瓷纤维等过滤介质制成的颗粒过滤器捕集柴油机排气中的固态炭粒和吸附可溶性有机成分。采用静电式微粒收集器，利用附加强电场对呈带电特性的炭烟微粒进行静电吸附。

(4) NO_x 催化转化器

采用 NO_x 催化转化器对 NO_x 在 350～550℃ 的温度范围内进行良好的催化转化，使 NO_x 排放降低。NO_x 催化转化技术可分为催化热分解和选择性催化还原反应两种。催化热分解是利用由金属离子沸石、钒和钼构成催化剂来降低 NO_x 热分解反应的活化能，使 NO_x 分解成 N_2 和 O_2；选择性的还原反应是在排气中喷入还原剂（如定量喷射尿素水雾等），与排气中的 NO_x 反应生成物为 N_2、CO_2 和 H_2O。

9.4 电控系统

9.4.1 电控系统的组成

电控系统由传感器、电控单元和执行机构等部分组成。传感器用于检测发动机的运行状态和驾驶员的意图，并将检测信号输入电控单元，电控单元根据各传感器的检测信号和内部存储的控制程序向各执行器输出控制信号，控制共轨压力、喷油器的喷油时刻、喷油量、增压压力等。玉柴 YC6J220-30 柴油机采用博世公司的高压共轨喷射系统，其电控系统电路如图 9-13 所示。

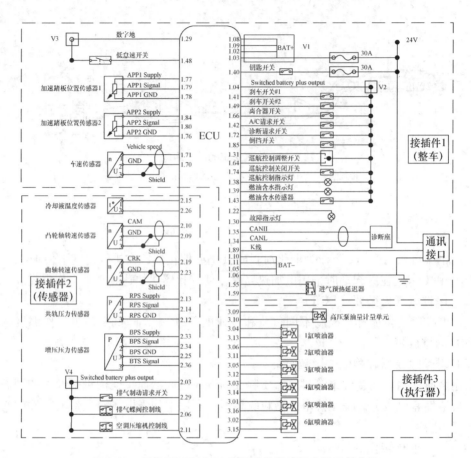

图 9-13 玉柴 YC6J220-30 高压共轨发动机电控系统电路

9.4.2 电控系统的主要部件

1. 传感器

电控系统的传感器包括发动机转速、曲轴位置、凸轮轴位置、加速踏板位置、进气温度传感器、冷却液温度传感器等。电控单元通过采集各传感器的检测信号确定发动机运行状态参数和驾驶员的操作意图作为发动机控制的依据。电控系统各种传感器功能见表 9-1。

表 9-1 电控系统各种传感器功能

序号	传感器名称	功 能	安装位置
1	发动机转速与曲轴传感器	检测发动机转速与曲轴位置,作为喷油时刻和喷油量计算的基本信号	曲轴正时齿轮壳或飞轮壳
2	凸轮轴传感器	检测发动机凸轮轴位置,用于各缸判别	曲轴正时齿轮壳或飞轮壳
3	加速踏板位置	检测加速踏板位置及驾驶员的意图	油门踏板内部
4	进气温度传感器	测量进气温度,修正喷油量和喷油正时、过热保护	进气管

(续表)

序号	传感器名称	功　能	安装位置
5	增压压力传感器	检测进气压力，调节喷油控制	进气管上
6	冷却液温度传感器	检测冷却液温度，以用于冷车起动、目标怠速计算、修正喷油提前角和最大功率限制	汽缸体的出水口
7	共轨压力传感器	测量共轨中的燃油压力	共轨
8	车速传感器	检测车速信号	变速器输出轴
9	大气压力传感器	检测大气压力，以用于校正控制参数	集成在ECU中

（1）发动机转速与曲轴传感器

发动机转速与曲轴传感器通常采用电磁脉冲式，用于检测发动机转速与曲轴位置，作为喷油时刻和喷油量计算的基本信号。发动机转速与曲轴位置传感器是最重要的传感器之一，一旦出现故障，发动机将无法起动和运转。

（2）凸轮轴位置传感器

凸轮轴位置传感器通常采用电磁脉冲式或霍尔式，用于检测凸轮轴位置，作为判缸的检测信号。凸轮轴位置传感器是最重要的传感器之一，一旦出现故障，发动机将无法起动和运转。

（3）加速踏板位置传感器

加速踏板位置传感器通常采用霍尔位置式，用于检测加速踏板位置及驾驶员加速、减速意图。加速踏板位置传感器的结构如图9-14所示，按结构形式可分为吊挂式和立坐式，按检测电路原理可分为电位计式和霍尔（Hall）式。霍尔式加速踏板位置传感器的工作原理如图9-15所示，半环型的永磁转盘（1）置于导磁体（3）中并随软磁轴（6）转动，霍尔位置传感器（4）置于导磁体（5）中，永磁转盘（1）转动时，改变霍尔位置传感器（4）中霍尔元件的磁通量，使输出霍尔电压信号与永磁转盘（1）的转角呈线性关系。

图9-14　加速踏板位置传感器的结构
1. 传感器　2. 踏板支架　3. 踏板

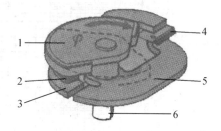

图9-15　霍尔式加速踏板位置传感器的工作原理
1. 永磁转盘　2. 极靴　3. 空气隙　4. 霍尔位置传感器
5. 导磁体　6. 软磁轴

为提高检测精度和可靠性，加速踏板位置位置采用双信号（冗余信号）输出，如图9-16所示，第2电位计的供电电压为第1电位计的一半。加速踏板位置传感器的输出电压特性如图9-17所示。

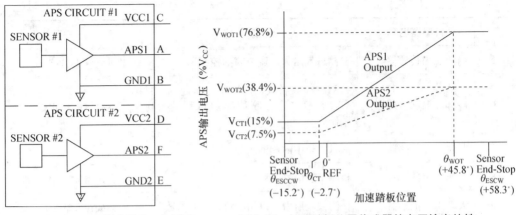

图 9-16 加速踏板位置传感器的工作原理　　图 9-17 加速踏板位置传感器的电压输出特性

(4) 进气温度传感器

进气温度传感器检测进气通过涡轮增压器后的温度。进气温度传感器结构如图 9-18 所示，检测温度的传感器部分包含一个负温度系数热敏电阻。

(5) 冷却液温度传感器

冷却液温度传感器，用于检测冷却液温度。冷却液温度传感器的结构如图 9-19 所示。该传感器为负温度系数热敏电阻。冷却液温度传感器的阻值随温度变化特性如图 9-20 所示。

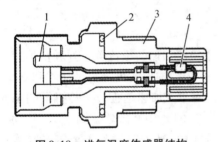
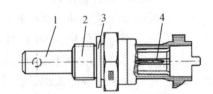

图 9-18 进气温度传感器结构　　　　　　　图 9-19 冷却液温度传感器结构
1. 插接器端子　2. 密封圈　3. 连接螺纹　4. 热敏电阻　　1. 热敏电阻　2. 连接螺纹　3. 密封圈　4. 插接器端子

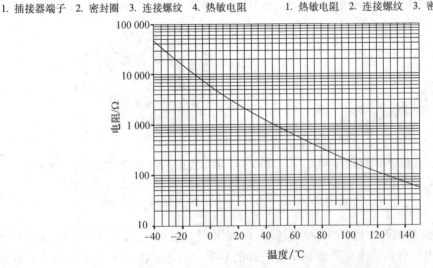

图 9-20 冷却液温度传感器的阻值随温度变化特性

2. 电控单元

发动机电控单元（ECU）通过传感器发出的信号不断检查发动机的状态，计算符合条件的燃油喷射量等，控制各执行器以及将发动机控制到最佳状态。

ECU 的主要控制功能如下。

a. 喷射方式控制：主喷射控制、预喷射控制。

b. 喷油量控制：喷油量自学习控制、断油控制。

c. 喷油正时控制：主喷射正时控制、预喷正时控制、正时补偿。

d. 共轨压力控制：正常和快速压力控制、共轨压力建立和保护、喷油器泄压控制、共轨压力跛行（limp home）控制。

e. 扭矩控制：瞬态扭矩控制、加速扭矩控制、最大扭矩控制。

f. 瞬态冒烟限制。

g. EGR 控制、过热保护、增压器保护控制辅助起动控制。

h. 故障安全保护、故障运行、故障自诊断等。

9.4.3 燃油喷射控制的基本原理

1. 喷油量控制

首先根据发动机转速和加速踏板位置确定基本喷射量，然后在基本喷射量的基础上根据冷却液温度、燃油温度、进气温度和进气压力确定校正燃油喷射量。喷射量计算方法示意图如图 9-21 所示。

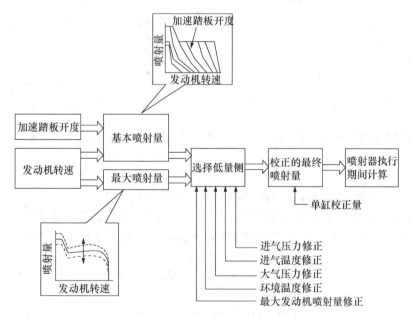

图 9-21　喷射量计算方法示意图

（2）基本喷射量

基本喷射量由发动机转速和加速踏板开度决定。当发动机转速一定时，加速踏板开度增加，喷射量增加；当加速踏板开度一定时，发动机转速增加，喷射量降低。基本喷射量与发动机转速、加速踏板的开度的关系如图9-22所示。

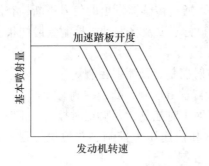

图9-22 基本喷射量与发动机转速、加速踏板开度的关系

（3）最高转速设定喷射量

最高转速设定喷射量由发动机转速决定。限制最高转速喷射量，以便防止发动机转速超速。最高转速设定喷射量与发动机转速的关系如图9-23所示。

（4）最大喷射量

最大喷射量是根据发动机转速、冷却液温度、燃油温度、进气温度、进气压力、大气压力决定。发动机最大喷射量与转速的关系如图9-24所示。

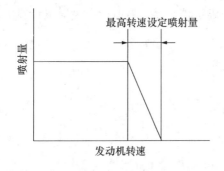

图9-23 最高转速设定喷射量与发动机转速的关系　　图9-24 发动机最大喷射量与转速的关系

（5）起动喷射量

起动喷射量根据发动机起动时的基本喷射量和为起动机开关接通（ON）时间、发动机转速和冷却液温度增加的校正来决定。如果冷却液温度低，则增加喷射量。当发动机完成起动后，该模式被取消。起动喷射量与发动机起动转速的关系如图9-25所示。

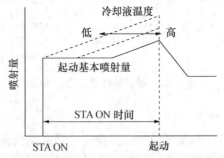

图9-25 起动喷射量与发动机起动转速的关系

2. 燃油喷射率控制

尽管采用高压燃油喷射之后，初期喷射率得到提高，有利于缩短点火滞后（从喷射开始到燃烧开始的延迟）时间，同时，喷射率过高会造成发动机爆燃，并使 NO_x 和噪声增加。为克服点火滞后和爆燃二者之间的矛盾，通常采用预喷射加主喷射的方法控制燃油喷射率，将预喷射保持在较小的喷射速率，既可缩短点火滞后时间又能避免发动机爆燃、降低 NO_x 和噪声。一次喷射与预喷射加主喷射点火滞后时间、汽缸压力的变化对比如图9-26所示。

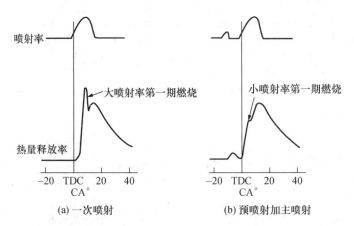

图 9-26　一次喷射与预喷射加二次喷射的点火滞后时间、汽缸压力变化对比

3. 燃油喷射正时控制

燃油喷射正时是指预喷射、主喷射开始喷油的时刻的喷油提前角。通常喷油的时刻曲柄位置与用压缩上止点（TDC）前的曲柄位置的转角（CA°）表示。

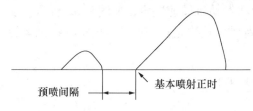

图 9-27　预喷射正时与主喷射的正时关系

（1）主喷射和预喷射正时控制

主喷射正时基本喷射正时由发动机转速和最终喷射量决定。预喷射正时是通过为主喷射添加预间隔值来进行控制，如图9-27所示。

主喷射正时，由发动机转速和加速踏板位置决定，主喷射正时与发动机转速的关系如图9-28所示。

预间隔根据最终喷射量、发动机转速、冷却液温度来计算，预间隔与发动机转速的关系如图9-29所示。发动机起动时的预间隔通过冷却液温度和发动机转速来计算。

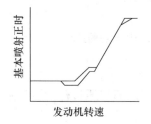

图 9-28　基本喷射正时与发动机转速的关系

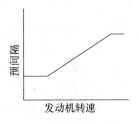

图 9-29　预间隔与发动机转速的关系

各缸发动机正时控制根据发动机转速位置传感器和凸轮轴位置传感器的检测信号进行判缸，然后按照主喷射正时和预间隔进行喷射正时控制，喷射正时的控制原理如图 9-30 所示，喷射正时计算方法如图 9-31 所示。

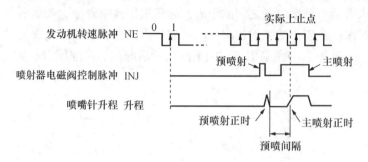

图 9-30　喷射正时控制原理

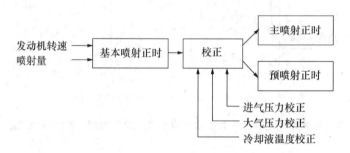

图 9-31　喷射正时计算方法

4. 燃油喷射压力控制

发动机正常工作的燃油喷射压力根据喷射量和发动机转速决定，如图 9-32 所示。发动机起动时的燃油喷射压力则根据冷却液温度和起动转速决定。喷射压力根据发动机运转条件的不同从 20～180 MPa 变化。

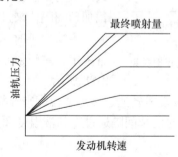

图 9-32　燃油喷射压力与喷射量和发动机转速的关系

5. 怠速控制（ISC）

发动机的怠速控制是通过调节喷射量实现的。发动机的怠速目标转速与空调开关、冷却液温度和变速器的换挡位置有关。

怠速减振控制可降低怠速运行时的发动机振动。发动机怠速运行时，电控单元将各缸工作时的角速度变化进行对比，并对角速度变化差别较大缸进行喷射量调节。怠速减振控制原理如图 9-33 所示。

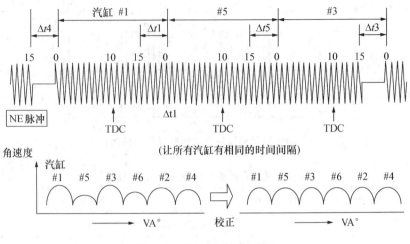

图 9-33 怠速减振控制原理

9.5 高压共轨喷射系统的故障检测与诊断

9.5.1 ECU 的故障自诊断功能和失效保护

ECU 具有故障自诊断功能，当电控系统出现故障时，ECU 将产生的故障存入专用存储器中，同时依照故障的严重等级，自动进入不同的失效保护策略。大部分情况下，失效保护策略仍能保持发动机以降低功率的方式继续运行；少数极其严重的故障情况下，失效保护策略会停止喷油进行安全保护。

9.5.2 故障码的读取和清除

故障码读取方式有两种：通过故障检测仪读取和通过发动机故障灯的闪烁码读取。故障排除后，通过诊断请求开关清除 ECU 故障记录。

1. 故障码编码规则

通过故障检测仪读取的故障码编码规则，按照美国汽车工程师学会（SAE）制定了第 2 代车载诊断系统 OBD-Ⅱ（On-Board Diagnositics Ⅱ）编制。

2. 故障指示灯

故障指示灯位于仪表板，颜色为红色。当接通点火开关后，EUC 进行自检，点亮故障灯，如无故障，则故障灯在 2s 后熄灭。在系统出现故障后，故障指示灯点亮。

3. 人工方式读取故障码

通过故障指示灯读取故障闪烁码的方法是：在点火开关处于 ON 状态时，按下诊断请求开关再松开，即可激活闪烁码，每一次操作只闪烁一个故障码，依次进行诊断请求即可读取所有的故障码。闪烁故障码读取方法示例如图 9-34 所示。电控系统部分闪烁故障码及其故障原因见表 9-2。

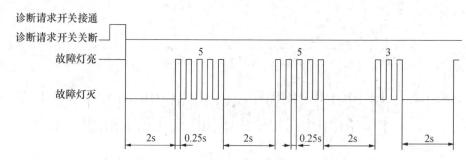

图 9-34 闪烁故障码读取方法示例（闪烁故障码 553）

表 9-2 电控系统部分故障码及其故障原因

序号	OBD-Ⅱ故障代码	闪烁故障码	故 障 原 因
1	P2519	11	空调压缩机驱动电路故障
2	P2519	12	空调压缩机请求开关故障
3	2299	13	油门与制动踏板信号逻辑不合理
4	P060B	14	控制器模/数（A/D）转换不正确
5	P0113/P0112	15	进气温度传感器信号范围故障（高/低）
6	P0101	16	进气质量流量信号飘移
7	P0103/P0102	21	进气质量流量信号不合理（高/低）
8	P0103/P0102	22	进气质量流量信号范围故障（高/低）
9	P401	23	废气再循环控制偏差超过低限值
10	P402	24	废气再循环控制偏差超过高限值
14	P0123/P0122/P2135	32	第一路油门信号范围故障（高限/低限/相关性）
15	P0223/P0222/P2135	33	第二路油门信号范围故障（高限/低限/相关性）
19	P0563/P0562	41	蓄电池电压信号范围故障（高限/低限）
20	P1000/P1001/P1002	42	增压压力调节器模数转换模块故障
21	P0048	43	增压压力调节器驱动电路对电源短路
22	P0047	44	增压压力调节器驱动电路对地短路
23	P0045/P0046	45	增压压力调节器驱动电路开路/对接短路
25	P0571/P0504	51	制动踏板信号故障（失效/不合理）
27	P0116	53	冷却水温信号动态测试不合理
28	P0116	54	冷却水温信号绝对测试不合理
29	P2556/P2557/P2558/P2559	55	冷却液位传感器信号范围故障（高限/低限/开路/不合理）
30	P0301	56	第 1 缸失火频率超高
31	P0302	61	第 2 缸失火频率超高

(续表)

序号	OBD-Ⅱ故障代码	闪烁故障码	故 障 原 因
32	P0303	62	第3缸失火频率超高
33	P0304	63	第4缸失火频率超高
34	P0305	64	第5缸失火频率超高
35	P0306	65	第6缸失火频率超高
36	P0300	66	多缸失火频率超高
37	P161F	111	压缩测试实验报告故障
38	P0704	112	离合器开关信号故障
42	P0115/P0116/P0117/P0118	116	冷却水温传感器信号范围故障（CAN信号/不合理/低限/高限）
43	P0217	121	冷却水温超高故障
44	P0071/P0072/P0073	122	环境温度传感器信号故障（CAN信号/低限/高限）
45	P245A/P245C/P245D	131	EGR旁通阀驱动电路故障（对电源短路/对地短路/开路）
48	P0490	134	EGR驱动对电源短路
49	P0489	135	EGR驱动电路对地短路
51	P0008	141	仅采用凸轮相位传感器信号运行
52	P0340/P0341	142	凸轮信号故障（丢失/错误）
53	P0335/P0336	143	曲轴转速信号故障（丢失/错误）
54	P0016	144	凸轮相位/曲轴转速信号不同步
55	P0219	145	发动机超速
62	P1015	156	燃油滤清器脏污开关指示信号超高
63	P1016	161	燃油滤清器脏污开关指示信号超低
66	P2267	164	油水分离器指示信号超上限
67	P2266	165	油水分离器指示信号超下限
70	P1007	212	油量-扭矩转换趋势错误
71	P0405/P0406/P0409	213	CAN网络上得到的EGR流量信号不正确（对电源短路/对地短路/丢失）
73	UC158	215	仪表板信息故障
74	P0000	216	CAN网络上得到的电控制动信号不正确
75	UC113	221	CAN网络上得到的EGR率信号不正确
76	UD100	222	CAN网络上得到的缓速器信号不正确
78	UD101	224	CAN网络上的车辆行驶里程信息不正确
79	UC156	225	CAN网络上的环境条件信息不正确
80	UC104	226	CAN网络上的巡航控制/车速信息不正确
81	UD102	231	CAN网络上的废气排放温度信息错误

(续表)

序号	OBD-Ⅱ故障代码	闪烁故障码	故 障 原 因
82	UC157	232	CAN网络上的转速表信息不正确
83	UD103	233	CAN网络上传输速率信息不正确
94	UD115	252	CAN网络上的轮速信息不正确
95	UC001	253	CAN网络上周期性发出不正确信号
101	P060A	264	通信模块受到干扰
102	P062F	265	电可擦除存储器出错
103	P0607	266	控制器硬件恢复功能被锁
105	P0097/P0098/P0099	316	空气温度传感器信号错误（低限/高限/CAN信息错误）
106	P1300/P1301/P1302	321	燃油喷射功能受到限制
107	P1203/P1204	322	喷油器驱动线路故障——组1短路，低端对地短路
108	P1209	323	喷油器驱动线路故障——组1开路
109	P120B/P120C	324	喷油器驱动线路故障——组2短路，低端对地短路
110	P1211	325	喷油器驱动线路故障——组2开路
111	P062B	326	喷油器驱动芯片故障模式A
112	P062B	331	喷油器驱动芯片故障模式B
113	P0261/P0262	332	喷油器1驱动线路故障——短路（低端对电源/对接）
114	P0201	333	喷油器1驱动线路故障——开路
115	P0264/P0265	334	喷油器2驱动线路故障——短路（低端对电源/对接）
116	P0202	335	喷油器2驱动线路故障——开路
117	P0267/P0268	336	喷油器3驱动线路故障——短路（低端对电源/对接）
118	P0203	341	喷油器3驱动线路故障——开路
119	P0270/P0271	342	喷油器4驱动线路故障——短路（低端对电源/对接）
120	P0204	343	喷油器4驱动线路故障——开路
121	P0273/P0274	344	喷油器5驱动线路故障——短路（低端对电源/对接）
122	P0205	345	喷油器5驱动线路故障——开路
123	P0276/P0277	346	喷油器6驱动线路故障——短路（低端对电源/对接）
124	P0206	351	喷油器6驱动线路故障——开路
133	P160F	364	主继电器线路故障——对地短路
134	P160C	365	硬件故障导致停机——监视狗或控制器
142	P0524	422	机油压力过低故障
145	P2263	432	轨压控制偏差超过上限
146	P2263	433	轨压控制偏差超过下限

（续表）

序号	OBD-Ⅱ故障代码	闪烁故障码	故障原因
148	P0192/P0193	441	轨压传感器信号范围故障（低限/高限）
149	P0191	442	轨压传感器信号飘移故障
159	P1615	512	加速测试报告故障
160	P1621	513	判缸测试报告故障
161	P1616/P1617/P1618	514	冗余判缸测试报告故障
162	P0642/P0643	515	参考电压1（用于增压压力及温度传感器等）故障（高限/低限）
164	P0652/P0653	522	参考电压2（用于油门传感器等）故障（高限/低限）
165	P0698/P0699	523	参考电压3（用于轨压传感器等）故障（高限/低限）
166	P0616/P0617	524	起动电机开关故障-高边（对电源短路/对地短路）
169	P2533	532	点火开关信号故障
171	P0607	534	控制计时器模块故障
175	P0501	544	车速信号故障1（超速/信号错误/不合理）
177	P1511/P1512/P1513	551	车速信号故障3——脉宽故障（脉宽超高限/低限/频率错误）
178	P0607	552	通信模块故障
179	P162F/P1630/P1631/P1632	553	警告灯驱动线路故障（对电源短路/对地短路/开路/对接短路）

4. 故障码的清除

故障排除后，应清除 ECU 中的故障码，故障代码可用专用诊断仪清除，或将熔断器盒中的 ECU 熔断丝拆下，或拆下蓄电池负极搭铁线 10 s 以上，故障代码即可被清除。

5. 用 KTS 仪进行故障检测与诊断

KTS 仪（KTS510）为博世诊断基本工具，具有电控单元版本识别、读取故障码、清除故障码、数据流监测、执行器测试、维修指导、ECU Flash 刷新和电控喷油器信息输入等功能。

9.6 思考题

1. 简述高压共轨喷射系统的基本工作原理。
2. 简述喷油器的结构及其工作原理。
3. 简述喷油量正时控制的基本工作原理。
4. 试分析玉柴 YC6J220-30 发动机高压共轨电控系统的电路，简述该电控系统的组成特点和功能。
5. 如何读取和清除玉柴 YC6J220-30 发动机高压共轨喷射系统电控系统的闪烁故障码？

第10章 电控自动变速器

10.1 概　　述

10.1.1 自动变速器的类型

1. 按传动比分类

电控自动变速器按传动比分类，可分为有级自动变速器和无级自动变速器两大类。电控有级自动变速器又称电控自动变速器（Electronic Control Automatic Transmission，EAT），采用电控-液压自动换挡且各挡位具有固定的传动比。电控无级变速器（Electronic Control Continuously Variable Transmission，ECVT），采用电控-液压自动控制，传动比在一定范围内可连续变化。

2. 按变速控制的方式分类

按变速控制方式分类，自动变速器可分为液压控制自动变速器和电控-液压自动变速器两大类。液压控制自动变速器的变速过程完全由液压装置实现，电控-液压自动变速器由电控单元换挡程序控制换挡时机，电控单元控制换挡电磁阀改变液压回路，通过液压装置实现换挡。

此外，近几年来，在电控自动变速器基础上，推出了手动和自动一体的电控自动变速器。在手动变速器的基础上，采用电子控制换挡发展起来的自动机械变速器（AMT）也得到发展。

10.1.2 电控自动变速器的基本组成和工作过程

1. 基本组成和工作过程

电控自动变速器是目前广泛应用的一种自动变速器，其基本组成和工作过程如图10-1所示。电控自动变速器由液力变矩器、行星齿轮变速器、液压控制系统、电子控制系统和操纵机构5部分组成。发动机输出的扭矩经液力变矩器无级变速后将动力输入行星齿轮变速器，电控单元根据节气门位置传感器信号、车速传感器信号和换挡控制程序控制换挡电磁阀的接通或关断改变液压装置的液压回路，操纵液压控制装置中的换挡执行机构实现行星齿轮变速器的换挡。液力变矩器的传力介质和行星齿轮变速器采用规定型号的自动变速器油（ATF），常用的有Fort标准F型和GM标准DEXRON®型，使用时应按规定型号加注。

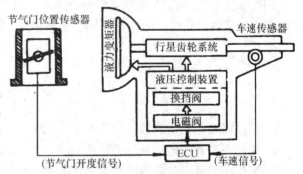

图10-1　电控自动变速器的基本组成

前轮驱动的电控自动变速器将自动变速器和差速器组成一体。捷达轿车01N型电控自动变速器的液力变矩器、行星齿轮变速器、差速器的结构布置如图 10-2 所示。

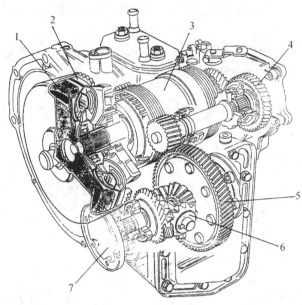

图 10-2 捷达轿车 01N 型电控自动变速器的结构布置
1. 锁止离合器 2. 变矩器 3. 行星齿轮变速器 4. 惰轮组合 5. 被动齿轮 6. 差速器 7. 驱动法兰

2. 换挡操纵机构和变速器的基本操作要求

换挡操纵机构主要包括选挡杆、停车挡锁止机构和加速踏板。

选挡杆通过拉索和连杆机构与液压控制装置的手动阀相连。选挡杆的布置有车身地板式和转向柱式两种形式,其中前者较为常用。

不同厂家、不同型号的自动变速器,选挡杆的挡位基本相同,四挡自动变速器车身地板式选挡杆一般都有 P、R、N、D、3、2、1(L)7 个挡位,仪表板上指示所选挡位。

P 挡位是停车挡(PARK),当汽车完全停车拉紧手刹后,即可挂入该挡位。选挡杆置于该挡位时,机械锁止机构将变速器输出轴锁住,汽车驱动轮不能转动。

R 挡位是倒挡(REVERSE),当汽车完全停止后可挂入该挡位。当选挡杆置于该挡位时,液压控制装置接通倒挡传动的油路,汽车便可倒车行驶。

N 挡位是空挡(NEURTAL),汽车起动前必须在 N 挡位或 P 挡位。汽车被拖动时,只能用该位置。当选挡杆置于该挡位时,变速器不能输出动力。

D 挡位是前进挡(DRIVE),汽车正常行驶时选择该挡位。当选挡杆置于该挡位时,电控系统和液压控制装置根据车速和节气门开度信号,自动实现一挡、二挡、三挡、四挡(超速挡)各挡位之间的自动升降。

3 挡位是前进挡,汽车无须四挡行驶时选择该挡位。当选挡杆置于该挡位时,电控系统和液压控制装置根据车速和节气门开度信号,自动实现一挡、二挡、三挡各挡位之间的自动升降。汽车行驶在丘陵地带、弯曲道路和下坡道路时,选择该挡位。

2 挡位是发动机高速制动挡,当选挡杆置于该挡位时,自动实现一挡、二挡之间的自动升降,并具有发动机制动作用。汽车行驶在陡峭山坡、雪路和泥泞道路时,选择该挡位。

1（或 L）是前进挡，是发动机低速制动挡，当选挡杆置于该挡位时，汽车只能一挡行驶。该挡位具有比 2 挡位更强的发动机制动作用，汽车行驶在陡峭山坡、雪路和泥泞道路时，选择该挡位。

应特别注意：汽车前进时，切勿挂入 P 挡位或 R 挡位；发动机起动时，只能在 N 挡位或 P 挡位；转换挡位时，切勿踏下加速踏板。

10.2 液力变矩器和行星齿轮变速器

10.2.1 液力变矩器

液力变矩器的作用是将发动机飞轮输入的扭矩进行无级变换，并向行星齿轮系统输出扭矩。电控自动变速器中采用的液力变矩器是在三元件式液力变矩器的基础上增加锁止离合器，其结构如图 10-3 所示。

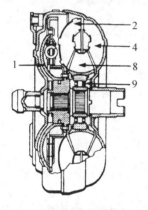
(a) 液力变矩器结构

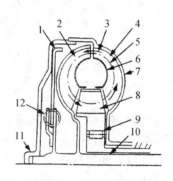
(b) 液力变矩器液流方向

图 10-3 带锁止离合器液力变矩器的组成
1. 液力变矩器锁止离合器 2. 涡轮 3. 液流方向 4. 泵轮 5. 设计流线 6. 内环 7. 变矩器壳
8. 导轮 9. 单向离合器 10. 输出轴 11. 输入端 12. 扭矩缓冲器

三元件式液力变矩器由泵轮、涡轮和导轮组成。当车速低、行驶阻力大时，液力变矩器可自动减速并增大输出扭矩；当车速高、行驶阻力小时，液力变矩器相当于一个液力耦合器，只起到传递扭矩的作用。增加锁止离合器可以克服液力传递扭矩传动效率低的缺点。在汽车行驶时由电控单元控制锁止离合器接合或分离。

液力变矩器的性能用液力变矩器的特性曲线评价。液力变矩器的特性曲线是指当发动机转速和扭矩一定时，即泵轮转速（n_b）和扭矩（M_b）一定时扭矩比（K）、传动效率（η）和速比（i）之间的关系曲线，如图 10-4 所示。

1. 速比 i

液力变矩器的速比是指涡轮输出转速 n_W 与泵轮输入转速 n_b 之比，用 i 表示。即：

$$i = \frac{n_W}{n_b} \leqslant 1$$

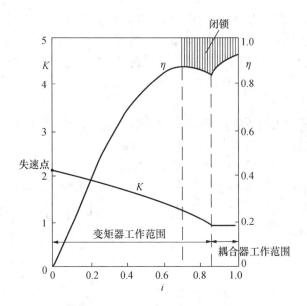

图 10-4　液力变矩器的特性曲线

2. 扭矩比 K

液力变矩器的扭矩比是指输出扭矩 M_W 与输入扭矩 M_b 之比，用 K 表示。即：

$$K = \frac{M_W}{M_b} \geq 1$$

3. 变矩器效率 η

变矩器的传动效率是变矩器输出功率 N_W 与输入功率 N_b 之比，用 η 表示。即：

$$\eta = \frac{N_W}{N_b} = \frac{M_W n_W}{M_b n_b} = K \cdot i \leq 1$$

4. 失速点

失速点指涡轮不动或速比为 0 时变矩器的工作点。变矩器在此点能获得最大扭矩比，最大扭矩比通常在 1.7～2.5 之间。

由图 10-4 可以看出：在失速点，变矩器扭矩比最大，即输出扭矩最大；在变矩区扭矩比随速比连续变化，液力变矩器成为一个无级变速器，即变矩器可在一定范围连续减速以增加扭矩；在耦合区，变矩器没有增扭作用，其扭矩比为 1，即曲轴输入的扭矩与涡轮输出的扭矩相等。在扭矩传递过程中，因变速器油存在摩擦和冲击，会造成部分能量损失，使变速器油升温，且泵轮和涡轮之间至少存在有 4%～5% 的转速差，所以变矩器的传动效率没有机械式变速器高。

为提高耦合区的传动效率，改善汽车高速行驶时的燃油经济性，电控系统通过控制变矩器离合器锁止电磁阀，以降低变矩器离合器接合侧的液压，使变矩器离合器接合，将泵轮和涡轮连接成为一体，发动机的扭矩以机械方式输出，以实现 100% 的动力传递。

10.2.2　行星齿轮变速器

液力变矩器虽能增大或传递发动机转矩，但扭矩比不大，变速范围有限，不能满足汽车运行工况的要求。为进一步扩大变速范围,在液力变矩器后面装有行星齿轮变速器。

行星齿轮变速器由行星齿轮系和换挡元件组成。行星齿轮系通常由 2 或 3 个单级行星齿轮机构或双级行星齿轮机构组成。换挡元件主要包括制动器、离合器和单向自由轮。

1. 行星齿轮机构

行星齿轮机构通常采用单级行星齿轮机构或双级行星齿轮机构两种方式。

单级行星齿轮机构的结构和工作原理如图 10-5 所示。行星齿轮在工作过程中始终保持啮合状态,通过制动器对太阳轮、行星轮架和齿圈任意一元件制动,或通过离合器对太阳轮、行星轮架和齿圈任意两元件结合即可获得所需的传动挡位。

双级行星齿轮机构的结构和工作原理如图 10-6 所示,包括大太阳轮、小太阳轮、长行星齿轮、短行星齿轮、齿圈和行星齿轮架。大、小太阳轮采用前后分段式结构,长、短行星齿轮共用一个行星齿轮架。短行星齿轮与小太阳轮和长行星齿轮啮合,长行星齿轮与大太阳轮、短行星齿轮及齿圈啮合。

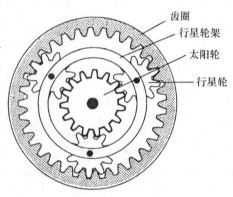

图 10-5 单级行星齿轮机构的基本组成

通过制动器对大太阳轮、小太阳轮、行星轮架和齿圈制动,或通过离合器对大太阳轮、小太阳轮、行星轮架和齿圈结合即可获得所需的传动挡位。

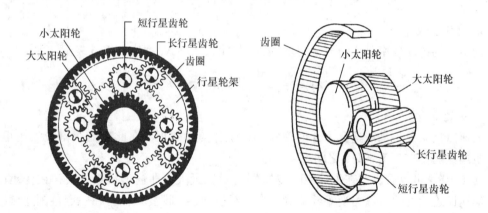

图 10-6 双级行星齿轮机构的基本组成

2. 行星齿轮变速器

(1)腊文瑙行星齿轮系。腊文瑙行星齿轮系采用双级行星齿轮机构。捷达轿车 01N 型自动变速器采用腊文瑙行星齿轮系,其组成如图 10-7 所示。离合器和制动器以液压方式控制行星齿轮机构接合或制动,单向离合器以机械方式对行星齿轮机构进行锁止。离合器和制动器是由滑阀箱通过液压回路控制。离合器 K1 用于驱动小太阳轮,离合器 K2 用于驱动大太阳轮,离合器 K3 用于驱动行星齿轮架,制动器 B1 用于制动行星齿轮架,制动器 B2 用于制动大太阳轮。行星齿轮变速器工作原理简图如图 10-8 所示。

第10章 电控自动变速器

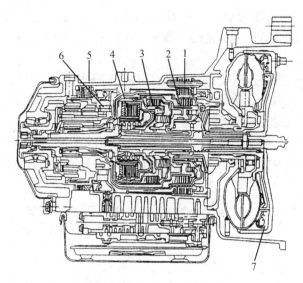

图 10-7　捷达轿车 01N 型自动变速器的组成

1. 第 2 挡和第 4 挡制动器（B2）　2. 倒挡离合器（K2）　3. 第 1 挡、第 2 挡、第 3 挡离合器（K1）
4. 第 3 和第 4 挡离合器（K3）　5. 倒挡制动器（B1）　6. 单向离合器（F）　7. 液力变矩器锁止离合器（LC）

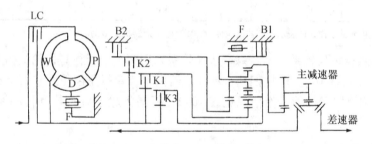

图 10-8　01N 行星齿轮变速器工作原理简图

01N 型自动变速器各挡位换挡元件的工作情况见表 10-1。自动变速器各挡的动力传递路线如下：

液压 1 挡时，离合器 K1 接合，单向离合器 F 工作。动力传递路线为：泵轮→涡轮→蜗轮轴→离合器 K1→小太阳轮→短行星齿轮→长行星齿轮驱动齿圈。

液压 2 挡时，离合器 K1 接合，制动 B2 制动大太阳轮。动力传递路线为：泵轮→涡轮→蜗轮轴→离合器 Kl→小太阳轮→短行星齿轮→长行星齿轮围绕大太阳轮转动并驱动齿圈。

液压 3 挡时，离合器 K1 和 K3 接合，驱动小太阳轮和行星齿轮架，使行星齿轮机构锁止并一同旋转。动力传递路线为：泵轮→涡轮→蜗轮轴→离合器 K1 和 K3→整个行星齿轮机构以相同的转速转动。

机械 3 挡时，变矩器锁止离合器 LC 接合，离合器 K1 和 K3 接合，驱动小太阳轮和行星齿轮架，使行星齿轮机构锁止并一同旋转。动力传递路线为：泵轮→涡轮→蜗轮轴→离合器 K1 和 K3→整个行星齿轮转动。动力传递路线为：泵轮→锁止离合器 LC→离合器 K1 和 K3→整个行星齿轮机构以相同的转速转动。

液压 4 挡时，离合器 K3 接合，制动器 B2 工作，使行星齿轮架工作，并制动大太阳轮。动力流程为：泵轮→涡轮→蜗轮轴→离合器 K3→行星齿轮架→长行星齿轮围绕大太阳轮转动并驱动齿圈。

机械 4 挡时，变矩器锁止离合器 LC 接合，离合器 K3 接合，制动器 B2 工作，使行星齿轮架工作并制动大太阳轮。动力传递路线为：泵轮→锁止离合器 LC→离合器 K3→行星齿轮架→长行星齿轮围绕大太阳轮转动并驱动齿圈。

选挡杆在 R 位置时，离合器 K2 接合，驱动大太阳轮；制动器 B1 工作，使行星齿轮架制动。动力传递路线为：泵轮→涡轮→蜗轮轴→离合器 K2→大太阳轮→长行星齿轮反向驱动齿圈。

表 10-1　01N 型自动变速器各挡位换挡元件的工作情况

	B1	B2	K1	K2	K3	F	LC		B1	B2	K1	K2	K3	F	LC
R	√			√				2M	√	√					√
N								3H		√	√				
1H			√			√		3M		√	√				√
1M			√			√	√	4H		√			√		
2H		√	√					4M		√			√		√

注：√表示换挡元件工作，H 表示变矩器液压传动，M 表示变矩器机械传动。

(2) 辛普森行星齿轮系。辛普森行星齿轮系采用两个单级行星齿轮机构共用一个太阳轮。丰田皇冠 3.0 A340E 型电控四挡自动变速器由辛普森行星齿轮系和一个超速行星齿轮排组成。各挡位换挡元件的工作情况见表 10-2，行星齿轮系统结构和传动原理如图 10-9 所示。

表 10-2　丰田 A340E 型自动变速器各挡位换挡元件的工作情况

选挡杆位置	挡位	C0	F0	B0	C1	C2	B1	B2	F1	B3	F2
P	驻车	√									
R	倒挡	√	√			√				√	
N	空挡										
D	1 挡	√	√		√						√
D	2 挡	√	√		√			√	√		
D	3 挡	√	√		√	√			·		
D	OD 挡			√	√	√		√			
2	1 挡	√	√		√						√
2	2 挡	√	√		√		√	√			
L	1 挡	√	√		√					√	√

注：√表示换挡元件工作。

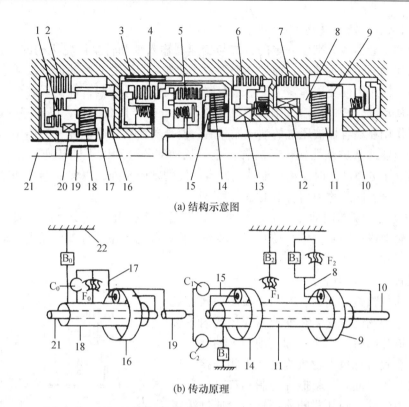

(a) 结构示意图

(b) 传动原理

图 10-9 A340E 型电控自动变速器行星齿轮系统结构和传动原理

1. 超速离合器（C_0） 2. 超速制动器（B_0） 3. 二挡滑行制动器（B_1） 4. 直接挡离合器（C_2） 5. 前进离合器（C_1） 6. 制动器（B_2） 7. 一挡、倒挡制动器（B_3） 8. 后行星架 9. 后齿圈 10. 输出轴 11. 太阳轮 12. 第2单向离合器（F_2） 13. 第1单向离合器（F_1） 14. 前齿圈 15. 前行星架 16. 超速齿圈 17. 超速行星架 18. 超速太阳轮 19. 输入轴 20. 超速单向离合器（F_0） 21. 超速输入轴 22. 壳体

3. 换挡元件

(1) 离合器。离合器的作用是连接轴和行星齿轮机构的旋转元件。换挡离合器常采用多片湿式离合器，由液压回路来控制其结合与分离。多片湿式离合器由离合器毂、离合器活塞、回位弹簧、钢片、摩擦片、花键毂等组成，如图10-10所示。

离合器毂内有一个液压油缸，毂内有内花键齿圈，内圆轴颈上有进油孔与控制油路相通。离合器活塞为环状，内外圆上有密封圈，安装在离合器毂内。钢片和摩擦片交错排列，二者统称为离合器片，均由钢片制成，在摩擦片的两面烧结有铜基粉末冶金的摩擦材料。为保证离合器接合柔和及散热，离合器片浸在油液中工作，因而称为湿式离合器。钢片带有外花键齿，与离合器毂的内花键齿圈连接，并可轴向移动。摩擦片则以内花键齿与花键毂的外

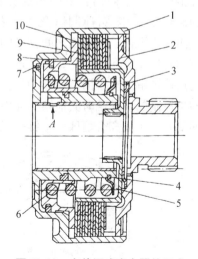

图 10-10 多片湿式离合器的组成

1. 离合器毂 2. 太阳轮 3. 花键毂 4. 卡环 5. 弹簧支承盖 6. 弹簧 7. 安全阀 8. 环形活塞 9. 摩擦片 10. 钢片

花键槽配合，也可做轴向移动。

花键毂和离合器毂分别以一定的方式与变速器输入轴和行星齿轮机构的元件相连接，与输入轴相连的通常为主动件，而另一个则为从动件。当压力油经油道进入活塞左面的液压缸时，液压作用力便克服弹簧力使活塞右移，将离合器片压紧，即实现离合器接合，与离合器主、从动部分相连的输入轴及行星齿轮机构也被连接在一起，以相同的速度旋转。当控制阀将作用在离合器液压缸的油压撤除后，离合器活塞在回位弹簧的作用下复位，并将缸内的变速器油从进油孔排出，离合器主、从动部分分别以不同转速旋转，离合器分离。离合器处于分离状态时，离合器片之间有一定的轴向间隙，以保证钢片和摩擦片之间无轴向压力，这一间隙称为离合器的自由间隙。

（2）制动器。换挡制动器由液压操纵，其作用是将行星齿轮变速器中某一元件（太阳轮、行星轮架或齿圈）固定，使其不能转动。换挡制动器通常有多片湿式制动器和带式制动器两种形式。

多片湿式制动器的组成如图10-11所示，由制动器活塞、回位弹簧、钢片、摩擦片及制动毂等组成。钢片通过外花键齿安装在变速器壳体的内花键齿圈上，摩擦片则通过内花键和制动毂上的外花键槽连接，制动毂与行星齿轮机构的元件相连接。当液压缸中没有压力油时，摩擦片与制动毂可以自由旋转。当压力油进入制动器的液压缸后，通过活塞将钢片和摩擦片压紧在一起，摩擦片、制动毂及与其相连的行星齿轮机构的运转部件被制动。

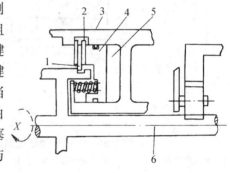

图 10-11　多片湿式制动器的组成
1. 制动器摩擦片　2. 制动器钢片　3. 壳体
4. 活塞　5. 活塞缸　6. 太阳轮轴

（3）单向离合器。行星轮变速器中单向离合器的作用是单方向传递动力或单方向制动，确保平顺无冲击换挡。单向离合器的组成如图10-12所示，单向离合器由内、外座圈以及两者之间的滚柱组成，当元件的受力方向与锁止方向相同时，滚柱进入内、外座圈之间楔槽的窄端，与内、外座圈相连的元件连接为一体；而当受力方向与锁止方向相反时，滚柱进入内、外座圈之间楔槽的宽端，与内、外座圈相连的元件的连接被解除。单向离合器的工作不受液压装置的控制，而完全是由与之相连的元件的方向来控制的。换挡时其他换挡元件的动作，在连接的行星齿轮机构元件受力方向发生变化的瞬间，单向离合器即产生接合或脱离，可保证换挡平顺、无冲击。

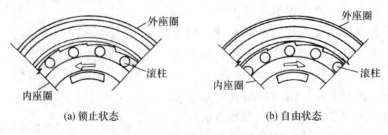

(a) 锁止状态　　　　　　　　(b) 自由状态

图 10-12　单向离合器的工作原理

10.2.3 液压系统

液压系统的作用是控制换挡元件的动作、提供变矩器工作液压并保证变速器的冷却与润滑。液压系统通常由供油装置、换挡控制装置、换挡质量控制装置等部分组成。液压系统的基本组成如图 10-13 所示。

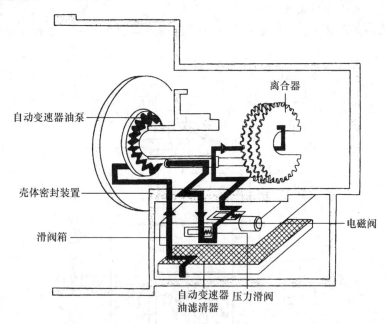

图 10-13 液压系统的基本组成

供油装置包括供油泵、滤清器、调压阀等。供油泵由变矩器泵轮驱动。供油泵为液压系统提供工作压力，经调压阀调压后向整个液压系统提供工作液压。

换挡控制装置包括手控换挡阀和换挡控制电磁阀。手控换挡阀由选挡杆操纵，其作用是利用滑阀的移动，实现控制油路的转换，即根据选挡杆所置排挡位置将液压油转换到 P、R、N、D、3、2 或 1 的油路。手控换挡阀的工作原理如图 10-14 所示。

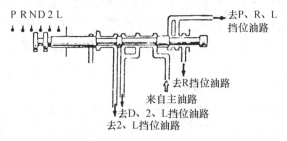

图 10-14 手控换挡阀的基本工作原理

换挡电磁阀换由电控单元控制，电控单元根据确定的换挡点及换挡信号工作，控制相应的电磁阀动作，切换控制油路，进行自动换挡。

为使换挡过程平稳、无冲击，通常是在液压通道上增加蓄能减振器、缓冲阀、定时阀、执行力调节阀等。在滑阀箱内布置着复杂油路和液压系统元件。

10.3 电子控制系统

10.3.1 电子控制系统的组成与作用

1. 电子控制系统的组成与作用

电子控制系统由传感器、电控单元和执行机构等部分组成,电子控制系统组成如图 10-15 所示。

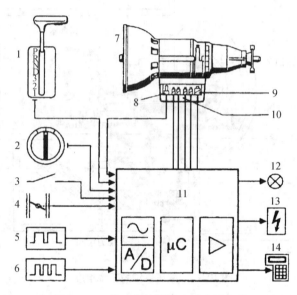

图 10-15 自动变速器的电控系统组成

1. 选挡杆 2. 换挡模式(运动模式或经济模式)选择开关 3. 强制降挡开关 4. 节气门位置传感器 5. 发动机转矩信号 6. 发动机转速信号 7. 自动变速器 8. 发动机转矩下降由点火调节 9. 油压调节电磁阀 10. 换挡电磁阀 11. ECU 12. 故障指示灯 13. 输出转速传感器 14. 诊断接口

电子控制系统的基本作用是将车速传感器、节气门开度传感器的检测信号和换挡模式选择开关信号输入给电控单元,电控单元经过计算处理后,根据预先编写的换挡程序,确定挡位与换挡点输出换挡指令,控制电磁阀线圈电流的通断,自动切换换挡元件的油路,实现自动换挡。此外,系统还具有变矩器锁止控制、油压调节、故障自诊断与故障安全保护等功能。

2. 01N 型自动变速器电控系统的电路

01N 型自动变速器电控系统的电路如图 10-16 所示。变速器电控单元(J217)位于后排乘员坐椅的下方,插接器上有 68 个端子。节气门位置传感器(G69)与发动机电喷系统共用。变速器转速传感器(G38)、车速传感器(G68)、发动机转速传感器(G28)与电喷系统共用。挡位多功能开关(J125)检测选挡杆位置,制动开关(F)用于检测制动状态,强制低速挡开关(F8)用于检测节气门全开位置,变速器油温度传感器(G93)安装在液压滑阀箱内,用于检测变速器油温度。

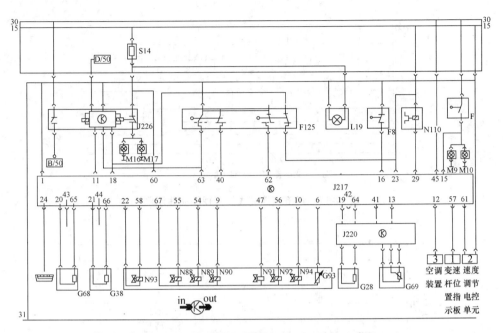

图 10-16　01N 型自动变速器电子控制系统电路图

B/50. 起动机（接线柱 50）　D/50. 点火开关（接线柱 50）　F. 制动灯开关　F8. 强制低速挡开关　F125. 挡位开关　G28. 发动机转速传感器　G38. 变速器转速传感器　G68. 车速传感器　G69. 节气门位置传感器　G93. 变速器液温度传感　J226. 起动锁和倒车灯继电器　J217. 自动变速器电控单元　J220. 发动机电控单元　L19. 挡位指示板照明灯　M16/M17. 倒车灯　M9/M10. 制动灯和尾灯　N88. 操纵离合器 K1 电磁阀　N89. 操纵制动器 B2. 电磁阀　N90. 操纵离合器 K3 电磁阀　N91. 调节锁止离合器电磁阀　N92. 换挡平顺电磁阀　N93. 压力调节电磁阀　N94. 换挡平顺电磁阀　N110. 选挡杆锁止电磁阀　S14. 熔丝

在滑阀箱中布置着换挡电磁阀（N88、N89、N90）、换挡平顺电磁阀（N92、N94）、压力调节电磁阀（N93）和调节变矩器锁止离合器电磁阀（N91）等执行元件。在选挡杆内部还有选挡杆锁止电磁铁（N110）。起动锁和倒车灯继电器（J226）安装在中央电器盒上。附加信号装置包括发动机电控单元（J220）、车速调节电控单元、空调装置等。变速器电控单元根据传感器信号及附加信号，经过换挡时刻的计算，向执行元件和附加信号装置发出执行信号。

10.3.2　电子控制系统基本工作原理

1. 换挡控制

电控单元内部存储着变速器换挡程序和变矩器锁止程序。换挡点通常由节气门开度和车速确定，换挡（升挡或降挡）时刻与节气门开度和车速的关系常用换挡规律曲线表示。

为满足汽车动力性或经济性的要求，通常设置经济换挡模式和运动（动力）换挡模式，可通过换挡模式选择开关选择或通过模糊逻辑控制自动选择。

经济换挡模式变速器升挡点和锁止变矩器时机提前，是为了提高汽车行驶时的燃料经济性。经济换挡规律曲线示例如图 10-17 所示。运动换挡模式是为满足汽车加速性能的需要，推迟升挡点和变矩器锁止时机。运动换挡模式换挡规律曲线示例如图 10-18 所示。

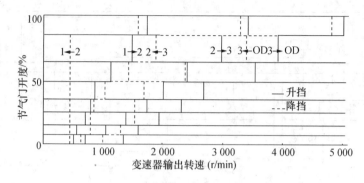

图 10-17 经济换挡模式换挡规律曲线示例

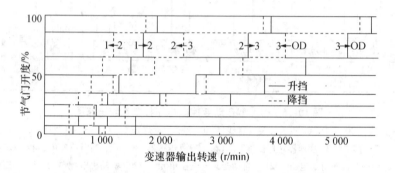

图 10-18 运动（动力）换挡模式换挡规律曲线示例

2. 模糊逻辑控制的换挡模式

01N 自动变速器控制系统采用模糊逻辑控制的换挡模式，由电控单元根据踏加速踏板的速度进行选择。电控单元有两种换挡控制程序：与司机和行驶状况有关的换挡时刻程序和与行驶阻力有关的换挡时刻程序。与司机和行驶状况有关的行驶程序又称为动态操纵程序（DSP），用模糊逻辑控制，以满足不同司机的驾驶要求；对于与行驶阻力有关的换挡时刻程序，电控单元按车速、节气门位置、发动机转速、加速情况，计算出行驶阻力，然后确定换挡时刻。

01N 自动变速器提供了两条换挡曲线，如图 10-19 所示。一条为经济型换挡曲线（ECO），此曲线在相同的加速踏板位置，可提前一些挂上高挡和稍后一些挂上低挡，因换挡时发动机转速较低，所以油耗较低；另一条为运动型换挡曲线（SPORT），此曲线在相同的加速踏板位置，在较高的车速时推迟一些挂上高挡和提前一些挂上低挡，因换挡时发动机转速较高，所以发动机功率大，加速快。在图中可以看出，加速踏板的踏下速度对应一个运动系数，使用模糊逻辑后，可借助于运动系数在经济型换挡曲线和运动型换挡曲线之间形成一个滑动的换挡时刻确定线，即在两者之间存在许多随意的换挡时刻，因而对不同的行驶情况，反应更灵敏。如加速踏板踏下速度较快，可接近运动型换挡曲线的换挡时刻，若加速踏板踏下速度较慢，可接近经济型换挡曲线的换挡时刻，其中接近的程度由实际的加速踏板踏下速度确定。

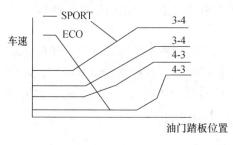 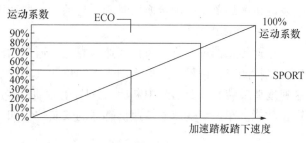

(a) 运动和经济换挡规律曲线　　　　(b) 根据加速踏板的踏下速度确定运动系数和换挡模式

图 10-19　模糊逻辑控制的换挡模式

3. 变矩器锁止控制

电控单元内部存储有变矩器锁止的控制程序，电控单元根据节气门位置传感器和车速传感器的检测信号和选挡杆位置，控制变矩器锁止电磁阀的接通和关断，改变液压变矩器离合器油路的压力，操纵变矩器离合器的接合和分离，实现变矩器锁止控制。

4. 主油路液压调节

主油路液压调节通常采用机械调压或电子调压方式。机械调压方式是通过与节气门开度拉索联动的主油路调压阀调节主油路液压；电子调节方式通过电控单元输出的调压电磁阀的占空比调节主油路液压。

5. 故障运行模式

电控单元设置了故障运行模式，如果电控单元或传感器出现故障，换挡控制进入应急状态控制程序，此时可通过选挡杆操纵手动换挡阀，控制液压回路使汽车按1挡行驶、3挡行驶或倒挡行驶。将选挡杆置于1挡位置时，汽车可通过液压装置以1挡行驶。将选挡杆置于D挡位置时，汽车可通过液压装置以3挡行驶。

10.3.3　01N型自动变速器电子控制系统部件

1. 自动变速器ECU

01N型自动变速器采用单独的ECU，由电源电路、输入电路、输出电路、信号转换器和微机等组成。微机是ECU的核心部件，主要由中央处理器（CPU）、存储器和输入/输出接口（I/O）等几部分组成。它能进行逻辑运算、程序控制及数据处理，将全部换挡程序和锁止变矩器程序持久地存储于存储器中。

2. 节气门位置传感器

节气门位置传感器的工作原理如图10-20所示。节气门位置传感器将节气门的位置和加速踏板踏下的速度的信息传给发动机电控单元，再由发动机电控单元将信息传给自动变速器电控单元。此信号用于计算按载荷变化的换挡时刻，并用于调整自动变速器的油压。若信号中断，自动变速器电控单元会

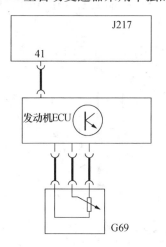

图 10-20　节气门位置传感器的工作原理

用发动机平均负载来确定换挡时刻,自动变速器油压按节气门全开时的油压进行调节。

3. 车速传感器

车速传感器位于行星齿轮变速器壳上,通过输出轴主动齿轮上的脉冲叶轮,用电磁感应方式检测车速信号,此信号用于控制单元(J217)换挡控制,并控制变矩器的锁止和控制速度调节装置。此信号中断后,J217 用发动机转速信号作为代用信号,锁止离合器失去锁止功能。车速与变速器转速传感器的安装位置如图 10-21 所示。

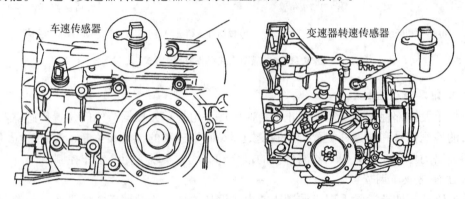

图 10-21 车速与变速器转速传感器安装位置

4. 变速器转速传感器

变速器转速传感器(G38)安装在变速器壳体顶部的左侧,如图 10-21 所示。变速器转速传感器为电磁感应式,用于检测行星齿轮机构中大太阳轮的转速。电控单元根据大太阳轮的转速,准确地判断换挡时刻,控制多片离合器工作。在换挡过程中,通过推迟点火提前角来减小发动机的输出转矩。如果电控单元没有收到变速器转速传感器的信号,电控单元将进入应急运行状态。

5. 挡位多功能开关与选挡杆锁止电磁阀

挡位多功能开关(F125)安装位置与电路原理如图 10-22 所示。该开关位于变速器壳内,由选挡杆拉索控制,挡位多功能开关将选挡杆的位置信号传给电控单元后执行下列功能:R 挡位接通倒车灯;挂入行车挡位后,切断起动机电路;接通或断开速度调节装置。当此开关信号中断时,电控单元进入应急状态。

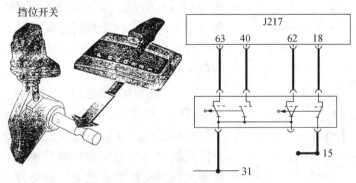

图 10-22 挡位开关的安装位置与电路原理

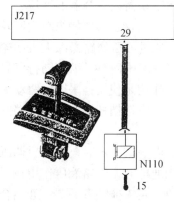

图 10-23 变速杆锁止电磁阀

选挡杆锁止电磁铁（N110）用于锁止选挡杆位置，安装在选挡杆下部，如图 10-23 所示。在 P 和 N 挡位时，该电磁阀与点火系统接通，可防止滑到其他挡位。踏下制动踏板，选挡杆锁止电磁阀锁止解除，选挡杆可换入其他挡位。

6. 强制低速挡开关

强制低速挡开关（P8）与节气门拉索联动，当加速踏板踏到底，并超过节气门全开位置时，便会压下此开关，变速器提前换入相邻低挡，以降低车速，增大车辆的牵引力。

7. 发动机转速传感器

发动机转速传感器经发动机电控单元（J220）传给变速器电控单元（J217）。变速器电控单元将发动机转速信号与车速进行比较，按转速差识别出锁止离合器打滑的状况，如果转速差过大，变速器电控单元即增加变矩器锁止离合器的油压，使变矩器离合器锁止。同时发动机转速传感器的信号可作为车速传感器出现故障后信号的替代值。发动机转速信号中断后，变速器电控单元进入应急状态。

8. 变速器油温度传感器

变速器油温度传感器（G93）安装在自动变速器内滑阀箱上的管路上，如图 10-24 所示。变速器油温度传感器为一负温度系数电阻，当机油温度升高时，其电阻降低，信号电流变大。当机油温度达到最高值 150℃时，变速器电控单元控制锁止离合器接合，变矩器卸荷，使机油温度下降，若温度仍不下降，则变速器电控单元使变速器自动降一挡。若信号中断，则无替代信号。自诊断故障记录为：变速器油温传感器（G93）"无法识别故障类型"。

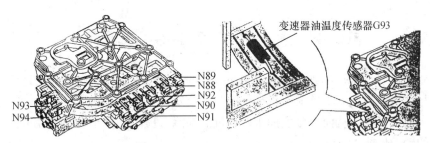

图 10-24 换挡电磁阀、变矩器锁止电磁阀和液压调节电磁阀的安装位置与电路
N88、N89、N90、N92、N94. 换挡控制电磁阀 N91. 锁止离合器控制电磁阀
N93. 主油路压力调节电磁阀 G93. 变速器油温度传感器

9. 制动灯开关

制动灯开关（F）安装在制动踏板支架上，变速器电控单元（J217）通过制动灯开关的信号判断是否制动。车辆静止时，只有踏下制动踏板才能让选挡杆脱开挡位 P 或 N，否则选挡杆便会被锁住。当制动灯开关信号出现中断故障时，选挡杆锁止控制功能失效。

10. 换挡电磁阀、变矩器锁止电磁阀与液压调节电磁阀

换挡电磁阀、变矩器锁止电磁阀与液压调节电磁阀的安装位置如图 10-24 所示。电磁

阀 N88、N89、N90、N92、N94 为换挡控制电磁阀，用于控制制动器或离合器的油压，实现换挡控制。变速器电控单元控制电磁阀 N88 的接通或关断，通过液压回路操纵小太阳轮的前进挡离合器 K1 接合或分离；电磁阀 N89 的接通或关断，通过液压回路操纵大太阳轮（2、4 挡）制动器 B2 的制动；电磁阀 N90 的接通或关断，通过液压回路操纵驱动行星轮支架的直接挡离合器 K3 的接合或分离。电磁阀 N92 和 N94 的作用是使换挡平顺。驱动大太阳轮的倒挡离合器 K2 及制动行星齿轮支架的倒挡制动器 B1，由选挡杆操纵手控换挡阀控制。

换挡控制电磁阀 N88～N94 的工作原理如图 10-25 所示。电磁阀断电时，由电磁调压阀调压的管路液压卸压，制动器不制动或离合器分离；电磁阀通电时，管路液压作用在制动器或离合器，操纵制动器制动或离合器接合，以实现换挡控制。电磁阀 N91 调节锁止离合器的压力，变速器电控单元通过控制电磁阀的通断，由液压操纵锁止离合器的接合与分离。电磁阀 N93 为主油路压力调节电磁阀，变速器电控单元控制电磁阀 N93 通、断信号的占空比，调节离合器和制动器的油压。如果电磁阀有故障，变速器电控单元进入应急状态。

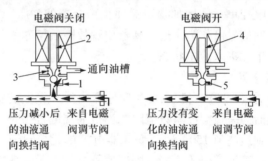

图 10-25　换挡电磁阀的工作原理
1. 油液　2. 阀心　3. 回位弹簧　4. 电磁线圈　5. 单向阀

10.4　汽车无级变速器（CVT）

无级变速器（Continuously Variable Transmission，CVT）可实现传动比的连续变化，使车辆外界行驶条件与发动机负荷实现最佳匹配，使发动机运转在高效区，燃烧完全，排放污染减少，噪声降低，从而充分发挥了发动机的性能，提高了整车的燃油经济性，使汽车具有理想的动力性能。

10.4.1　金属带式无级变速器工作原理与基本组成

1. 金属带式 CVT 的基本工作原理

V 形钢带的结构与变速原理如图 10-26 所示。

CVT 工作时，V 形金属带将动力传递到从动工作带轮，带轮的可动部分和不可动部分形成的 V 形槽与 V 形金属带啮合。带轮一侧固定在变速器相应的轴上，另一侧由油缸液压油控制其移动，在工作中，当主、从动带轮的可动部分做轴向移动时，两个带轮槽宽成反比变化，改变了金属传动带的工作半径，从而改变了传动比。动力经中间减速器、主减速器和差速器传递到车轮。

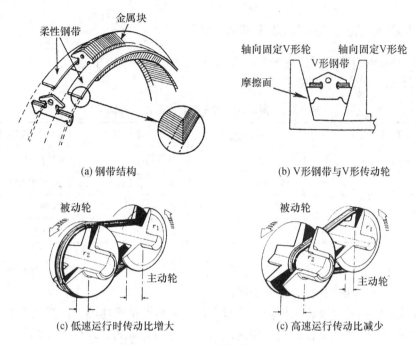

图 10-26　V 形钢带的结构与变速原理

2. 电控无级变速器的组成

电控无级变速器的基本组成如图 10-27 所示，主要包括电磁离合器（或液力变矩器）、无级变速机构、液压系统、电子控制系统和前进-倒车机构等。

电磁离合器用于控制发动机的动力输入或中断。无级变速机构的主、从动轮的工作半径可以连续变化，并经 V 形钢带实现无级变速传动。液压系统由油泵、控制阀体和伺服油缸等组成，用于控制主、从动轮工作半径的改变。电子控制系统用于控制电磁离合器和无级变速机构的传动比。ECU 根据发动机的转速、车速、节气门开度信号以及主、从动工作带轮转速等主要信号，控制伺服油缸的压力，调节带轮的工作半径，实现无级变速。前进-倒车机构，以机械选挡控制方式实现前进和倒车的转换。

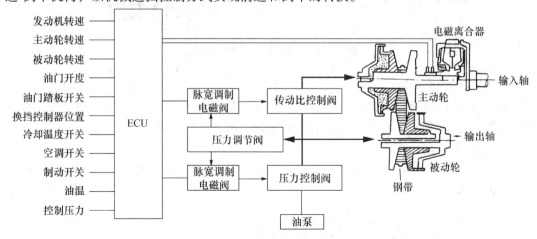

图 10-27　电控无级变速器基本组成

10.4.2 奥迪 Multitronic 01J 型无级变速器

奥迪 Multitronic 01J 型无级变速器装配在 A6 2.8L 等型号轿车上。

01J 型无级变速器技术规格见表 10-3。

表 10-3 奥迪 01J 型无级变速器技术规格

项　目	规格参数	项　目	规格参数
最大扭矩/Nm	310	主传动比	43:9 = 4.778:1
速比范围	2.4～0.4	油泵工作压力	最大约 6 000
变速扩展范围	6	总质量/kg	约 88
辅助变速齿轮变速比	51:46 = 1.109:1	总长度/mm	约 610

奥迪 Multitronic 01J 型无级变速器的剖视图如图 10-28 所示,主要由传动系统、液压系统、电子控制系统和操纵装置等部分组成。

发动机输出转矩通过飞轮减振装置或双质量飞轮传递给变速器,前进挡和倒挡各有一换挡执行元件,即前进挡离合器和倒挡制动器,两者均为湿式多片离合器结构。倒挡的旋转方向是通过行星齿轮系改变的。电子液压控制阀体和变速器控制单元集成为一体,位于变速器内部。

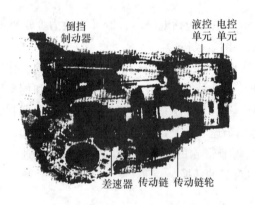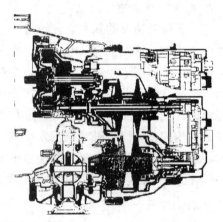

图 10-28　奥迪 01J 型 CVT 剖视图

1. 传动系统的组成

奥迪 A6 CVT 传动系统的基本结构如图 10-29 所示。传动系统包括起步离合器、行星齿轮机构、无级变速机构、控制系统和中间减速机构。

1) 起步离合器

采用起步离合器的目的是使汽车有足够大的牵引力平顺起步,提高驾驶舒适性,必要时切断动力传递。

2) 行星齿轮机构

如图 10-30 所示为奥迪 01J 型 CVT 行星齿轮装置结构。

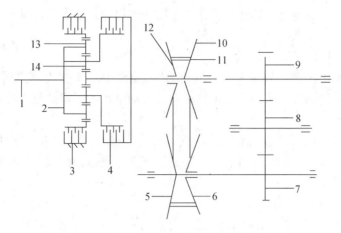

图 10-29 奥迪 A6 CVT 传动系统的基本结构

1. 输入轴 2. 行星架 3. 倒挡制动器 4. 前进挡离合器 5. 从动轮固定锥盘 6. 从动轮可动锥盘 7. 从动轴齿轮
8. 惰轮 9. 输出轴齿轮 10. 主动轮固定锥盘 11. 金属带 12. 从动轮可动锥盘 13. 外行星齿轮 14. 内行星齿轮

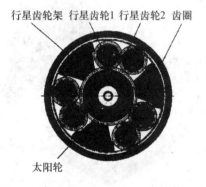

图 10-30 奥迪 01J 型 CVT 行星齿轮装置结构

当汽车倒挡行驶时，倒挡制动器接合，齿圈制动，发动机的动力经太阳轮输入，行星架将动力减速并改变旋转方向后输出。CVT 的行星齿轮机构采用双级行星齿轮机构，行星架上固定有内、外两级行星齿轮和右支架，其中右支架是通过螺栓固定在行星架上，外行星齿轮和齿圈啮合，内行星齿轮和太阳轮啮合。

当汽车以前进挡行驶时，前进挡离合器接合，将行星架和太阳轮接合为一体，行星齿轮系的传动比为 1。前进挡离合器和倒挡制动器的组成部件如图 10-31 所示。

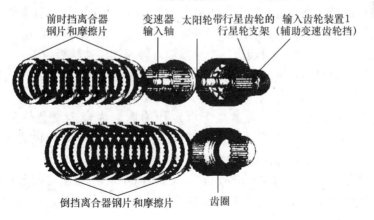

图 10-31 前进挡离合器和倒挡制动器的组成部件

当汽车驻车或空挡时，发送机的转矩通过输入轴相连接的太阳轮传递到行星齿轮系并驱动行星轮 1，行星轮 1 再驱动行星轮 2，行星轮 2 与齿圈相啮合。车辆尚未行驶时，齿圈以发送机转速一半的速度怠速运转,作为辅助减速挡输入部分的行星架(行星齿轮系的输出部分)是静止的,没有输出发动机转矩。

3) 无级变速机构

无级变速机构由 V 形金属带和主、从动工作带轮组成,通过 V 形金属带与工作带轮 V 形槽挤压摩擦力传递动力,主、从动工作轮均由可动锥盘和固定锥盘两部分组成。

4) 控制系统

控制系统用来实现 CVT 系统传动比的连续变化。在 CVT 系统中,采用机-液控制系统或电-液控制系统实现传动比的调节。其中速比控制、压紧力控制和起步离合器控制是 CVT 控制的关键。

5) 中间减速机构

由于无级变速机构可提供的速比变化范围大约在 2.6～0.445 之间,不能完全满足整车传动比变化范围的要求,故设有中间减速机构。

2. 液压控制系统

液压控制系统的作用是系统油压的控制、油路的转换控制、部件润滑以及冷却等。液压控制系统的组成如图 10-32 所示。液压控制系统的核心部件是液压控制单元。液压控制单元具有的主要控制功能有:前进挡离合器与倒挡制动器控制、离合器/制动器压力调节、带轮夹紧力调节。此外还有冷却和润滑的作用。

液压控制系统油路图如图 10-33 所示。前进挡离合器和倒挡制动器的控制是通过离合器控制阀(KSV)、安全阀(SIV)和手动阀(HS)组成的油路实现的。离合器控制阀(KSV)与安全阀(SIV)分别由压力调节电磁阀 N215 与 N88

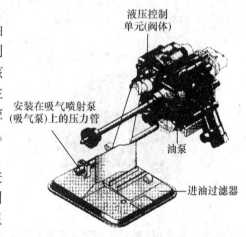

图 10-32 液压控制系统的组成

控制,压力油依次经过离合器控制阀(KSV)、安全阀(SIV)和手动阀(HS)油道进入前进挡离合器(RK)或者倒挡制动器(VK)。

变速器控制单元通过发动机转速、变速器输入转速、加速踏板位置、发送机转矩等参数经逻辑分析后计算出离合器/制动器的额定压力并确定压力调节电磁阀(N215)的控制电流,对离合器/制动器的压力进行调节。

若离合器/制动器实际压力明显高于额定压力时,为安全紧急故障状态,安全阀(SIV)由压力调节电磁阀 N88 激活,切断离合器控制阀(KSV)的供油并打开油底壳与手动阀(HS)的油道,离合器/制动器快速卸油,安全切断。

夹紧力调节是通过施压阀(VSPV)和减压阀(ÜV)实现的。减压阀(ÜV)由压力调节电磁阀(N216)控制,改变压力调节电磁阀(N216)的电流就可以调节控制油压从而实现对压紧力的控制。

离合器/制动器冷却阀(KKV)控制冷却油路来对离合器/制动器进行冷却,避免过热现象保护元件。

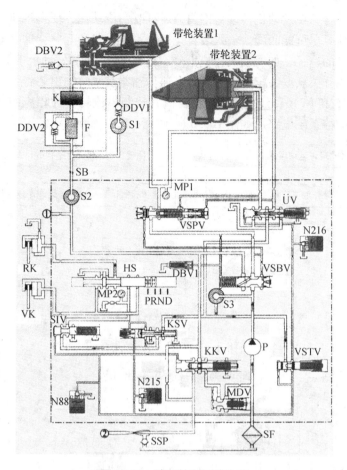

图 10-33　液压控制系统油路

DBV1. 限压阀　DBV2. 限压阀　RK. 前进挡离合器　VK. 倒挡制动器　VSPV. 施压阀　üv. 减压阀　HS. 手动阀　VSBV. 容积改变率限制阀　N216. 压力调节电磁阀　N215. 压力调节电磁阀　N88. 压力调节电磁阀　SIV. 安全阀　KSV. 离合器/制动器调节阀　KKV. 离合器/制动器冷却阀　VSTV. 输导压力阀　MDV. 最小压力阀

压力阀（MDV）防止起动时油泵吸入空气。当油泵输出功率高时，压力阀（MDV）打开，允许液压油从回油管流到油泵吸入侧，提高油泵效率。

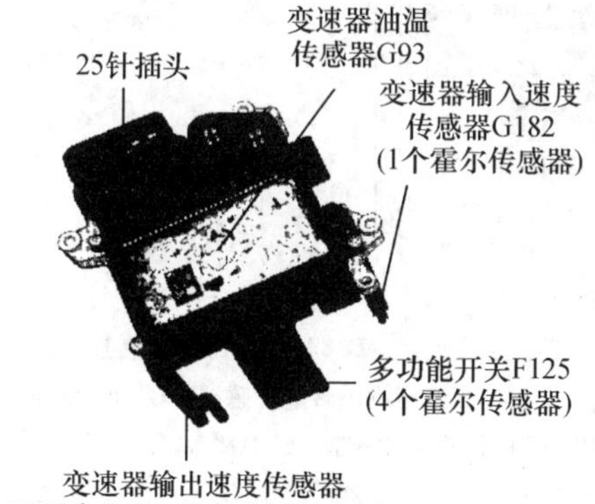

输导压力阀（VSTV）为系统提供 0.5 MPa 的恒定输导压力。

3. 电控系统

奥迪 01J 型无级变速器电控系统由三部分组成：控制单元、输入装置（传感器、开关）和输出装置（电磁阀）。01J 型无级变速器的控制单元与传感器集成在一起，控制单元与传感器的布置如图 10-34 所示。

控制单元有一个动态控制程序 DRP，其流程如图 10-35 所示，控制单元接收驾驶员动作、车辆实际运行状态和路面状况信息，计算加速踏板动作和加速踏板位置、车速和车辆加速情况，控制单元利用

图 10-34　控制单元与传感器的布置

检测信息和逻辑组合,在发动机转速范围内,通过改变传动比,使得汽车操纵性、驾驶性能与驾驶员输入信号尽可能匹配。输入装置包括相关传感器和开关。这些输入装置是电控单元获取所需信息的途径,如发动机转速信号通过 CAN 总线与发动机 ECU 通信获取,换挡指示信号由换挡开关获取,车速信号通过车速传感器获取。输出装置主要指执行器电磁阀,即 N88、N215 和 N216,经过这三个电磁阀,控制电流转变为相应的液压控制力,实现传动比控制。电控系统电路图如图 10-36 所示。

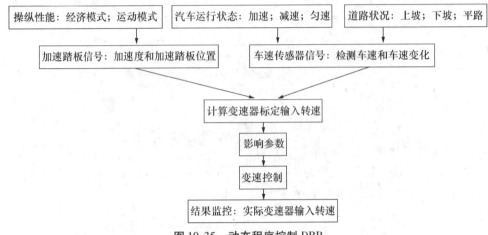

图 10-35 动态程序控制 DRP

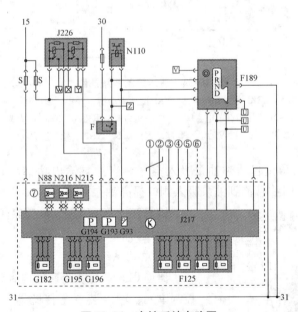

图 10-36 电控系统电路图

F. 制动灯开关 F125. 多功能开关 F189. 手动模式开关 G93. 变速器油温传感器 G182. 变速器输入转速传感器 G193. 变速器离合器压力传感器 G194. 变速器接触压力传感器 G195. 变速器输出转速传感器 G196. 变速器输出转速传感器-2 N88. 电磁阀(离合器冷却/安全切断) N110. 换挡杆锁止电磁阀 N215. 离合器压力控制阀 N216. 接触压力控制阀 J217. 变速器控制单元 J226. 起动锁止和倒车灯继电器 S. 熔丝 U. 到手动模式方向盘(选装) V. 来自接线柱 58d W. 到倒车灯 X. 来自点火开关接线柱 50 Y. 到起动机接线柱 50 Z. 到制动灯 ①. CAN(低) ②. CAN(高) ③. 换挡指示信号 ④. 车速信号 ⑤. 发动机转速信号 ⑥. 诊断信号

4. 操纵装置

驾驶员通过换挡杆和手动模式开关选择换挡模式和行驶过程中的挡位。当驾驶员选择 P、R、N、D 各挡位时，通过多功能开关（F125），检测相应的挡位。当驾驶员选择手动模式时，手动模式开关（F189）通过 3 个霍尔传感器检测驾驶员加挡（+）或减挡（-）信号。换挡杆和手动模式开关的结构如图 10-37 所示。

多功能开关（F125）的结构如图 10-38 所示，4 个霍尔传感器由换挡轴上的电磁通道控制。每个传感器可产生高低两个不同的电位，4 个传感器一共可以产生 16 种工作组合，其中 4 个用于换挡杆位置识别，2 个用于检测中间位置，10 个用于故障分析。换挡杆位置与多功能开关输出信号的关系见表 10-4。

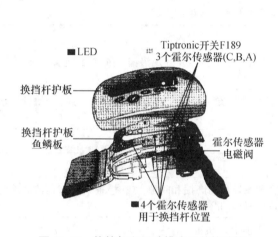

图 10-37 换挡杆和手动模式开关的结构

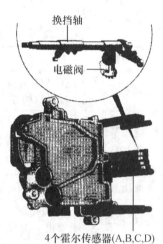

图 10-38 多功能开关（F125）的结构

表 10-4 换挡杆位置与多功能开关输出信号的关系

换挡杆位置	霍尔传感器				换挡杆位置	霍尔传感器			
	A	B	C	D		A	B	C	D
P	0	1	0	1	故障	0	1	1	1
P-R	0	1	0	0	故障	1	0	0	0
R	0	1	1	0	故障	1	0	0	1
R-N	0	0	1	0	故障	1	0	1	1
N	0	0	1	1	故障	1	1	0	0
N-D	0	0	1	0	故障	1	1	0	1
D	1	0	1	0	故障	1	1	1	0
故障	0	0	0	0	故障	1	1	1	1
故障	0	0	0	1					

10.5 电控自动变速器的故障检测与诊断

10.5.1 电控自动变速器的一般检测步骤

电控自动变速器具有"机械—电子—液压"一体化特点，在检修时，应遵循由简单到复杂，由表及里，先初步判断故障的范围，再进一步确定故障部位的原则。

由于电控系统具有故障自诊断功能，在检测维修时非常方便快捷，所以应先排除电控系统的故障，再进一步排除液压与机械部分的故障。电控自动变速器的一般检测步骤见表10-5。

表10-5 电控自动变速器的一般检测步骤

步骤	检测系统	检测内容
1	基本检查	① ATF液位 ② 发动机怠速检查 ③ 外观渗漏 ④ 线路连接 ⑤ 换挡操纵机构等
2	电控系统	① 读取故障码 ② 读取数据流（数据块） ③ 清除故障码 ④ 执行终端测试 ⑤ 基本设定等
3	变矩器	失速试验
4	液压系统	测量管路压力
5	行星齿轮变速器	① 检查制动器、离合器摩擦片的磨损和间隙 ② 检查单向离合器的单向锁止 ③ 检查行星齿轮机构的磨损或损坏
6	道路试验	① 换挡冲击、噪声 ② 换挡时机等

10.5.2 电控系统故障自诊断检测

1. 故障自诊断

电控自动变速器电控系统具有故障自诊断功能。电控单元内装有故障存储器，如果被监测的电控系统部件发生了故障，监测的故障会存储在故障存储器内。仅发生一次的故障被称为偶然故障，偶然故障是作为补充信号加以识别的。在检修电控系统故障之前，应先读取故障码，以便迅速查明电控系统的故障。不同厂家和车型的电控液动自动变速器的故障码的读取方法和内容不尽相同。

2. 利用故障诊断仪V. A. G1551进行故障检测

捷达轿车01N自动变速器电子控制系统，可以利用故障诊断仪V. A. G1551或者V. A. G1552对自动变速器的故障进行查询。

(1) 查询故障。检测条件：换挡杆放在P位置上，并且拉紧驻车制动器；蓄电池电压正常；有关的熔丝完好；变速器的接地点无腐蚀、接触良好；蓄电池接地线以及蓄电池和变速器之间的接地线完好。

(2) 连接诊断仪。关闭点火开关，打开诊断插头接口盖板，自诊断接口位于烟灰盒上方护板后面。拆下烟灰盒，按箭头方向推动护板。将故障诊断仪V. A. G1551与自诊断线V. A. G1551/3连接起来，如图10-39所示，自诊断插口的接线插头为16脚插头，其上第4

脚接电池负极，第 16 脚接蓄电池正极，第 5 脚为数据插头（K 线）。

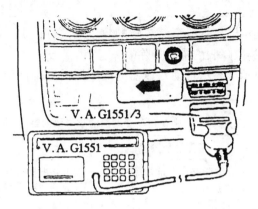

图 10-39　故障阅读器与捷达轿车的连接

按照故障诊断仪 V. A. G1551 显示器的提示，按照下述步骤进行操作。
① 显示屏上交替地显示：

V. A. G1551-SELF-DLAGNOSIS　　HELP	V. A. G1551-自诊断　　帮助
1-Raid data transfer	1-快速数据传递
2-Flash code output	2-闪光码输出

可以按 HELP 键，调出附加的操作说明，或按"→"键，执行后续步骤。
② 接通点火开关，按 Print 键接通打印机，键内的指示灯亮。
③ 按 1 键选择"快速数据传递"，显示屏显示：

Rapid data transfer　　HELP	快速数据传递　　帮助
Enter address word　××	输入地址词　××

④ 按 0 和 2 键选择"变速器电控系统"，显示屏显示：

Rapid data transfer　　Q	快速数据传递　　确认
02-Gearbox electronics	02-变速器电控系统

⑤ 按 Q 键确认，显示屏显示电控单元的识别代码：

01N 927 733BA AG4 Gearbox 01N 2754	01N 927 733BA 电控单元配件号；
Coding 00000　　WSC 00000	AG4 Gearbox 01N4 挡自动变速器；
	01N 型 2754 电控单元程序版本；编
	码 00000；WSC 00000 经销商代号

⑥ 按"→"键，显示屏显示：

Rapid data transfer　　HELP	快速数据传递　　帮助
Select function　××	选择功能　××

(3) 查询故障存储器。
① 在上述步骤⑥的基础上，按 0 和 2 键选择"查询故障存储器"，显示屏显示：

| × Faults recoginzed! | × 故障被识别！ |

② 按 Q 键确认，显示屏显示所存储故障的数量或没有识别到故障。存储的故障依次显示并打印出来，再根据故障表的描述排除故障。

③ 按"→"键，显示屏显示自动变速器的故障码内容。自动变速器的故障码内容见表 10-6。

表 10-6　01N 自动变速器的故障码内容

V. A. G1551	可能的故障原因	故障排除
00258　电磁阀 1-N88 断路或对地短路	导线断路或对地短路；电磁阀 1-N88 有故障	按电路图检查导线和插接器连接；读取测量数据块；进行电器检查
00260　电磁阀 2-N89 断路或对地短路	导线断路或对地短路；电磁阀 2-N89 有故障	按电路图检查导线和插接器连接；读取测量数据块；进行电器检查
00262　电磁阀 3-N90 断路或对地短路	导线断路或对地短路；电磁阀 3-N90 有故障	按电路图检查导线和插接器连接；读取测量数据块；进行电器检查
00264　电磁阀 4-N91 断路或对地短路	导线断路或对地短路；电磁阀 4-N91 有故障	按电路图检查导线和插接器连接；读取测量数据块；进行电器检查
00266　电磁阀 5-N92 断路或对地短路	导线断路或对地短路；电磁阀 5-N92 有故障	按电路图检查导线和插接器连接；读取测量数据块；进行电器检查
00268　电磁阀 6-N93 断路或对地短路	导线断路或对地短路；电磁阀 6-N93 有故障	按电路图检查导线和插接器连接；读取测量数据块；进行电器检查
00270　电磁阀 7-N94 断路或对地短路	导线断路或对地短路；电磁阀 7-N94 有故障	按电路图检查导线和插接器连接；读取测量数据块；进行电器检查
00281　车速传感器 G68 无信号	导线断路；车速传感器 G68 有故障；主动齿轮上脉冲叶轮松动	按电路图检查导线和插接器连接；读取测量数据块；进行电器检查；更换车速传感器 G68；更换主动齿轮
00293　挡位多功能开关 F125 开关状态不确定	导线断路；挡位多功能开关有故障	按电路图检查导线和插接器连接；读取测量数据块；进行电器检查；更换挡位多功能开关 F125
00297　变速器转速传感器 G38 无信号	导线断路；变速器转速传感器 G38 有故障	按电路图检查导线和插接器连接；读取测量数据块；更换变速器转速传感器 G38
00300　变速器油温度传感器 G93 无法识别故障	导线断路；变速器油温度传感器 G93 有故障	按电路图检查导线和插接器连接；读取测量数据块；进行电器检查
00518　节气门位置传感器 G69 信号超出允许值	导线断路或短路；节气门位置传感器 G69 损坏	如果还显示了故障 00638，则应先排除；按电路图检查导线和插接器连接；读取测量数据块；进行电器检查；更换节气门位置传感器 G69；对系统进行基本调整
00529　无转速信号	导线断路	按电路图检查导线和插接器连接；读取测量数据块；检查发动机电控单元

(续表)

V. A. G1551	可能的故障原因	故障排除
00532 电源电压低	蓄电池损坏；供滑阀箱电压过低	检查蓄电池；读取测量数据块；检查电控单元 J217 电压；进行电器检查
00545 发动机/变速器电器连接断路或对地短路	导线断路或对地短路；发动机/变速器电控单元未接上	按电路图检查导线和插接器连接；读取测量数据块；检查发动机电控单元
00596 滑阀箱导线间短路	传输线/滑阀箱和线束间的 10 孔插接器连接；接滑阀箱的传输线损坏	按电路图检查导线和插接器连接；进行电器检查；更换传输线
00638 发动机/变速器电器连接无信号	导线断路或对地短路；发动机/变速器电控单元未接上；节气门信号未传至变速器电控单元	按电路图检查导线和插接器连接；读取测量数据块；检查发动机电控单元；如需要，更换与当时发动机代码相应的修理；对系统进行基本调整
00641 自动变速器油温度信号过大	变速器太热，最高 148℃；汽车负载过大；变速器油位不正常；变速器油温度传感器损坏	检查油位；读取测量数据块；读取自动变速器油温度；更换传输线
00652 挡位监控不可靠信号	电气/液压故障；离合器或滑阀箱损坏	读取测量数据块；在行驶中确定哪一挡有故障
00600 强制低速挡开关/节气门位置传感器不可靠信号	导线断路；节气门位置传感器 G69 损坏；强制低速挡开关 F8 损坏	按电路图检查导线和插接器连接；检修节气门位置传感器 G69；读取测量数据块；进行电器检查；调整或更换节气门拉索
65535 电控单元损坏	电控单元 J217 损坏	更换电控单元；对系统进行基本调整

说明：

① 查询故障存储器时，如果打印机的电源已接通，所有那些被自动变速器电控单元（J217）识别到的和显示在 V. A. G1551 上的故障会被按照故障码进行分类并且被打印出来。

② 如果故障仅仅是偶然发生或者排除故障之后没有清除故障存储器，那么这些故障将会在规定的时间内被显示为"偶然故障"。

③ 如果在查询故障存储器的过程中，某部件被判断有故障，应当根据电路图对这些零件的导线进行短路或断路检测。

④ 在可能引起故障的原因未被确定和下列故障未被排除之前，不应当更换电控单元 J217 和对系统进行基础设定。在确定可能的故障后，按照顺序排除：机械故障；液压故障；电气/电子及线路连接的故障。

（4）清除故障存储器。查询故障存储器并排除故障后，应清除故障存储器。

① 在"（3）查询故障存储器"的步骤③的基础上，按 0 和 5 键选择"清除故障存储器"，显示屏显示：

Rapid data transfer Q	快速数据传递 确认
05-Erase fault memory	05-清除故障存储器

② 按 Q 键确认，显示屏显示故障存储器被清除。

Rapid data transfer →	快速数据传递 →
Fault memory is erased！	故障存储器被清除

如果在清除存储器的过程中，点火开关处于关闭状态，那么故障存储器不能被清除。应严格遵守操作步骤，即先查询故障存储器。

③ 等待约 1 min，再查询故障存储器。

④ 查询和清除故障存储器之后，进行道路试车，并且再一次查询故障存储器。当查询故障存储器时，显示屏应当显示"No fault recognized"（未识别到故障）。

10.5.3 电控自动变速器的检测试验

自动变速器检测试验是为了发现故障部位，以确定相应的修理方法。通常进行的检测试验包括：失速试验、时滞试验、液压试验和道路试验等。

1. 失速试验

进行失速试验的目的是检查变矩器性能的好坏、发动机输出功率的大小和变速器离合器及制动器是否打滑。进行失速试验的步骤如下：

（1）用驻车制动器或行车制动器将车轮制动。

（2）使换挡杆处在 D 挡或 R 挡的位置。

（3）使自动变速器油温达正常温度 50～80℃。

（4）使发动机怠速运转，猛踩一脚加速踏板，使节气门全开，时间不超过 5 s，试验次数不超过 3 次。

（5）读出发动机的转速值，该转速称为失速转速，一般为 2 000 r/min 左右。

通过失速试验可对自动变速器的性能进行分析：

（1）试验时，若发动机转速在 2 000 r/min 左右，表明自动变速器在正常工作状态。

（2）若试验时在 D 挡位和 R 挡位时的失速转速相同，但均低于规定值，说明发动机功率不足。

（3）若失速转速高出标准值 500 r/min 以上，则表明变矩器损坏。

（4）若试验时在 D 挡位的失速转速高于规定值，则表明是前进离合器或制动器打滑，这可能是离合器片磨损、控制油压偏低、油泵或调压阀有故障；若在 R 挡位时失速转速高于规定值，则说明倒挡离合器或制动器打滑，这可能是摩擦片磨损或 R 挡油压过低。

2. 时滞试验

进行时滞试验的目的是为了进一步判定离合器和制动器的磨损情况及控制油压是否正常。它利用升挡和降挡时的时间差来分析故障，是对失速试验结果的进一步验证。进行时滞试验的步骤如下：

（1）使换挡杆置于 N 挡位置，拉紧驻车制动器，自动变速器油温应正常。

（2）使换挡杆分别从 N 挡换入 D 挡和 R 挡，间隔时间 1 min，以便使离合器、制动器恢复到工作状态。

（3）用秒表测量有振动感（换挡冲击）时所经历的时间。

时滞试验的一般标准：N→D 挡，标准值为 1.2 s；N→R 挡，标准值为 1.6 s。

时滞试验时，若时滞时间大于规定值，则表明摩擦片间的间隙过大或控制油压过低；若时滞时间小于规定值，则表明摩擦片间隙调整不当或控制油压过高。

试验时每次试验间隔为 1 min，取 3 次试验的平均值作为依据。

3. 液压试验

液压试验的目的是为了测量管路中的液压,用于判断油泵、调压阀工作性能的好坏。

试验内容包括:主油路油压、R 挡制动器油压等。自动变速器壳体上,设置有进行上述试验的相应测量孔。

主油路油压试验步骤如下:

(1) 使自动变速器油温正常,拉紧驻车制动器,起动发动机。

(2) 测量 D 挡、R 挡怠速和失速时的油压数值,与规定值相比较。若测量结果 D 挡和 R 挡的油压均过高,则表明主油路调压阀有故障;若 D 挡和 R 挡的测量结果油压均过低,则表明主油路调压阀或油泵有故障;若仅在 R 挡时油压低,则表明 R 挡油路有泄漏。

4. 道路试验

进行道路试验的目的是为了进一步检查自动变速器的使用性能,对换挡点(升挡、降挡)、换挡冲击、振动、噪声、打滑等方面进行检查。

10.6 思考题

1. 电控自动变速器的主要由哪些部分组成的?各部分组成的作用如何?
2. 试述电控自动变速器的变速工作过程。
3. 说明液力变矩器的组成和变矩器的特性曲线。
4. 分析捷达轿车 01N 电控自动变速器行星齿轮变速器的传动路线。
5. 简述捷达轿车 01N 电控自动变速器电控系统的组成和换挡控制基本工作原理。
6. 简述 CVT 传动比变化的原理。
7. 分析奥迪 01J 型 CVT 不同档位时的动力传递路线。
8. 简述用 V. A. G1551 对 01N 电控自动变速器电控系统进行故障码读取的方法步骤。
9. 如何进行自动变速器的失速试验、时滞试验和液压试验?

第 11 章 防抱死制动系统与驱动防滑系统

汽车防抱死制动系统简称 ABS，ABS 是 Anti-Lock Brake System 的英文缩写。驱动防滑系统简称 ASR，ASR 是 Acceleration Slip Regulation 的英文缩写。本章分别介绍防抱死制动系统与驱动防滑系统的结构原理，并结合具体车型介绍系统的电路和检测诊断等内容。

11.1 ABS 系统基本工作原理

11.1.1 ABS 系统基本工作原理

1. 轮胎附着力和附着系数

制动时车轮与地面的作用力如图 11-1 所示。其中，垂直力 W 是车轮与地面的正压力，由汽车的载荷决定；纵向力为制动力，其方向与车轮运动方向相反；侧向力 F_y 是汽车的侧向稳定力，其方向与车轮运动方向垂直。

纵向力、侧向力与纵向附着系数 φ_x、侧向附着系数 φ_y 的关系为：

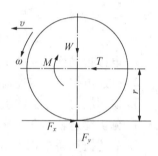

$$F_x = W\varphi_x \tag{11-1}$$

$$F_y = W\varphi_y \tag{11-2}$$

图 11-1 车轮与地面的作用力

式中，W——轮胎对于地面的正压力；
F_x——轮胎的纵向附着力；
F_y——轮胎的侧向附着力；
φ_x——轮胎的纵向附着系数；
φ_y——轮胎的侧向附着系数。

上式表明，要提高制动力和侧向稳定力，应尽量增大轮胎的纵向附着系数和侧向附着系数。轮胎与路面的附着系数，除与路面、轮胎等因素有关外，还与制动时车轮抱死的程度有关。

2. 滑移率的概念

汽车制动时，车轮在路面上同时伴随着滚动和滑动，滑动的程度通常用滑移率来表示。制动滑移率 S 的定义为：

$$S = \frac{V - r_0\omega}{V} \times 100\% \tag{11-3}$$

式中：S——轮胎制动滑移率；
V——车速中心移动速度；
r_0——没有地面制动力时的车轮滚动半径；
ω——车轮角速度。

轮胎制动滑移率的数值在 0～100% 的范围内。在非制动状态下，滑移率为 0；在车轮完全抱死时，滑移率为 100%。

3. 轮胎附着系数与滑移率的关系

实验表明，在干燥硬实路面上轮胎的附着系数与滑移率的关系如图 11-2 所示。从图中可以看出：在滑移率 $S=20\%$ 时纵向附着系数最大，在滑移率 $S=0$ 时侧向附着系数最大；在滑移率 $S=100\%$ 时纵向附着系数降低且侧向附着系数接近 0，汽车失去方向稳定性和转向能力；在滑移率 S 为 10%～30% 的范围内，纵向附着系数在最大值附近且侧向附着系数可保持较大值，该区域即为 ABS 系统的工作区域，车轮获得最大制动力和较大的侧向力，使汽车具有最大的制动力和良好的方向稳定性及转向性能。

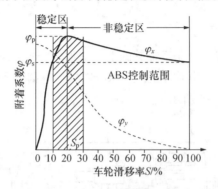

图 11-2　干燥硬实路面上轮胎的附着系数与滑移率的关系

φ_P. 峰值附着系数　S_p. 峰值附着系数时的滑移率

4. ABS 系统的基本工作原理

ABS 的基本工作原理是：当 ABS 系统工作时，电控单元根据各车轮转速传感器的检测信号和控制程序，调节各制动轮缸的制动压力使车轮的滑移率控制在 10%～30% 的范围内，从而使汽车获得最大的制动力且保持制动时的方向稳定性和转向操纵性。

ABS 系统具有缩短制动距离、改善制动过程的方向稳定性、保持制动过程的转向操纵能力和延长轮胎的使用寿命等优点。

11.1.2　ABS 系统的类型

1. 液压 ABS 系统与气压 ABS 系统

根据传力介质不同，ABS 系统可分为液压式和气压式两类。气压式 ABS 是利用压缩空气作为传力介质的，一般用在货车和大型客车上；液压式 ABS 是利用制动液作为传力介质的，主要用在轿车、小型客车上。

2. 三通道与四通道 ABS 系统

根据 ABS 电控单元所控制通道的数量，ABS 系统分为三通道 ABS 与四通道 ABS 两种类型。在三通道 ABS 系统中，电控单元对 3 路制动压力进行独立的调节控制。一般两个前轮制动压力分别控制，两个后轮制动按低选原则（在两个后轮中，按制动附着系数小的一侧为依据，同时控制两个后轮的制动压力）一同控制；四通道 ABS 中，电控单元对 4 路制动压力进行独立调节，分别控制 4 个车轮的制动滑移率。

3. 整体式与分离式 ABS 系统

根据制动压力调节器的结构形式，ABS 系统分为整体式和分离式两种类型。整体式 ABS 是将制动主缸结合为一个整体；分离式 ABS 是执行器和制动主缸分别为独立的总成，两总成之间用高、低压管路连通。

4. ABS 与 ASR 结合的系统

将 ABS 与 ASR 系统结合，组成 ABS/ASR 系统。

11.2 ABS 的组成与结构

11.2.1 ABS 系统的组成

ABS 系统是在传统的液压制动系统基础上，增加电子控制系统发展起来的。ABS 电子控制系统由车轮转速传感器、电控单元（ECU 或 ABS 电脑）和制动压力调节器等部分组成。ABS 系统的组成如图 11-3 所示。

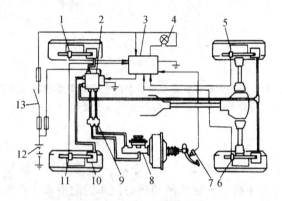

图 11-3 ABS 系统的组成

1. 右前轮车轮转速传感器　2. 制动液压调节器　3. ABS 电控单元　4. ABS 报警灯　5. 右后轮车轮转速传感器　6. 左后轮车轮转速传感器　7. 制动灯开关　8. 制动主缸　9. 比例阀　10. 制动轮缸　11. 左前轮车轮转速传感器　12. 蓄电池　13. 点火开关

ABS 系统工作时，电控单元根据各车轮转速传感器的输入信号和控制程序向制动压力调节器输出控制指令，调节各制动轮缸的压力，使轮胎滑移率控制在最佳值，从而使得汽车具有最短制动距离、方向稳定和转向操纵性能。

11.2.2 车轮转速传感器

车轮转速传感器的作用是检测车轮的转速信号并将之输送给电控单元。车轮转速传感器通常为电磁感应式。车轮转速传感器主要由永久磁铁和感应线圈组成，其工作原理如图 11-4 所示。齿圈转动时，磁极交替地通过齿顶和齿隙。当磁极正对齿顶时，磁极与齿圈的空气隙最小，电磁线圈的磁通量最大；当磁极正对齿隙时，磁极与齿圈的空气隙最大，电磁线圈的磁通量最小。磁通量交替变化使电磁线圈产生交变电压信号。

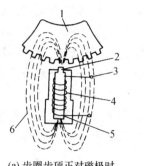 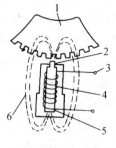 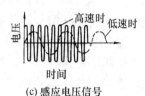

(a) 齿圈齿顶正对磁极时　　(b) 齿圈齿隙正对磁极时　　(c) 感应电压信号

图 11-4　车轮转速传感器的工作原理

1. 齿圈　2. 磁极端部　3. 电磁线圈接线端子　4. 电磁线圈　5. 磁极　6. 磁力线

11.2.3　电控单元（ABS ECU）

电控单元的内部电路组成如图 11-5 所示。电控单元由输入级、数字控制器、输出级及稳压保护装置等组成。电控单元接收车轮转速传感器的信号，先进行滤波整形放大，然后计算出制动滑动率、车轮的角减速度或角加速度，再通过判断处理，最后由其输出级将指令信号输出至制动压力调节器以执行制动压力调节的任务。

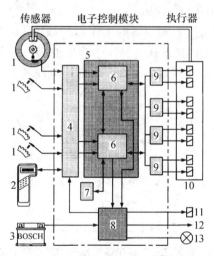

图 11-5　四通道 ABS ECU 内部电路组成

1. 车轮转速传感器　2. 诊断插座　3. 蓄电池　4. 输入电路　5. 数字控制器　6. 控制器集成电路 LS_1、LS_2
7. 非易失存储器　8. 稳压器与故障存储器　9. 输出与功放电路　10. 电磁阀
11. 继电器　12. 稳压后的蓄电池电压　13. ABS 报警灯

（1）输入级电路。主要由低通滤波器和输入放大器等组成，将 4 个车轮转速传感器送来的正弦交流电压转换成方波信号，并用此信号输入数字控制器的两个大规模集成电路 LS_1 和 LS_2。

（2）数字控制器。由两个相似的互相独立的数字电路 LS_1 和 LS_2 组成。两个电路平行运行，各自独立地处理来自两轮［通道 VL（左前）+ HR（右后）和通道 VR（右前）+

HL（左后）] 的信号，并执行逻辑加过程。用这种方式可很容易地实现通道隔离，以隔开电路中的错误，因车桥的振动或路面颠簸所引起的干扰信号在这里被滤掉。后置串联的数学逻辑电路利用输入级中所传递的车轮信息，计算出车轮的滑移率和车轮的角减速度或角加速度。其控制逻辑具有自动适应变化的功能，即通过自动调节适应于受控系统的各种变化，最终把这些控制信号转化成电磁阀的执行命令。

（3）输出级。两个输出级电路中均采用大功率的晶体管，接收从两个大规模集成电路传来的电磁阀励磁执行指令。整流输出能使电磁阀在所加电压和温度范围内始终保持其电磁力和转换时间的性能的稳定。

（4）稳压与保护装置。电子控制装置中设一集成块用来稳定汽车电源电压，该集成块具有监测和保护功能，其内部有一监测电路、一个故障存储器和一个报警电路。当汽车电源电压过低时，报警灯发出报警信号，并自动切断电源系统的电路，停止系统工作。

11.2.4　制动压力调节器

制动压力调节器是 ABS 系统中主要的执行器，其作用是在制动时根据 ECU 的控制信号，调节制动轮缸压力的大小，使车轮保持理想的滑移率。

制动压力调节器的种类较多，目前普遍采用二位二通电磁液压阀的制动压力调节器。早期采用三位三通电磁液压阀的制动压力调节器比较普遍。

1. 二位二通电磁阀式制动压力调节器

采用二位二通电磁阀制动压力调节器的工作原理如图 11-6 所示，每个控制通道有两个二位二通电磁阀，其中一个为进油阀，另一个为出油阀。每个二位二通电磁阀有两个工作位置，两个液压通道，ECU 通过对电磁阀断电和通电使其工作。

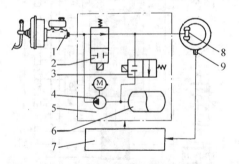

图 11-6　采用二位二通电磁液压阀的制动压力调节器
1. 制动主缸　2. 进油阀　3. 出油阀　4. 油泵　5. 制动压力调节器
6. 储压器　7. 电控单元　8. 轮缸　9. 车轮转速传感器

进油阀（2）为常开电磁阀，其进油口来自制动主缸供油管路，出油口去制动轮缸，即不通电时制动主缸的压力直接供给制动轮缸，使轮缸的压力增加；出油阀（3）为常闭电磁阀，其进油口来自制动轮缸，出油口经储压器去回油泵，出油阀通电的同时回油泵电机驱动油泵运转，使制动轮缸的压力减小。

采用二位二通电磁阀的制动液压调节的工作过程如下：

（1）增压过程。当滑移率高于理想值范围、ECU 输出增压信号时，进油阀、出油阀均断电，这时，制动轮缸只与制动主缸相通，制动主缸的高压制动液进入制动轮缸，使制动轮缸压力增大，滑移率增大。

（2）减压过程。当滑移率高于理想值范围、ECU 输出减压信号时，两电磁阀均通电。进油阀关闭，断开连接制动主缸的通道；出油阀打开，制动轮缸与储压器相通，同时回油泵电机运转，使制动轮缸制动液经储压器泵回制动主缸，制动轮缸压力减小，滑移率降低。

（3）保压过程。当滑移率处于理想值范围、ECU 输出保压信号时，进油阀通电关闭，出油阀断电关闭，制动轮缸与制动主缸和储压器通道均被封闭，制动轮缸的压力将保持不变。

ABS 系统正常时，ECU 按照一定的频率不断进行增压→减压→保压→增压工作循环，使制动滑移率始终控制在理想的范围内。

（4）故障安全模式。当 ABS 系统出现故障时，ECU 中止系统运行，两电磁阀始终保持断电状态，制动主缸与制动轮缸直接相通，保证制动系统按常规制动方式工作。

2. 三位三通电磁阀式制动压力调节器

采用三位三通电磁阀制动压力调节器的工作原理如图 11-7 所示，每个控制通道只有一个三位三通电磁阀。三位三通阀电磁阀有 3 个工作位置、三个液压通道，ECU 通过对其断电、半通电和全通电使电磁阀分别处于 3 种工作状态。

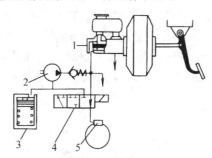

图 11-7 采用三位三通电磁液压阀的制动压力调节器
1. 制动主缸　2. 油泵　3. 储压器　4. 三位三通电磁液压阀　5. 轮缸

三位三通电磁阀制动压力调节器的工作过程如下：

（1）增压状态。当驾驶员刚踏下制动踏板时，各电磁阀和电动泵均不通电，三位三通电磁阀使进油口开启、回油口关闭，制动主缸的油压进入制动轮缸，使轮缸的制动油压增加。

（2）保压状态。随着制动轮缸油压的增加，当车轮滑移率在控制范围内，电控单元向电磁阀提供 2 A 的电流，电磁阀将进油口和回油口同时关闭，封闭了制动轮缸通路，使制动轮缸内的压力保持不变。

（3）减压状态。当车轮趋于抱死时，电控单元向电磁阀提供 5 A 的电流，使进油口封闭、回油口打开。与此同时，电控单元使电动液压泵通电运转，使制动轮缸内的部分制动液经过电磁阀回油口流入储压器中，使制动压力迅速减小。

ABS 系统正常时，ECU 按照一定的频率不断进行增压→减压→保压→增压工作循环，使制动滑移率始终控制在理想的范围内。

（4）故障安全模式。当 ABS 系统出现故障时，ECU 中止系统运行，三位三通电磁阀始终保持断电状态,制动主缸与制动轮缸直接相通,保证制动系统按常规制动方式工作。

11.2.5 制动开关和 ABS 报警灯

制动开关的作用是,当踏下制动踏板时点亮制动灯,同时向 ABS ECU 发出制动信号,使电控单元进入 ABS 制动状态。制动开关安装在制动踏板支架上,由制动踏板摇臂控制其开与关的状态,踩下制动踏板时制动开关闭合,放松踏板时开关断开,制动开关的安装位置如图 11-8 所示。

ABS 有两个报警灯:一个是黄褐色 ABS (ANTI-LOCK) 报警灯,指示 ABS 系统的工作情况,当 ABS 系统出现故障时报警灯点亮;另一个是红色制动 (BRAKE) 报警灯,在液压系统储液箱制动液面过低时或手制动未放松时点亮。

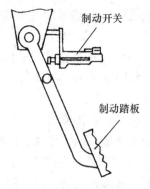

图 11-8 制动开关的安装位置

11.2.6 桑塔纳 2000GSi MK20-Ⅰ型 ABS 系统

1. 系统的组成与结构

桑塔纳 2000GSi 采用美国 ITT 公司 MK20-Ⅰ型 ABS 系统,该系统属于三通道液压 ABS 系统。两前轮滑移率分别独立控制,两后轮滑移率按附着系数的一侧统一控制(低选原则)。每个车轮分别安装一个车轮转速传感器,制动主缸和液压调节单元制成一个整体。ABS 系统的组成和在汽车上的布置如图 11-9 所示。MK20-Ⅰ型 ABS 系统的控制电路如图 11-10 所示。

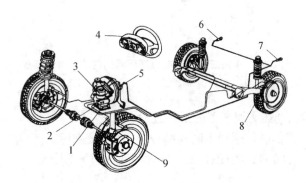

图 11-9 桑塔纳 2000GSi ABS 系统的组成和在汽车上的布置

1. ABS 电控单元　2. ABS 液压控制单元　3. 电动液压泵　4. ABS 报警灯和制动报警灯　5. 制动灯开关
6. 右制动灯　7. 左制动灯　8. 左前车轮转速传感器　9. 右后车轮转速传感器

2. ABS 系统的功能

ABS 系统具有防抱死控制 (ABS)、电子控制制动力分配 (EBV) 和故障自诊断等功能。ABS 系统的功能如图 11-11 所示。ABS 系统正常工作时,电控单元根据各车轮转速传感器的检测信号控制液压单元调节各轮缸的制动液压,避免车轮抱死;当 ABS 系统不起作用时,对后桥制动液压进行电子制动力分配控制,避免出现后轮抱死现象;当 ABS 系统出现故障时,电控单元中止控制功能,制动系按照常规方式工作,同时 ABS

报警灯点亮,向驾驶员发出警告信号,并将故障内容自动存储在电控单元的专用存储器内以便于检修。

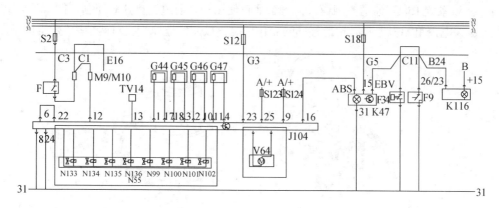

图 11-10　桑塔纳 2000GSi MK20-I 型 ABS 系统的控制电路

A. 蓄电池　B. 在仪表内 +15　F. 制动灯开关　F9. 驻车制动指示灯开关　F34. 制动液位报警信号开关　G44. 右后轮转速传感器　G45. 右前轮转速传感器　G46. 左后轮转速传感器　G47. 左前轮转速传感器　J104. ABS 及 EBV 电控单元　K47. ABS 报警灯　K116. 驻车制动、制动液位报警灯　M9. 左制动灯　M10. 右制动灯　N55. ABS 及 EBV 的液压单元　N99. ABS 右前进油阀　N100- ABS 右前出油阀　N101. ABS 左前进油阀　N102. ABS 左前出油阀　N133. ABS 右后进油阀　N134. ABS 右后出油阀　N135. ABS 左后进油阀　N136. ABS 左后出油阀　S2. 熔丝 10 A　S12. 熔丝 15 A　S18. 熔丝 10 A　S123. 液压泵熔丝 30 A　S124. 电磁阀熔丝 30 A　TV14. 诊断插口　V64. ABS 液压泵

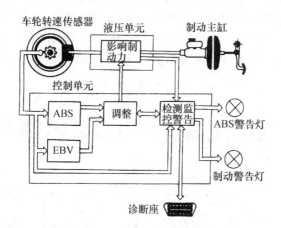

图 11-11　ABS 系统的功能

3. 车轮转速传感器

车轮转速传感器的作用是检测车轮的转速信号并输入电控单元。4 个车轮转速传感器均为电磁感应式:前轮转速传感器安装在转向节上,前轮齿圈(43 个齿)安装在传动轴上;后轮转速传感器安装在固定支架上,后轮齿圈(43 个齿)安装在后轮轮毂上。4 个车轮转速传感器电磁线圈的阻值为 $1.0 \sim 1.3\ \mathrm{k\Omega}$,两前轮转速传感器与齿圈的间隙为 $1.10 \sim 1.97\ \mathrm{mm}$,两后轮转速传感器与齿圈的间隙为 $0.42 \sim 0.80\ \mathrm{mm}$。

4. 电控单元（ECU）

MK20-I ABS 系统将电控单元和压力调节器组装在一起，形成整体式模块结构，如图 11-12 所示。该系统采取三通道控制模式，每个前轮使用一个通道进行独立控制；两个后轮共用一个通道，电控单元根据两后轮滑移率的变化情况，按照低选原则，对两个后轮一同控制。

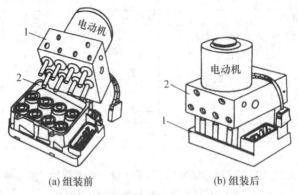

(a) 组装前　　　　　　(b) 组装后

图 11-12　电控单元和液压调节器模块

1. 液压调节器　2. 电控单元

5. 液压控制单元

MK20-I ABS 的液压控制单元由阀体、电动液压泵、低压储液罐和电磁阀等部件组成。在通向每一车轮制动轮缸的制动管路中，各设置一个进油电磁阀（二位二通常开电磁阀）和一个出油电磁阀（二位二通常闭电磁阀）。进油电磁阀串联在制动主缸压力腔与制动轮缸之间的管路中，出油电磁阀串联在制动轮缸与低压储液罐之间的管路中。液压控制单元各组成部件的连接关系如图 11-13 所示。液压控制单元的工作过程包括建立油压、保持油压、减少油压和增加油压的连续不断的循环过程，其工作原理如下：

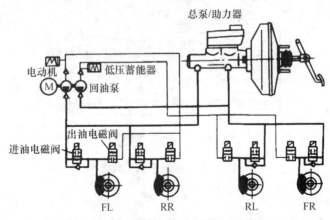

图 11-13　液压控制单元各组成部件的连接关系

（1）建立油压。开始制动时，所有电磁阀及电动液压泵均不通电，驾驶员踏下制动踏板，制动主缸产生的制动油压经过常开进油电磁阀进入轮缸，出油电磁阀处于常闭状态，使制动轮缸的油压不断升高，如图 11-14（a）所示。

（2）保持油压。随着制动压力的增加，当油压升高到车轮趋于抱死时，电控单元发出控制指令，使进油阀通电关闭，出油阀仍保持断电关闭状态，制动轮缸的油压保持不变，如图 11-14（b）所示。

（3）降低油压。当驾驶员继续踩制动踏板，车轮出现抱死趋势时，电控单元发出控制指令，使进油阀通电关闭，出油阀通电打开，与此同时电动液压泵通电运转，将制动轮缸中的制动液由低压储液罐输送回制动主缸，使制动轮缸的液压迅速减小，如图 11-14（c）所示。

（4）增加油压。当油压降低车轮转速增加到一定程度时，电控单元发出控制指令，使进油阀断电打开，出油阀断电关闭，电动液压泵通电运转，将低压储液罐中的制动液和制动主缸的油压一起输送给制动轮缸，使制动轮缸的液压迅速升高，如图 11-14（d）所示。随着制动压力的增加，车轮滑移率又增大，于是重复保持"油压—降低油压—增加油压"的循环过程，循环过程的工作频率为 5～6 次/s，使车轮的滑移率始终控制在 20% 左右。

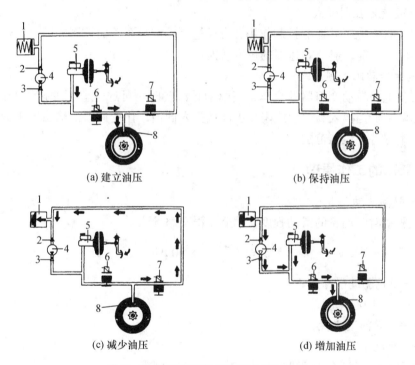

图 11-14　MK-I ABS 制动压力控制过程

1. 低压储液罐　2. 吸入阀　3. 压力阀　4. 液压泵　5. 制动主缸　6. 进油阀　7. 出油阀　8. 制动轮缸

11.3　驱动防滑系统

驱动防滑系统（ASR）又称驱动调节控制系统（Traction Regulation Control System，TRC）或驱动调节系统（Traction Control System，TCS）。

11.3.1　ASR 控制的基本方式

驱动防滑系统是在汽车制动防抱死系统基础上发展起来的。驱动防滑系统的作用是控制驱动轮的驱动滑移率，以充分利用车轮与路面间的附着系数、提供最大的驱动力和保持汽车行驶的方向稳定性。ASR的控制方式主要有制动力控制、发动机功率控制、变速器传动比控制和差速器控制等。

1. 制动力控制方式

当驾驶员在光滑路面上过分踏下油门时，会造成车轮的过分滑转。ASR通过自动施加部分制动使驱动轮的滑动率保持在最佳范围内，获得较好的行驶安全性及良好的起步加速性能。

2. 发动机功率控制方式

当驱动轮滑转时，通过控制发动机的输出功率，以控制驱动滑移率ASR系统的控制方式称为发动机调速控制或牵引力控制。发动机电控单元减少发动机的进气量或喷油量使发动机的输出功率和转速的适度降低，即可减少驱动轮的过分滑转。

3. 电子差速器控制方式

ASR系统具有电子差速器控制作用，可通过制动空转车轮而控制驱动轮的转速差，以提高汽车的驱动性能，避免差速器的过度磨损。

4. 变速器传动比控制方式

对于装备电控自动变速器的汽车，当驱动轮滑转时，可通过修正变速器的换挡规律，使变速器提前由低挡换入高挡，或阻止由高挡换入低挡，让变速器的输出转矩减小，使驱动轮的滑动率保持在最佳范围内。

11.3.2 ASR的工作原理

1. 汽车驱动滑动率 S

汽车在驱动时驱动轮的滑动程度，用驱动滑动率 S 表示：

$$S = \frac{r_0\omega - v}{v} \times 100\% \tag{11-4}$$

式中，S——车轮驱动滑移率；

v——车轮中心速度；

r_0——车轮滚动半径；

ω——驱动车轮角速度。

由上式可知，当汽车处于驱动状态时，车轮向后滑转，车轮轮心的速度 v 总是小于车轮的角速度 ω 与车轮半径 r_0 的乘积，即 $S > 0$。特别是，当车轮处于纯滚动状态时，车轮轮心的速度等于车轮角速度与其半径的乘积，此时 $S = 0$；当汽车地面提供的驱动力不足以克服行驶阻力，原地打滑时，S 为 ∞。因此，驱动滑移率的数值范围为：$0 < S < \infty$。

2. ASR的基本工作原理

驱动滑移率与纵向附着系数的关系如图11-15所示，当驱动滑移率增大时，纵向附着系数和侧向附着系数均减小；当车轮完全滑转时，纵向附着系数和侧向附着系数几乎为0，对前轮驱动的汽车会失去转向控制能力；当

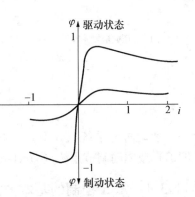

图11-15 驱动滑移率与纵向附着系数的关系

滑移率在10%～20%时,纵向附着系数达到峰值,此时侧向附着系数也可保持较大值。

ASR的基本工作原理是,通过控制制动轮制动力矩或控制发动机与传动系的牵引力,驱动时将车轮滑移率控制在10%～20%的范围内,以获得最大驱动力和良好的转向性能。

11.4 驱动防滑系统的组成与结构

11.4.1 驱动防滑系统的组成

由于驱动防滑系统通常和防抱死制动系统、发动机输出功率调节控制等结合在一起应用,通常称为ABS/ASR系统或ABS/TRC系统。典型的ABS/ASR系统的组成如图11-16所示。车轮转速传感器分别检测驱动轮的转速,并输入ABS/ASR电控单元,当车轮滑转时对车轮制动或减小节气门开度以控制驱动滑移率在规定的数值范围内。

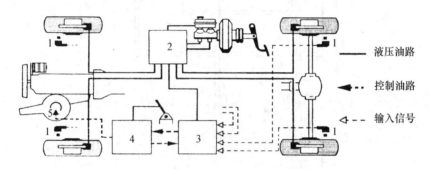

图 11-16　典型的 ABS/ASR 系统的组成
1. 右前车轮转速传感器　2. ABS/ASR 制动压力调节器　3. ABS/ASR ECU　4. 电子节气门 ECU　5. 节气门

11.4.2 驱动防滑系统的结构

1. ASR 传感器

ASR系统的传感器主要是车轮转速传感器、节气门开度传感器和ASR开关。车轮转速传感器与ABS系统共用,而节气门开度传感器则与发动机电子控制系统共用。

ASR开关是ASR系统专用的信号输入装置。当ASR开关打开时,ASR系统工作;当关断ASR开关时,ASR系统停止工作。

2. ASR 电控单元

ASR控制器以微处理器为核心,配以输入电路、输出电路及电源等组成。ASR的信号输入和处理与ABS相同。为减少电子器件的数量,使结构紧凑,ASR与ABS通常组合成一个ABS/ASR电控单元。

3. ASR 制动压力调节器

ASR制动压力调节器通常和ABS制动压力调节器做成一体,采用三位三通电磁阀的ASR/ABS制动压力调节器原理如图11-17所示。ASR不起作用时,电磁阀3不通电,油路开通。汽车在制动过程中如果车轮出现抱死,ABS起作用,通过电磁阀8、电磁阀9来调节制动压力。

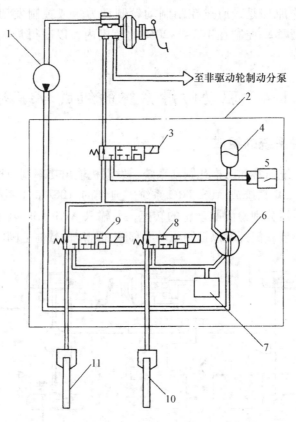

图 11-17 ABS/ASR 制动压力调节器工作原理
1. 输油泵 2. ASR 调节压力调节器 3. ASR 电磁阀 4. 储压器 5. 压力开关 6. 循环泵
7. 储液罐 8. ABS 电磁阀 9. ABS 电磁阀 10、11. 驱动车轮制动器

当驱动车轮出现滑转时，ASR 使电磁阀 3 通电，阀移动至左端，油路关断，电磁阀 8 和电磁阀 9 不通电，阀处于在左位，于是蓄压器的压力油通入驱动车轮制动轮缸，制动压力增大。当需要保持驱动车轮的制动压力时，ASR 使电磁阀半通电（2 A），阀移至中位，隔断了储压器与制动主缸的油路，驱动车轮制动轮缸的制动压力保持不变。当需要减小驱动车轮的制动压力时，ASR 电控单元使电磁阀 8 和电磁阀 9 通电，电磁阀 8 和电磁阀 9 移至右位，将驱动车轮制动轮缸与储压器接通，于是制动压力下降。

ASR 电控单元分别对电磁阀 8 和电磁阀 9 实行独立控制，即可实现对左右驱动车轮的制动压力分别控制。

采用二位二通电磁阀的 ASR/ABS 制动压力调节器实例如图 11-18 所示，其工作原理与采用三位三通电磁阀的 ASR/ABS 制动压力调节器相似。

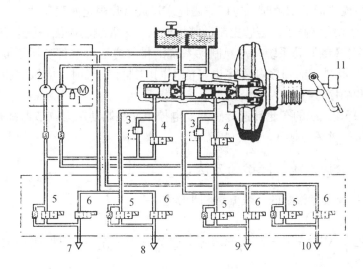

图 11-18　ABS/ASR 制动压力调节器液压回路
1. 制动主缸　2. 油泵　3. 减压阀　4. ASR 调节电磁阀　5. 进油阀　6. 出油阀
7. 接左前轮缸　8. 接右后轮缸　9. 接右前轮缸　10. 接右后轮缸　11. 制动开关

11.5　ABS/ASR 系统故障诊断与维修

11.5.1　ABS/ASR 系统检修要求

在检修 ABS/ASR 系统时应遵守以下规则：

（1）在点火开关处于接通（ON）位置时，不要拆装系统内的电器元件和线束插头。若需要拆装时，应先关闭点火开关或取下电控单元保险丝后再操作。

（2）用充电机对蓄电池充电时，应先拆下蓄电池电缆线后再进行充电。严禁用起动电源或充电机协助起动发动机。

（3）需对汽车进行电焊时，应先拆下 ECU 插接器后方可进行作业。

（4）高温环境容易损坏 ECU。ECU 承受的环境温度不应超过 85℃。在对汽车进行烤漆作业或热整形时，应将 ECU 从汽车上拆下。

（5）对具有高压蓄能器的 ABS/ASR 制动液压系统，进行维修之前必须首先进行泄压，使蓄能器中的高压制动液完全释放，以免高压制动液喷出伤人。

通常在检修以下部件时需进行泄压：制动压力调节器的各部件，蓄压器，电动燃油泵，压力警告和控制开关，制动轮缸，后轮分配比例阀和制动液管路。

泄压的方法是：先关闭点火开关，然后反复踩下、松开制动踏板 25 次以上，直到感觉踩制动踏板的力量明显增加即完全失去液压助力时为止。

（6）要求制动液至少每两年更换一次。ABS 系统推荐使用 DOT4 型制动液。DOT4 制动液吸湿性很强，使用一年后其中的含水量会增至 3%。含有水分的制动液使沸点降低，制动系统内部产生腐蚀，还使制动效果明显下降，影响 ABS 的正常工作。

（7）检修车轮转速传感器时一定要细心。拆卸时不要敲击传感器，以免退磁或损坏；

调整传感器与齿圈之间的间隙时，应用非磁性塞尺或纸片限定间隙尺寸。

（8）对制动系统维修后，若感觉制动踏板变软，说明制动液压系统中有空气，必须排除。装备 ABS/ASR 的制动系统与常规制动系统的排气方法一般都有所不同，不同形式的 ABS/ASR 系统，其排气的顺序和程序也可能不同。排除空气时，应按照相应的维护手册所要求的方法和顺序进行。

（9）ABS/ASR 系统的车轮转速传感器、电控单元和制动压力调节器都是不可修复的，一旦损坏，应进行整体更换。

11.5.2 ABS/ASR 系统故障诊断方法

ABS/ASR 系统故障诊断的一般方法和步骤如下。

1. 初步检查

初步检查是在 ABS/ASR 系统出现故障或感觉系统工作不正常时采用的初步目视检查方法。具体检查内容如下：

（1）检查驻车制动器装置，应将手制动操纵手柄放到最低位置，使驻车制动器处于完全释放状态。

（2）检查储液箱中的制动液面是否在规定的范围内。

（3）检查制动油路、制动主缸、制动轮缸、电动泵及压力控制阀等是否渗漏。

（4）检查蓄电池电量、ABS/ASR 系统的保险丝、继电器是否完好，插接器是否牢固。

（5）检查 ABS/ASR 电控单元插接器及车轮转速传感器、电磁阀、电动泵、压力警示开关和压力控制开关等插接器和导线有无松脱，连接是否良好。

（6）区分是 ABS/ASR 系统机械部分（如制动器、制动主缸、轮缸及制动管路等）故障还是电子控制系统的故障。方法是：拆下 ABS 继电器线束插头或 ABS/ASR 制动压力调节器电磁阀线束插头，使 ABS/ASR 系统不参与工作，让汽车以普通制动方式制动，如果制动不良故障消失，则说明故障在 ABS 控制系统；否则，属机械部分的故障。

2. 故障码的读取与清除

打开点火开关后，若仪表板上的 ABS 警示灯常亮时，说明 ABS 系统有故障，故障内容由 ABS 电脑以故障码的形式输出。不同类型的 ABS/ASR 对于同一故障的代码不同，其代码的读取方法也有所不同。

11.5.3 用 V.A.G1552 测试仪读取和清除桑塔纳 2000GSi 轿车 ABS 系统故障码

桑塔纳 2000GSi ABS 系统可用 V.A.G1552 测试仪读取和清除 ABS 系统故障码。下面以用 V.A.G1552 测试仪为例说明该测试仪的操作方法和功能。

1. 操作方法和功能

V.A.G1552 故障测试仪的操作方法和功能如下：

（1）断开点火开关的情况下，将变速杆座防尘套取下，打开变速杆前自诊断插座盖。

（2）将 V.A.G1552 故障测试仪与诊断座接口连接，如图 11-19 所示。

第 11 章 防抱死制动系统与驱动防滑系统

图 11-19　V. A. G1552 测试仪与诊断座的连接

（3）打开点火开关，显示器上将显示：

Test of vehicle system　　HELP Insert address word　××	汽车系统测试　　帮助 输入地址词　××

如果显示器上无显示，则应检查诊断接口。

（4）输入 ABS 地址词 03 "制动电子系统"，显示器上将显示：

Test of vehicle systems　　Q 03 Brake electronics	汽车系统测试　　确认 03 制动电子系统

（5）按 Q 键确认后，显示器上将显示：

3A0 907 379 ABS ITT AE 20 G1 VOD　→	3AD 907 379 ABS ITT AE 20 G1 VOD　→ 编码 04505　WCS××××

显示器上显示的内容说明如下：3A0 907 379 ABS 为控制单元零件号；ABS ITT AE 20 GI 为 ITT 公司 ABS 产品型号；VOD 为软件版本；Coding 04505 为控制单元编码号；WCS ×××× 为维修站代号。

（6）按"→"键，显示器上将显示：

Test of vehicle systems　　HELP Select function　××	汽车系统测试　　帮助 选择功能　××

（7）键入所需的功能代码，可选择的功能为：01，询问控制单元版本；02，查询故障存储；03，最终控制诊断；04，基本设定；05，清除故障存储；06，结束输出；07，控制单元编码；08，读测量数据块。

（8）键入 06 后按 Q 键，退出。

（9）断电后，拆下 V. A. G1552 故障测试仪。

2. 查询故障存储

查询故障存储的方法步骤如下。

（1）完成初始化操作（如前所述），显示器上显示：

Test of vehicle system   Q
Enter address word   × ×

汽车测试系统   确认
输入地址词   × ×

（2）输入 02 "查询故障存储"功能，显示器将显示：

Test of vehicle system   Q
02-Interrogate fault memory

汽车系统测试   确认
02-查询故障存储

（3）按 Q 键确认后，在显示器上出现所存储的故障数量，或者"未出现故障"：

× Faults recognised

发现×个故障

No fault recognised

未发现故障

（4）按"→"键，所存储的故障依次显示出来。故障码内容和故障排除方法见表 11-1。

表 11-1　桑塔纳 2000GSi ABS 故障码内容和故障排除方法

故障码	故障内容	排除方法
00283	左前轮传感器电气及机械故障	检查传感器线圈或线束短路或断路；检查齿圈是否损坏；检查传感器与齿圈间隙过大或过小
00285	右前轮传感器电气及机械故障	检查传感器线圈或线束短路或断路；检查齿圈是否损坏；检查传感器与齿圈间隙过大或过小
00290	左后轮传感器电气及机械故障	检查传感器线圈或线束短路或断路；检查齿圈是否损坏；检查传感器与齿圈间隙过大或过小
00287	右后轮传感器电气及机械故障	检查传感器线圈或线束短路或断路；检查齿圈是否损坏；检查传感器与齿圈间隙过大或过小
00668	供电端子 30	检查 ABS 系统 30 A 熔丝是否烧断；检查蓄电池电压过高或过低；检查 ABS 系统线束是否正常
01044	ABS 编码错误	检查 ECU 的软件编码是否正确（软件编码为 04505）；检查 ABS 线束跳针接头（6 和 22）是否导通
01130	ABS 工作异常	检查是否受到高频电磁波干扰；检查传感器或线束是否损坏
01276	ABS 液压泵电动机无法工作	检查电动机电源线路；检查电动机是否损坏
65535	电子控制单元损坏	更换

故障显示完毕，按"→"键返回初始位置，显示器上将显示：

Test of vehicles systems   HELP
Select function   × ×

汽车系统测试   帮助
选择功能   × ×

（5）输入 05 "清除故障存储"功能。
（6）输入 06 "结束输出"功能。
（7）关闭点火开关，拆下自诊断插头。

3. 清除故障存储

清除故障存储的方法步骤如下。

(1) 执行清除故障存储功能，必须查询到故障存储，然后按"→"键，显示器上显示：

| Test of vehicle system   HELP |
| Select function   ×× |

| 汽车系统测试   帮助 |
| 选择功能   ×× |

(2) 输入05"清除故障存储"功能，显示器上显示：

| Test of vehicle system   Q |
| 05 - Erase fault memory |

| 汽车系统测试   确认 |
| 05 - 清除故障存储 |

(3) 按Q键确认，显示器上显示：

| Test of vehicle system   → |
| Fault memory is erased! |

| 汽车系统测试   → |
| 故障存储已被清除！ |

如果显示器上显示：

| Attention! |
| Fault memory has not been interrogated |

| 注意！ |
| 故障存储未被查询 |

说明检测过程有缺陷，正确遵循检测过程是先查询，再清除故障存储。

(4) 按"→"键，显示器上显示：

| Test of vehicles systems   HELP |
| Select function   ×× |

| 汽车系统测试   帮助 |
| 选择功能   ×× |

(5) 输入06"结束输出"功能，显示器上显示：

| Test of vehicle system   HELP |
| 06-end output |

| 汽车系统测试   帮助 |
| 06-结束输出 |

(6) 按Q键确认，显示器上显示：

| Test of vehicle system   HELP |
| Enter address word   ×× |

| 汽车系统测试   帮助 |
| 输入地址词   ×× |

(7) 关闭点火开关，拆下自诊断插头。

(8) 打开点火开关，ABS报警灯亮2 s后熄灭，表明ABS系统故障已全部排除。

11.5.4 上海别克 ABS/ETS/TCS 系统及检修

1. 系统的特点

上海别克轿车安装了 Delphi DBC7 ABS/ETS/TCS 系统。电控系统具有 ABS/ETS/TCS 功能，即将 ABS、ETS 和 TCS 系统集成在一起，电子制动控制模块（EBCM）和电子制动器牵引力控制模块（EBTCM）集成为 EBCM/EBTCM 模块。压力调节器与制动主缸采用整体式结构，电控单元和液压单元组成一个整体，安装在发动机室右后侧。电控单元和液压单元的组成和安装位置如图 11-20 所示。

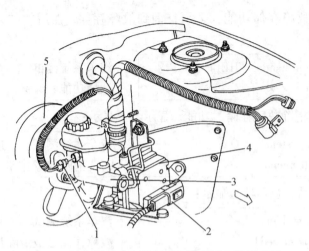

图 11-20　电控单元和液压单元的组成和安装位置
1. 制动液面指示灯开关　2. EBCM/EBTCM 模块连接器　3. 制动主缸　4. EBCM/EBTCM 模块　5. 真空助力器

（1）EBCM/EBTCM 模块。EBCM 模块起防抱死制动功能，EBTCM 模块具有牵引力控制功能。EBCM/EBTCM 直接安装在发动机罩下的制动压力调制器阀（BPMV）上靠近制动主缸处。

（2）制动压力调制阀（BPMV）。BPMV 执行控制器发出的命令。制动主缸前部出油口通过 BPMV 与左前和右后通道相连，后部出油口通过 BPMV 与右前和左后通道相连，BPMV 的 4 个出油口通过制动管路与制动轮缸相连。BPMV 与 EBCM/EBTCM 安装在一起。在 BPMV 内部，有以下部件用于液压控制：

① 每个车轮通道上受电磁阀控制的"进油口"和"出油口"。

② 两个储压器。

③ 一个受直流电机控制的油泵，减压时从储压器向施加压力回路泵回油，牵引力控制时施加牵引力控制液压。

（3）轮速传感器。各车轮均配有车轮转速传感器。

车轮转速传感器将车轮速度信号输入到 EBCM/EBTCM 中。车轮速度信号通过屏蔽接线发送到 EBCM/EBTCM，以降低输入信号的电磁干扰。

前轮轮速传感器位于轮毂/轴承总成内，不能调整。传感器的间隙在装配时进行了设定。整体式轮毂/轴承/车轮转速传感器总成只能成套维修。后车轮速度传感器安装在轴承总成内，传感器的间隙不能调整。

（4）后制动动态比例阀系统（DRP）。系统使用了后制动动态比例阀系统（DRP），使车辆不再需要机械比例阀。当车辆在非 ABS 系统控制的状态下减速停车时，EBTCM 则监测前、后车轮转速。如果后轮减速较前车轮减速幅度略大，则 EBTCM 内动态比例阀计算机系统开始工作，对后制动器的压力进行限制，直到前后轮速相等为止。

一般情况下，车辆在轻载高速行驶时，该系统开始工作。在制动时，DRP 可保持车辆平稳。DRP 具有和机械比例阀相同的功能，不允许后轮速低于前轮速，无论车辆处于负载还是空载时，车轮都可以保证很强的牵引力和较好的平衡性。

DRP 控制系统是一个闭环系统，它的运行基础是后轮速大于前轮速。为了使制动系保持平衡，前轮需要一个偏压，如果超出规定极限，则发出 DRP 保持或释放的命令；如果执行了足够的释放命令或输入了 ABS 执行命令，则油泵开始运转，排空储压器；如果执行了释放命令，则 DRP 运行一次后，油泵便开始运转。

（5）轮胎充气监测系统（TIMS）。EBTCM 监测每个车轮的转速，判断与其他轮速相比是否超出了规定极限。如果轮胎气压低，则该轮的转速就会过快。如果系统计算机监测到轮速差超过一定值时，就认为轮胎气压过低造成的。在这种情况下 EBTCM 则接通"轮胎气压过低"报警灯。在 TIMS 重置程序完成前，报警灯将持续亮着。

（6）增强型牵引力控制系统（ETS）。增强型牵引力控制系统为上海别克汽车的选装件。装备了该系统的车辆，EBTCM 监测驱动是否发生正向滑动。如果驱动轮正向滑动超过标定值，EBTCM 将通过串行数据线发给 PCM 信号，请求减少发动机转矩输出。PCM 可以通过点火延迟、断缸、使空燃比变稀等动作来减少发动机转矩输出。当 ETS 被解除后，仪表盘上黄色 ETS OFF 报警灯亮起；当 ETS 工作时，LOW TRAC 灯亮起。

（7）牵引力控制系统（TCS）。牵引力控制系统在别克新世纪这款车是选装的，每个车轮加装一个 TCS 阀。EBTCM 监测驱动轮的正向滑动，如果正向滑动超过标定值，EBTCM 将给 PCM 发信号请求减少发动机转矩输出。然后 PCM 反过来经 EBTCM 发信号，告知输出到驱动轮上扭矩百分比，EBTCM 指令 BPMV 施加制动以减少驱动轮正向滑动。

在 BPMV 中，TCS 阀可以打开相应通道，使泵可以从制动主缸中吸油，也可以截断分泵返回油路，将油泵输出油压作用到驱动轮上。这个压力对每个驱动轮的作用由加压和减压电磁阀控制。当 TCS 解除后，TCS 报警灯亮起；TCS 工作时，LOW TRAC 灯亮起。

2. 系统的电路

上海别克轿车 ABS/ETS/TCS 系统电路如图 11-21～图 11-24 所示。

四轮 ABS 系统采用 4 个车轮转速传感器，分别检测每个车轮的速度。4 个车轮制动轮缸压力，分别采用两个二位二通电磁阀进行压力调节。TCS 系统对前两个驱动轮分别进行制动力控制。TCS 系统设置有牵引力控制开关，当接通牵引力控制开关时，TCS 指示灯点亮，TCS 系统工作。

EBCM/EBTCM 具有串行数据通信接口。EBCM/EBTCM 端子排列如图 11-25 所示，各端子功能见表 11-2。

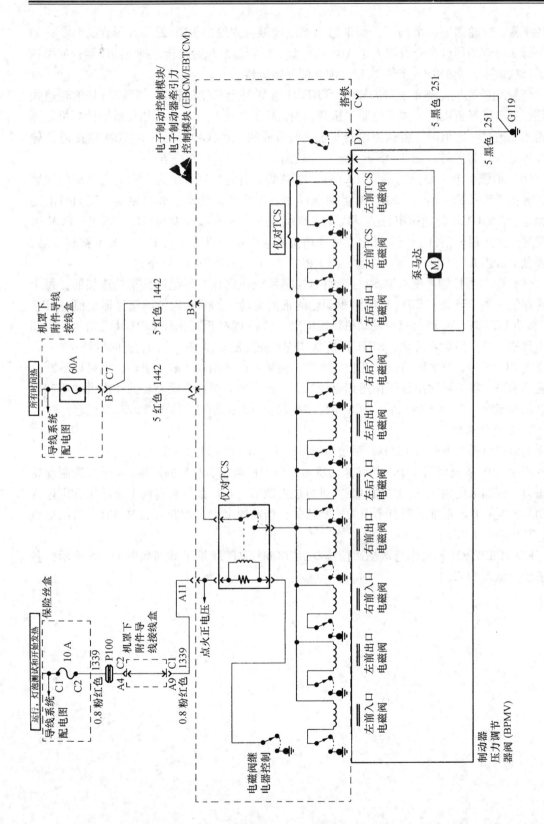

图11-21 ABS/TCS供电、搭铁和EBCM/EBTCM电路

第11章 防抱死制动系统与驱动防滑系统

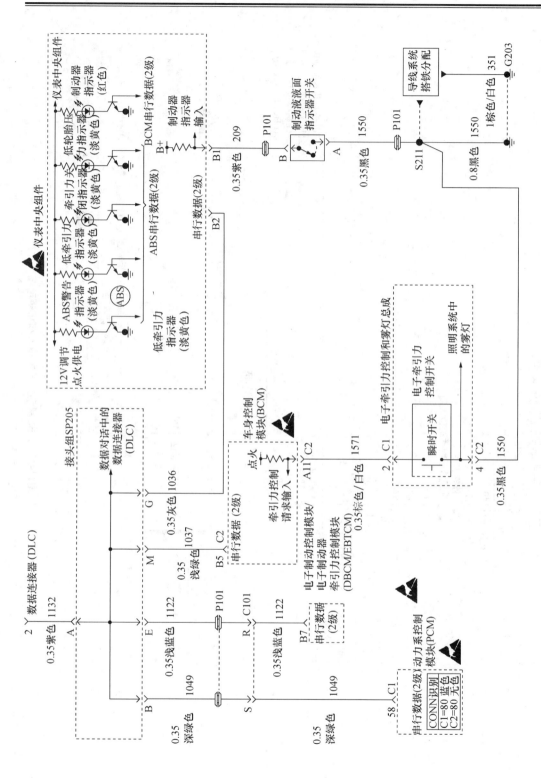

图11-22 ABS串行数据、SP250、PCM、BCM、仪表组件和EBCM/EBTCM电路

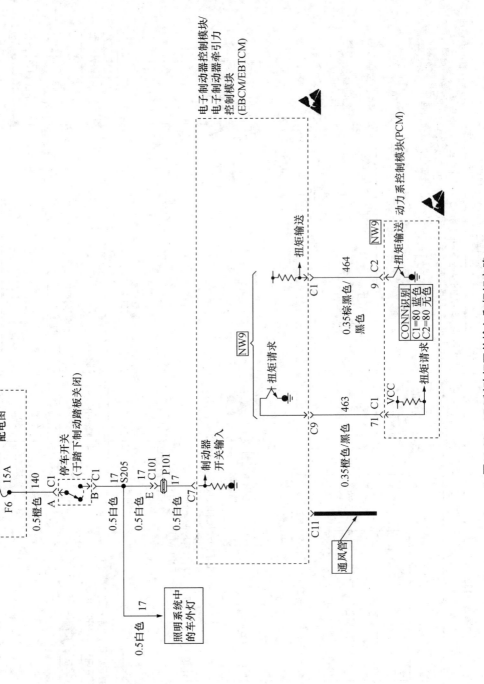

图11-23 ABS制动灯开关输入和扭矩电路

第11章 防抱死制动系统与驱动防滑系统

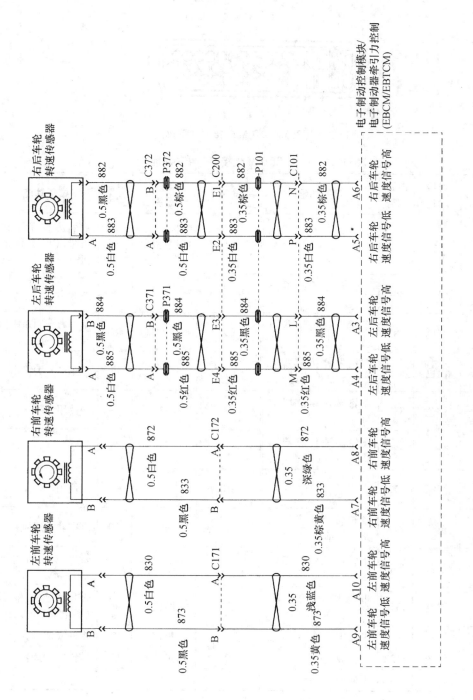

图11-24 ABS车轮转速传感器和EBCM/EBTCM电路

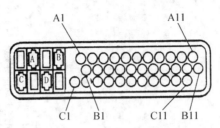

图 11-25 EBCM/EBTCM 连接器端子排列

表 11-2 EBCM/EBTCM 连接器各端子功能

端子	导线颜色	电路编号	端子功能	端子	导线颜色	电路编号	端子功能
A1～A2	—	—	未使用	C1	浅橙/黑色	464	牵引力控制系统信号（所提供的扭矩）
A3	黑色	884	车轮转速传感器信号（左后）	C2～C6	—	—	未使用
A4	红色	885	车轮转速传感器回路（左后）	C9	橙色/黑色	463	牵引力控制系统信号（所需扭矩）
A5	白色	883	车轮转速传感器回路（右后）	C7	白色	17	停车灯开关输出
A6	棕色	882	车轮转速传感器信号（右后）	C8	—	—	未使用
A7	浅橙色	883	车轮转速传感器回路（右前）				
A8	深绿	872	车轮转速传感器信号（右前）	C10	—	—	未使用
A9	黄色	873	车轮转速传感器回路（左前）	C11	—	3 000	真空软管通风孔
A10	浅蓝	830	车轮转速传感器信号（左前）	A	红色	1442	带保险丝的输出（蓄电池）
A11	粉红	1339	带保险丝的输出（点火1）	B	红色	1442	带保险丝的输出（蓄电池）
B1～B6	—	—	未使用	C	黑色	251	搭铁（清理）
B7	浅蓝	1122	串行数据信号	D	黑色	251	搭铁（清理）
B8～B11	—	—	未使用				

3. 系统的检测诊断

上海别克轿车 ABS/ETS/TCS 系统具有故障自诊断功能，当 EBCM/EBTCM 在系统中检测到故障时，EBCM/EBTCM 便设置故障代码，并点亮仪表板上的 ANTILOCK 和（或）TRACTION CONTROL 指示灯，自动解除 ABS/ETS/TCS 功能。用 Tech 2 扫描工具可以读取 ABS/ETS/TCS 系统故障代码。上海别克轿车 ABS/ETS/TCSA 系统的故障代码见表 11-3。ABS 诊断系统的检查流程见表 11-4。

表 11-3 ABS 系统故障代码及含义

故障代码	故障内容	故障代码	故障内容
C1214	电磁阀继电器触点或线圈线路断路	C1256	EBCM/EBTCM 内部故障
C1217	泵电动机线路与搭铁短路	C1261	LF 进油电磁阀故障
C1218	泵电动机线路与电源短路	C1262	LF 出油电磁阀故障
C1221	LF 轮速传感器输入信号为 0	C1263	RF 进油电磁阀故障
C1222	RF 轮速传感器输入信号为 0	C1264	RF 出油电磁阀故障
C1223	LR 轮速传感器输入信号为 0	C1265	LR 进油电磁阀故障
C1224	RR 轮速传感器输入信号为 0	C1266	LR 出油电磁阀故障
C1225	LF 轮速变化过大	C1267	RR 进油电磁阀故障
C1226	RF 轮速变化过大	C1268	RR 出油电磁阀故障
C1227	LR 轮速变化过大	C1272	LF TCS 电磁阀故障
C1228	RR 轮速变化过大	C1274	RF TCS 电磁阀故障
C1232	LF 轮速传感器线路断路或短路	C1275	PCM 请求解除 ETS
C1233	RF 轮速传感器线路断路或短路	C1276	扭矩分配信号线路故障
C1234	LR 轮速传感器线路断路或短路	C1277	扭矩请求信号线路故障
C1235	RR 轮速传感器线路断路或短路	C1278	TCS 被 PCM 暂时关闭
C1236	系统供压电压低	C1291	在减速期间,制动灯开关触点断开
C1237	系统供压电压高	C1293	点火循环之前,C1291 已被设置
C1238	制动热模式超出	C1294	制动灯开关线路一直工作
C1241	磁力转向故障	C1295	制动灯开关线路断路
C1242	泵电动机线路断路	C1298	PCM 的 Ⅱ 级串行数据传输连接装置
C1243	BPMV、泵电动机失速	U1016	与 PCM 失去通信联络
C1245	检测到轮胎气压低	U1255	串行数据线故障
C1247	检测到制动液低	U1300	Ⅱ 级串行数据线与搭铁短路
C1254	检测到不正常的关闭信号	U1301	Ⅱ 级串行数据线与蓄电池短路
C1255	EBCM/EBTCM 内部故障		

表 11-4 ABS 诊断系统的检查流程

步骤	操作方法	是	否
1	(1) 重新连上所有预先脱开的元件 (2) 将点火开关由 OFF 位置转至 ON 位置 (3) 将 Tech 2 扫描工具连接在 DLC(诊断连接器)上 (4) 看 Tech 2 扫描工具是否能与 EBCM/EBTCM 进行通信	进行步骤 3	进行数据连接通讯的检查
2	用 Tech 2 扫描工具读取故障代码,看是否有故障代码		进行步骤 3
3	将点火开关由 OFF 位置转至 ON 位置,不起动发动机,看仪表板上的 ANTILOCK 指示灯是否点亮几秒熄灭	进行步骤 4	进行步骤 7

(续表)

步骤	操作方法	是	否
4	将点火开关由 OFF 位置转至 ON 位置，不起动发动机，看仪表板上的 LOW TRAC 指示灯是否点亮几秒熄灭	进行步骤 5	进行步骤 8
5	将点火开关由 OFF 位置转至 ON 位置，不起动发动机，看仪表板上的 TRAC OFF 指示灯是否点亮几秒熄灭	进行步骤 6	进行步骤 9
6	将点火开关由 OFF 位置转至 ON 位置，不起动发动机，看仪表板上的 LOW TIRF 指示灯是否点亮几秒后熄灭	进行步骤 11	进行步骤 10
7	ANTILOCK 指示灯是否点亮并一直保持点亮状态	进行步骤 4	进行步骤 5
8	LOW TRAC 指示灯是否点亮并一直保持点亮状态	进行步骤 6	进行步骤 7
9	TRAC OFF 指示灯是否点亮并一直保持点亮状态	进行步骤 8	进行步骤 9
10	LOW TIRE 指示灯是否点亮并一直保持点亮状态	进行"LOW TIRE 指示灯一直点亮又无 DTC"的诊断	进行"LOW TIRE 指示灯一直点亮又无 DTC"的诊断
11	有无任何历史故障代码	进行步骤 12	
12	(1) 参阅故障代码表，看历史故障代码的含义 (2) 在设置历史故障代码的条件下细心地驾驶车辆 (3) 用 Tech2 扫描工具监测 ABS 系统的故障代码，看历史故障代码是否又作为当前故障代码被存储	按故障代码进行诊断	系统诊断结束

11.6 思考题

1. 什么是轮胎制动滑移率？
2. 画出制动滑移率与轮胎附着系数的关系曲线并分析说明 ABS 系统的基本原理。
3. 简述桑塔纳 2000GSi ABS 系统的组成和基本工作原理。
4. 简要分析采用二位二通电磁液压阀的制动压力调节器的工作原理。
5. ASR 的基本工作原理是什么？
6. ABS 系统的检修应遵循哪些规则？
7. 如何用 V.A.G1552 读取和清除桑塔纳 2000GSi ABS 系统故障码？
8. 试分析上海别克 ABS/ETS/TCS 系统的电路特点。

第 12 章　安全气囊系统

12.1　安全气囊系统的作用和基本类型

12.1.1　安全气囊系统的作用

安全气囊系统又称 SRS 或 SIR。SRS 是辅助约束系统（Supplement Restrain System）的英文缩写，SIR 是气体发生器式辅助约束系统（Supplement Inflatable Restrain System）的英文缩写。安全带和安全气囊系统是汽车重要的被动约束系统。

当车辆在较高车速范围内（19～32 km/h）发生意外碰撞时，若冲击力超过规定限度（1.8～3 g），位于方向盘内的驾驶员气囊和乘客前侧的乘客气囊引爆张开，缓冲驾驶员和前乘员的碰撞冲击，保护驾驶员和前乘员的安全。

博世公司在奥迪汽车上的实验研究表明：以车速为 50 km/h 时与正面障壁相撞，SRS 引爆时序为：

（1）车辆碰撞 10 ms 后，安全气囊引爆器引爆，使充气剂叠氮化钠分解，产生大量的氮气。驾驶员仍保持在座椅上不动。

（2）20 ms 后驾驶员开始移动，但还没有到达气囊。

（3）40 ms 后气囊已经完全张开，驾驶员逐渐向前移动，安全带拉紧，人体的部分冲击能量被安全带吸收。

（4）60 ms 后驾驶员已经开始沉向气囊。

（5）80 ms 后驾驶员的头部和身体上部沉向气囊。气囊的排气口打开，其中的气体在高压下匀速地逸出，以吸收人体与气囊碰撞能量。

（6）110 ms 后车速已降为 0。

（7）120 ms 后驾驶员向前移动至最大距离，随后身体开始后移，回向座位。大部分气体已从气囊中逸出，前方视野重新恢复清晰。

安全气囊的工作过程如图 12-1 所示。

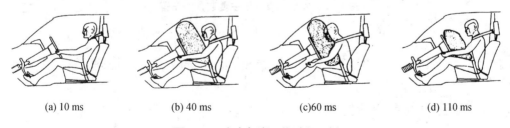

(a) 10 ms　　(b) 40 ms　　(c) 60 ms　　(d) 110 ms

图 12-1　安全气囊工作过程示例

12.1.2 安全气囊系统的基本类型

1. 单安全气囊系统和双安全气囊系统

按照系统中气囊的数量分类，可分为单安全气囊系统和双安全气囊系统。单安全气囊系统，只在驾驶员方向盘上安装一个安全气囊；双安全气囊系统，在驾驶员方向盘和前乘员前仪表台上各安装一个安全气囊。在一些高级轿车上还安装后排乘员安全气囊，组成多安全气囊系统。

2. 正面碰撞安全气囊系统和侧面碰撞安全气囊系统

按照系统的保护作用分类，可分为正面碰撞安全气囊系统和侧面碰撞安全气囊系统。正面碰撞安全气囊系统是在车辆发生正面碰撞时（通常为汽车前方60°范围内）起安全保护作用；侧面碰撞安全气囊系统是在车辆发生侧面碰撞时起安全保护作用。

3. 机械控制式和电子控制式安全气囊系统

按照气囊引爆控制方式分类，可分为机械控制式和电子控制式两类。机械控制式安全气囊，采用机械方式检测和引爆气囊，目前已很少使用；电子控制式安全气囊，采用碰撞传感器和电控单元检测来控制安全气囊的引爆，是目前广泛采用的控制方式。

4. 智能型安全气囊系统和非智能型安全气囊系统

智能型安全气囊系统将安全气囊系统和与安全带相结合，根据座椅上是否有乘员以及乘员的身躯特征，控制安全气囊系统的引爆时机和安全带收紧器；非智能型安全气囊系统则不考虑座椅上是否有乘员以及乘员的身躯特征，安全气囊系统和安全带的保护作用相互独立。各种类型的安全气囊系统主要装置的布置如图12-2所示。

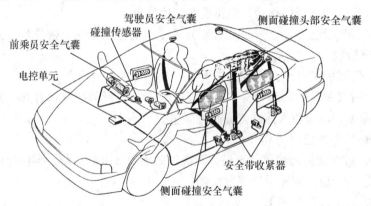

图12-2 安全气囊系统主要装置的布置

12.2 安全气囊系统的组成和工作原理

12.2.1 安全气囊系统的组成

双安全气囊系统的组成如图12-3所示，主要由碰撞传感器（或称碰撞识别传感器）、SRS电控单元、安全气囊组件及SRS（或 AIR BAG）警告灯等组成。根据碰撞传感器数量和安装位置可分为单点式和多点式布置方式。单点式碰撞传感器安装在电控单元内部，具有通用性好、成本低和安装方便等优点。多点式碰撞传感器是将2～4个碰撞传感器安装在汽车前部。

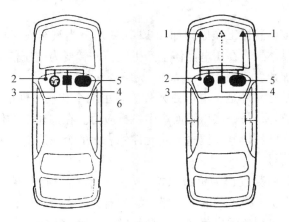

(a) 碰撞传感器单点布置式　　(b) 碰撞传感器多点布置式

图 12-3　安全气囊系统的组成

1. 机电式传感器　2. 警示灯　3. 驾驶员气囊　4. 电控单元　5. 乘员气囊　6. 电子式传感器

12.2.2　碰撞传感器和智能乘员分类系统

碰撞传感器的作用是检测碰撞强度并向 ECU 输入检测信号。安全气囊系统碰撞传感器可分为机电式碰撞传感器和电子式碰撞传感器两类。

1. 机电式碰撞传感器

机电式碰撞传感器一般布置在 ECU 外部，其结构与工作原理如图 12-4 所示。在汽车未发生碰撞时，钢球被永久磁铁吸附在滚道的后端，当汽车发生碰撞且碰撞强度达到设定值（1.8～3g）时，钢球在惯性力的作用下克服磁力沿轨道向前滑动并使位于轨道前端的片簧电触点开关闭合，从而向电控单元输入碰撞信号。

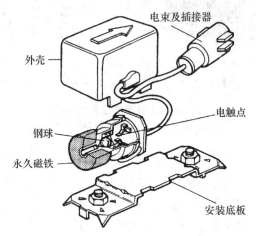

图 12-4　机电式碰撞传感器的结构与工作原理

2. 电子式碰撞传感器

电子式碰撞传感器一般布置在电控单元内,有压电式加速度传感器和硅体积微机械加速度传感器等形式。

压电式碰撞加速度传感器工作原理如图 12-5 所示。当汽车发生碰撞时,质量块产生的惯性力作用在压电晶体上,在压电晶体上产生电荷并转变为电压信号,根据电压信号电控单元即可检测碰撞加速度。

加速度传感器的核心元件是压电弯曲元件。它由两个相反极性的压电薄层粘结而成。在加速度作用下一层拉伸,另一层压缩而产生机械应力。在加速度的作用下,双压电元件发生弯曲,并输出动态电压信号。压电弯曲元件外表面的金属层上有两个电极,以输出由于弯曲而产生的电压信号。

传感器测量室有时用凝胶作为机械保持,与第一级信号放大器一起放在密闭的壳体内。加速度传感器由阻抗变换器的混合电路、滤波器和放大器组成,对信号进行处理,并确定传感器的灵敏度和可用的频率范围,典型的极限频率为 10 Hz。

压电式碰撞加速度传感器结构如图 12-6 所示。

(a) 静止状态　　　　　　　　(b) 在加速度为 a 的状态

图 12-5　压电式碰撞加速度传感器工作原理

1. 双压电弯曲元件　2. U_A. 检测电压信号

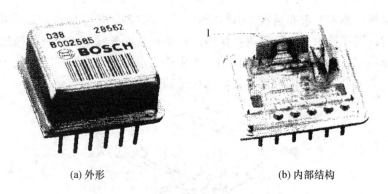

(a) 外形　　　　　　　　(b) 内部结构

图 12-6　压电式碰撞加速度传感器结构

1. 两个双压电弯曲元件分别检测正面、侧面碰撞

硅体积微机械加速度传感器工作原理和结构如图 12-7 所示。在上部硅片(1)和下部硅片(4)之间通过弹簧片支撑安装一个中间硅片(2),中间硅片(2)的质量感受碰撞加速度,形成三层结构。传感器的弹簧-质量系统是在整个晶片上用各向异性和有选择的蚀刻技术制成。为精确地测量质量块在加速度作用下产生的偏移,3 个硅片的这种安装方式相应于 2 个串联的差动电容 C_{1-2}、C_{2-4},其电容为 10~20 pF。相位相反的交流电压接到两电容器的接头上。两电容器之间的叠加电容,即测量电容 C_M 从中间硅片上输出。

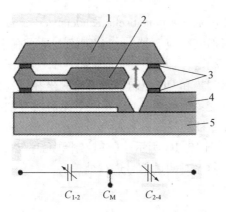

图 12-7 硅体积微机械加速度传感器

1. 上部硅片 2. 中间硅片（弹簧支撑的振动质量） 3. 氧化硅 4. 下部硅片 5. 玻璃基质 C_M 测量电容

在感受方向的加速度作用下，作为质量块的中间硅片发生偏移，改变它与上、下硅片之间的距离，即改变了电容器 C_{1-2}、C_{2-4} 的电容，使输出信号发生变化。该信号再在 CMOS 的信号处理电路中经放大、滤波，最后在安全气囊控制单元中继续进行数字化处理，作为碰撞强度检测信号。

在密闭振动系统内，精确地充以空气可节省空间，使其具有有效和低成本的阻尼以及很小的温度影响。三层硅片的制造方法目前已被熔融胶合法取代。由于温度膨胀的不同，传感器在测量处的安装对测量精度有很大影响。这种传感器需要 2 个芯片，即传感器芯片和带有保护功能的 CMOS 信号处理芯片。

电阻式加速度传感器的结构如图 12-8 所示，在硅片窗口内装有嵌入式应变片，汽车碰撞时，悬臂梁在惯性力的作用下发生弯曲，使应变片电阻发生变化。应变片电阻变化经过集成电路处理后输出，即可获得加速度信号。

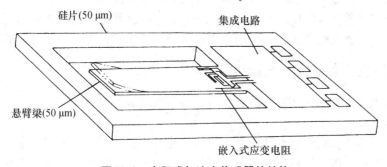

图 12-8 电阻式加速度传感器的结构

3. 乘员分类（OC）系统和附加的小孩座椅自动识别（AKSE）系统

在采用乘员安全气囊后，由于安全和保险原因，需要识别乘员座椅上是否有乘员，在发生汽车碰撞事故、且座椅上没有乘员时不需要打开安全气囊。

博世公司的研发的"敏捷安全气囊"可提高座椅上是否有乘员的识别能力。敏捷安全气囊的充气性能应该随乘员情况而变。在某些情况下，如小孩坐在副驾驶员座椅上或者有一个小孩在座椅上，开启安全气囊会对乘员不利，则要阻止打开安全气囊。为此要将单一的座椅占用与否的识别系统进一步开发为智能型的乘员分类（Occupant Classification，OC）

系统和附加的小孩座椅自动识别（Automatische Kindersitzerkennung，AKSE）系统作为传感器的集成技术。该技术可识别装有应答器的儿童座椅上是否有小孩。OC 系统在汽车前排座椅的安装位置如图 12-9 所示。

汽车前排座椅上的敏感气垫和 OC 控制单元可检测坐在座椅的乘员的信息。通过敏感气垫压阻元件将压力信号转变为电信号。OC 控制单元对所有敏感点的分析就可得到乘员坐在座椅上的座椅面大小和座椅面轮廓的各局部重心的分布，并将乘员有关的身躯特征分类。座椅轮廓和胯骨距离如图 12-10 所示。OC 控制单元存储了敏感气垫内的测量参数，并按微控制器中运行的算法程序对测量信号进行处理。

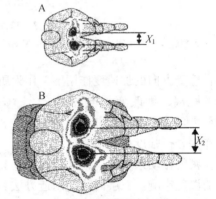

图 12-9　OC 系统在汽车前排座椅的安装位置
1. OC 控制单元　2. 安全气囊控制单元

图 12-10　座椅轮廓和胯骨距离
A. 儿童的胯骨距离 X_1　B. 成人的胯骨距离 X_2

在 OC 敏感气垫中的一个独立的发射天线和两个接收天线实现了小孩座椅自动识别功能。在建立发射场时，安装在小孩座椅内的应答器被激励，给发射场一组调制编码，并由接收天线接收，经信号处理就可得到小孩座椅的形式及方位。

计算得到的乘员分类和小孩座椅自动识别信息，以循环记录的方式发送到安全气囊控制单元。在安全气囊控制单元中，利用预先设定的选择模式，实现安全气囊的最佳控制。

12.2.3　气体发生器及安全气囊组件

安全气囊组件主要由气体发生器、气囊、装饰盖底板等组成。

1. 气体发生器

气体发生器的作用是快速向气囊充入气体，使气囊膨胀打开。电子控制安全气囊采用烟火式气体发生器，按气体发生剂的类型可分为叠氮化钠、非叠氮化钠固态燃料和液态燃料等几种。叠氮化钠（NaN_3）气体发生器的结构和工作原理如图 12-11 所示，气体发生器封装在金属壳体中，中间装有点火器，外周装有助燃剂和叠氮化钠。叠氮化钠（NaN_3）和三氧化二铁（Fe_2O_3）制成片状合剂。当点火器接收电控单元引爆信号时，点火器引爆，助燃剂迅速燃烧放热，使叠氮化钠与三氧化二铁在高温高压下发生急剧的化学反应，产生大量氮气，反应方程式为：

$$6NaN_3 + Fe_2O_3 = 3Na_2O + 2Fe + 9N_2\uparrow$$

氮气经过用金属网与陶瓷纤维组成的过滤层，滤去其中的渣粒并经冷却后充入折叠的气囊中，使气囊冲开装饰盖而迅速膨胀开，对人体移动产生缓冲作用，防止或减轻驾驶员和乘员受到损伤。

在点火器的电路连接器中设有短接条，当连接器脱开或未完全接合时，短接条将点火器的引线短接，防止因静电、感应电或误通电导致气囊打开。

为防止汽车电路中因线束短路等故障造成安全气囊误点火，目前博世公司开发的安全气囊系统采用交流充电点火（AC 点火）方式。AC 点火的电路原理如图 12-12 所示。将电容器 C 与点火器串联连接在一起，点火时 SRS ECU 以 100 kHz 的频率进行充电、放电，实现可靠的点火控制。也有利于在安全气囊未引爆的碰撞事故救援时，救援人员能够切断转向柱将驾驶员从变形的客舱救出，而不会触发安全气囊的引爆。

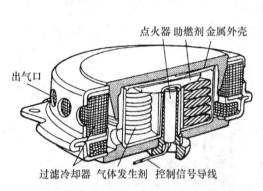

图 12-11 叠氮化钠气体发生器的结构

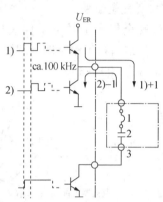

图 12-12 AC 点火的电路原理

1. 点火器 2. 电容器 C 3. 点火器插头

2. 驾驶员气囊组件与螺旋电缆

驾驶员气囊组件的结构如图 12-13 所示，主要由气体发生器、气囊和装饰盖等组成。驾驶员气囊组件安装在方向盘转向轴底板上，随方向盘一起转动，点火器导线通过螺旋电缆与 SRS 电控单元始终保持接触，气体发生器引爆后气体向气囊充气并冲开装饰盖使气囊张开。驾驶员气囊的张开的容积通常为 50～60 L。气囊由尼龙制成，内表面涂有树脂阻燃层，气囊张开后，通过背面开设的排气圆孔缓冲充气速度和排气。

安全气囊组件只能作为一个整体部件更换，不能分解和维修。

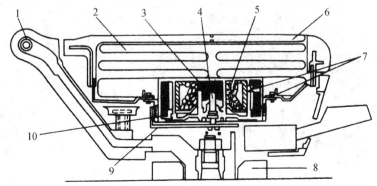

图 12-13 驾驶员气囊组件的结构

1. 方向盘 2. 气囊 3. 助燃剂 4. 点火器 5. 气体发生器 6. 装饰盖
7. 隔板和过滤器 8. 螺旋电缆 9. 底盖 10. 充气元件

螺旋电缆的作用是动态连接驾驶员气囊点火器与电控单元控制端导线。螺旋电缆的结构如图12-14所示，由转子、电缆、凸轮和壳体等组成。转子与凸轮之间有连接凸缘和槽，转动方向盘时，两者互相触动，形成一个整体一起旋转。电缆线呈螺旋状缠绕在壳体内，当正反方向转动方向盘时，转子与电缆线保持接触而不会产生导线拖动。

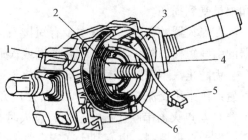

图12-14 螺旋电缆的结构
1. 电缆线 2. 方向盘轴 3. 转子
4. 凸轮 5. 点火器电路插接器 6. 壳体

3. 前乘员气囊组件

前乘员安全气囊组件位于仪表板右侧手套箱的上方，其结构和工作原理与驾驶员侧气囊组件相似，其结构如图12-15所示。气囊张开的容积通常为100～140 L。

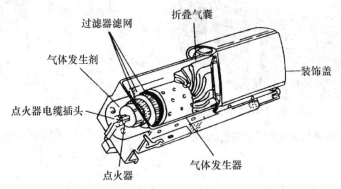

图12-15 前乘员安全气囊组件的结构

4. 安全带收紧器

带安全带收紧器的安全气囊系统，在引爆安全气囊的同时引爆安全带收紧器气体发生器，其作用是迅速收紧安全带至一定长度。安全带收紧器布置在两前排座椅的外侧，其安装位置和工作原理如图12-16所示。在点火器引爆时，气体发生剂在高温作用下迅速分解，推动活塞移动并拉动收紧拉索使安全带转轴转动，从而使安全带收紧。

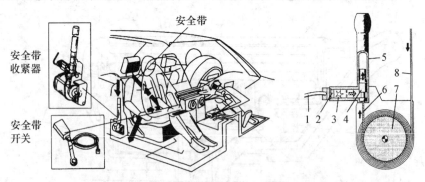

(a) 安全带收紧器的安装位置　　(b) 安全带收紧器的工作原理

图12-16 安全带收紧器的安装位置和工作原理
1. 点火器导线 2. 点火器 3. 气体发生剂 4. 活塞 5. 缸筒 6. 收紧拉索 7. 安全带转轴 8. 安全带

12.2.4 电控单元

电控单元具有碰撞检测、引爆控制、故障自诊断和通信等功能。电控单元内部电路的组成如图 12-17 所示。

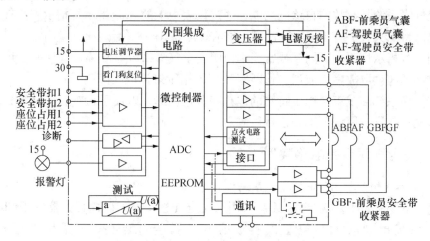

图 12-17　电控单元内部电路组成

内置的碰撞传感器检测车辆碰撞的减速度的大小，当碰撞强度超过触发门限值时，触发电路控制点火器点火。在碰撞过程中，若蓄电池断电，备用电源可短时间供电，以确保系统工作。变压器电路保证蓄电池电压过低时，将供电电压升至 12 V 正常工作电压。电控单元随时检测系统的工作状况，当系统出现故障时，点亮 SRS 警告灯，以提醒驾驶员及时检修车辆，并将故障内容存储在专用存储器中。检修时，通过与诊断座连接的串行通信接口即可读取故障内容。

具有正面和侧面碰撞保护功能的电控单元的内部电路的组成如图 12-18 所示。

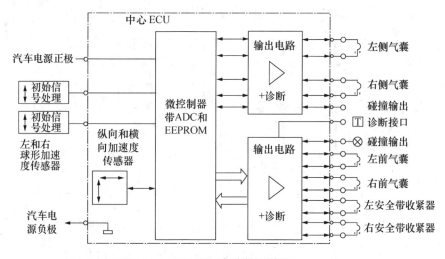

图 12-18　正面/侧面气囊控制装置

在具有安全带收紧器引爆控制的电控单元中，电控单元根据驾乘人员是否系好安全带选择高、低两种触发门限值。若没系安全带,电控单元选择低触发门限值,使安全气囊提前引爆,以最大限度地保护驾乘人员的安全。

12.2.5 SRS 指示灯和线束

安全气囊系统具有故障自诊断功能,通过仪表板上的 SRS 指示灯指示安全气囊系统的工作情况。将点火开关置于 ON 位置后,指示灯点亮 6～8 s 后熄灭,说明安全气囊系统正常;否则,若指示灯不亮、闪烁或常亮则说明安全气囊系统有故障。检修时,可用故障测试仪通过诊断座读取故障码或通过诊断座和 SRS 指示灯读取故障码。

安全气囊系统的线束采用了特殊的包扎和黄色色标,以便于检查和安全警示。各电路插接器带锁止装置,以保证电路连接可靠。

12.2.6 安全气囊系统电路实例

1. 上海大众帕萨特 B5 安全气囊系统

上海大众帕萨特 B5 安全气囊系统采用双安全气囊,电子碰撞传感器置于 SRS 电控单元内部,系统出现故障时位于仪表板的 SRS 警告灯点亮。可采用专用检测设备 V. A. G1551 或 V. A. G1552 通过与诊断座相连的 CAN(L)CAN(H)进行故障检测。气囊引爆时 SRS ECU 向中央门锁控制单元(J393)发出控制信号,使车门自动打开,以便于救助乘员。系统的电路如图 12-19、图 12-20 所示。

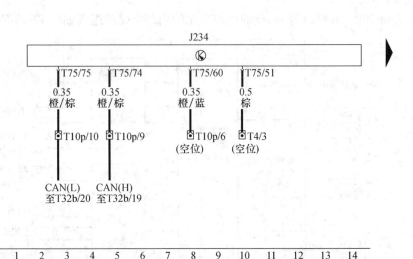

图 12-19 上海大众帕萨特 B5 安全气囊系统电路(1)

J234. 安全气整控制单元,在中央通道上　T10p. 10 针插头,黄色,在右 A 柱处(5 号位)　T4.4 针插头,黄/紫色,在右 A 柱处　T75.75 针插头,在安全气囊控制单元上　T32b. 32 针插头,绿色,在组合仪表上

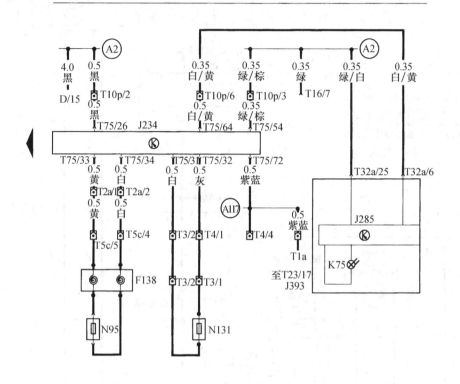

图 12-20　上海大众帕萨特 B5 安全气囊系统电路（2）

D. 点火开关　F138. 螺旋型电缆连接器　J234. 安全气囊控制单元　J285. 组合仪表控制单元　J393. 舒适电系统的控制单元　K75. 安全气囊报警灯　N95. 驾驶员气囊气体发生器　N131. 前乘员气囊气体发生器　T1a. 单针插头，在右 A 柱处（A 位）　T2a. 2 针插头，黄色，在左 A 柱处　T3. 3 针插头　T4. 4 针插头，黄/紫色，在右 A 柱处　T5c. 5 针插头，黄色，在转向管柱开关面板下　T10p. 10 针插头，在右 A 柱处（5 号位）　T16. 16 针插头，在手制动杆附近，自诊断接口　T23. 23 针插头，在舒适电子系统的控制单元上　T32a. 32 针插头，蓝色，在组合仪表上　T75. 75 针插头，在安全气囊控制单元上　Ⓐ2. 正极连接点（15 号火线），在仪表板线束内　A76. 连接点（K 诊断线），在仪表板线束内　Ⓐ117. 连接点在底盘线束内

2. 广州本田安全气囊系统

广州本田安全气囊系统采用双安全气囊，电子碰撞传感器置于 SRS 电控单元内部。系统出现故障时位于仪表板的 SRS 警告灯点亮，可通过专用检测设备或通过诊断座和 SRS 指示灯读取故障码。系统的电路如图 12-21 所示。

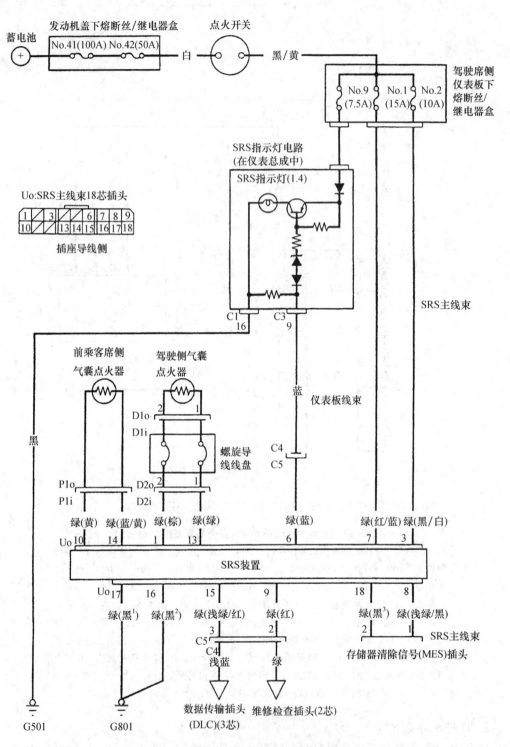

图 12-21 广州本田安全气囊系统电路

12.3 安全气囊系统的故障检测

12.3.1 安全气囊系统的正确使用

安全气囊系统的正确使用要求如下：
（1）安全气囊系统应配合安全带使用。安全气囊系统的基本前提是要佩带安全带。
（2）安全气囊系统不能故障运行。否则，当车辆发生意外碰撞时无法正常工作。
（3）避免对碰撞传感器、电控单元、安全气囊组件等造成人为冲击，以免引起误爆或造成系统部件损坏。
（4）避免安全气囊组件处于85℃以上的高温环境中。
（5）安全气囊系统必须由专业技术人员进行检测维修。

12.3.2 安全气囊系统检修规则

安全气囊系统检测维修时，应遵循正确的操作程序和检修规则，以免安全气囊的意外张开，造成严重事故。检测维修应遵循以下规则：
（1）在拆开蓄电池负极和正极接线之前，应先读取安全气囊系统故障码。由于安全气囊系统的故障征兆无法判定，读取故障码是排除故障的主要依据。
（2）先将点火开关转到LOCK位置，再从蓄电池上依次拆开负极和正极接线，然后在等待90 s后，才能开始检测维修，以使安全气囊系统备用电源完全放电。
（3）检测电路时应使用数字式万用表或高阻抗（10 kΩ/V以上）的万用表。
（4）即使只发生轻微碰撞而安全气囊未打开，也应对前碰撞传感器和方向盘安全气囊进行检查。系统的传感器、电控单元、安全气囊组件、螺旋电缆等零部件不可解体和维修。
（5）发生碰撞后且安全气囊已经引爆，SRS电控单元不可重复使用。
（6）碰撞传感器、电控单元等部件应严格按规定方向安装，否则系统无法正常工作。应仔细阅读零部件的有关注意事项。
（7）当使用电弧焊进行车身维修作业时，应依次拆开蓄电池负极（-）和正极（+）接线、电控单元连接器，再拆开各安全气囊组件黄色连接器后，方可进行作业。汽车其他电子控制系统的电控单元也同样应按规定拆下连接器。
（8）在维修过程中，不要测量气囊组件引爆管的电阻。应避免对碰撞传感器、安全气囊组件等产生冲击。不得将安全气囊组件置于高温、火焰和潮湿环境中。
（9）检修完毕后，应先进行系统检验，确认无误时，最后连接安全气囊组件电路。
（10）报废安全气囊组件或车辆时，应使安全气囊引爆张开。中央安全气囊传感器总成含有水银，水银蒸气有剧毒，拆下中央安全气囊传感器总成后应作为有害废物处置。手持安全气囊时，不要使气囊饰盖朝向身体，放置在工作台上时，要使饰盖面朝上。

12.3.3 上海大众帕萨特B5安全气囊系统故障检测

上海大众帕萨特B5安全气囊系统，用大众公司专用故障测试仪V.A.G1551或者V.A.G 1552或电眼睛（配备大众公司测试卡）等国产汽车解码仪进行故障检测。现以

V. A. G1551 为例,说明安全气囊系统故障检测的基本方法。

1. 连接故障测试仪

在所有熔断器正常、蓄电池电压不低于 9 V 的条件下,取下位于手刹车拉杆旁右侧的自诊断座罩,将 V. A. G1551 用 V. A. G1551/3 数据线连接到诊断座上,如图 12-22 所示。

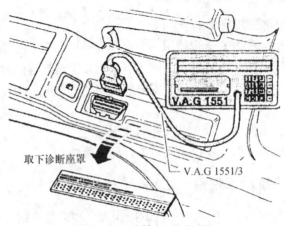

图 12-22 连接 V. A. G1551

V. A. G1551 屏幕上显示:

V. A. G1551 - SELF-GIAGNOSIS HELP
1-Rapid data transfer
2-Flash code output

V. A. G1551 - 自诊断 帮助
1-快速数据传输
2-闪光码输出

2. 查询安全气囊系统控制单元版本

按数字键 1,执行 Rapid data transfer 快速数据传输模式,屏幕上显示:

Rapid data transfer HELP
Enter address word XX

快速数据传输 帮助
输入地址词 XX

按数字键 1 和 5,输入安全气囊系统的地址词 15,屏幕上显示:

Rapid data transfer Q
15 Airbag

快速数据传输 确认
15 安全气囊

按 Q 键确认,屏幕上显示:

8L0 959 655B AIRBAG VW3-SV00 →
Coding-00066
WSC12345

8L0 959 655B 安全气囊 VW3-SV00 →
代码-000666
WSC12345

3. 自诊断功能的选择

按"→"键确认,屏幕上显示:

Rapid data transfer HELP
Select function XX

快速数据传输 帮助
选择功能 XX

可根据检测要求,输入相应的地址词进行相关检测。各项检测功能对应的地址词为:

01，查询控制单元版本；02，查询故障存储器；03，最终控制诊断；05，清除故障存储器；06，结束输出；07，控制单元编码；08，读取测量数据值；10，匹配。

4. 查询故障存储器

屏幕上显示：

| Rapid data transfer　　HELP | 快速数据传输　　帮助 |
| Select function　　XX | 选择功能　　XX |

按下 0 和 2（查询故障存储器使用地址字 02）。屏幕上显示：

| Rapid data transfer　　Q | 快速数据传输　　确认 |
| 02-Interrogate fault memory | 02-查询故障存储器 |

按下 Print 按钮，按下 Q 键确认，存储的故障的数量显示在屏幕上。

| X fault recognized | X 故障确认 |

存储的故障码按顺序显示并打印出来。根据故障表确定故障并排除。如果显示 No fault recognized（没有查询到故障），则在按"→"后回到起始位置。

| No fault recognized!　　→ | 未发现故障　　→ |

屏幕上显示：

| Rapid data transfer　　HELP | 快速数据传输　　帮助 |
| Select function　　XX | 选择功能　　XX |

帕萨特 B5 安全气囊系统故障表见表 12-1。

表 12-1　帕萨特 B5 安全气囊系统故障表

V. A. G1551 输出	可能的故障原因	故障排除
00000　没有识别到故障	如果在进行维修之后出现，则自诊断结束	系统正常
00532　电源信号太小	到安全气囊控制单元（J234）的导线和连线电池被放电或损坏	根据电路图测试到控制单元的导线和连接；对蓄电池充电或更换
00588　安全气囊点火器驾驶员侧（N95）电阻太大；电阻太小；对正极短路；对地短路	导线或连接故障；驾驶员侧安全气囊（N95）故障；带有滑动环的线圈接头（F138）故障	更换损坏的导线或连接；更换驾驶员侧的安全气囊（N95）；更换带有滑动环的线圈接头；读取测量数值块
00589　安全气囊点火器 1 前座乘客侧（N131）电阻太大；电阻太小；对正极短路；对地短路	导线或连接故障；前座乘客侧安全气囊（N131）故障	更换损坏的导线或连接；更换前座乘客侧安全气囊（N131）；读取测量数值块
00595　存储的撞击数据		更换数据单元；更换安全气囊单元和所有损坏的部件
01217　驾驶员侧安全气囊点火器电阻太大；电阻太小；对正极短路；对地短路	导线或连接故障；驾驶员侧安全气囊（N199）故障	更换损坏的导线或连接；读取测量数值块；更换驾驶员侧安全气囊（N199）

(续表)

V. A. G1551 输出	可能的故障原因	故障排除
01218 前座乘客侧安全气囊点火器（N200）电阻太大；电阻太小；对正极短路；对地短路	导线或连接故障；前座乘客侧安全气囊（N200）故障	更换损坏的导线或连接；更换前座乘客侧安全气囊（N200）；读取测量数值块
01221 驾驶员侧安全气囊撞击传感器（G179）电阻太大；电阻太小；开路；短路	导线或连接故障；撞击传感器故障；控制单元故障；撞击传感器和控制单元不匹配	更换损坏的导线或连接；更换损坏的部件；更换撞击传感器或控制单元
01222 前座乘客侧安全气囊撞击传感器（G180）电阻太大；电阻太小；开路；短路	导线或连接故障；撞击传感器故障；控制单元故障；撞击传感器和控制单元不匹配	更换损坏的导线或连接；更换损坏的部件；更换撞击传感器或控制单元
01280 前座乘客侧安全气囊未激活	前座乘客侧安全气囊失去功能	控制单元匹配
65535 电控单元	外部的电子干扰，接地不良或与控制单元（J234）的正极连接不良；控制单元故障	根据电路图测试通向控制单元的导线和接头；更换控制单元

5. 清除故障存储器

清除故障存储器的先决条件：故障被排除，再次查询故障存储器。屏幕上显示：

| Rapid data transfer　　HELP | 快速数据传输　　帮助 |
| Select function　　XX | 选择功能　　XX |

按下 0 和 5（用 05 输入"清除故障存储器"功能），屏幕上显示：

| Rapid data transfer　　Q | 快速数据传输　　确认 |
| 05 Erasing fault memory | 05 清除故障存储器 |

按下 Q 键确认输入，屏幕上显示：

| Rapid data transfer　　→ | 快速数据传输　　→ |
| Fault memory erased | 存储器故障已被清除 |

按下"→"按钮，屏幕上显示：

| Rapid data transfer　　HELP | 快速数据传输　　帮助 |
| Select function XX | 选择功能　　XX |

6. 结束输出

按下 0 和 6 结束输出，屏幕上显示：

| Rapid data transfer　　Q | 快速数据传输　　确认 |
| 06 End output | 06 结束输出 |

按下 Q 键确认输入，屏幕上显示：

| Rapid data transfer　　HELP | 快速数据传输　　帮助 |
| Enter address word　　XX | 输出地址　　XX |

接通点火开关。断开故障阅读仪 V. A. G1551 的接头。

12.3.4　广州本田雅阁轿车安全气囊系统故障码的读取和消除

对于不同的公司和车型,安全气囊系统故障码的读取方法不尽相同,本田雅阁轿车安全气囊系统可通过 SRS 警告灯读取故障码。故障码的读取方法如下。

1. 故障码的读取

(1) 将点火开关转到 ON 位置,SRS 指示灯亮 6 s 后熄灭,表明系统工作正常;若 SRS 指示灯不能熄灭,则按下列步骤读取故障码。

(2) 点火开关仍在 ON 位置,20 s 后用导线跨接仪表板下方的维修检查接头(2 芯),如图 12-23 所示,即可通过 SRS 指示灯读取故障码。故障码的闪烁方式如图 12-24 所示。系统各故障码内容见表 12-2。

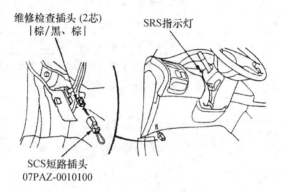

图 12-23　检查维修插头的位置

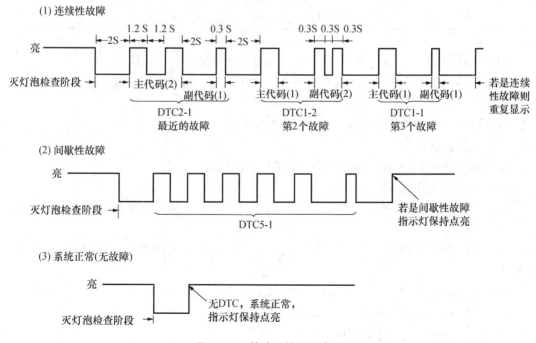

图 12-24　故障码的闪烁方式

表 12-2　广州本田安全气囊系统故障码及其内容

SRS 指示灯	DTC	可能的原因
不亮	无 DTC（不亮）	SRS 指示灯电路故障
亮	无 DTC（不熄灭）	SRS 指示灯电路故障，SRS 内部故障，SRS 电源故障
	无 DTC（自诊断后灯亮）	SRS 电源故障
	1-1	驾驶席侧气囊点火器线路断路
	1-2	驾驶席侧气囊点火器电阻增大
	1-3	驾驶席侧气囊点火器线路与其他导线短接或电阻变小
	1-4	驾驶席侧气囊点火器线路与电源线搭接
	1-5	驾驶席侧气囊点火器线路搭铁
	2-1	前乘客席侧气囊点火器短路
	2-2	前乘客席侧气囊点火器电阻增大
	2-3	前乘客席侧气囊点火器线路与其他导线短接或电阻变小
	2-4	前乘客席侧气囊点火器线路与电源线搭接
	2-5	前乘客席侧气囊点火器线路搭铁
	5-1、5-2、5-3、5-4	SRS 装置内部故障
	6-1、6-2、6-3、6-4	
	7-1、7-2、7-3	
	8-1、8-2	
	8-6	SRS 装置内部故障，或系统同时有两个故障
	9-1、9-2	SRS 装置内部故障
	10-1	SRS 气囊引爆（必须更换 SRS 装置）

（3）若系统正常，SRS 指示灯以 2 次/s 每秒两次的频率连续闪烁。

（4）故障码读取完毕后，关断点火开关至 OFF 位置，取下跨接导线。

2. 故障码的消除

故障码的消除方法如图 12-25 所示，操作步骤如下：

（1）关闭点火开关。

（2）将 SCS 短路插头与 MES 插头（2 芯）相连接。

（3）接通点火开关 ON。

（4）SRS 指示灯亮约 6 s 后熄灭。指示灯熄灭后 4 s 内将 SCS 短路插头从 MES 插头（2 芯）上取下。

（5）SRS 指示灯再次亮起时，在 4 s 内再次将 SCS 短路插头连接到 MES 插头（2 芯）上。

（6）待 SRS 指示灯熄灭，再在 4 s 内将 SCS 短路插头从 MES 插头（2 芯）上取下。

（7）SRS 指示灯如闪动两下，说明故障码已经消除。

（8）关闭点火开关，等候 10 s。

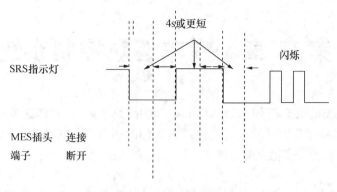

图 12-25 故障码的消除方法

12.5 思考题

1. 电子式安全气囊系统主要由哪些部分组成？
2. 简述压电式碰撞加速度传感器的工作原理。
3. 简述安全气囊组件的结构。
4. SRS 电控单元主要有哪些功能？
5. 安全气囊系统的检修规则有哪些？
6. 简述使用 V.A.G1551 测试仪读取和消除帕萨特 B5 安全气囊系统故障的步骤。
7. 说明通过诊断座和 SRS 指示灯读取、消除本田轿车的故障码的方法。

第13章 汽车巡航控制系统

巡航控制系统的英文简称 CCS（Cruise Control System），又称速度控制（Speed Control）系统。该系统工作时，驾驶员无须操作油门踏板就能保证汽车以设定的车速匀速行驶，从而给汽车驾驶带来很大的方便。

13.1 巡航控制系统的组成与工作原理

13.1.1 巡航控制系统的组成

巡航控制系统主要由巡航控制开关、车速传感器、电控单元和执行器4部分组成。巡航控制系统的组成如图13-1所示。

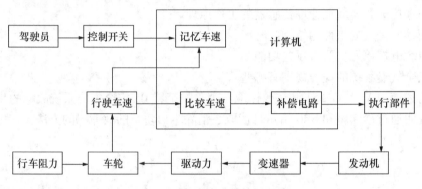

图13-1 数字式巡航控制系统

巡航控制开关用来接通或关断该控制系统的工作，并用来设置所要求的行车速度，同时用来选择其他的控制信息。ECU根据车速传感器信号计算车速，并与所设置的车速相比较后产生一个偏差信号，然后控制执行机构驱动油门开度变化，使油门开度随行驶阻力的变化而变化，从而使实际车速与所设置的车速一致。ECU根据取消控制信号，如制动信号、离合器动作信号或巡航控制开关切断信号等，即可中止巡航控制系统。

13.1.2 巡航控制系统的基本原理

闭环巡航控制系统基本原理如图13-2所示。电控单元有两个输入信号：一个是驾驶员按要求的车速调定的指令车速信号，另一个是实际车速反馈信号。当测出的实际车速高于或低于驾驶员调定的车速时，电控单元将这两种信号进行比较，得出两信号之差，即误差信号，再经放大、处理后成为油门控制信号，送至油门执行器，驱动油门执行器动作，调节发动机油门开度，以修正两输入车速信号的误差，从而使实际车速很快恢复到驾驶员设定的车速，并保持恒定。

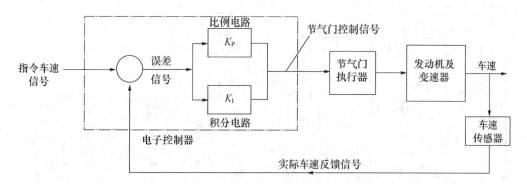

图 13-2 汽车巡航控制系统基本原理

在使用巡航控制时需要注意：如果在车辆行驶中无法安全地以稳定的速度行驶，最好不要使用这一系统；在雨雪天气，行车路面很滑的条件下，使用巡航控制系统也会有一定的危险。由于各行车路段汽车轮胎与地面的附着力在雨雪天气下变化较大，会导致车轮产生不必要的打滑空转，使车辆失去控制。

13.2 巡航控制系统的电路和部件结构

13.2.1 巡航控制系统的电路

采用微处理控制器的巡航系统电路框图如图 13-3 所示。CCS 电控单元的作用是接受车速传感器、巡航控制开关、制动开关等作用信号，经计算、记忆、放大及信号转换等处理后，输出控制信号，驱动执行器动作。

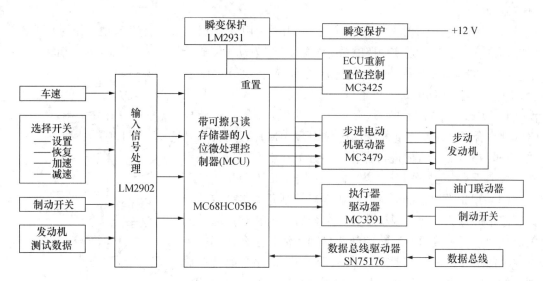

图 13-3 采用数字式微处理控制器的巡航控制系统

雷克萨斯轿车巡航控制系统电路图如图 13-4 所示。

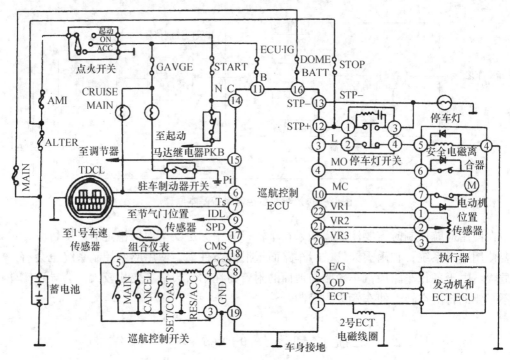

图 13-4　雷克萨斯汽车巡航控制系统电路

13.2.2　巡航控制系统的部件结构

1. 操作开关

操作开关主要用于巡航车速设置、车速重置或取消，包括主开关、控制开关和退出巡航控制开关。

（1）主开关。主开关是巡航系统的电源开关，用按键式接合，只有发动机工作的电源接合（如点火开关接合）才能实现巡航系统电源接合。发动机停转断电，巡航系统电源也切断。

（2）控制开关。手柄式控制开关有 5 个功能：设置（SET）、减速（COAST）、重置（RES）、加速（ACC）和取消（CANCEL），如图 13-5 所示。将设置与减速（SET/COAST）合用一开关，重置与加速（RES/ACC）合用另一开关，按图 13-5 指示方向进行操作。主开关在中间位置为按键式，每个开关均为操作接通，松开关断的自动回位开关。

（3）退出巡航控制开关。退出巡航控制开关包括取消开关、停车灯开关、驻车制动开关、离合器开关和空挡起动开关。任何一开关接通，巡航控制便自动取消。注意在巡航控制取消的瞬时，只要当时车速高于 35 km/h，此车速会存储到巡航控制的电控单元中，接通设置（SET）时，就默认已存储到电控单元中的车速为巡航车速。

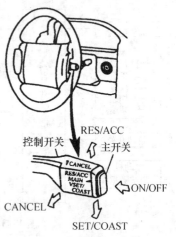

图 13-5　巡航控制开关

2. 执行器

执行器的作用是接收巡航控制 ECU 的控制指令，以电动或气动方式操纵油门，改变油门开度，使车辆做加速、减速及定速行驶。

在车辆巡航控制系统中，常采用电机或真空管型执行机构来控制油门的开度。电机型执行机构的结构示例如图13-6所示。在执行机构上装有起安全作用的电磁离合器，当电磁离合器的电磁线圈被接通时，离合板被吸住。随着离合器的吸合，执行器中电机被接通而转动，依次驱动蜗轮、蜗杆和终齿轮，并通过一根连杆带动节气门转动。连杆的位置是通过与转动轴相连的位置传感器进行检测的，通过对连杆的实际移动量和控制目标量的比较，ECU控制执行器中电机电流的方向来调节油门的开度。在油门完全关闭和完全打开的相应连杆轴位置上设有开关，当这些开关被触动时，通向电机的电流被切断。当汽车制动或处于空挡位置时，油门处于全关闭状态。当踩下离合器或制动踏板，或变速箱处于空档，或手刹车（驻车制动器）起作用时，由离合器开关、制动开关、空挡开关、手刹开关等信号直接控制电磁离合器将其分离，使巡航控制的执行机构对油门控制不起作用。

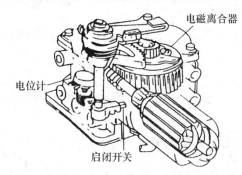

图13-6 电机型执行机构结构

3. 车速传感器

车速传感器将产生的车速信号输入电控单元，作为实际车速反馈信号，以便实现定速行驶功能。

4. 巡航控制系统电路的工作信号

（1）接通主开关（MAIN）。接通主开关后，电流流向为：ECU的CMS端子→控制开关端子（5）→MAIN开关→控制开关端子（3）→搭铁，使ECU处于预备状态，且CRUISE MAIN指示灯点亮。

（2）控制开关接通。控制开关具有设置、巡航、恢复、加速及取消功能。当开关转至不同挡位时，电流流向为：ECU的CCS端子→控制开关端子（4）→控制开关（SET/COAST或RES/ACC或CANCEL）→控制开关端子（3）→搭铁，ECU检测控制开关设置的各挡位，并开始控制操作。

当将控制开关按向SET/COAST方向，并将其释放后，ECU检测"设置"挡位并开始实施其控制。

（3）车速控制过程。控制开关设定车速后，安全电磁离合器电路接通，电流流向为：ECU端子L→停车灯开关端子（3）→开关端子（4）→执行器端子（5）→安全电磁离合器→执行器端子（4）→搭铁。

同时，执行器的位置传感器电路工作，电流流向为：ECU端子VR1→执行器端子（1）→位置传感器→执行器端子（3）→ECU端子VR3。此时位置传感器会将执行器控制臂位置电压信号从执行器端子（2）送到ECU端子VR2。

当实际车速下降到低于设置车速时，执行器电机电路接通，电流流向为：ECU端子MO→执行器端子（6）→电动机→执行器端子（7）→ECU端子MC。此时电机转动，使执行器控制臂沿油门打开方向转动，以提高车速。当控制臂转过某一角度后，ECU即从端子VR2接受到信号，并切断从端子MO输出的信号。

当实际车速高于设置车速时，电流由ECU端子MC流出，使电机反向转动，以降低车速。

（4）人工取消巡航控制功能。巡航控制系统可通过下述开关，在下列情况下取消巡航控制：

① 控制开关置于取消（CANCEL）挡位。

② 当驻车制动开关接通时，向ECU端子PKB发送一个取消信号。

③ 当换挡杆位于N或P位时，向ECU端子发送一个取消信号。

④ 当踩下制动踏板时，制动灯开关闭合，安全电磁离合器被释放，经制动灯开关向ECU端子发送一个取消信号。

当ECU检测到上述任一信号时，它便切断向执行器发出的指令信号并中止巡航控制系统工作。

13.3 巡航控制系统的故障诊断

13.3.1 巡航控制系统的故障自诊断

巡航控制系统一般都具有故障自诊断功能，电控单元监测巡航系统的工作情况。当系统出现故障时，电控单元将故障信息以代码形式存入存储器内，同时，仪表板上的"巡航系统故障指示灯"将点亮，以提示驾驶员系统出现故障。维修时读取存储器内的故障代码，以便快速准确地查明故障部位。

不同汽车生产厂家，故障自诊断测试方式、故障代码内容及故障代码的清除方法不尽相同。下面介绍雷克萨斯LS400巡航控制系统的故障码读取和清除的方法。

1. 故障码的读取

（1）关断点火开关，用短接线将方形诊断座或圆形检查连接器TDCL的端子T_c与E_1连接，如图13-7所示。

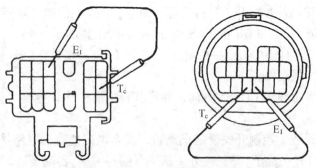

图13-7 雷克萨斯（LS400）故障诊断插座与检查

（2）将点火开关转至ON的位置。

（3）观察仪表板上的巡航指示灯CRUISE MAIN的闪烁，读出故障码。

系统正常时，指示灯连续闪烁，即亮 0.25 s、灭 0.25 s 交替连续闪烁。系统有故障时，闪烁两位数故障码，指示灯先闪烁十位数码再闪烁个位数码。十位数故障码闪烁的频率以通、断电间隔 0.5 s 闪烁，显示完十位后，再断电间隔 1.5 s，显示个位码，闪烁的频率为通、断电间隔 0.5 s。当系统有两个或两个以上的代码时，按代码的由小到大顺序显示，两个故障码间指示灯熄灭间隔 2.5 s。系统的故障码及故障部位见表 13-1。

(4) 完成检查后，关断点火开关，拆开端子 T_c 和 E_1 端子的连线。

表 13-1 雷克萨斯 LS400 巡航控制系统诊断码

诊断代码	故障部位	诊断代码	故障部位
	正常	23	汽车的实际车速低于设定的车速 16 km/h 以上
11	驱动电动机或安全离合器电路不正常	31	控制开关电路不正常
12	安全电磁离合器电路不正常	32	控制开关电路不正常
13	驱动电动机或位置传感器不正常	34	控制开关电路不正常
21	车速传感器不正常		

2. 系统故障码的消除

(1) 在完成修理后，可通过关断点火开关、拆下继电器盒盖 DOME 的熔断丝 10 s 或更长的时间，清除系统故障码。

(2) 接上熔断丝，应显示正常的故障码。

当汽车上坡车速降低时，车速可重新设定，这不属于故障。

3. 对信号输入的检查

信号输入的检查内容包括对主控开关（CANCEL ON、SET/COAST、RES/ACC、CANCEL）、制动灯开关、手刹车开关、离合器开关、空挡开关和车速传感器等的检查。

对于具体部位的检查，操作方法仪表板的指示灯闪烁方式与整个系统的检查不同。整个系统故障码是两位，检测具体部分的代码是一位，闪烁的（指示灯通、断电）时间间隔也不同。具体部位检查时，通常是连续闪烁，通、断电时间间隔是 0.25 s，断电 1 s 后第 2 次显示相同的代码。若有两个以上的代码可能出现时，只显示最小的代码。信号输入的检查方法及代码见表 13-2。

表 13-2 信号输入部分的检查方法及代码

序 号	操作方法	代 码	诊 断
1	将开关转到 ON	1	CANCEL 电路正常
2	将 SET/COAST 开关转到 ON	2	SET/COAST 电路正常
3	将 RES/ACC 开关转到 ON	3	RES/ACC 电路正常
4	踩下制动踏板，使制动灯开关置于 ON	6	停车灯电路正常
5	拉紧手刹车使开关置于 ON	7	手刹车开关电路正常
6	将变速器置于空挡使开关置于 ON	8	空挡开关电路正常
7	以高于 40 km/h 的速度行驶	闪烁	车速传感器正常
8	以低于 40 km/h 的速度行驶	保持亮	

在检查序号1、2、3、4时,将点火开关转到ON,在检查序号5、6、7、8时,应先用举升机举升汽车,使驱动轮离开地面,然后起动发动机。

4. 信号消除部分的检查

信号消除部分的检查是确定巡航控制的自动、人为取消过程中的信号是否正常。其检查步骤是:

(1) 将点火开关置于ON位置。

(2) 将主控开关的主开关置于OFF(断)的位置,并保持操作手柄在CANCEL(取消)位置。

(3) 按下主开关置于ON位置,从仪表板上的CRUISE MAIN指示灯上读出检查代码,信号输出部分的检查代码见表13-3。

(4) 完成检查后,关断主开关。

表13-3 信号输出部分的检查代码

代 码	诊 断
1	出现除23代码以外的故障
2	出现代码为23的故障
3	接收到CANCEL的开关信号
4	接收到停车灯开关的信号
5	接收到空挡起动开关的信号
6	接收到手刹车开关的信号
7	车速传感器的信号为降至40 km/h以下
保持亮	除上述以外的故障,如电源脱开等

13.3.2 巡航控制系统故障检查排除方法

1. 驱动电动机电路的检修

若系统的故障码是11,表明驱动电动机电路的电流过大,原因有电控单元提供给电动机的电源电压占空比高且不能调节、电动机有短路现象等。

驱动电动机电路的检查方法是:

(1) 脱开电动机与电控单元之间的导线连接器。

(2) 将蓄电池的正极接到连接器端子5,蓄电池的负极接到连接器端子4,使电磁离合器通电。

(3) 将蓄电池的电压加到其余的每两个端子之间时,电动机应转动,控制臂应摆动,且摆动平稳。

(4) 驱动电动机转动使控制臂摆动到加速或减速的限位点时,电动机应停止转动,控制臂停止摆动。

能够顺利实现上述过程的电动机状态良好,否则是坏的。

2. 电磁离合器电路的检修

当故障码是11时,除故障部位可能是驱动电动机外,电磁离合器的过流是另一故障;

当故障码是 12 时，电磁离合器电路的内部开路是原因之一。

电磁离合器电路的检修方法是：

(1) 测量电磁离合器的线圈电阻值是否正常。脱开与电控单元的配线连接器，将万用表置于欧姆挡并测量接线端子 3 与车身（接地）之间的电阻，电阻约 40 Ω 为正常，电阻为 0 或无穷大为故障。

(2) 检查油门控制臂的情况。脱开与电控单元的配线连接器，在电磁离合器断电时，控制臂能用手转动，在电磁离合器通电时，控制臂不能用手转动，同时符合这两种情况的电磁离合器为正常，否则电磁离合器有故障。

(3) 检查制动灯开关。脱开连接器，用万用表欧姆挡检查各个端子之间的通断，在制动踏板踩下时，端子 1 和 3 之间应导通，在制动踏板抬起时，端子 2 和 4 之间应导通，否则制动灯开关有故障。

3. 位置传感器电路的检修

当故障码为 13 时，故障的原因可能是位置传感器电路。位置传感器在电动机转动时，不能对电控单元输入变化的信号。可能的故障原因是线路连接接触不良、传感器损坏等。

位置传感器电路的检查方法是：

(1) 保持连接器不脱开的状态，将点火开关转到 ON，用手慢慢转动油门控制臂的同时，用万用表直流电压挡测量位置传感器的中间滑动端与电控单元接地之间的电压。控制臂使油门开度最大的对应位置时，电压约为 4.2 V，在开度最小时，电压约为 1.1 V。当控制臂转动时，电压的变化应连续平稳，否则，表明位置传感器损坏。

(2) 脱开连接器，用手慢慢转动油门控制臂的同时，用万用表欧姆挡测量位置传感器的中间滑动端与电控单元接地之间的电阻，控制臂使油门开度最大的对应位置时，电阻约为 1.8 kΩ，在开度最小时，电压约为 530 Ω。当控制臂转动时，电阻的变化应连续平稳，否则表明位置传感器损坏。

4. 车速传感器电路的检修

当故障码是 21 时，表明车速的信号电路有故障。可能的原因有车速传感器故障、组合仪表板、仪表板到车速传感器之间、仪表板到电控单元之间的线路故障以及电控单元故障等。

车速传感器电路的检查方法是：

(1) 车速信号的检查是在车速高于 40 km/h 时，打开巡航控制系统，巡航控制指示灯闪烁；在车速低于 40 km/h 时，打开巡航控制系统，巡航控制指示灯保持一直亮，表明车速信号正常，否则为故障。

(2) 检查配线和仪表板等连接是否可靠。

5. 控制开关电路的检修

故障码为 31 时，表明 RES/ACC（恢复）开关的信号一直输给电控单元；当故障码为 32 时，表明控制开关内部短路；故障码为 34 时，表明 SET/COAST（设定）、RES/ACC（恢复）开关的信号同时输入。故障原因是巡航控制开关、控制开关与电控单元的配线、连接器电路不正常。

控制开关电路的检查方法是：

(1) 各个控制开关的信号检查。分别接通 SET/COAST、RES/ACC 和 CANCEL 开关，在开关接通时,注意观察仪表板上的巡航控制指示灯的闪烁形式,当指示灯的闪烁形式如表 13-4 所示时为正常。

表 13-4 控制开关正常时指示灯闪烁形式

开关接通状态	指示灯的闪烁形式	备 注
CANCEL(取消)开关	亮/灭	当每一开关接通时,指示灯应如表内方式闪烁。当开关断开后,停止闪烁,表示开关与电控单元联系正常
SET/COAST(设定)开关	亮/灭	当每一开关接通时,指示灯应如表内方式闪烁。当开关断开后,停止闪烁,表示开关与电控单元联系正常
RES/ACC(恢复)开关	亮/灭	

(2)控制开关的阻值检查。控制开关内有 3 个不同阻值的电阻,可通过用万用表的欧姆挡检测连接器的端子 3 和 4 之间的电阻值,判断各个开关的好坏。拆下转向盘中心衬垫,脱开控制开关的连接器,控制开关接通时,测量端子 3 和 4 之间的电阻值,开关正常时各个电阻值见表 13-5。

表 13-5 控制开关的"欧姆挡"检查

开关位置	电阻值	备 注
各开关均关断	无穷大	各个开关分别接通时,测端子 3 和 4 的电阻值,阻值如表内数据时,开关为好的,否则开关电路有问题
RES/ACC(恢复)通	约 70 Ω	
SET/COAST(设定)通	约 200 Ω	
CANCEL(取消)通	约 420 Ω	

6. 制动灯开关电路的检修

检查制动灯开关电路的方法是:

(1)检查制动灯的状态,踏下制动踏板时制动灯应点亮。

(2)检查制动灯开关的信号,当踩下制动踏板时,观察仪表板上的巡航控制指示灯的闪烁形式,正常时巡航指示灯应闪烁 6 次,否则应检查制动灯电路与电控单元之间的线路是否出现故障。

13.4 思考题

1. 巡航控制系统由哪几部分组成?各组成部分的作用是什么?
2. 简述巡航控制系统的基本工作原理。
3. 简述雷克萨斯 LS400 巡航控制系统的故障的读取与清除方法。

第 14 章　电子控制悬架系统

14.1　半主动悬架与主动悬架的概念

普通悬架的弹簧刚度和减振器阻尼在悬架结构确定后是固定不变的，称为被动悬架。被动悬架不能适应汽车在不同行驶状态和道路条件下对弹簧刚度和减振器阻尼变化的要求。

电子控制悬架能自动控制车辆悬架的刚度、阻尼系数及车身高度，根据车载质量、车速和路面情况的变化而改变悬架特性，因而可最大限度地提高汽车行驶的平顺性和操纵稳定性，适应了现代汽车对乘坐舒适性、行车安全性更高的要求。

电子控制悬架属于主动悬架，可分为半主动悬架和主动悬架。

1. 半主动悬架

半主动悬架是指悬架元件中弹簧刚度或减振器阻尼系数之一可以根据需要进行自动调整的悬架。为减少执行元件的功率，一般都采用调节减振器的阻尼系数的方法。

2. 主动悬架

主动悬架是指悬架元件中弹簧刚度和减振器阻尼系数均可根据需要进行自动调整的悬架。主动悬架可根据汽车载重、路面状况、行驶速度、起动、制动、转向等工况变化，自动调整悬架的刚度和减振器的阻尼以及车身高度，从而满足汽车行驶平顺性和稳定性等各方面的要求。

主动悬架根据悬架介质的不同，又可分为油气式主动悬架和空气式主动悬架两种形式。

14.2　半主动悬架系统

14.2.1　半主动悬架系统的组成

电动式阻尼控制半主动悬架系统的组成如图 14-1 所示，主要由电控单元（ECU）、车速传感器、方向盘转角传感器、汽车加速度传感器、制动传感器和超声波道路传感器等组成。电控单元根据各传感器输入的信号优化确定减振器阻尼，并控制可调阻尼减振器，使减振器的阻尼能够根据汽车的行驶状态和道路条件进行变化。

超声波道路传感器可以对汽车行驶的道路条件进行检测，电控单元可根据从超声波发出到收到的时间差计算出车身的离地高度，并根据车身离地高度的变化对道路条件进行判定。电控单元根据道路条件确定减振器应具有的阻尼状态，并通过安装在减振器顶部的执行器进行阻尼转换。

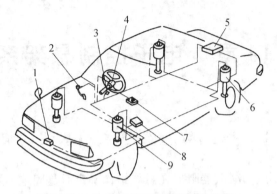

图 14-1 电动式阻尼控制系统的组成

1. 超声波道路传感器 2. 制动开关 3. 车速传感器 4. 方向盘转角传感器
5. 电控单元 6. 可变阻尼减振器 7. 选择开关 8. 加速度传感器

14.2.1 半主动悬架系统的工作原理

1. 阻尼控制执行器

阻尼控制执行器的结构如图 14-2 所示。ECU 采用脉宽调制信号控制直流电动机转动，带动扇形齿轮驱动调节减振器油液通道截面的转阀转动，使减振器的阻尼状态发生改变。减振器有较软、适中和较硬3种不同的阻尼状态，如图 14-3 所示。当转阀转动到节流孔 A 和 C 都打开的位置时，减振器处于较软状态；当转阀转动到节流孔 B 和 C 都打开的位置时，减振器处于适中状态；当转阀转动到节流孔 A、B 和 C 都关闭的位置时，减振器处于较硬状态。

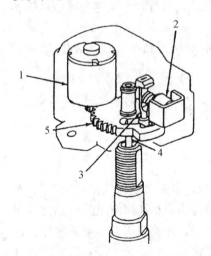
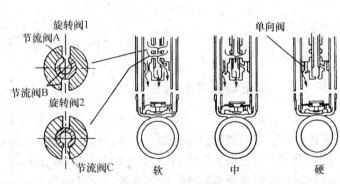

图 14-2 电动式阻尼控制执行器结构

1. 电动机 2. 电磁铁 3. 限制器
4. 转阀控制件 5. 扇形齿轮

图 14-3 减振器在不同阻尼状态时的转阀位置

2. 半主动悬架系统的工作原理

（1）高速急转弯阻尼控制。为减轻汽车在高速急转弯时发生的侧倾现象，ECU 根据车速传感器和方向盘转角传感器输入的信号，对汽车发生侧倾的趋势进行预测。当判定汽车将要发生侧倾时，ECU 控制汽车外侧前后减振器，使其均处于较硬状态。

（2）制动时阻尼控制。为减轻汽车在制动时发生的点头现象，ECU 根据制动灯开关和道路传感器输入的信号，对汽车点头的趋势进行预测。当判定汽车将要发生点头时，ECU 将使前后减振器均转入较硬状态。

（3）加速或减速时阻尼控制。为减轻汽车在加速或减速时发生的俯仰运动，ECU 根据车速传感器和加速度传感器输入的信号，对汽车发生俯仰趋势进行预测。当判定汽车将会出现俯仰运动时，ECU 将使前后减振器均转入适中状态。

（4）高速行驶时阻尼控制。为改善汽车在高速行驶的稳定性，ECU 根据车速传感器输入的信号，对汽车的速度区间进行判定。当判定汽车处于高速行驶时，ECU 将使前减振器均转入适中状态，后减振器转入较软状态。

（5）车身跳动时阻尼控制。为减轻车身跳动并改善车轮在不平整路面上的附着情况，ECU 根据车速传感器和道路传感器输入的信号，对车身跳动情况进行判定。当判定车身跳动时，ECU 将使前后减振器均转入适中状态。

（6）停车状态时阻尼控制。为避免乘员上下车引起车身摇动，ECU 根据车速传感器输入的信号对汽车是否处于停车状态进行判定。当判定汽车处于停车状态时，ECU 将使前后减振器均转入较硬状态。

在汽车行驶过程中，ECU 除了根据各传感器输入的信号对汽车的运动状态进行判定，并对减振器进行相应控制外，还根据道路传感器输入的信号对道路条件进行判定。当道路传感器输入信号中的高频成分和低频成分都很小时，或高频成分较大而低频成分较小时，将判定路面为平整路面；当道路传感器输入信号中的高频成分较小而低频成分较大时，将判定路面为起伏较大的平整路面；当道路传感器输入信号中的高频成分和低频成分都较大时，将判定路面为不平整路面。ECU 将根据路面条件对减振器的阻尼进行相应控制。

14.3 主动悬架系统

14.3.1 主动悬架系统的组成和基本结构

1. 主动悬架系统的组成

主动悬架系统分为以高压液体作为能量的油气悬架和以高压气体作为能量的空气悬架。

主动空气悬架的系统原理框图如图 14-4 所示，由传感器、ECU、空气悬架和高度控制器等组成。主动空气悬架系统根据悬架位移（车身高度）、车速、转向和制动等信号，由 ECU 控制电磁式或步进电机执行器，改变悬架的特性，以适应各种复杂的行驶工况对悬架特性的不同要求。

主动悬架控制的参数可以是车身高度、弹簧刚度、减振器的阻尼力等。

2. 油气悬架系统的基本工作原理

采用的压力控制型油气悬架系统的基本工作原理如图 14-5 所示，它由一个压力控制阀液控油缸和一个单作用油气弹簧构成。压力控制阀实际上由一个电液压力比例阀和一个机械式压力伺服滑阀组成，油气弹簧则是一个具有弹性元件和阻尼元件的特殊液压缸。该系统工作时，对于低频干扰，可以通过 ECU 对控制阀的线圈加一电流以控制针阀开度，从而在控制阀的出口处产生一个与电流成比例的输出油压，由此来控制油气悬架内的油压，以控制车体的振动；对于中频范围内的干扰，主要由滑阀的机械反馈功能对油气悬架内的油压进行伺服控制，从而进行车体减振；而在高频范围，则利用油气悬架内的气体弹簧吸收振动能量而达到减振的目的。

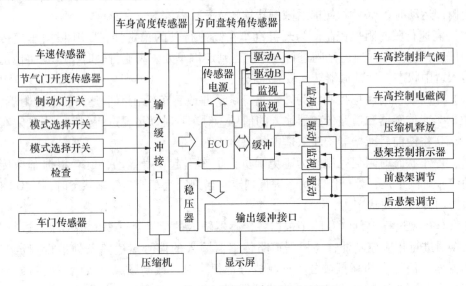

图 14-4 主动空气悬架的系统原理框图

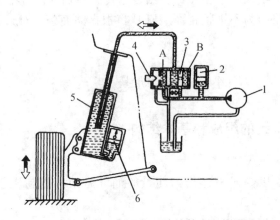

图 14-5 液控油气悬架系统的基本工作原理

1. 液压泵 2. 储能器 3. 机械式压力伺服滑阀 4. 电控液压比例阀 5. 液控油缸 6. 气体弹簧

液控油气悬架根据 ECU 的指令信号调节磁化线圈的电流大小，改变液压比例阀的位置，使悬架液压缸获得与电流成比例的油压。通常在行驶状态，伺服阀两侧 A 室的系统油压与 B 室的反馈油压相互平衡，伺服阀处于主油路与液压缸相通的位置，控制车体的振动。当路面凸起而使车辆发生跳动时，悬架液压缸压力上升，伺服阀 B 室反馈压力超过 A

室压力，推动滑腔向左侧移动，液压缸与回油通道接通，排出油液，维持压力不变，从而使车轮振动被吸收而衰减。在悬架伸张行程，液压缸内的压力下降，伺服阀 A 室压力大于 B 室压力，滑阀右移，主油路与液压缸接通，来自系统的压力油又进入液压缸，以保持液压缸内的压力不变。

3. 车高传感器

车高传感器的作用是将车身高度的变化转变为电信号并输入 ECU。丰田汽车采用的光电式传感器结构如图 14-6 所示，随轴（7）转动的遮光盘（2）上刻有一定数量的窄缝信号，发生器由发光二极管和光敏三极管组成。遮光盘位于发光二极管与光敏管之间，转动遮光盘，发光二极管发出的光不断被遮光盘挡住，使信号发生器的光敏三极管输出电压发生变化，从而使 ECU 检测出车身高度的变化。

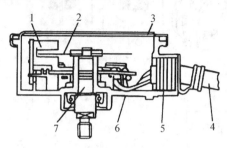

图 14-6 光电式车高传感器工作原理
1. 信号发生器 2. 遮光盘 3. 导杆 4. 电缆
5. 金属油封环 6. 壳体 7. 轴

汽车行驶中，因车身有振动，ECU 可根据一定的时间间隔（10 ms）来判定车高在某区间的百分比频度，决定是否需要进行车高调整，即频度一旦超过规定值，则开始进行调整。车高调整可用高压空气驱动空气弹簧悬架，也可用液压油泵驱动油气弹簧悬架。调整时，若需要将车身提高，可向弹性元件或减振器充气或充油；若需要降低车身，则放气或放油。通过减振器充气或放气来进行车高调整的电路控制框图如图 14-7 所示。

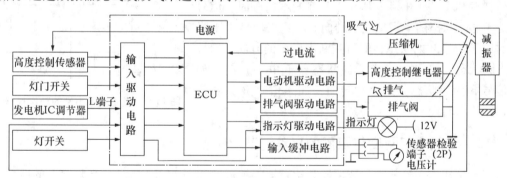

图 14-7 车高调整的电路控制框图

4. 光电式转角传感器

转角传感器装在转向轴管上，其作用是向 ECU 提供转向速率、转角大小及转动方向信息，由 ECU 确定需调节哪些车轮的悬架以及调节量。该传感器主要用于对汽车悬架系统的侧倾刚度调节。

光电式转角传感器的安装位置和结构如图 14-8（a）所示，其工作原理如图 14-8（b）所示。在转向轴的圆盘中间，装有带窄缝的遮光盘，遮光盘上等距离均匀排列着窄缝，遮光盘随转向轴转动时，两个信号发生器的输出随之进行通（ON）、断（OFF）变换。由发光二极管和光敏三极管组成的信号发生器以两个为一组，套装在遮光盘上。转角传感器的电路原理如图 14-8（c）所示。ECU 根据两信号发生器输出信号通、断变换的速率，即可检测出转向轴的转动速率；通过计算通、断变换的次数，即检测出转向轴的转角。

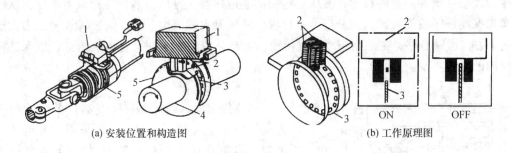

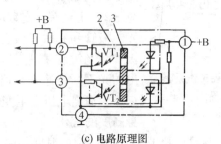

图 14-8 光电式转角传感器
1. 转角传感器 2. 信号发生器 3. 遮光盘 4. 转向轴 5. 传感器圆盘

为判断左右转向,将两个信号发生器通、断变换的相位错开 90°,如图 14-9 所示。汽车直线行驶时,信号 A 处于通断状态的中间位置。转向时,根据信号 A 下降沿对应于信号 B 的状态,即可判断出转向的方向。信号 A 由断状态(高电平)变为通状态(低电平)时,如果信号 B 为通状态,则为左转向;如果信号 B 为断状态,则为右转向。

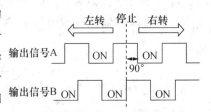

图 14-9 发生器输出端的动作状态

14.3.2 空气悬架刚度与阻尼的自动调节

空气悬架由空气弹簧、减振器和执行器等组成,如图 14-10 所示。当弹簧上的载荷增加时,容器内的定量气体受压缩,气压升高,则弹簧的刚度增大;反之,载荷减小时,弹簧内的气压下降,刚度减小。空气悬架的刚度是由步进电机带动空气控制阀,通过改变主、副气室之间通路的大小,使悬架的刚度可以在低、中、高 3 种状态下变化,从而改变悬架的刚度。

悬架刚度的调节原理如图 14-11 所示。当空气阀芯的开口转到对准"低"位置时,主、副气室通路的大孔被打开,主气室的气体经过阀芯的中间孔、阀体侧面通道与副气室的气体相通,两气室间的流量加大,相当于参与工作的气体容积增加,悬架的刚度减弱;当阀芯开口转到对准图示"中"的位置时,气体通路的小孔被打开,主、副气室间的流量变小,悬架刚度增加;当阀体开口转到对准图示"高"位置时,主、副气室间的通路被切断,只有主气室单独承担缓冲任务,悬架刚度进一步增强。

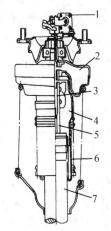
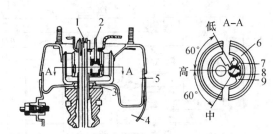

图 14-10 空气悬架的组成　　　　　图 14-11 悬架刚度的调节原理

1. 执行器　2. 副气室　3. 减振器阻尼调节杆　4. 主气室　5. 减振器活塞杆　6. 滚动膜　7. 减振器

1. 阻尼调节杆　2. 气阀控制杆　3. 主、副气室通路　4. 主气室　5. 副气室　6. 气阀体　7. 气体通路小孔　8. 阀芯　9. 气体通路大孔

14.3.3 车身高度调节

车身高度控制装置可根据车内乘员或载质量的变化自动调整悬架高度。车身高度控制的工作原理如图 14-12 所示,空气压缩机由直流电动机驱动工作,压缩空气经干燥器干燥后进入储气罐,储气罐的气体压力由调节阀进行调节。

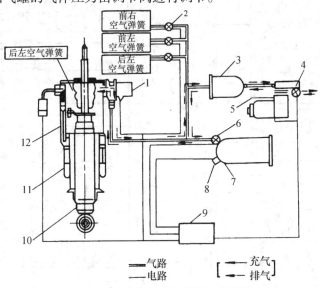

图 14-12 车身高度控制的工作原理

1. 电磁阀　2. 电磁阀　3. 干燥器　4. 排气阀　5. 空气压缩机　6. 进气阀　7. 储气罐　8. 调压阀　9. 电控单元　10. 减振器　11. 伸缩膜　12. 高度传感器

ECU 根据车身高度传感器、车速传感器及其他传感器输入的信号和司机对车身高度的控制模式进行分析计算。当 ECU 确认车身需要升高时,ECU 控制电磁阀通电打开,压缩空气便进入 4 个空气弹簧的主气室,使主气室的充气量增加,悬架高度增加,使车身高度增加;当确认车身高度符合要求时,ECU 控制电磁阀断电关闭,4 个空气弹簧的主气室中的充

气量不变,车身高度不保持不变;当确认车身需要下降时,ECU 控制空气压缩机停止工作,并使电磁阀、排气阀通电打开,4 个空气弹簧主气室内的高压气体通过电磁阀、空气管路、干燥器、排气阀排出,使空气弹簧高度下降。直到确认车身高度符合要求时为止。

雷克萨斯 LS400 悬架电子控制系统的电路如图 14-13 所示。

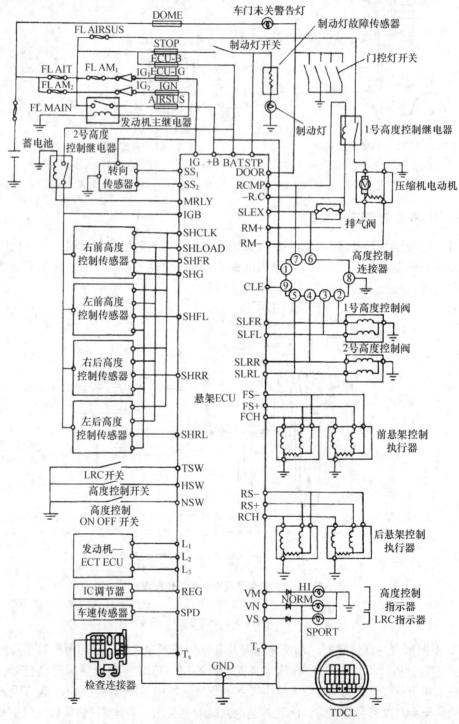

图 14-13　雷克萨斯 LS400 悬架电子控制系统的电路

14.4 电子控制悬架的故障诊断与检测实例

14.4.1 电子控制悬架的故障自诊断

电子控制悬架系统一般都具有故障自诊断功能，可监测诊断悬架系统的工作情况。当系统出现故障时，电控单元将故障信息以代码形式存入存储器内，同时，仪表板上的"悬架系统故障指示灯"将点亮，以提示驾驶员系统出现故障。维修时读取存储器内的故障代码，以便快速准确地查明故障部位。

不同汽车生产厂家自诊断测试方式和清除故障码的方法也不尽相同。下面介绍雷克萨斯 LS400 电子控制悬架的故障自诊断测试方式、故障代码内容及故障代码的清除方法。

1. 故障码的读取

（1）将点火开关转至 ON 位置。

（2）用跨接线将圆形诊断座或方形检查连接器的端子 T_c 与 E_1 连接，如图 14-14 所示。

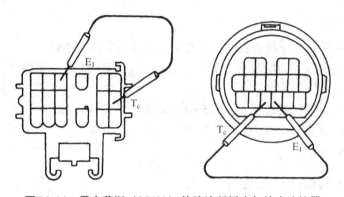

图 14-14 雷克萨斯（LS400）故障诊断插座与检查连接器

（3）观察仪表板车身高度控制指示灯 NORM 的闪烁规律，读取故障码。雷克萨斯 LS400 悬架自诊断系统故障码是两位，第 1 次连续闪烁的次数为十位数，第 2 次连续闪烁的次数个位数。诊断代码和故障部位的关系见表 14-1。

表 14-1 雷克萨斯 LS400 电控悬架系统故障码

故障代码	故障部位	故障说明
11	右前高度传感器	车身高度传感器电路断路或短路
12	左前高度传感器	
13	右后高度传感器	
14	左后高度传感器	左后高度传感器断路或短路
21	前悬架控制执行器电路	悬架控制执行器电路断路或短路
22	后悬架控制执行器电路	
31	1 号高度控制阀电路	高度控制阀电路断路或短路

(续表)

故障代码	故障部位	故障说明
33	右后悬架 2 号高度控制阀电路	右后悬架 2 号高度控制阀电路断路或短路
34	左后悬架 3 号高度控制阀电路	左后悬架 3 号高度控制阀电路断路或短路
35	排气阀电路	排气阀电路断路或短路
41	1 号高度控制继电器电路	1 号高度控制继电器电路断路或短路
42	压缩机电动机电路	压缩机电动机电路断路,压缩机电动机被锁住
51	供给 1 号高度继电器的持续电流	供给 1 号高度继电器的持续电流通电超过 8.5 min
52	供给排气阀的持续电流	供给排气阀的持续电流通电超过 6 min
61	悬架控制信号	ECU 失灵
71	悬架控制执行器电源电路	悬架控制执行器电源电路断路;AIR SUS 保险丝烧断
72	高度控制 ON/OFF 开关电路	高度控制 ON/OFF 开关一直在 OFF 位;高度控制 ON/OFF 开关电路断路

2. 诊断代码的清除

雷克萨斯 LS400 的电子悬架自诊断系统清除故障码有两种方法。

(1) 在关断点火开关的情况下,拆下 1 号接线盒中的 ECU-B 保险丝 10 s 以上,故障码即被清除。

(2) 在关断点火开关的情况下,用跨接线将高度控制连接器端子 9 与端子 8 连接,同时使检查连接器的端子 T_s 与 E_1 连接,保持 10 s 以上,然后接通点火开关并脱开以上各端子,故障码即被清除。

14.4.2 电子控制悬架故障检查

当电子控制悬架出现故障后,首先使用故障自诊断系统,读取故障码,查找故障部位,排除电控系统的故障。若故障码所示的故障排除后仍存在故障现象,则应根据故障现象分析故障原因,然后对系统进行检查。丰田雷克萨斯 LS400 轿车电子控制悬架的故障检修方法如下。

1. 电子控制悬架指示灯不正常的检查

(1) 接通点火开关,观看电子控制悬架的指示灯,S(刚度、高度低)、M(刚度、高度中等)、F(刚度、高度高)在点亮 2 s 后熄灭,则为正常;如果 S、M、F 指示灯都不亮,则进行下一步检查。

(2) 检查悬架 ECU 上的 +B、GND 两端子之间电压,如果电压为 12 V,说明 S、M、F 指示灯灯泡或连线有故障;如果电压不是 12 V,则检查系统熔丝(ECU-IG 15 A)是否熔断,蓄电池连接导线是否脱落或接触不良,点火开关是否损坏,悬架 ECU 接地是否良好,若发现故障应予以排除。

(3) 将悬架控制模式选择开关置于 NORM 位置,接通点火开关,应该指示灯 S 点亮,M 和 F 灯不亮。否则应检查悬架控制模式选择开关及其连接线路是否正常,若正常,则应检查悬架 ECU 是否有故障。

（4）将悬架控制模式选择开关置于 SPORT 位置，接通点火开关，应该指示灯 S、M 点亮，F 灯不亮。否则应检查选择器开关及其连接线路是否正常，若正常则应进一步检查悬架 ECU 是否有故障。

2. 汽车"后仰"故障检查

汽车在起步、加速时，前后轴载荷会发生变化，指示灯 S、M、F 应全部点亮，表明悬架刚度、高度属于强模式，否则就会产生"后仰"故障。

（1）检查车速传感器电路，即悬架 ECU 的 SPD 端子至车速传感器至搭铁的线路是否正常，若线路正常时，车速里程表轴每转 1 圈，用万用表检测 SPD 端子和 GND 端子之间的电路应导通 4 次，且电压在 0～6 V 之间变化。不正常时，表明车速传感器有故障，必要时予以更换。

（2）检查悬架 ECU、发动机 ECU、节气门位置传感器之间电路是否正常，线路正常时，接通点火开关，逐渐踩下加速踏板，则悬架 ECU 中 L1、GND 两端子间电压变化应为 0⟷5 V，L2、GND 之间的电压为 5 V⟷0⟷5 V，L3、GND 之间的电压为 5 V⟷0⟷5 V⟷0⟷5 V。不正常时，应检查节气门位置传感器各输出端子之间的电阻值及发动机悬架 ECU 是否正常，若上述检查正常，则表明悬架 ECU 有故障，应修理或更换。

3. 汽车"侧倾"故障的诊断

汽车以 40 km/h 行驶，突然转向时，不管悬架控制模式选择开关处于 NORM 还是 SPORT 位置，指示灯 S、M、F 应全部点亮，表明悬架刚度、高度都处于强模式，否则会出现"侧倾"和"摆头"故障。

（1）首先检查车速传感器电路，与上述"汽车后仰故障检查"中的方法相同。

（2）检查转向传感器与悬架 ECU 之间的连接线路是否正常，线路正常时，接通点火开关，悬架 ECU 中 Vs、GND 两端子间电压应为 3.5～4.2 V。如果 Vs、GND 之间电压不正常，则表明悬架 ECU 有故障，应予以检修或更换。慢慢转动转向盘时，检查 SS_1 端子与 GND 端子间电压，SS_2 端子与 GND 端子间电压，两个电压均应在 5～0 V 反复变化。如果电压不正常，表明转向传感器有故障，应予以修理或更换。

4. 汽车"点头"故障的诊断

汽车以 60 km/h 速度行驶，采用紧急制动时，不管悬架控制模式选择开关处于 NORM 还是 SPORT 位置，指示灯 S、M、F 应全部点亮，表明悬架刚度、高度都处于强模式，否则会出现"点头"故障。

（1）首先检查车速传感器电路，与上述"汽车后仰故障检查"中的方法相同。

（2）检查制动灯开关、制动灯与悬架 ECU 之间的连接是否正常，若线路正常，在不踩制动踏板时，悬架 ECU 上 STP、GND 两端子间电压为 0 V，当踩下制动踏板时，STP、GND 之间电压为 12 V。如果电压不正常，则为制动灯开关有故障，应予以更换；如果电压正常，则需检修或更换悬架 ECU。

5. 汽车"高速失控"故障诊断

汽车以 100 km/h 逐渐加速到 120 km/h 时，悬架控制模式选择开关处于 NORM 位置，悬架刚度、高度变为中等模式，则指示灯 S、M 应点亮，F 灯不亮。否则，应检查车速传感器电路是否正常，检查方法与上述"汽车后仰故障检查"中方法相同。如果正常，则表明悬架 ECU 有故障。

6. 自动换挡时汽车"后仰"故障诊断

汽车挂挡起步时,不管选择开关处于 NORM 还是 SPORT 位置,指示灯 S、M、F 应全部点亮,表明悬架刚度、高度都处于强模式,否则便会产生汽车"后仰"故障。

(1) 首先检查车速传感器电路,与上述"汽车后仰故障检查"中的方法相同。

(2) 检查空挡起动开关与悬架 ECU 的连接是否正常,若正常,则接通点火开关,变速杆在 N 位或 P 位时,悬架 ECU 上 NTR、GND 两端子间电压为 0 V。变速杆在其他任何位置时,NTR、GND 之间电压为 12 V。

若上述检查都正常,S、M、F 指示灯仍不亮,则表明悬架 ECU 有故障。

14.5 思考题

1. 简述半主动悬架的基本组成和作用。
2. 简述阻尼控制执行器的工作原理。
3. 简述主动悬架的基本组成和作用。
4. 空气悬架的基本组成有哪些?简述空气悬架刚度与阻尼的自动调节的工作原理。
5. 如何读取和清除雷克萨斯 LS400 电子控制悬架控制系统的故障码?

第15章 其他电子控制系统

15.1 超声波倒车雷达系统

倒车雷达系统,也叫"驻车辅助装置",是汽车驻车或者倒车时的安全辅助装置,能以声音或者更为直观的显示告知驾驶员周围障碍物的情况,解除了驾驶员驻车、倒车和起动车辆时前后左右探视所引起的困扰,并帮助驾驶员扫除了视野死角和视线模糊的缺陷。

15.1.1 系统的组成

超声波倒车雷达系统由超声波探头、倒车雷达模块和信息指示等部分构成。系统的组成如图 15-1 所示。

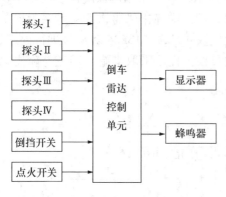

图 15-1 超声波倒车雷达系统组成

1. 超声波探头

超声波探头的作用是发射并接收超声波。当探头做发射器时,交流电加在振动线圈上,使其产生磁场,该磁场与永久磁铁的恒定磁场耦合使振动线圈振动,其振动频率与交流电频率相同,振动线圈与膜片相连,因此膜片会以相同的频率振动,引起空气运动,发出超声波。探头作为接收器时,反射的超声波引起膜片以一定的频率振动,在振动线圈上感应产生一个同样频率的交流感应电压,被电路接收,如图 15-2 所示。

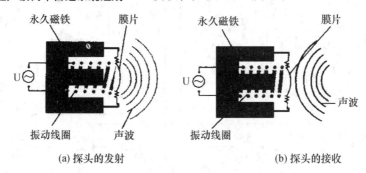

(a) 探头的发射　　　　　(b) 探头的接收

图 15-2 探头的发射与接收工作原理

倒车雷达根据超声波传输时间计算汽车和障碍物间的距离 s:

$$s = 0.5 t_e v_s$$

式中,t_e 为传输时间;$v_s = 340 \text{ m/s}$,为空气中的声音传播速度。

点火开关打开,系统即开始工作。进行自检,检查传感器及其线路功能是否正常,若发现故障则自动切断系统。倒挡时,传感器每隔 25 ms 触发一次,发射 1 ms 的超声波,然后进入接收状态,准备接收反射波。通过处理发射到接收所用的时间来计算汽车到障碍物的距离。

若障碍物特别大,如一面墙或另一辆汽车,那么最短的测量距离将对应为实际距离。

若检测独立障碍物,如路灯杆、树木等,则独立障碍物与汽车间的距离 h 公式计算为:

$$h = \sqrt{c^2 - \frac{(a^2 - b^2 + c^2)^2}{4a^2}}$$

式中:a——发射与接收传感器之间的距离;

b——障碍物与发射传感器之间的距离;

c——障碍物与接收传感器之间的距离。

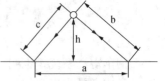

图 15-3 汽车和独立障碍物之间距离的计算原理

汽车与独立障碍物间的距离 h 的计算原理如图 15-3 所示。

2. 雷达模块

倒车雷达主机的核心是倒车雷达模块,模块集成了单片机部分、超声波电路部分和控制部分。

T8224 系列倒车雷达的工作原理电路如图 15-4 所示,装置于车尾保险杆上的 4 个探头在倒车雷达模块 T8224 的控制下向外发送超声波,超声波撞击障碍物后反射并为探头所接收,探头将接收到的反射波信号送到倒车雷达模块 T8224。T8224 对信号进行处理,计算出车体与障碍物之间的最近距离及方位,驾驶员根据提示采取措施,避免与障碍物相撞。

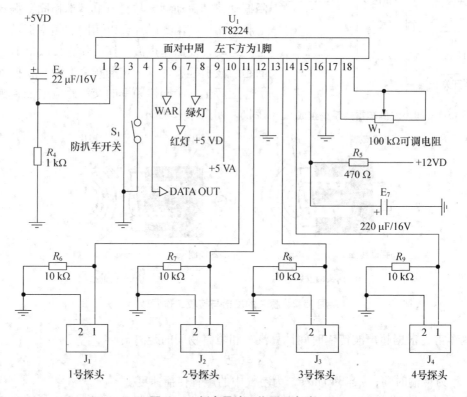

图 15-4 倒车雷达工作原理电路

3. 显示器与蜂鸣器

当传感器探知汽车距离障碍物的距离达到危险距离时，系统会通过显示器和蜂鸣器发出警报，提醒驾驶员。

现代汽车上，显示器已经成为一个集车辆导航、倒车预警、影音娱乐多种功能为一体的信息显示装置，提高汽车舒适性能的同时也促进了汽车电器部件的集成化发展。

15.1.2 奥迪 A6 的倒车雷达系统

奥迪 A6 的倒车雷达系统由倒车雷达控制单元、四个超声波传感器和倒车雷达蜂鸣器 H15 组成，超声波传感器安装在后保险杠上，其控制电路如图 15-5 和图 15-6 所示。

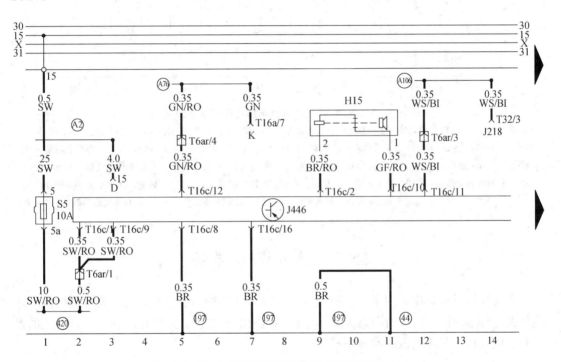

图 15-5 奥迪 A6 超声波倒车雷达系统电路图（1）

WS. 白色 SW. 黑色 RO. 红色 BR. 棕色 GN. 绿色 BI. 蓝色 GR. 灰色 LI. 紫色 GE. 黄色 D. 点火开关 H15. 倒车警报蜂鸣器 J218. 仪表板内组合处理器 J446. 倒车雷达控制单元 K. 自诊断接线 S5. 熔丝支架上熔丝 T6ar. 插头，6 孔，白色，右侧 A 柱分线器，倒车警报 T16a. 插头，15 孔，自诊断插头 T16c. 插头，16 孔，在倒车雷达控制单元上 T32. 插头，32 孔，蓝色，在仪表板上 ㊹. 接地点，左侧 A 柱下部 ㊼. 接地连接 4，在后部线束中 Ⓐ2. 正极连接（15），在仪表板线束内 Ⓐ20. 连接（15a），在仪表板线束内 Ⓐ76. 连接（自诊断 K 线），在仪表板线束内 Ⓐ106. 连接（车速信号），在仪表板线束内

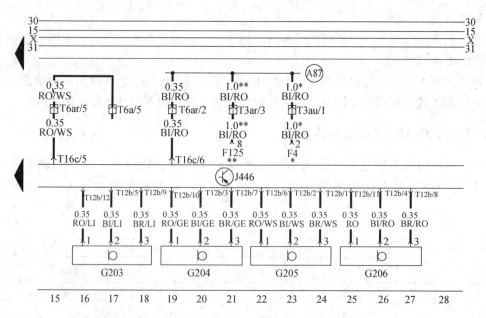

图 15-6 奥迪 A6 超声波倒车雷达系统电路图 (2)

F4. 倒车灯开关　F125. 多功能开关　G203. 倒车雷达左后传感器　G204. 倒车雷达左后中部传感器　G205. 倒车雷达右后中部传感器　G206. 倒车雷达右后传感器　J446. 倒车雷达控制单元　T3ar. 插头，3 孔，棕色，右侧 A 柱分线器　T3au. 插头，3 孔，红色，压力舱电器盒分线器　T6a. 插头，6 孔，蓝色，左侧 A 柱分线器　T6ar. 插头，6 孔，右侧 A 柱分线器　T12b. 插头，12 孔，黑色，在倒车雷达控制单元上　T16c. 插头，16 孔，在倒车雷达控制单元上　⑱. 连接（右前），在仪表板线束内　*. 带手动变速器的车　**. 带自动变速器的车

15.2　汽车导航系统

车辆导航系统是指采用车载 GPS 定位装置确定车辆的行驶位置，与预先存储的数字地图数据进行地图匹配，实时动态地显示车辆在路网中的位置，并优化车辆到达目的地的最佳路径以及达到相应路段的路径诱导。

15.2.1　汽车导航系统的功能

1. 车辆定位

通过车载 GPS 接收机接收卫星信号，并进行地图匹配后在电子地图上显示出车辆的实际位置。车辆定位包括车辆当前的位置（经度、纬度、高度、时间）和车辆在地图上的相对位置。完成此功能需要进行航位测定（Dead-reckoning）和地图匹配（Map-matching）。

航位测定通常使用的传感器包括装在飞轮或驱动轮上的车速传感器、转向角传感器等，根据传感器提供的距离、速度及方向等数据来计算车辆位置。由于车轮倾斜、轮胎压力变化等原因，航位测定很容易产生误差，并有累加效应，需要修正。

地图匹配是指利用各种数据（传感器数据、数字地图、最优路径等），确定车辆在地图上的相对位置。该过程把航位测定所得到的路径与数字地图中道路线形及最优路径相比较，来确定车辆的准确位置，并将输出反馈给航位测定，以修正航位测定过程的误差。

2. 路径规划

根据驾驶员目的地和设定的起点、终点,导航软件按"最短路径"原则设计路径,自动建立路径库。

3. 车辆诱导

车辆诱导是根据道路交通法规、最优路径,通过导航软件和数字地图对行驶出发地至目的地进行最佳路径的检索,在行驶中具有瞬时再检索功能,及时显示各路口的标志并在到达路口前给出声音提示或屏幕显示,引导驾驶员实现路径选择。

车辆诱导方式可分为静态路径导航和动态路径诱导。按照固有的信息决定路径的自治诱导,称静态路径诱导。按照固有的信息并同时利用接收到的道路实时信息(交通事故、道路施工等)决定路径的自治诱导,称为动态路径诱导。

4. 查询功能

系统提供包括社会公用信息等在内的信息供用户查询,查询结果以图像或语音的形式显示,并通过显示器在电子地图上给出。

15.2.1 汽车导航系统的组成

汽车导航系统的组成如图 15-7 所示,主要由 GPS 接收器、车载导航 ECU、液晶显示器、车载传感器等部分组成。

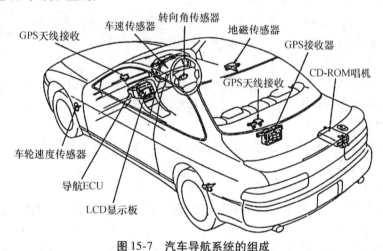

图 15-7 汽车导航系统的组成

1. GPS 接收器

车载 GPS 接收器用于接收 GPS 卫星的信号来计算汽车在地球上的坐标位置。GPS 使用 24 颗高度为 20 200 km 的导航卫星组成卫星星座,分布在 6 条近圆轨道上,每一条轨道分布 4 颗卫星,运行周期为 11 小时 58 分钟。可保证全球任何地区、任何时刻都不会少于 4 颗卫星可供观测。

每个卫星上装有精度为 10^{-13} 的精密原子钟,各卫星和地面站的原子钟相同步,建立起了导航系统的精确时间系,称为 GPS 时。导航卫星上面的发射机以 1 575.4 MHz(民用)和 1 226.60 MHz(军用)发射载波信号。通过测量电波由卫星至接收机的传播时间来确定物体位置。理论上当接收机接收到三颗卫星的信号时,即可以计算出接收机在地球上的坐标位置。由于空间中存在大量引起误差的因素,通过第四颗卫星来作"双重检验"以提高检测精度。

GPS 定位的基本原理如图 15-8 所示，根据所测得的三颗卫星电波传到汽车所用的时间 t_i（$i = 1，2，3$），可求得各卫星到汽车的距离 R_i：

$$R_i = t_i C$$

式中：C 为无线电波传播速度。

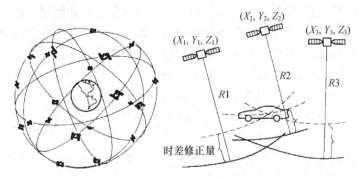

图 15-8　GPS 定位的基本原理

分别以三颗卫星为中心，以 R_i（$i = 1、2、3$）为半径得到三个球面，三个球面相交的一点即为汽车所处位置。设三颗卫星位置坐标分别为 (X_i, Y_i, Z_i)，其中 $i = 1，2，3$，汽车的坐标为 (X_0, Y_0, Z_0)，根据方程

$$R_i = \sqrt{(X_i - X_0)^2 + (Y_i - Y_0)^2 + (Z_i - Z_0)^2}$$

即可求出汽车的位置坐标。

2. 车载导航 ECU

车载导航 ECU 是导航系统的核心部件，通过处理接收器接收的信号，计算汽车坐标位置并对坐标信息进行修正，完成地图匹配和车辆诱导功能。

3. 液晶显示器

液晶显示器作为导航系统与驾驶员的交互部件，可以帮助驾驶员方便地进行操作并将所需要的信息实时显示。

4. 车载传感器

车载传感器的作用是采集导航系统所需要的车辆及地理信息来完成特定功能，如位置信息修正和航位测定等。

当出现接受信息时钟误差使 GPS 三颗卫星的信号定位失败，或因高楼、隧道等造成电波屏蔽影响定位精度时，可以利用转向角传感器、车速传感器等推算航迹。

独立导航系统是相对导航与绝对导航相结合的系统。绝对导航仪在收不到电波、有屏蔽物和障碍物时不能使用，而相对导航仪虽不受信号影响但对存入的地图识别不精确，并且由于汽车的打滑和移动会产生定位错误。独立导航系统克服了以上缺点，不存在导航盲区。目前，较高档次汽车的导航系统多为独立导航系统，装入了标注有地点、名称的地图，配备了语音报告功能和便于操作的触摸屏。

导航系统将定义目的地时该机的当前位置默认为出发点，当目的地确定后，导航系统根据电子地图上存储的地图信息，自动计算出一条最佳的推荐路线。有些系统中，使用者还可以指定途中希望经过的地点，导航系统定义一定的路线选择逻辑。推荐的线路将以醒目的方式显示在屏幕地图中，同时屏幕上即时显示出该机的当前位置，以作为参照。如果行驶过程中该机偏离了推荐的路线，系统会自动更改原有路线并以该机当前点作为出发点重新计算最佳路线，并将修正后的路线作为新的推荐路线。

15.2.2 奥迪 A6L 导航系统

在奥迪 A6L 汽车上，导航系统通过光学 MOST 总线连接在信息娱乐系统 MMI 上。奥迪 A6L 导航系统的电路图如图 15-9 和图 15-10 所示。

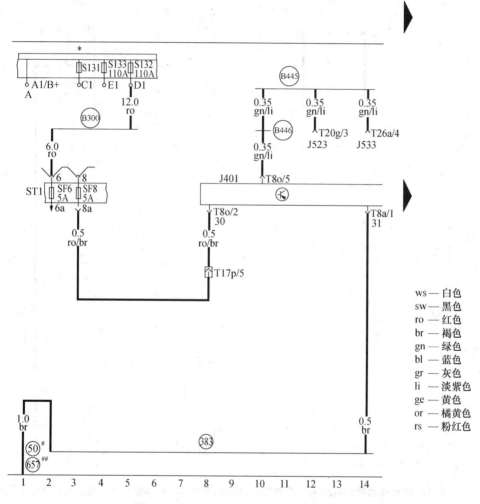

图 15-9 带 CD 光盘驱动器的导航系统控制器、熔丝电路图

A. 蓄电池　J401. 带 CD 光盘驱动器的导航系统控制器　J523. 前部信息显示和操作单元的控制单元　J533. 数据总线诊断接口　S131. 熔丝 1　S132. 熔丝 2　S133. 熔丝 3　SF6. 熔丝架 F 上的熔丝 6　SF8. 熔丝架 F 上的熔丝 8　T8o. 8 芯黑色插接器，在带 CD 光盘驱动器的导航系统控制器上　T17p. 17 芯黑色插接器，在行李箱中左侧　T20g. 20 芯红色插接器，插头 A，在前部信息显示和操作单元的控制单元上　T26a. 26 芯黑色插接器，在数据总线诊断接口上　㊿. 行李箱左侧接地点　㊷. 接地连接 18，在主导线束中　㊺. 接地点 1，在左侧后窗玻璃附近　Ⓑ300. 正极连接 4（30），在主导线束中　Ⓑ445. 连接 1（诊断），在主导线束中　Ⓑ446. 连接 2（诊断），在主导线束中　＊. 行李箱中右后蓄电池处的主熔丝盒　#. 高级轿车　##. 旅行车

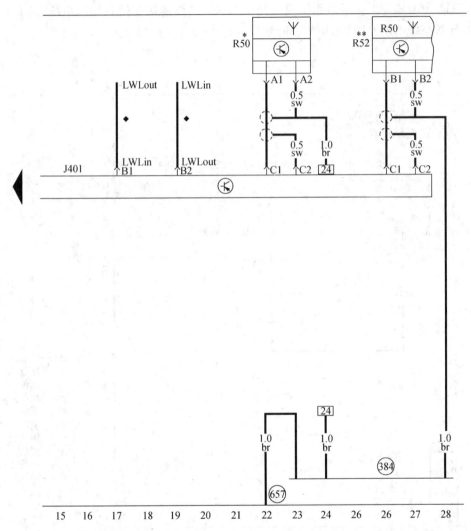

图 15-10 带 CD 光盘驱动器的导航系统控制器、收音机天线/电话/导航系统天线、导航系统天线电路
J401. 带 CD 光盘驱动器的导航系统控制器　R50. 导航系统天线　R52. 收音机/电话/导航系统天线
㊾. 接地连接 19，在主导线束中　㊿. 接地点 1，在左侧后窗玻璃附近　＊. 不带电话的车辆，在后部车顶饰件下面　＊＊. 带电话的车辆，在车顶天线上　◆. LWL 光缆

15.3　轮胎压力监控系统

在行车过程中对轮胎压力的监测是必要的。当胎压过高时，会减小轮胎与地面的接触面积，而此时轮胎所承受的压力相对提高，轮胎的抓地力会受到影响。另外，当车辆经过

沟坎或颠簸路面时，轮胎内没有足够空间吸收震动，除了影响行驶的稳定性和乘坐舒适性外，还会加大对悬挂系统的冲击力度，也会带来危害。

轮胎压力监测系统（Tire Pressure Monitor System，TPMS）的作用是在汽车行驶过程中对轮胎气压进行实时自动监测，并对轮胎漏气和低气压进行报警，以确保行车安全。

胎压监测生产厂商以英国 SCHRADER 为代表，SCHRADER 在胎压监测方面已经掌握了世界最核心的高端技术，其胎压监测产品已占领欧美市场整车原配胎压监测系统 75% 以上的市场份额。

15.3.1 轮胎压力监控系统的分类及特点

1. 直接式胎压监控

直接式胎压监控装置是利用安装在每一个轮胎里的压力传感器来直接测量轮胎的气压，利用无线发射器将压力信息从轮胎内部发送到中央接收器模块上，然后对各轮胎气压数据进行显示。当轮胎气压异常时，系统会自动报警。

直接监测装置可以提供更高级的功能，随时测定每个轮胎内部的实际瞬压，很容易确定故障轮胎。

2. 间接式胎压监控

间接式胎压监控的工作原理是：当某轮胎的气压降低时，车辆的重量会使该轮的滚动半径变小，导致其转速比其他车轮快。通过比较轮胎之间的转速差别，可以达到监视胎压的目的。上海别克系列轿车的 ABS 系统中集成了间接式胎压监控功能。

3. 复合式胎压监控

复合式胎压监控兼有上述两种方式的优点，它在两个互相成对角的轮胎内装备直接传感器，并装备一个 4 轮间接监测系统。与直接式监控系统相比，这种复合式系统可以降低成本，克服间接系统不能检测出多个轮胎同时气压过低的缺点。但是，它仍然不能像直接监控系统那样提供所有轮胎内实际压力的实时数据。

15.3.2 奥迪 A6L 的轮胎压力监控系统

奥迪 A6L 轿车上采用了轮胎压力直接监控系统，该系统组成如图 15-12 所示。使用独立的轮胎压力监控控制单元 J502。若轮胎充气压力低于规定压力 0.05 MPa 以上，则显示屏上会出现红色轮胎符号，同时带有一条说明文字"TPMS：检查轮胎压力"，并有一声蜂鸣器的提示音；若轮胎压力低于规定压力 0.03 MPa 以上，则显示屏上会出现同样的黄色报警符号。

奥迪 A6L 轿车轮胎压力监控系统组成如图 15-11 所示。

如图 15-12 和图 15-13 所示为奥迪 A6L 轿车轮胎压力监控系统电路图。

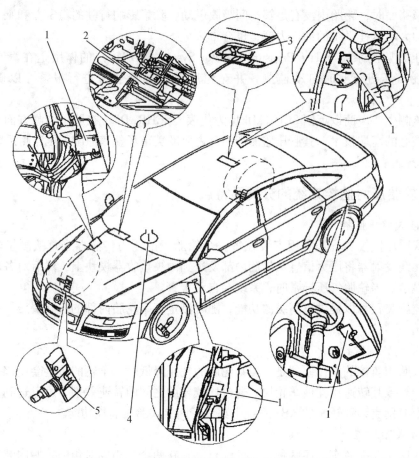

图 15-11 奥迪 A6L 轿车轮胎压力监控系统组成
1. 车轮拱板中用于轮胎压力监控系统的发射器 2. 轮胎压力监控控制单元 J502 3. 轮胎压力监控天线 R96
4. 组合仪表中的显示屏 5. 轮胎内右前轮胎压力传感器

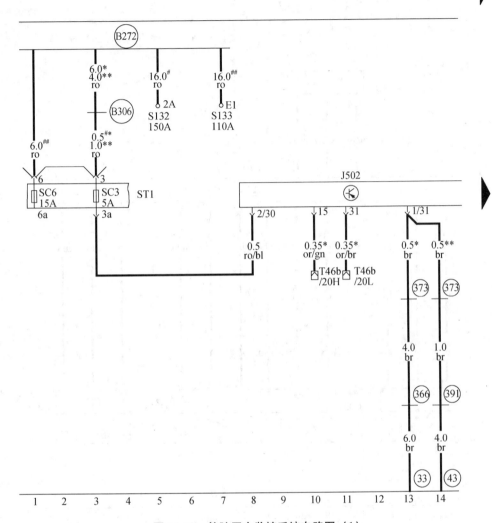

图 15-12 轮胎压力监控系统电路图（1）

J502. 轮胎压力监控控制单元　S132. 熔丝 2　S133. 熔丝 3　SC3. 熔丝架上的熔丝 3
SC6. 熔丝架上的熔丝 6　T46b. 46 芯插接器，右侧 CAN 分离插头　㉝. 右侧仪表板后面的接地点　㊸. 右侧 A 柱下部接地点　㊂. 接地连接 1，在主导线束中　㊷. 接地连接 8，在主导线束中　㊱. 接地连接 26，在主导线束中　㊲. 正极连接（30），在主导线束中　⑧. 接地连接 10（30），在主导线束中　*. 适用于 2005 年 10 月前的车辆　**. 自 2005 年 11 月起　#. 至 2006 年车型　##. 自 2007 年车型起

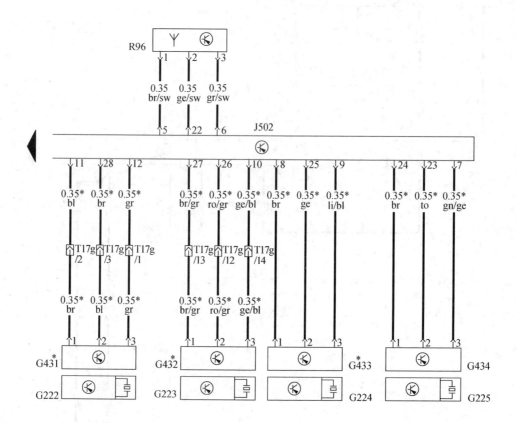

图 15-13 轮胎压力监控系统电路图（2）

G222. 左前轮胎压力传感器　G223. 右前轮胎压力传感器　G224. 左后轮胎压力传感器　G225. 右后轮胎压力传感器　G431. 左前轮胎压力监控车轮腔内的发射器　G432. 右前轮胎压力监控车轮腔内的发射器　G433. 左后轮胎压力监控车轮腔内的发射器　G434. 右后轮胎压力监控车轮腔内的发射器　J502. 轮胎压力监控控制单元　R96. 后轮胎压力监控天线　T17g. 17 芯棕色插接器，在左侧 A 柱接线板上　*. 仅适用于高版本

15.4　思考题

1. 简述超声波倒车雷达的系统组成及工作原理。
2. 汽车导航系统可以实现的功能有哪些？
3. 简述车辆诱导定义及其方式。
4. 简述轮胎压力监控系统的分类及特点。

第16章 汽车网络系统

16.1 概　　述

电子技术的应用提高了汽车的安全性、经济性和舒适性。汽车上电子控制单元（控制器、控制模块）越来越多，一辆采用传统布线方法的高档汽车，其导线长度可达 2 000 m，电气节点达 1 500 个，电线的重量可以达到 40～60 kg。为实现多个电子控制单元之间的相互连接、协调工作和信息共享，以及简化汽车线束、节约制造成本等目标，车载网络技术在现代汽车获得了广泛的应用。

16.1.1　CAN 总线（CAN-BUS）

CAN（Controller Area Network）即控制器局域网。20 世纪 80 年代初，为方便汽车众多控制与测试仪器之间的数据交换，德国博世公司开发出了 CAN 总线技术，作为一种串行数据通信协议，汽车 CAN 总线来源于工业现场总线和计算机局域网这样成熟的技术，具有很高的可靠性和抗干扰性。CAN 经过多次修订，于 1991 年 9 月形成技术规范 2.0 版本。该版本包括 2.0A 和 2.0B 两部分。其中 2.0A 给出了报文标准格式，2.0B 给出了报文标准和扩展两种格式。推出 2.0B 是为了满足美国汽车制造商对 C 类网应用的要求。1993 年 11 月国际标准化组织正式颁布了 CAN 国际标准 ISO 11898。

1. CAN 总线在汽车上的应用

CAN 总线在汽车上主要应用于以下四个方面：

(1) 实时控制

在实时控制中，各个系统，如发动机控制、变速器控制、控制和调节汽车运动的电子稳定性程序 ESP，通过 CAN 总线进行网络交联。数据传输速率为 125 k～1 M bps，以保证所需的实时反应速度，为高速 CAN。

(2) 多路传输

用于控制和调节汽车车身舒适性系统的部件，如空调、中央闭锁和可调节座椅。数据传输速率为 10～125 kbps，为低速 CAN。

(3) 故障诊断

用 CAN 总线诊断就是使用已有的诊断控制单元网络。诊断时可传输大量的数据。数据传输速率为 250 kbps 或 500 kbps。

如图 16-1 所示为基于 CAN 的 OBD Ⅱ 诊断网络。OBD Ⅱ 诊断网络旨在让车载自诊断模块起到监控排放的作用，得到了绝大多数汽车故障诊断系统的支持，通过故障诊断接口与故障诊断仪相连。由于 OBD Ⅱ 中的诊断项目精简，诊断内容具体，所以基于 CAN 的 OBD Ⅱ 诊断网络结构简单、功能明确。

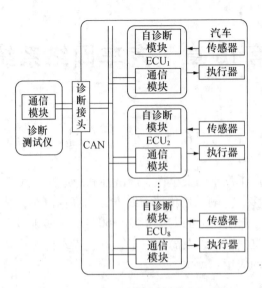

图 16-1　基于 CAN 的 OBD Ⅱ 诊断网络

(4) 移动通信

CAN 总线在移动通信上的使用是将多媒体部件，如导航系统、电话、音频设备、电视等与汽车上中央显示单元和操作单元连接。网络交联首先保证操作过程的统一性和汇总事态信号，使驾驶员的偏航降至最小。移动通信可传输大量数据，数据传输速率可达 125 kbps，但不能传输音频或视频数据。

2. CAN 总线的基本结构

CAN 总线基本结构如图 16-2 所示。CAN 具有多主节点、开放式结构、错误检测及自恢复能力等优点。CAN 总线的通信介质可以是双绞线、同轴电缆或光导纤维。CAN 协议的一个最大特点是废除了传统的站地址编码，而代之以对通信数据块进行编码，使网络内的节点个数在理论上不受限制。

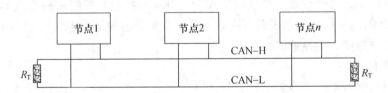

图 16-2　CAN 总线基本结构

汽车上的网络连接方式通常采用两条 CAN。一条用于动力系统的高速 CAN，速率达到 500 kbps；另一条用于车身系统的低速 CAN，速率是 100 kbps。高速 CAN 的主要连接对象是发动机控制器、ABS 及 ASR 控制器、安全气囊控制器等。低速 CAN 主要连接和控制汽车内外部照明、灯光信号、空调、组合仪表及其他辅助电器等。

CAN 系统内任意两个节点之间的位速率与最大传输距离有关。CAN 总线最大传输距离与其位速率的关系如图 16-3 所示。CAN 的最大传输距离为 40 m 时，其位速率可达 1 Mbps，足以满足一般实时控制现场的使用要求。

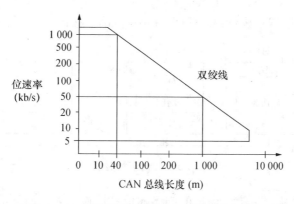

图 16-3　CAN 总线最大传输距离与其位速率的关系

CAN 网络还可实现无线传输。在两个相对运动的子系统间进行连接时，可把 CAN 网络在适当地方打开，然后加入一对无线 CAN 网桥，通过这对节点实现无线连接的两部分的通信。实现这种无线连接的媒体可以是电磁波、红外线等。动力系统 CAN 和车身系统 CAN 这两条独立的总线之间设有"网关"，以实现在各个 CAN 之间的资源共享，并将各个数据总线的信息反馈到仪表板上。有些轿车除了上述两条 CAN 总线外，还会有第三条 CAN 总线，它主要负责卫星导航及智能通信系统。采用 CAN 总线控制的汽车信息系统的结构如图 16-4 所示。

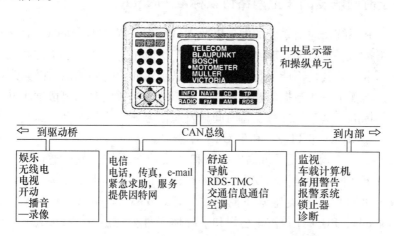

图 16-4　采用 CAN 总线控制的汽车信息系统的结构

16.1.2　局部连接网络（LIN）

局部连接网络简称 LIN（Local Interconnect Network），是由 Audi、BMW、Daimler-Chrysler、Motorola、Volcano Communications Technologies（VCT）、Volkswagen 和 Volvo 等公司组成的 LIN 联合体提出的一个汽车底层网络协议。其目的是给出一个价格低廉、性能可靠的低速网络，在汽车网络层次结构中作为低端网络的通用协议，并逐渐取代目前各种各样的低端总线系统。LIN 标准于 1999 年 7 月发行 LIN 1.0 版本，2000 年 4 月发行 LIN 1.1 版本，2000 年 11 月发行 LIN 1.2 版本。

LIN 网络的应用，将会降低车上电子系统开发、生产、使用和维护的费用。LIN 网络典型的应用是车上传感器和执行器的联网，LIN 网络结构如图 16-5 所示。

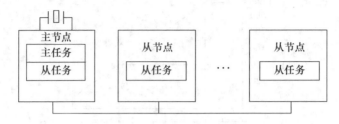

图 16-5　LIN 的网络结构

LIN 采用单主/多从、带信息标识的广播式信息传输方式，网络节点根据其在通信中的地位分为主节点和从节点。为了降低成本，LIN 网络中，从节点的同步不需要固定的时间基准。LIN 完全满足汽车环境的电磁环境兼容性 EMC（Electromagnetic Compatibility）、静电放电 ESD（ElecrtStatic Dischage）和抗噪声干扰 EMI（Electromagnetic Interference）的要求。

受单线传输媒体电磁干扰的限制，LIN 最大位流传输速度为 29 kbps。为了避免与实际系统定时溢出时间发生冲突，最小位流传输速度限定为 1 kbps。在实际应用系统中，支持 LIN 的元器件传输速度：低速为 2 400 bps，中速为 9 600 bps，高速为 19 200 bps。

16.1.3　基于时间触发的车上网络协议标准 FlexRay

汽车电子控制系统、通信系统的发展以及"线控"CBW（Conrtol By Wire）系统的增加，对车上网络提出了更高的要求。现在已经被广泛应用的一些基于事件触发的总线系统已经不能满足要求，尤其是不能满足分布式控制系统对通信时间离散性及延迟的要求。在这样的背景下，出现了一些数据传输速度高、可靠性高、通信时间离散度小并且延迟固定的车上通信网络标准，这些标准都支持时间触发通信方式。比较典型的这类车上网络协议标准有 FlexRay、byteflight、TTP/C 和 TTCAN 等。

FlexRay 是一个为车上应用系统高层网络和"线控"系统开发的通信标准，在提高数据传输率的条件下，能够满足汽车安全要求的可靠性指标。车上"线控"系统要求网络具有传输速度高、可靠性好和支持分布控制的性能，BMW、DaimlerChrysler、Philips Semi-conductors、Motorola、BOSCH 等汽车公司和半导体元件公司成立了 FlexRay 共同体，制定了 FlexRay 系统标准，并且组织开发一系列适合这个标准的软硬件。FlexRay 不仅是一个通信协议，而且包括特殊定义的高速发送和接收驱动器，以及各种 FlexRay 元件的硬件和软件接口标准。

FlexRay 共同体设计 FlexRay 系统标准的出发点，是提高数据传输率、开发适合汽车的复杂控制应用、支持分布式控制系统和减少车上通信系统网络。在汽车控制系统中，FlexRay 将被用于底盘控制、车身控制和动力传动系统控制。

FlexRay 系统适用于多种网络拓扑结构，包括总线结构、星形结构以及多星形结构。它的数据传输速度达到 5 Mbps，节点数可达 64 个。FlexRay 网络拓扑结构如图 16-6 所示。

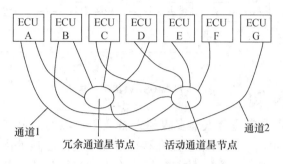

图 16-6　FlexRay 网络拓扑结构

16.1.4　光纤信息传输网络与汽车媒体 MOST 网络

汽车多媒体设备、信息设备的 MOST 网络（Media Oriented Systems Transport，MOST）是媒体信息传送的网络标准。1998 年开始建立的 MOST 标准合作机构，到 2000 年已经发展为有 Audi、BMW、Daimler-Chrysler、Fiat、Ford、Opel、Porsche、PSA、Renault、Saab、Toyota、Volvo、VW 等汽车公司和 Bosch、Delphi、Fujitsu Ten、Infineon、Motorola、Nokia、Philips、Siemens 等几十家汽车部件公司加盟的联合体。

MOST 联合体的目标是建立一个高速、低成本的汽车媒体网络标准。MOST 网络具有以下特点：

(1) 保证低成本的条件下，达到 24.8Mbps 的数据传输速度。

(2) 不需要额外的主控计算机系统，结构灵活、性能可靠和易于扩展。

(3) 使用光纤作为信息传输介质，可以连接视听设备、通信设备以及信息服务设备。

(4) 支持"即插即用"方式，在网络上可以随时添加和去除设备。

(5) 支持声音和压缩图像的实时处理、支持数据的同步和异步传输等。

连接到 MOST 上的任何应用层部分都是 MOST 设备。因为 MOST 设备是建立在 MOST 系统服务层上的，它可以应用 MOST 网络提供的信息访问功能以及位流传送的同步频道和数据报文异步传送功能。它可以向系统申请用于实时数据传送的带宽，同时还可以以报文形式访问网络和发送接收控制数据。MOST 网络中，在网络管理系统的控制下，各种设备可以协同工作，它们之间可以同时传送数据流、控制信息和数据报文。

典型 MOST 设备的硬件结构如图 16-7 所示。其中 RX 表示输入信号，TX 表示发送信号，CTRL 表示控制信号。在一些简单的设备中，可以没有微控制器部分，由 MOST 功能模块（MOST 发送/接收器）直接把应用系统连到网络上。

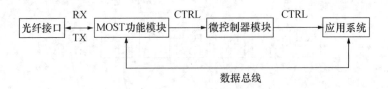

图 16-7　MOST 网络硬件结构

MOST 网络的特点非常适合汽车多媒体设备应用环境的需要，具有可靠性高、成本低、系统简单、结构灵活、数据兼容性好和抗电磁干扰性能强等优点。同时，使用光纤可以减少 250 m 线束，减轻 4.5 kg 重量。随着车上信息设备的不断增加，通过声控系统访问这些设备是最安全和最经济的方式，MOST 网络将是首选人机接口方式，通过 MOST 网络把人机语音接口与车上多体设备、通信设备以及其他信息设备连接，可以实现车上语音设备与操作者的对话。车上多媒体设备、信息设备的 MOST 网络应用如图 16-8 所示。

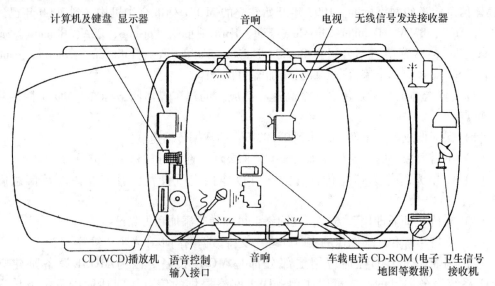

图 16-8　车上多媒体设备、信息设备的 MOST 网络

奥迪 A6 轿车网络系统的组成框图如图 16-9 所示。

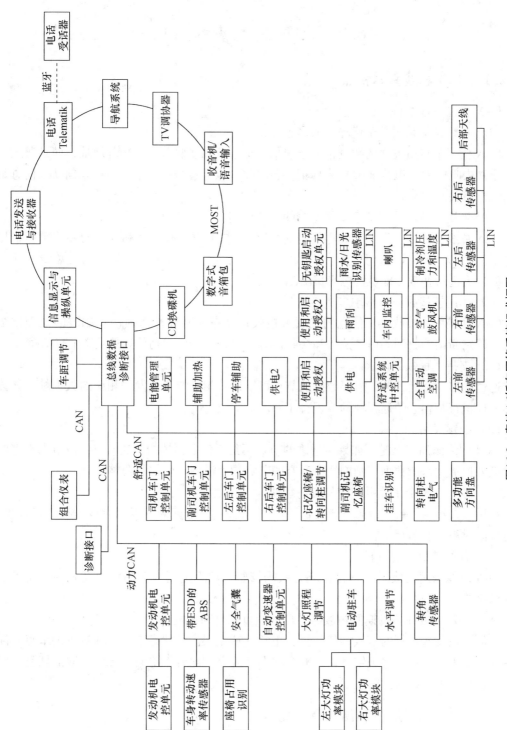

图16-9 奥迪A6轿车网络系统组成框图

16.2 CAN 总线基本原理

16.2.1 CAN 总线基本特点

CAN 有以下基本特点：

(1) 在线访问采用基于优先权的多主方式。

CAN 任一节点所发送的数据信息不包括发送节点和接收节点的物理地址，而是通过一个在全网中唯一的标识符（ID）来标记，各接收节点通过分析这个标识符来判断该信息是否与自己有关。

(2) 采用非破坏性的基于线路竞争的仲裁机制。

CAN 总线上的数据采用非归零编码（NRZ），数据位具有显性和隐性两种逻辑值，显性电平用逻辑"0"表示，隐性电平用逻辑"1"表示，总线按照线与机制对总线上任一潜在的冲突进行仲裁，即显性电平覆盖隐性电平。

(3) 利用帧接收滤波实现多点传送。

CAN 系统中，接收器对信息的接收或拒收建立在一种被称为帧接收滤波的处理方法上，可以判断出接收到的信息是否和接收器有关联，不需要辨别信息的发送节点信息。

(4) 支持远程数据请求。

通过送出一个远程帧，需要数据的节点可以请求相应的节点发送相应的数据帧，该数据帧的标识符与相应的远程帧的标识符相同。

(5) 配置灵活。

CAN 网络添加节点时，如果要增添的节点不是任何数据帧的发送器或者该节点不需要接收额外追加发送的数据，则网络中所有的节点均不需做软硬件的调整。

(6) 数据在整个系统范围内具有一致性。

利用多点传送原理和故障处理方法，CAN 系统中一个帧既可以同时被所有节点接收，也可以同时被所有节点拒收。

(7) 有检错和报错功能。

CAN 总线采用位检测、15 位循环冗余码校验、填充宽度为 5 的位填充和帧校验等多种检错措施。

(8) 仲裁失败或传输期间被故障破坏的帧可以自动重发。

任何正在发送数据的节点和任何正在正常（或错误激活状态下）接收数据的节点都能对错误的帧进行标记，并报错。错误帧会立即被放弃，此后，遵循系统所采取的恢复计时机制，被放弃的帧将被适时重发。

16.2.2 CAN 总线的分层结构及功能

CAN 遵循 ISO/OSI 标准模型，定义了 OSI 模型的数据链路层和物理层。数据链路层被进一步细分为逻辑链路控制（LLC）和介质访问控制（MAC）；物理层被进一步细分为物理信令（PLS）、物理介质附件（PMA）和介质附属接口（MDI）。

MAC 子层的运行由一个叫做"故障界定实体（FCE）"的管理实体监控，故障界定是一种能区分短期干扰和永久性故障的自校验机制。

物理层由一种检测并管理物理介质故障的实体来监控,如图 16-10 所示。

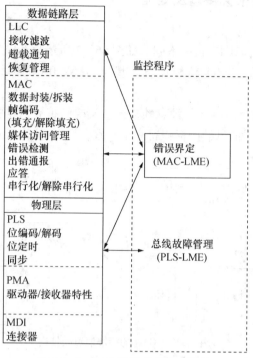

图 16-10　CAN 层级式的体系结构

其中 MAC（介质访问控制）是其核心层。MAC 子层可分为完全独立工作的两个部分,即发送部分和接收部分,其功能如图 16-11 所示。

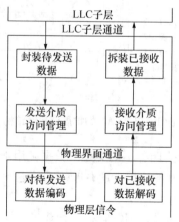

图 16-11　介质访问子层（MAC）功能

物理层是实现 ECU 与总线连接的电路。ECU 的总数取决于总线的电力负荷。CAN 能够使用多种物理介质,例如双绞线、光纤等,最常用的是双绞线,信号使用差分电压传送,两条信号线分为 CAN_H 和 CAN_L。静态时两条信号线均为 2.5V 左右,状态表示为逻辑 1,即隐性。当 CAN_H 比 CAN_L 电平高时表示逻辑 0,即显性,此时通常电压值为 CAN_H = 3.5V 和 CAN_L = 1.5 V。

16.2.3 CAN 总线的报文传输及处理

1. CAN 总线的消息帧

CAN 有两类消息帧，其 ID 长度不同。如图 16-12 所示为 CAN2.0A 的消息帧格式，即 CAN 消息帧的标准格式，有 11 位标识符。基于 CAN2.0A 的网络只能接收这种格式的消息。

如图 16-13 所示为 CAN2.0B 的消息帧格式，又叫做扩展消息帧格式。它有 29 位标识符，前 11 位与 CAN2.0A 消息帧的标识符完全一致，后 18 位为 CAN2.0B 特有。

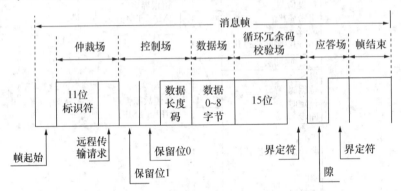

图 16-12 CAN 的标准消息帧结构

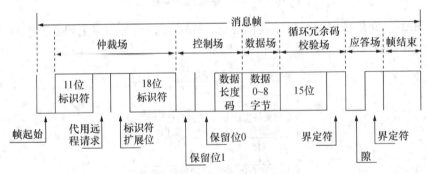

图 16-13 CAN 的扩展消息帧结构

CAN 的消息帧根据用途分为四种不同类型：数据帧用于传送数据，远程帧用于请求发送数据，错误帧用于标记检测到的错误，超载帧用于延迟下一个消息帧的发送。

（1）数据帧

数据帧由 7 个不同的位场组成，即帧起始、仲裁场、控制场、数据场、CRC 场、应答场和帧结束，其中数据场长度可为 0。

帧起始（Start Of Frame，SOF）：标记数据帧和远程帧的开始，仅由一个显性位构成，只有在总线处于空闲状态时，才允许发送。所有站必须同步于首先开始发送的那个站的帧起始前沿。

仲裁帧：在标准格式中，仲裁场由 11 位标识符和 RTR 位（远程传输请求位）组成；在扩展格式中，仲裁场由 29 位标识符和 SRR 位（替代传输请求位）、标识位以及 RTR 位组成。RTR 位在数据帧中必须是显性电平,而在远程帧中必须是隐性电平。SRR 位在扩展格式中为隐性电平。IDE 位(标识符扩展位)对于扩展格式属于仲裁场,为隐性电平,对于标准格式属于控制场,为显性电平。

控制场:由 6 位组成,在标准格式中,一个控制场中包括 DLC(数据长度码)、发送显性电平的 IDE 位和保留位 r0。在扩展格式中,一个控制场包括 DLC 和两个保留位 r1 和 r0,这两位发送显性电平。DLC 给出数据场的字节数目,数据长度码为 4 位,在控制场中被发送。

数据场:由数据帧中被发送的数据组成,可包括 0~8 个字节。

CRC 场:包括 CRC 序列和 CRC 界定符。

应答场:包括应答间隙和应答界定符。在应答场中发送站送出两个隐形位,一个正确接收到有效报文的接收器,在应答间隙期间,将此信息通过传送一个显性位报告给发送器。所有接收到匹配 CRC 序列的站,通过在应答间隙内把显性位写入发送器的隐形位来报告。应答界定符是应答场的第二位,必须为隐形位。

帧结束:每个数据帧和远程帧均由 7 个隐形位组成的标志序列界定。

(2)远程帧

接收数据的节点可以通过发送远程帧要求源节点发送数据,远程帧由 6 个域组成:帧起始、仲裁场、控制场、CRC 场、应答场和帧结束,没有数据场且其 RTR 位为隐性电平。

(3)出错帧

出错帧由错误标识和错误界定符两个域组成。接收节点发现总线上的报文有错误时,将自动发出活动错误标识,为 6 个连续的显性位。其他节点检测到活动错误标识后发送错误认可标识,为 6 个连续的隐形位。由于各个接收节点发现错误的时间可能不同,所以总线上实际的错误标识可能由 6~12 个显性位组成。错误界定符由 8 个隐形位组成。当错误发生后,每一个 CAN 节点监视总线,直至检测到一个显性电平的跳变。此时表示所有的节点已经完成了错误标识的发送,并开始发送 8 个隐形电平的界定符。

(4)超载帧

超载帧包括两个位场:超载标识和超载界定符。

存在两种导致发送超载标识的超载条件类型:一是接收器的内部条件,要求延迟下一个数据帧或远程帧;另一个是在间歇场的第一和第二位上检测到显性位。超载标识由 6 个显性位组成,超载界定符由 8 个连续的隐形位组成。

2. 非破坏性按位仲裁

CAN 总线上的数据采用非归零(NRZ)编码,数据位可以具有两种互补的逻辑值,即显性和隐性。显性电平用逻辑"0"表示,隐性电平用逻辑"1"表示。总线按照"线与"机制对其上任一潜在的冲突进行仲裁,显性电平覆盖隐性电平。发送隐性电平的竞争节点和发送显性电平的监听节点将失去总线访问权而变为接收节点。

在 CAN 总线上发送的每一条报文都具有唯一的一个 11 位或 29 位数字的 ID。CAN 总线状态取决于二进制数"0"而不是"1",所以 ID 号越小,则该报文拥有越高的优先权,因此一个为全"0"标识符的报文具有总线上的最高级优先权。可用另外的方法来解释:在消息冲突的位置,第一个节点发送"0"而另外的节点发送"1",那么发送"0"的节点将取得总线的控制权,并且能够成功地发送出它的信息。如图 16-14 所示为三个节点竞争总线的情况。

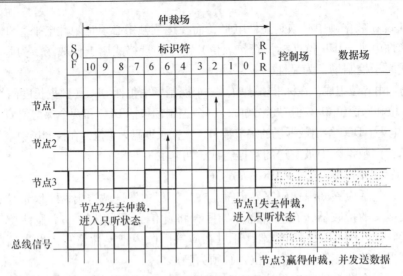

图 16-14 非破坏性按位仲裁过程

当发现总线空闲后,如果存在两个以上的总线节点同时开始发送数据,可利用 CSMA/CD 以及"非破坏性的逐位仲裁"方法来避免消息冲突。每个节点发送它的消息标识符位,同时监测总线电平。

从图 16-14 中可以看出,在标识符的第 5 位处,节点 1 和节点 3 为显性电平,而节点 2 为隐性电平;根据"线与"机制,此时总线为显性电平,节点 2 发送隐形电平却检测到显性电平,于是节点 2 丢失总线仲裁,立刻变为只听模式,并且开始发送隐性位;同理,在数据第 2 位处,节点 1 将丢失仲裁,变为只听模式。通过这种方式,优先权高的节点 3 最终赢得总线仲裁并且开始发送数据。

3. 位填充

CAN 总线采用多种抗干扰措施以减少消息帧在传送过程中的出错几率,位填充技术是其中很重要的一种。在 CAN 的消息帧中,帧起始、仲裁场、控制场、数据场和 CRC 序列帧段均以位填充方法进行编码。数据帧或远程帧的其余位场(CRC 界定符、ACK 场和帧结束)为固定形式,不进行位填充。当发送器在发送位流中检测到 5 个极性相同的连续位时,则自动插入一个补码位,如图 16-15 所示。

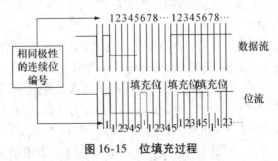

图 16-15 位填充过程

4. CRC 校验

CRC 场包括 CRC 序列和 CRC 界定符。用于检验的 CRC 序列特别适用于位数小于 127 位的循环冗余码(BCH 码)校验驱动。为实现 CRC 计算,被除的多项式被定义为这样一个多项式,其系数由帧起始、仲裁场、控制场、数据场(如果存在)和 15 位最低系数为

0 组成的解除填充的位流给定。此多项式被下列多项式除（系数按模 -2 计算）：
$$X^{15} + X^{14} + X^{10} + X^8 + X^7 + X^4 + X^3 + 1$$

该多项式相除的余数即为发送至总线的 CRC 序列。接收器接收数据时，按照同样的规则对所接收到的数据进行 CRC 计算，然后把两个 CRC 序列进行比较，以判定数据是否出错。

5. 远程帧

某些特定数据的接收节点可以通过发送一个远程帧来初始化各自源节点对数据的发送。一个远程帧由 6 个不同的位场构成，如图 16-16 所示。

图 16-16　MAC 远程帧的组成

仲裁场由标识符和 RTR（远程传输请求）位构成，其中前者从 LLC 子层传承而来。在 MAC 远程帧中，RTR 位的值为 1。

帧起始（SOF）、控制场、CRC 场、应答场和帧结束（EOF）均与 MAC 数据帧中相应的位场相同。

6. 出错帧

（1）出错帧由两个不同的区段构成，第一个区段由不同节点送出的出错标识叠加而成，紧随其后的第二个区段为出错界定符。

（2）出错标识

出错标识有两种形式：活动错误标识和认可错误标识；活动错误标识由连续的 6 个显性位构成；认可错误标识由连续的 6 个隐性位构成，认可错误标识的部分或所有位可以被其他节点送出的显性位所覆盖。

一个检测到出错状态的"错误激活"节点通过发出一个活动错误标识来对出错进行通报。这种出错标识的形式违反了位填充规则，也破坏了固定的位场形式。结果所有其他节点也检测到了一个出错状态，就都各自送出一个出错标识，所以在总线上实际监察到的显性位序列是由多个节点各自发出的不同出错标识叠加而成的。该序列的总长度最少为 6 位，最多为 12 位。

若发送器送出的认可错误标识起始于采用位填充方法进行编码的帧区段中，这在接收器看来是一种错误，因为这将导致接收器检测到填充错误。在仲裁期间，要求无论如何都不能出现认可出错标识，同时，其他节点可继续发送；而且，当 CRC 序列的最后几位碰巧全为隐性时，要求出错标识不能起始于 CRC 序列最后几位。

接收器产生的认可错误标识并不处于任何总线活动之上，所以错误认可模式下的接收器在检测到一个出错状态后往往还要等待其后出现 6 个相同位，直到其出错标识发送完毕。

（3）故障界定符

故障界定符由 8 个隐性位构成。

发送完一个出错标识后，每个节点都要送出几个隐性位并对总线进行监察，直到检测到一个隐性位为止。接着，这些节点还要再送出 7 个隐性位。

7. 超载帧

超载帧可分为两种类型，其格式完全相同：一是 LLC 提请的超载帧，LLC 子层会请求此种超载帧来指示一种内部超载状态；二是反应型超载帧，在某些出错状态下，MAC 子层会送出反应型超载帧。

（1）超载帧

超载帧由两个位场组成：超载标识和超载界定符。超载标识的总体形式与活动错误标识相似，超载界定符与故障界定符相同。

（2）超载标识

超载标识由 6 个显性位构成，其形式破坏了间歇场的固定格式，结果使其他所有节点也检测到了一个出错状态，就都各自送出一个超载标识。

（3）超载界定符

超载界定符由 8 个隐性位构成。超载标识发送完毕后，每个节点都对总线进行监察，直到检测到一个隐性位为止。此时，每个节点均已发送完各自的超载标识，接着所有节点还要同时开始发送 7 个隐性位，配齐长达 8 位的超载界定符。

8. 帧间空间

数据帧及远程帧均以一种称为帧间空间的位场与先前各种类型的帧（数据帧、远程帧、出错帧或超载帧）相分隔。与此形成鲜明对比的是，超载帧和出错帧的前面不用帧间空间分隔，并且多个超载帧之间不用帧间空间进行分隔。

（1）帧间空间

帧间空间由间歇和总线空闲及暂停发送等位场构成，其中暂停发送只用于错误认可状态下的节点刚完成发送动作的场合，如图 16-17 和图 16-18 所示。

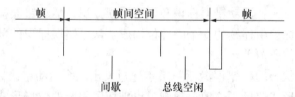

图 16-17　帧间空间：用于节点处于非错误认可状态或刚完成接收动作的场合

图 16-18　帧间空间：用于处于错误认可状态的节点刚完成发送动作的场合

（2）间歇

间歇由 3 个隐性位构成。在间歇期间，不允许任何节点发送数据帧或远程帧。

（3）总线空闲

总线空闲时间长短不限。总线一经确认处于空闲状态，则任何节点都可以访问总线传送信息。因另一帧正在传送而延期发送的帧是从间歇之后的第 1 位开始送出的。通过对总线进行检测，出现在总线空闲期间的显性位将被认为是帧起始。

（4）暂停发送

处于错误认可状态的节点完成其发送动作后，在被允许发送下一帧以前，它要在间歇之后送出 8 个隐性位。如果间歇期间执行了（由另一个节点引起的）发送动作，此节点将会变成正被发送的帧的接收器。

16.3 汽车网络系统应用实例——奥迪 A6L 多媒体交互系统

奥迪开发了多媒体交互系统（MMI）。MMI 巧妙地融合了所有信息娱乐部件的操作，可以迅速、方便、直观地使用大量的功能。奥迪 A6L 的多媒体交互系统（MMI），将收音机系统、电话/电子通信系统、导航系统、语音操作、TV、音频驱动器、音响系统和数据总线诊断接口 J533 的数据交换通过光学的 MOST 总线实现，中央控制单元是前部信息显示和操作控制单元 J523，用于将组合仪表显示屏上显示的信号通过 MOST 总线输送到数据总线诊断接口 J533 上，并在那里通过 CAN 总线输送到组合仪表上。

多媒体交互系统（MMI）概念包含两个部分：终端操作装置和显示区域。终端操作装置位于换挡杆和中央扶手之间；显示区域包括多媒体交互系统显示屏（位于中控台顶部）和驾驶员信息系统显示屏。显示屏和控制区域分别处于驾驶员能够直接读取和便于操作的位置，确保了道路始终在驾驶员的直接视野之中。在行驶时，驾驶员信息系统显示屏显示车辆的最新数据以及电话和导航系统的状态信息（视设备而定），也可以读取基本的信息娱乐功能。

奥迪 MMI 系统有下列功能。

（1）娱乐：操作收音机和 CD/TV。
（2）通信：电话操作。
（3）信息：检索交通信息，设定导航系统动态路线设置。
（4）控制：车辆设置和信息娱乐组件设置。

如图 16-19 所示为 MMI 系统安装位置。

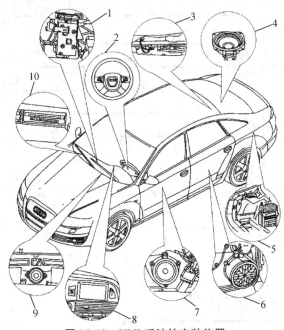

图 16-19 MMI 系统的安装位置

1. 前部信息显示和操作单元的控制单元 J523 2. 多功能转向盘 3. 天线放大器 R24 4. 后窗台板内的扬声器 5. 收音机 R、数字式声音处理系统控制单元 J525 和功率放大器 R12 6. 后车门里的扬声器 7. 前车门里的扬声器 8. 前部信息显示和操作单元控制单元的显示单元 9. 中部中音/高音扬声器 R158 10. 媒体播放机 R118 和 R119

如图 16-20 至图 16-24 所示为 MMI 系统电路图。

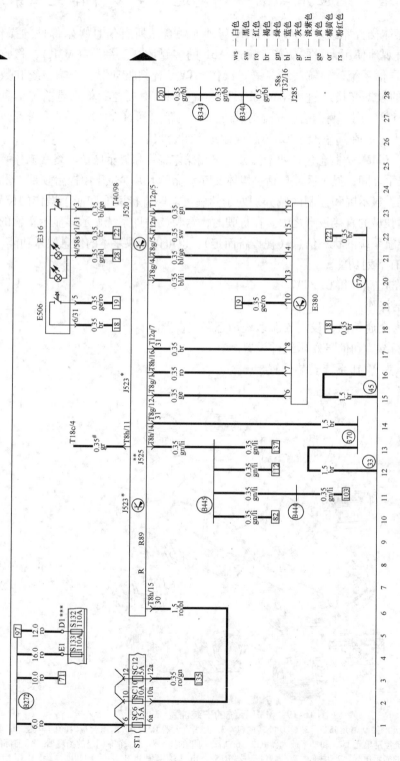

图 16-20 前部信息显示和操作单元的控制器、多媒体系统操作单元、显示单元按钮电路图

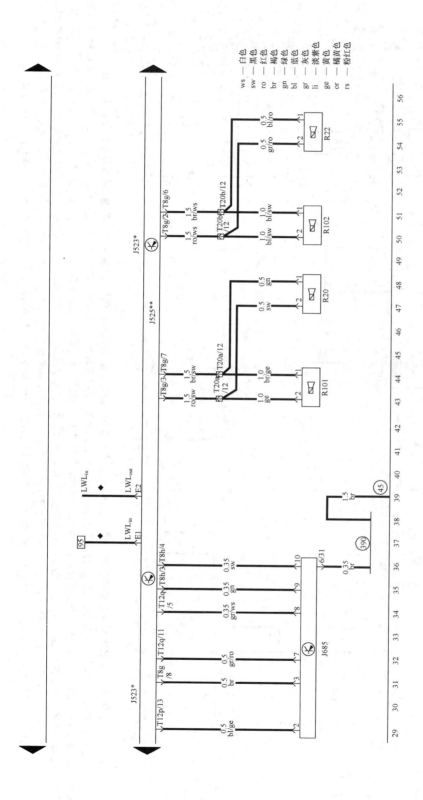

图 16-21 前部信息显示和操作单元的控制器、前部信息显示和操作单元的控制器、前部左中音扬声器、前部中音扬声器、前部左/右高音扬声器电路图

J523. 前部信息显示和操作单元的控制器 J525. 数码音响系统控制器 J685. 前部信息显示和操作单元显示单元 R20. 左前高音扬声器 R22. 右前高音扬声器 R101. 前部左中低音扬声器 R102. 前右中低音扬声器 T8g. 8芯棕色插接器，插头 A. 在前部信息显示和操作单元的控制单元上 T8h. 8芯黑色插接器，插头 D，在前部信息显示和操作单元的控制单元上 T12p. 12芯黑色插接器，插头 B，在前部信息显示和操作单元上 T12q. 12芯黑色插接器，插头 C，在前部信息显示和操作单元的控制单元上 T20a. 20芯黑色插接器，在左侧 A柱上 T20b. 20芯黑色插接器，在右侧 A柱上 ㊺. 中部仪表板后面的接地点 ㉚. 接地连接25，在主导线束中 *. 在杂物箱中 **. 仅在配备 MMIbasic 的情况下 ◆. LWL光缆

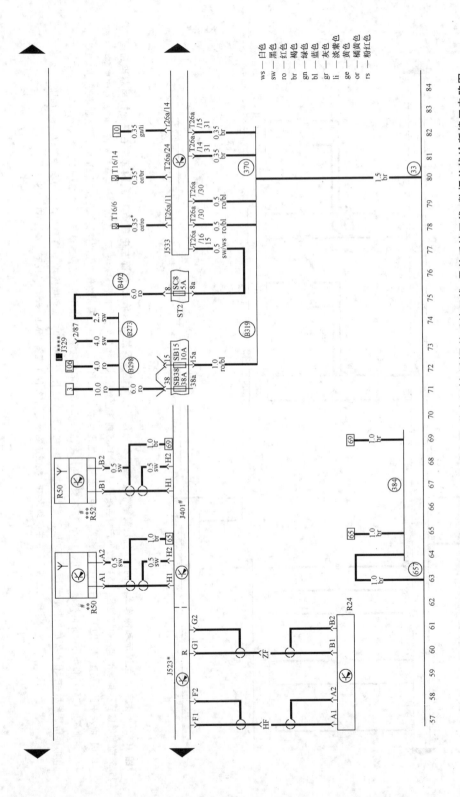

图 16-22 前部信息显示和操作单元的控制器、天线放大器、收音机/电话/导航系统天线、导航系统天线、数据总线诊断接口电路图

J329. 端子 K1.15 供电继电器 J401. 带 CD 光盘驱动器的导航系统控制器 J523. 前部信息显示和操作单元的导航系统控制单元 J533. 数据总线诊断接口 R. 收音机 R24. 天线放大器 R50. 导航系统天线 R52. 收音机/电话/导航系统天线 SB15. 熔丝架 B 上的熔丝 15 SB38. 熔丝架 B 上的熔丝 38 SC8. 熔丝架 C 上的熔丝 8 T16. 16 芯插接器,诊断连接 T26a. 26 芯黑色插接器,在数据总线诊断接口上 ③. 右侧仪表板后面的接地点 ⑲. 接地连接 5,在主导线束中 ㉚. 接地连接 19,在主导线束中 ㉝. 接地点 1,在左侧后窗玻璃附近 ㊶. 正极连接(15),在主导线束中 ㊷. 正极连接 2(30),在主导线束中 ㊹. 正极连接 3(15),在车内导线箱中 * . 在杂物箱中 ** . 不带电话的车辆,在后部车顶饰件下面 *** . 带电话的车辆,车顶天线 **** . 驾驶员侧杂物箱后面的 9 座继电器中 # . MMIbasic plus 导航系统

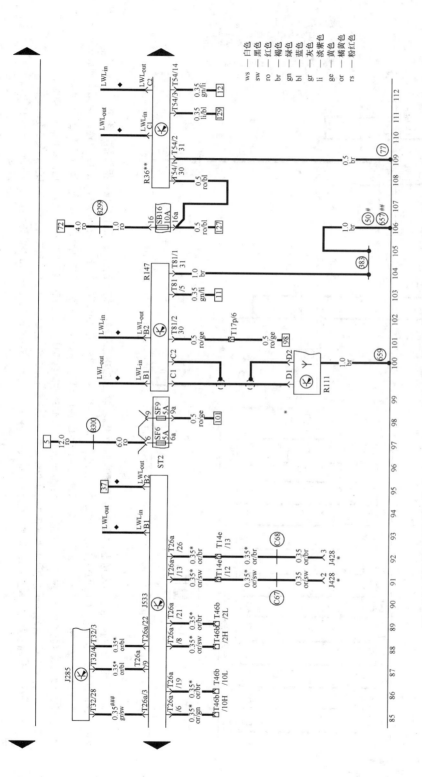

图 16-23 数据总线诊断接口、数字式收音机、电话的发送器和接收器、天线放大器 2 电路图

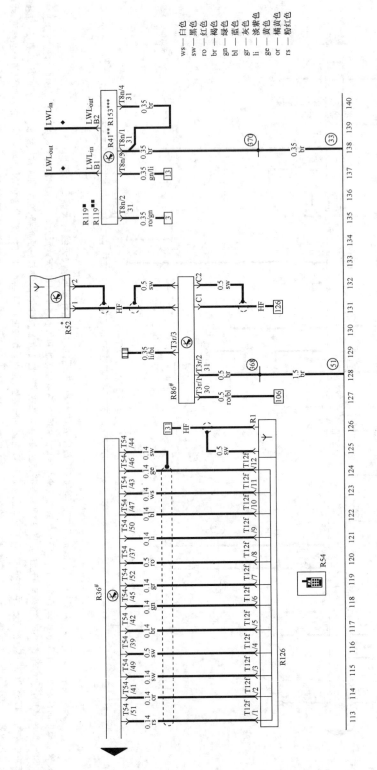

图 16-24 电话的发送器和接收器、移动电话放大器、收音机、电话/导航系统天线、位置 2 上的媒体播放器电路图

R36. 电话的发送器和接收器　R41. CD 转换盒　R52. 收音机、电话、导航系统天线　R54. 移动电话　R86. 移动电话放大器　R119. 位置 2 上的媒体播放器　R126. 电话托架　R153. Mini Disk 驱动器　R199. 外部音频源接口　T3r. 3 芯插接器，在移动电话放大器上　T8n. 8 芯黑色插接器，在电话的发射天线收接器上　T54. 54 芯黑色插接器，在移动电话上　T12f. 12 芯插接器，在电话放大器上　⑬. 右侧仪表板后面的接地点　㊳. 右侧 CD 光盘转换盒接地点　*. 车顶天线　**. 在主导线束中的车辆　***. 自 2006 年 11 月起
⑤. 在位置 2 的媒体播放器上　㊺. 接地连接 3，在主导线束中　㊻. 接地连接 5，在主导线束中　◆. LWL 光缆　■. 适用于 2006 年 10 月前的车辆
⑰. 右存箱内的右侧接地点　㊲. 接地连接 3，在主导线束中　#. 带手机适配器的汽车　♦. 带 Mini Disk 驱动器的车辆

ws—白色　sw—黑色　ro—红色　br—棕色　gn—绿色　bl—蓝色　gr—灰色　li—淡紫色　ge—黄色　or—橘黄色　rs—粉红色

16.4 思考题

1. CAN 总线在汽车上主要应用于哪几个方面？
2. 汽车网络有哪几种类型？
3. 简述 MOST 网络的特点。
4. 简述 CAN 总线的基本特点。
5. 简述 CAN 协议中数据帧的种类及各自用途。

第17章 汽车整车电路

17.1 汽车整车电路的组成和特点

17.1.1 汽车整车电路的组成

汽车整车电路，包括电源系统、起动系统、点火系统、照明和信号系统、仪表和显示装置、辅助电器设备等电器设备，以及电子燃油喷射系统、防抱死制动系统、安全气囊系统等电子控制系统。随着汽车技术的发展，汽车电器设备和电子控制系统的应用日益增多。

17.1.2 汽车电路的特点

汽车电路具有单线、直流、低压和并联等基本特点。

1. **汽车电路通常采用单线制和负极搭铁**

汽车电路的单线制是指汽车电器设备的正极用导线连接，负极与车架或车身金属部分连接，与车架或车身连接的导线又称为搭铁线。此时，利用了发动机、车身及车架等金属体作为负极的公共回路，蓄电池、发动机及各用电设备的负极需与其安装位置的发动机、车身及车架等机体相连。

蓄电池负极搭铁的汽车电路，称为负搭铁。现代汽车均采用负搭铁。同一汽车的所有电器搭铁极性是一致的。

对于某些电器设备，为了保证其工作的可靠性、提高灵敏度，仍采用双线制连接方式。例如，发电机与调节器之间的搭铁线、电动喇叭、电子控制系统的电控单元、传感器等。

2. **汽车电路采用低压直流电路**

汽车电路电源采用12 V或24 V直流电源，汽车用电设备采用与电源电压一致的直流电器设备。

个别电器工作电压与电源电压不同，如点火系统电路中的高压电路，电控系统各传感器的工作电压、输出信号等。

3. **汽车电路采用并联连接**

电源设备和用电设备采用并联连接。电源设备中的蓄电池和发电机并联，可单独或同时向汽车电器与电子设备供电；各用电设备并联，可单独或同时工作。

4. **各电子控制系统相对独立运行**

发动机电子控制系统、防抱死制动系统、安全气囊系统等电子控制系统，各系统间相对独立运行。随着汽车网络技术的发展，各电子控制系统之间均通过CAN-BUS技术实现信息通讯。

17.1.3 汽车电路的表示方法

汽车电路常见的表示方法有电路原理图、接线图、电路图、线束图等几种。

（1）电路原理图。电路原理图通常用于表示电器部件或电子元器件的内部电路，也可用于表示电路系统的组成和电路原理。电路原理图对分析电器部件或电子元器件工作原理或电路系统的组成和电路原理较为方便。

（2）线路图。线路图是传统汽车电路的表示方法，由于汽车电器设备的实际位置及外形与图中所示方位相符，且较为直观，所以便于循线跟踪地查找导线的分布和节点，适用于载货汽车等较简单的汽车电路。但由于线路图线条密集，纵横交错，所以线路图的可读性较差，进行电路分析也较为复杂。

（3）整车电路图。整车电路图是用来表示整车各电器部件或电子元器件之间的外部连接关系。通常需要表示出插接器的插脚的数量、颜色特征，各端子在插接器的位置，导线的色码、标称面积等。图中通常可以不需要画出所连接的电器部件、电子元器件内部的电路，对于结构功能简单的电器部件，如开关、继电器等电器部件，可画出其内部电路原理。整车电路图主要用于检修时寻查线束走向、线路故障及线路拆装时使用，电路图中的导线以接近于线束的形式从相应的连接点引出，便于维修时查找线路故障。

（4）线束图。为了安装方便及保护导线的绝缘，汽车上全车线路除点火高压线之外，一般将同路的导线用薄聚氯乙烯带缠绕包扎成束，称为线束。一辆汽车可以有多个线束，线束图则用来表示线束的组成和导线分布情况，一般用于线束的制作和整车线路装配。

17.2 汽车电路中的导线、线束和插接件

导线、线束和插接件的作用是将全车各汽车电器与电子设备按照工作要求可靠地连接成为一个整体。

17.2.1 导线

汽车电路中的导线按照其用途可分为低压导线和高压导线。

1. 低压导线

低压导线根据电路的额定电压、工作电流和绝缘要求等选取导线截面、绝缘层的类型，不同规格或用途的导线可通过导线的颜色加以区分。

常见的导线由多股细铜丝绞制而成，外层为绝缘层。绝缘层一般采用聚氯乙烯绝缘包层或聚氯乙烯-丁腈复合绝缘包层。导线标称截面（mm^2）是经过换算的线芯截面积。

起动电缆用于连接蓄电池与起动机开关的主接线柱，导线截面大，允许通过的电流达 500～1 000 A，电缆每通过 100 A 电流，电压降不得超过 0.1～0.15 V。蓄电池的搭铁电缆通常采用由铜丝制成的扁形软铜线，应搭铁可靠，以满足大电流起动的要求。

汽车部分电路系统的导线规格见表 17-1。

表 17-1 汽车部分电路系统的导线规格

各电路系统	标称截面/mm^2	各电路系统	标称截面/mm^2
仪表灯、指示灯、后灯、顶灯、牌照灯、燃油表、刮雨器、电子电路等	0.5	5 A 以上的电路	1.3～4.0
转向灯、制动灯、停车灯、分电器等	0.8	电源电路	4～25
前照灯、3 A 以下的电喇叭等	1.0	起动电路	16～95
3 A 以上的电喇叭	1.5	柴油机电热塞电路	4～6

在电路图中，进口汽车导线的颜色常用英文字母表示，国产汽车常用汉字表示。导线的颜色可以是单色或双色。采用双色导线时，一种颜色为主色，另一种颜色为辅色。

在电路图中，一般将导线标称截面和颜色同时标出。例如1.5Y，表示标称截面积为1.5 mm² 的黄色导线；又如1.0GY，表示标称截面积为1.0 mm²，主色为绿色，辅色为黄色的双色导线。国产和部分进口汽车导线颜色代号见表17-2和表17-3。

表17-2 国产汽车各电路系统规定的导线颜色（色码）

电气系统	主色	代号	电气系统	主色	代号
充电系统	红	R	仪表、报警信号、电喇叭线路	棕	N
起动和点火系统	白	W	收音机等辅助电器线路	紫	P
外部照明线路	蓝	U	辅助电动机及电器控制线路	灰	S
转向指示灯及灯光线路	绿	G	搭铁线	黑	B
防空灯和车内照明线路	黄	Y			

表17-3 部分进口汽车导线颜色代号

颜色	德国	日本	美国	法国	颜色	德国	日本	美国	法国
黑	Sw	B	B	N	紫	li	V	V	Vi
白	Ws	W	W	B	橙	—	O	O	Or
红	Ro	R	—	R	粉	—	P	—	Ro
绿	Gn	G	G	V	浅蓝	hb	L		
黄	Ge	Y	Y	J	浅绿	—	Lg		
棕	Br	B	B	M	透明				Lo
蓝	Be	—	BL	Bl	深紫				Mv
灰	Gr	Gr	Gr	G					

2. 高压导线

高压导线用于传送高电压，如点火系统的高压线。由于工作电压一般为15 kV以上，电流小，所以高压导线绝缘包层厚、耐压性能好、线芯截面较小。国产汽车用高压导线有铜芯线和阻尼线两种。高压阻尼线的线芯采用聚氯乙烯树脂、癸二酸二辛脂等有机材料配制而成，又称半导体塑芯高压线。线芯具有一定阻值，具有低电磁辐射的特点，可减小点火系统的电磁波辐射。

17.2.2 线束

为使汽车全车线路排列整齐，便于安装、拆卸和绝缘保护，避免震动和牵拉而引起导线损坏，一般都将汽车各电器之间的导线按最短路径排列，并用绝缘带把同一路径的若干导线包扎成束，称为线束。线束总成由多路导线、端子、插接器和护套组成。

17.2.3 插接器

为便于拆装，各线束之间或线束与电器电子设备之间采用插接器连接。有单插脚、双插脚和多插脚等结构形式，插接器的结构如图17-1所示。连接插接器时，应先对准插头与插座的导向槽后稍用力插入到位，通过闭锁装置固定插头与插座。拆开插接器时，应先压下或提起闭锁装置，再用力分开插头与插座，注意不可拉动导线，以免损坏导线和插接器。

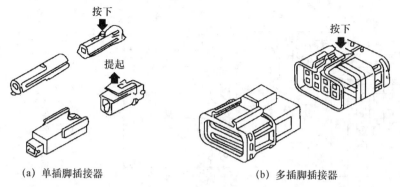

图 17-1　插接器的结构

17.3　开关、继电器和熔断丝

17.3.1　开关

1. 点火开关

点火开关控制点火、起动、辅助电器等电路，一般有关断或锁止（OFF、LOCK 或 0）、辅助电器（ACC 或Ⅲ）、点火（ON 或Ⅰ）和起动（ST 或Ⅱ）4 个挡位。将点火开关置于 OFF 或 0 位置时，电路关断并将方向盘锁止；将点火开关置于辅助电器（ACC 或Ⅲ）位置时，只接通音响、点烟器等辅助电器电源；将点火开关置于点火（ON 或Ⅰ）时，接通点火、仪表等电路；将点火开关置于起动（ST 或Ⅱ）位置时，起动电路和点火电路接通。

2. 组合开关

将 2 种或 2 种以上的开关组合在一起制成组合开关。汽车上常采用组合开关控制灯光、转向/报警、刮水/清洗等汽车电器。

17.3.2　继电器

继电器是大功率用电设备的控制部件。如起动机电磁线圈、前照灯、空调和电动燃油泵等汽车电器设备的工作电流较大，通常采用开关或电控单元控制继电器动作，再通过继电器控制用电设备工作。

常用的汽车继电器有常开继电器、常闭继电器和复合继电器等类型。

17.3.3　熔断丝

熔断丝又称保险丝，连接在电源与用电设备之间，用于保证电器设备及电路的安全。当电器设备或电路发生短路或过载时，自动切断电路，实现电路保护。熔断丝在额定电流下能长期工作，在过载 25% 的情况下，约在 3 min 内熔断，而在过载一倍的情况下，则在 1 s 内熔断。当熔断丝熔断后，应首先查明电路故障的原因，排除故障后再换用相同规格的熔断丝。

各种电器设备的熔断丝通常集中安装在熔断丝盒或中央电器盒内，并在盒盖上用中文或英文标明熔断丝的名称，不同规格的熔断丝通常用不同的颜色加以区分。

早期的汽车电路比较简单，整车电路由一幅电路图即可。东风 EQ1090 型汽车全车电路图如图 17-2 所示。全车电路由电源电路、起动电路、点火系统、信号电路、照明电路、仪表和报警装置和辅助电器等组成。现代汽车的电路比较复杂，整车电路需多一幅电路图。

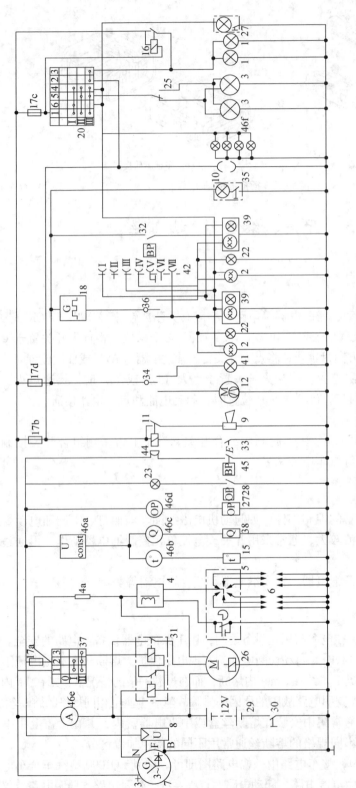

图 17-2 东风 EQ1090 型汽车电路原理图

1. 前侧灯 2. 组合前灯 3. 前照灯 4. 点火线圈 5. 附加电阻线 6. 分电器 7. 火花塞 8. 交流发电机 9. 电喇叭 10. 驾驶室顶灯和工作灯插座 11. 电喇叭继电器 12. 暖风电动机 15. 水温表传感器 16. 灯光继电器 17a～d. 熔断丝 18. 闪光器 20. 车灯开关 22. 蓄电池 23. 低油压指示灯 25. 变光开关 26. 水温表 27. 电喇叭按钮 28. 低油压报警开关 29. 电源总开关 30. 驾驶室顶灯 31. 左右转向指示灯 32. 起动复合继电器 33. 制动灯开关 34. 油压表传感器 35. 低油压电动机 36. 转向灯开关 37. 点火开关 38. 燃油表传感器 39. 组合后灯 41. 后照灯 42. 挂车插座 44. 低气压蜂鸣器 45. 低气压报警开关 46a. 燃油表 46b. 水温表 46c. 燃油表 46d. 油压表 46e. 电流表 46f. 仪表灯

17.4 帕萨特 B5 轿车全车电路图及识读方法

17.4.1 帕萨特 B5 轿车电路图绘制规则和表示方法

不同汽车公司电路图绘制规则和表示方法存在差异。在识读电路图之前应首先了解其电路图的绘制规则和表示方法。帕萨特 B5 轿车全车电路图采用"纵向排列式"画法，用断线代号和坐标代号避免电路图中导线的相互交叉，电路图绘制规则和表示方法如下。

1. 全车电路图采用纵向排列

将同一系统的电路归纳到一起绘制电路图。整车电路图包括基本电路图和各电子控制系统电路图。基本电路图包括：起动系统、电源系统、点火系统、照明及信号系统、仪表和报警系统、空调系统、刮水器及洗涤器系统、空调系统、收音机电路系统。各电子控制系统电路图包括：发动机电子控制系统、ABS 系统、安全气囊系统、舒适电子系统等电路图。由于各系统电路图复杂程度不同，同一系统的电路图可绘制在一个或几个页面，并以系统主要部件作为电路图名，将系统电路依次排列。

2. 用断线代号和坐标代号避免电路图中导线的相互交叉

为避免电路图中导线相互交叉，将不同系统相互连接的导线采用断开绘图法，并在断开处画上一个小方框，方框内用数字表明断开连接处在电路图中坐标的位置。例如，蓄电池、点火开关、起动机、发电机、X 触点继电器电路中，蓄电池的正极与点火开关 D 的 50b 接线端子的导线，先在蓄电池的正极连接导线附近对应横坐标 2 断开处画一小方框，该小方框标有 6，表示断点下一连接处坐标位置为 6，再在点火开关 D 的 50b 接线端子的导线附近对应横坐标 6 断开处画一小方框画一小方框，小方框内标有 2。这样即可既避免电路图中导线相互交叉又表示导线的实际连接关系。

3. 在电路图中用规定的字母和数字表示部件的类型、序号

用规定的字母分别表示不同类型的电器或电子部件。例如，E 表示开关类，G 表示传感器类，J 表示继电器或电控单元类，K 表示报警指示灯类，M 或 L 表示照明灯类，S 表示保险丝类等。同一类型的不同部件用不同的序号进行区分，例如，J_{59} 表示 X 触点继电器，K_{117} 表示防盗器报警灯类，M_{29} 表示左侧近光灯，S_{15} 表示仪表电控单元保险丝等。

4. 用电路符号表示电器的结构特征和功能

用国际电工委员会（IEC）规定电路符号表示电器部件的结构特征和功能。

5. 用规定的数字或字母表示具有特定功能的导线端子

按德国端子标志标准（DIN 72552）规定的数字或字母表示具有特定功能的导线端子。例如，常用的端子标志代号为：

1a——代表接断电器 I 的触点；

1b——代表接断电器 II 的触点；

15——代表点火/起动开关输出端，当点火开关接通时，由点火开关直接接通电源；

30——代表由蓄电池正极端子直接输入，即与蓄电池正极连接；

31——代表直接接到蓄电池负极或搭铁；

50——代表起动机控制电路火线，即接通起动开关时，接通起动机控制电路电源；

85——代表作动器输出（绕组末端接地或接负极）；

86——代表作动器输出（绕组始端）；

87——代表作动器输入；

87a——代表作动器输入1（断开侧）；

88——代表作动器闭合触点输入。

B+——代表蓄电池正极，B-——代表蓄电池负极；

D+——代表发电机正极，D-——代表发电机负极，DF——代表发电机磁场；

U，V，W——代表发电机端子。

6. 用分数或数字代号表示电器部件插接器插脚数量和序号

例如，在J285仪表板显示控制单元中，共两个各32脚的插线端子，分别用T32a、T32b表示，用T32a/23表示T32a插线端子的第23脚，用T32b/22表示T32b插线端子的第22脚。又如，T10d/3表示T10d线束插接器的3脚，T10d线束插接器位于发动机控制单元防护罩内的线束接线板的2号位置，插接器为棕色，共10只插脚。

7. 采用统一的字母或用彩色图表达导线颜色

不同功能的导线采用规定的颜色，用数字表示导线的标称面积，用统一的字母或用彩色图表达导线颜色。

8. 整车电路采用中央线路板和保险丝架

为满足整车各部分线束的走向，整车电路采用中央线路板，附加电器板、发动机控制单元防护罩、左A柱、左B柱、右A柱、右B柱等整车各部分线束连接板，以便于不同部位整车线束的连接。整车各部分线束连接板上各线束连接端子以不同代号和颜色加以区分，整车电路图中各导线连接端子以不同的代号表示线束连接端子的位置。

保险丝架各保险丝的布置如图17-3所示。附加继电器板的布置如图17-4所示。中央线路板，发动机控制单元防护罩、左A柱、左B柱、右A柱、右B柱线束端子的布置如图17-5～图17-11所示。

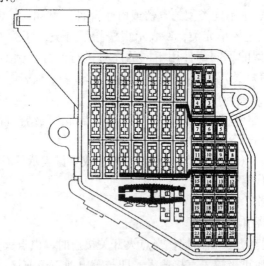

图17-3 保险丝架各保险丝布置

S2. 10A　S4. 5A　S5. 10A　S6. 5A　S7. 10A　S12. 10A　S13. 10A　S14. 10A　S15. 10A　S18. 10A
S18. 10A　S20. 15A　S21. 15A　S22. 5A　S23. 5A　S24. 25A　S25. 30A　S26. 30A　S28. 20A　S29. 20A
　　S31. 15A　S32. 20A　S33. 15A　S34. 15A　S36. 15A　S37. 20A　S38. 15A　S29. 15A　S40. 25A

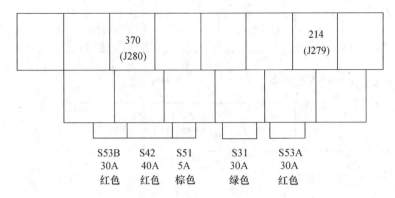

图 17-4　附加继电器板继电器和保险丝的布置

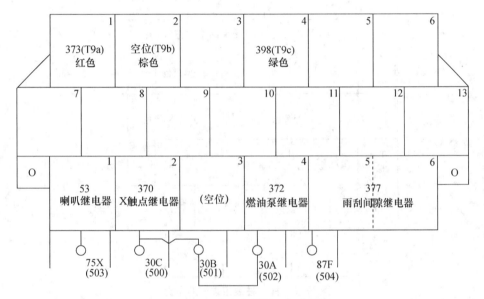

图 17-5　中央电器板正面布置

图 17-6　中央电器板反面布置

1	2	3	4	5	6
T10b黑色	T10d棕色	T（16t3）橙/红色	T10e橙色	(空位)	(空位)

图 17-7　防护罩内线束端子布置

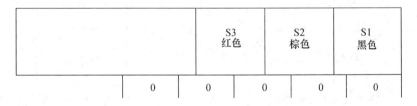

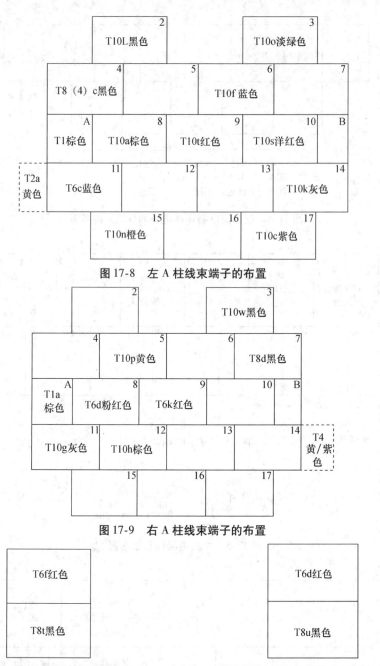

图 17-8 左 A 柱线束端子的布置

图 17-9 右 A 柱线束端子的布置

图 17-10 左 B 柱线束端子的布置　　图 17-11 右 B 柱线束端子的布置

17.4.2 帕萨特 B5 轿车全车电路图

帕萨特 B5 轿车全车电路图包括基本电路、各电子控制系统电路。基本电路包括前照灯电路，前后雾灯电路，室内灯、行李箱灯、牌照灯电路，倒车灯、双音喇叭电路，转向灯电路，仪表报警电路，刮水器、洗涤器电路，收音机电路等。基本电路如图 17-12～图 17-29 所示。各电子控制系统电路包括发动机管理系统电路、ABS 系统电路、舒适电子系统电路和空调系统电路等。各电子控制系统电路如图 17-30～图 17-59 所示。

1. 基本电路
(1) 蓄电池、点火开关、起动机、X 触点继电路

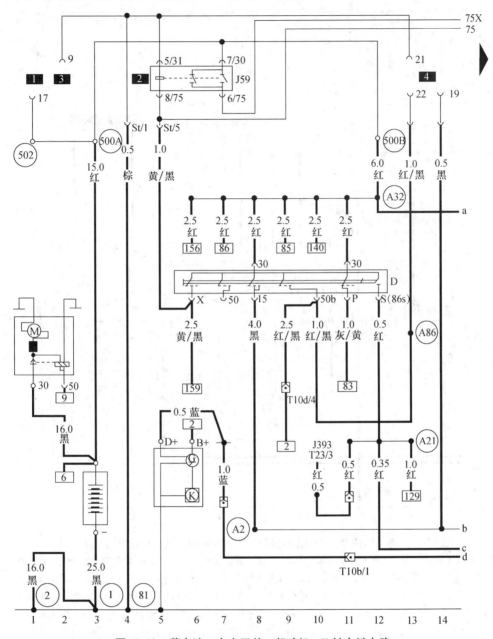

图 17-12 蓄电池、点火开关、起动机、X 触点继电路

A. 蓄电池　B. 起动机　C. 发电机　C1. 调压器　J59. X 触点继电器　J393. 舒适电子的控制单元　T1. 单针插头，蓝色，在发动机缸线体的右侧　T10d. 10 针插头，棕色，在发动机室中的控制单元防护罩中的左侧　T10f. 10 针插头，蓝色，在左 A 柱处（6 号位）　T23. 23 针插头，舒适电子的控制单元的连接插头　Ⓐ2. 正极连接点（15），在仪表线束内　Ⓐ17. 连接线（61），在仪表线束内　Ⓐ21. 连接线（86S），在仪表线束内　Ⓐ32. 正极连接线（30），在仪表板线束内　Ⓐ86. 连接线（50b），在仪表板线束内　500Ⓐ. 螺栓连接点1（30c 火线），在继电器板上　500Ⓑ. 螺栓连接点1（30c 火线），在继电器板上　①. 接地点，蓄电池与车身　②. 接地点，变速器与车身　81. 接地连接点，在仪表板线束内　502. 螺栓连接点3（30a 火线），在继电器板上

(2) 电子防盗器、防盗器报警器、自诊断接口、发电机充电指示灯电路

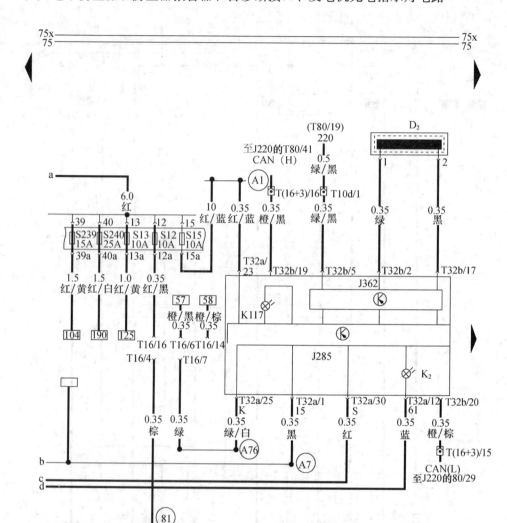

图17-13 电子防盗器、防盗器报警器、自诊断接口、发电机充电指示灯电路

D2. 防盗器识读线圈 J220. 电喷控制单元 J285. 仪表板显示控制单元 J326. 防盗器控制单元 K2. 发电机充电指示灯 K117. 防盗器报警灯 S12. 保险丝12，10A，在保险丝架上 S13. 保险丝13，10A，在保险丝架上 S15. 保险丝15，10A，在保险丝架上 S239. 保险丝39，15A，在保险丝架上 S240. 保险丝30，25A，在保险丝架上 T10b. 10针插头，黑色，在发动机室中的控制单元防护罩中的右侧（1号位） T10d. 10针插头，棕色，在发动机室中的控制单元防护罩中的右侧（2号位） T10e. 10针插头，橙色，在发动机室中的控制单元防护罩中的左侧（4号位） T16. 16针插头，在换挡操纵标处，自诊断接口 T（16+3）.19针插头，橙/红色，在发动机室中的控制单元防护罩中的右侧（3号位） T32a. 32针插头，蓝色，在仪表板内 T32b. 32针插头，绿色，在仪表板内 Ⓐ1. 正极连接线（30），在仪表板线束内 Ⓐ76. K诊断连接线，在仪表板线束内 ⑧1. 接地连接点了1，在仪表板内

(3) 仪表板、数字钟、里程表、灯光打开时的报警蜂鸣器电路

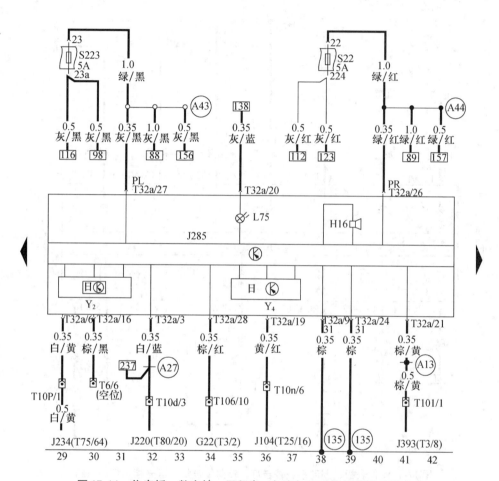

图 17-14 仪表板、数字钟、里程表、灯光打开时的报警蜂鸣器电路

C11. 里程表传感器，在变速器内　H16. 灯光打开时的报警蜂鸣器　20. 电喷控制单元　J104. ABS 制动防抱死系统的控制单元　J234. 安全气囊的控制单元　J393. 舒适电子的控制单元　L75. 数字钟显示照明灯　S22. 保险丝 22，5A，在保险丝架上　S223. 保险丝 23，5A，在保险丝架上　T3.3 针插头（里程有传感器插头）　T6.6 针插头，黑色，在右 A 柱处（不接在支架上）　T10b. 10 针插头，黑色，在发动机室中的控制单元防护罩中的左侧（1 号位）　T10d. 10 针插头，棕色，在发动机室中的控制单元防护罩中的右侧（2 号位）　T10f. 10 针插头，蓝色，在左 A 柱处（6 号位）　T10p. 10 针插头，黄色，在左 A 柱处（5 号位）　T10n. 10 针插头，橙色，在左 A 柱处（15 号位）　T23. 23 针插头，舒适电子的控制单元的连接插头　T23. 23 针插头，在舒适系统控制单元上　T25. 25 针插头，在 ABS 控制单元上　T32a. 32 针插头，蓝色，在仪表板内　T75.75 针插头，在安全气囊控制单元上　T80. 80 针插头，在发动机控制单元上　Y2. 数字钟　⒀. 连接线（车门接触开关），在仪表板线束内　㉗. 连接线（车速信号），在仪表板线束内　㊸. 连接线（58L），在仪表板线束内　㊹. 连接线（58R），在仪表板线束内　⒴. 接地连接点 2，在仪表板线束内

（4）仪表板、制动系统警告灯、转向警告灯、远光指示灯、制动液位报警开关电路

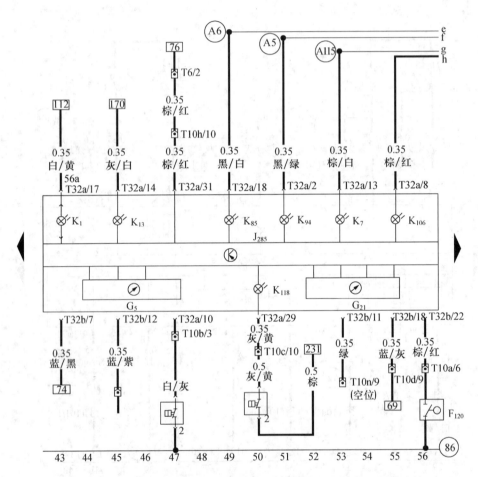

图 17-15　仪表板、制动系统警告灯、转向警告灯、远光指示灯等电路

F1. 机油压力开关（高压）　F34. 制动液位报警开关　F120. 发动机罩开关　G5. 转速表　G21. 转速表　J285. 仪表板显示控制单元　K1. 远光灯指示灯　K7. 手制动警告灯　K13. 后雾灯警告灯　K65. 左侧转向指示灯　K94. 右侧转向指示灯　K106. 风窗清洗液位警告灯　K118. 制动系统警告灯　T6. 6 针插座，红色（空位）　T9c. 9 针插座，绿色，接 398 继电器（中央电器板 4 号位）　T10a. 10 针插头，棕色，在左 A 柱处（8 号位）　T10b. 10 针插头，黑色，在发动机室中的控制单元防护罩中的左侧（1 号位）　T10c. 10 针插头，紫色，在左 A 柱处（17 号位）　T10h. 10 针插头，棕色，在右 A 柱处（12 号位）　T10n. 10 针插头，橙色，在左 A 柱处（15 号位）　T32a. 32 针插头，蓝色，在仪表板线束内　T32b. 32 针插头，绿色，在仪表板线束内　Ⓐ5. 正极连接线（右转向信号），在仪表板线束内　Ⓐ6. 正极连接线（左转向信号），在仪表板线束内　Ⓐ115. 连接线（手制动报警），在仪表板线束内　⑧6. 接地连接线，在后线束内

（5）仪表板、环境温度传感器、冷却液温度传感器、冷却液液位开关、燃油表传感器、CAN 总线和机油状态传感器电路

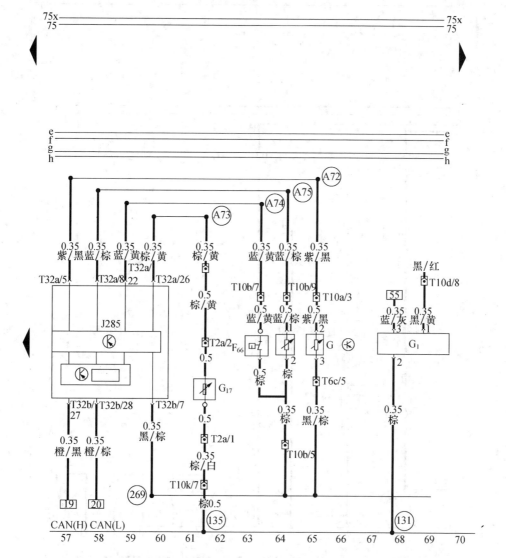

图 17-16 仪表板、环境温度传感器、冷却液温度传感器、CAN 总线等电路
CAN（H）. CAN 总线的高位 CAN（L）. CAN 总线的低位 F66. 冷却液液位开关 G. 燃油表传感器 G1. 机油状态传感器 G2. 冷却液温度表传感器 G17. 环境温度传感器，在左前保险杠上 T2a. 2 针插头，在发动机室的左前 T2b. 2 针插头，黑色，在左 A 柱处 T6c. 6 针插头，蓝色，在左 A 柱（11 号位） T10a. 10 针插头，棕色，在左 A 柱处（8 号位） 10b. 10 针插头，黑色，在发动机室中的控制单元防护罩中的左侧（1 号位） T10d. 10 针插头，棕色，在发动机室中的控制单元防护罩的左侧（2 号位） T10k. 10 针插头，灰色，在左 A 柱处（14 号位） ⑦. 连接线（燃油状态），在仪表板线束内 ⑦. 连接线（环境温度），在仪表板线束内 ⑦. 连接线（冷却温度），在仪表板线束内 ⑦. 连接线（冷却液位），在仪表板线束内 ⑬. 接地连接点，在发动机线束内（由接地点⑫分出） ⑬. 连地连接点，在仪表板线束内（由接地点㉚分出） ㉖. 接地连接线，在后线束内

（6）手制动开关、清洗液位传感器、制动片磨损信号开关等电路

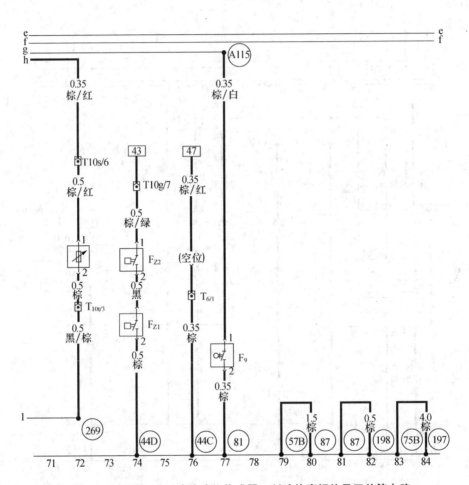

图 17-17 手制动开关、清洗液位传感器、制动片磨损信号开关等电路

F9. 手制动报警开关　G33. 清洗液位传感器　T6.6 针插座，红色（空位）　T10g. 10 针插头，灰色，在右 A 柱处（11 号位）　T10s. 10 针插头，粉红色，在左 A 柱处（10 号位）　T10t. 10 针插头，红色，在左 A 柱处（9 号位）　Fz1. 左侧制动片磨损信号开关　Fz2. 右侧制动片磨损信号开关　⑪⑤. 连接线（手制动报警），在仪表板线束内　㊹. 接地点，在左 A 柱处　㊺. 接地点，在左后柱　㊻. 接地点，在左后柱　㊶. 接地连接点，在仪表板线束内（由㉚分出）　㊼. 接地连接点，在后线束内（由㊼分出）　㊾. 接地连接点，在后线束内（由㊼分出）　㊿. 接地连接点，在后线束内（由分㊼出）　㊾. 接地连接点，在后线束内

(7) 转向开关、大灯变光开关、停车灯开关、左前灯等电路

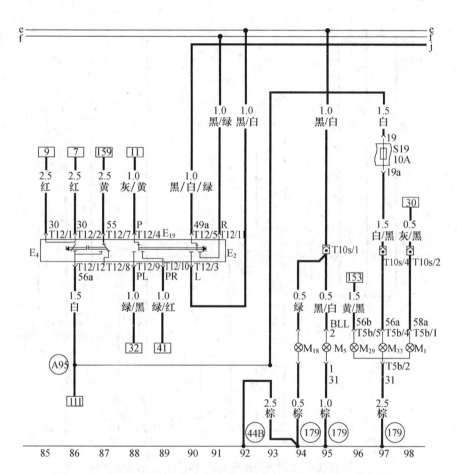

图 17-18 转向开关、大灯变光开关、停车灯开关、左前灯等电路

E2. 转向开关　E3. 大灯变光开关　E19. 停车开关　M1. 左前停车灯　M5. 左前转向灯　M18. 左侧面转向灯　M29. 左侧近光灯　M30. 左侧远光灯　S19. 保险丝 19，10A，在保险丝架上　T5b. 5 针插头，黑色，在左大灯内　T10s. 10 针插头，粉红色，在左A柱处（10 号位）　T10t. 10 针插头，红色，在左A柱处（口号位）　T12. 12 针插头，在转向柱右侧处　⑭. 连接线 1（56a），在仪表板线束内　⑭B. 接地点，在左A柱处　⑰. 接地连接点，在左大灯线束内（由⑭B分出）

（8）带转向继电器的警告灯开关、右前灯电路

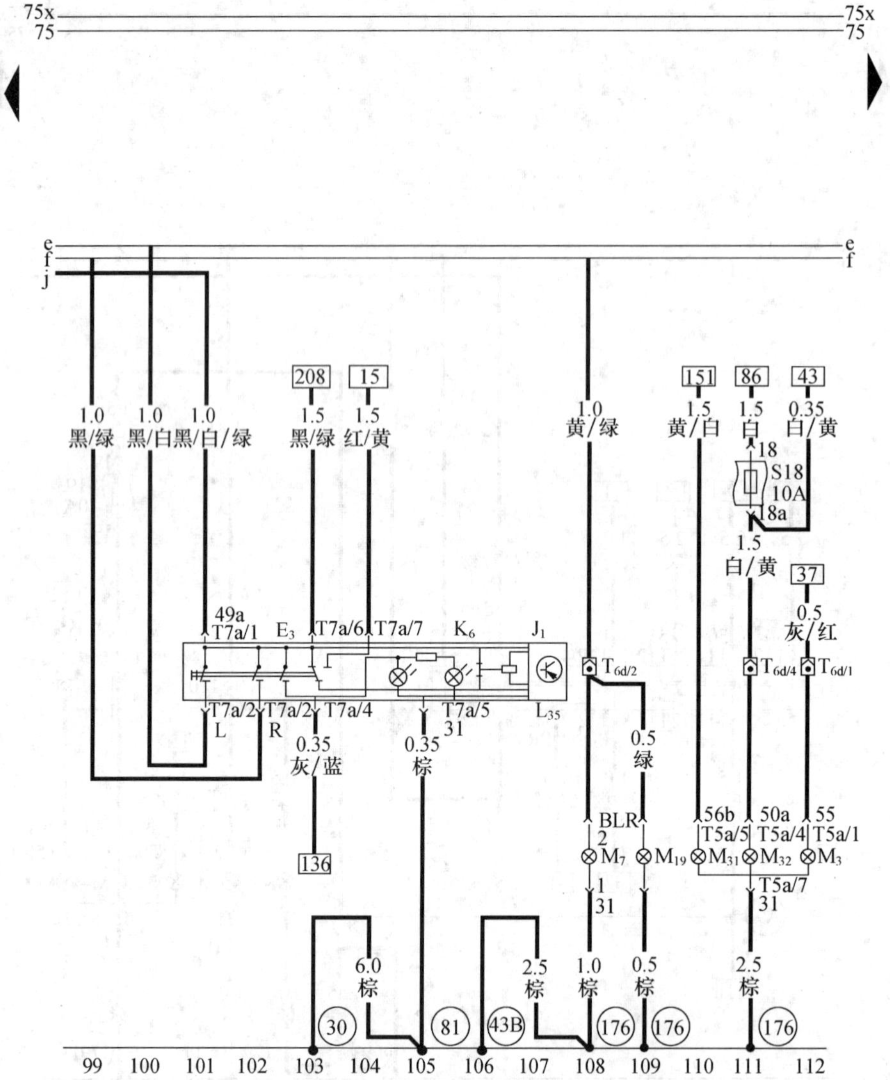

图 17-19 带转向继电器的警告灯开关、右前灯电路

E3. 警告灯开关 J1. 转向继电器 K6. 警告灯开关的报警灯 L35. 警告灯开关的照明灯

M3. 右前停车灯 M7. 右前转向灯 M19. 右前侧转向灯 M31. 右近光灯 M32. 右远光灯

S18. 保险丝 18，10A，在保险丝架上 T5a. 5 针插头，黑色，在右大灯内

T6d. 6 针插头，粉红色，在右 A 柱处（8 号位） T7a. 7 针插头，在警告灯开关上

(43B). 接地点，在右 A 柱处 (30). 接地点，在仪表板下，在左 A 柱处

(81). 接地连接点，在仪表板线束内（由(30)分出）

(176). 接地连接点，在大灯线束内（由(43B)分出）

(9) 制动灯开关、制动灯、尾灯电路

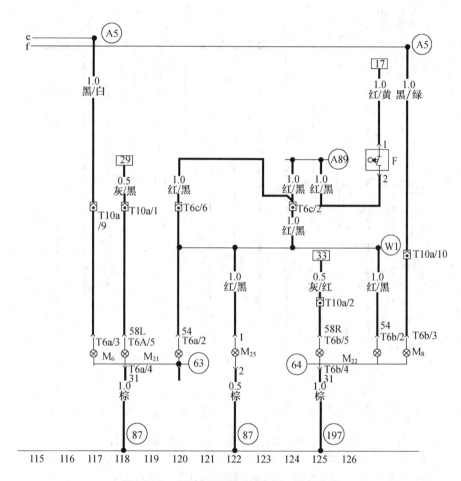

图 17-20 制动灯开关、制动灯、尾灯电路

F. 制动灯开关　M6. 左后转向灯　M8. 右后转向灯　M21. 左制动灯和尾灯　M22. 右制动灯和尾灯　M25. 高位制动灯　T6a. 6 针插头，在左尾灯处　T6b. 6 针插头，在右尾灯处　T6c. 6 针插头，蓝色，在左 A 柱处（11 号位）　T10a. 1 针插头，棕色，在左 A 柱处（8 号位）　⑤. 正极连接线（右转向信号），在仪表板线束内　⑥. 正极连接线（左转向信号），在仪表板线束内　⑧. 连接线（制动灯开关），在仪表板线束内　W. 正极连接（54），在后线束内　㊿. 接地点，在左尾灯架上　㊽. 接地点，在右尾灯架上　㊼. 接地连接点，在后线束内（由⑦B分出）　⑰. 接地连接点，在后线束内（由㊻分出）

（10）收放机、点烟器、仪表板通风照明电路

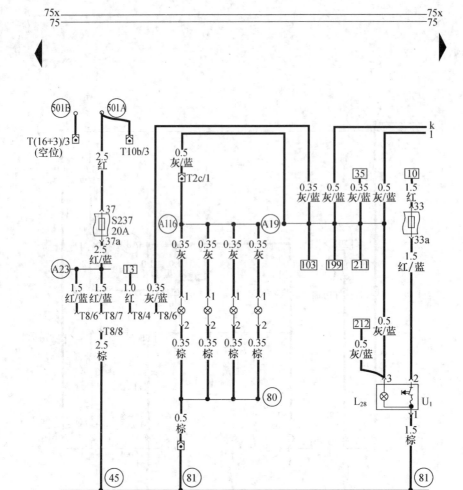

图 17-21 收放机、点烟器、仪表板通风照明电路

L28. 点烟器照明灯　L67. 左侧仪表板通风照明灯　L68. 中央仪表板通风照明灯　L69. 右侧仪表板通风照明灯　R. 收放机　S233. 保险丝 33，15A，在保险丝架上　S237. 保险丝 37，20A，在保险丝架上　T2c. 2 针插头，在仪表板 F 右侧　T8. 8 针插头，在收放机上，（收放机电源插头）　T10b. 10 针插头，黑色，在发动机室中的控制单元防护罩中的左侧（1 号位）　T（16+3）. 19 针插头，橙/红，在发动机室中的控制单元防护罩中的左侧（3 号位）　U1. 点烟器　A19. 连接线（58d），在仪表板线束内　A23. 正极连接线（30a1），在仪表板线束内　A116. 连接线 2（58d），在仪表板线束内　501A. 螺柱连接点 2（30B 火线），在继电器板上　501B. 螺柱连接点 2（30B 火线），在继电器板上　45. 接地点（收放机），在仪表板线束上　80. 接地连接点，在仪表线束内　81. 接地连接点，在仪表板线束内

（11）开关盒和仪表灯光控制、大灯调节、大灯调节马达电路

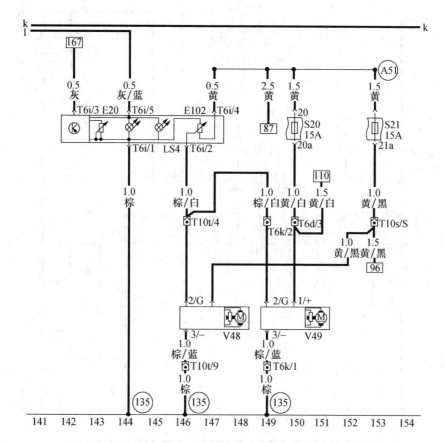

图 17-22 开关盒和仪表灯光控制、大灯调节、大灯调节马达电路

E20. 开关和仪表灯控制　E102. 大灯调节器　L54. 大灯调节指照明灯　S20. 保险丝 20，10 A（15 A），在保险丝架上　S21. 保险丝 21，10 A（15 A），在保险丝架上　T6d. 6 针插头，粉红色，在右 A 柱处（8 号位）　T6i. 6 针插头，黑色，大灯调节器开关上　T6k. 6 针插头，红色，在右 A 柱处（9 号位）　T10s. 10 针插头，粉红色，在左 A 柱处（10 号位）　T10t. 10 针插头，红色，在左 A 柱处（9 号位）　V48. 左大灯调节马达　V49. 右大灯调节马达　㊿. 接线（56），在仪表板线束内　⑬. 接地连接点，在仪表板线束内（由㉚分出）

(12) 灯光开关、雾灯开关、杂物箱灯、牌照灯

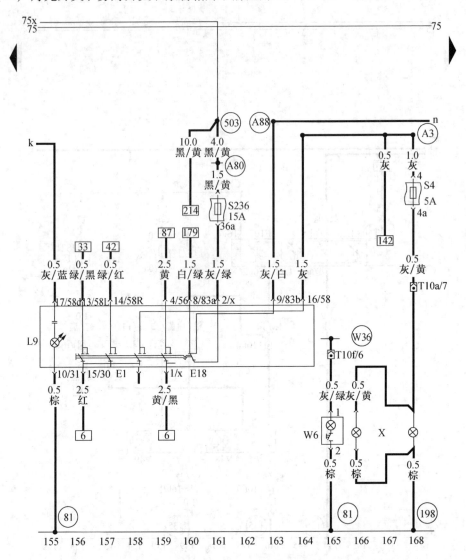

图 17-23　灯光开关、雾灯开关、杂物箱灯、牌照灯

E1. 灯光开关　E18. 雾灯开光　L9. 灯光开关照明灯　S3. 保险丝3，5A，在保险丝架上　S4. 保险丝4，5A，在保险丝架上　S236. 保险丝36，15A，在保险丝架上　T2. 2针插头，在行李箱　T10a. 10针插头，棕色，在左A柱处（8号位）　W6. 杂物箱灯　X. 牌照灯　A3. 正极连接线（58），在仪表板线束内　A80. 连接线（X），在仪表板线束内　A88. 连接线（后雾灯），在仪表板线束内　W36. 连接线（30a火线），在底盘线束内　81. 接地连接点，在仪表板线束内（由30分出）　198. 接地连接点，在后线束内（由57B分出）　503. 螺灯连接点（75x火线），在继电器板上

（13）前后雾灯、倒车灯电路

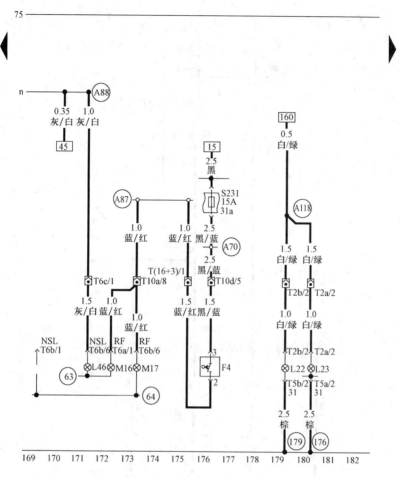

图17-24　前后雾灯、倒车灯电路

F4. 倒车灯开光　L22. 左前雾灯　L23. 右前雾灯　L46. 左后雾灯　M16. 左倒车灯　M17. 右倒车灯　S231. 保险丝31，15A，在保险丝架上　T2a. 2针插头　T2b. 2针插头　T5a. 5针插头　T5b. 5针插头　T6a. 6针插头，在左尾灯处　T6b. 6针插头，在右尾灯处　T6c. 6针插头，蓝色，在左A柱处（11号位）　T6k. 6针插头，红色，在右A柱处（9号位）　T10a. 10针插头，棕色，在左A柱处（8号位）　T10b. 10针插头，黑色，在发动机室中控制单元防护罩中的左侧（1号位）　T10d. 10针插头，棕色，在发动机室中控制单元防护罩中的左侧（2号位）　T10t. 10针插头，红色，在左A柱处（9号位）　T（16+3）. 19针插头，橙/红色，在发动机室中控制单元防护罩中的左侧（3号位）　A70. 连接线（15a，保险丝231），在仪表板线束内　A87. 连接线（倒车灯），在仪表板线束内　A88. 连接线（后雾灯），在仪表板线束内　A118. 连接点，在仪表板线束内　63. 接地点，在左尾灯架上　64. 接地点，在右尾灯架上　176. 接地连接点，在右大灯线束内（由43B分出）　179. 接地连接点，在左大灯线束内（由44B分出）

(14) 双音喇叭及继电器电路

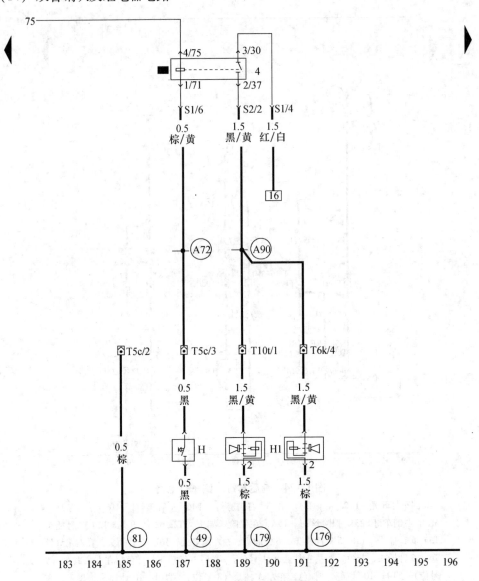

图 17-25 双音喇叭及继电器电路

H. 喇叭按钮（开关）　H1. 双音喇叭　J4. 喇叭继电器　T5c. 5 针插头，黄色，在右转向柱处
T6k. 6 针插头，红色，在左 A 柱处　T10t. 10 针插头，红色，在左 A 柱处（9 号位）
⑰. 连接线（71），在仪表板线束内　⑲. 连接线（喇叭），在仪表板线束内
㊾. 方向盘上的接地点　㉛. 接地连接点，在仪表板线束内（由㉚分出）
⑰⑥. 接地连接点，在右大灯线束内（由㊸分出）
⑰⑨. 接地连接点，在左大灯线束内（由㊺分出）

（15）新鲜空气鼓风机开关、鼓风机和空气循环开关、新鲜空气循环叶板定位马达电路

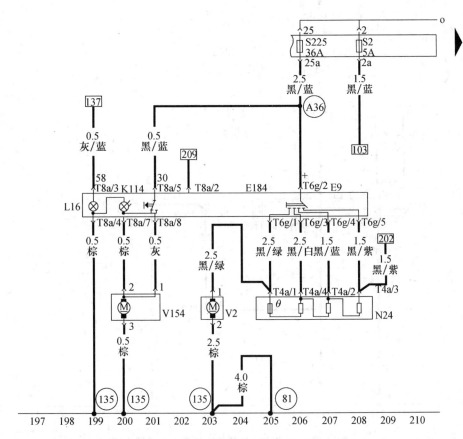

图 17-26　新鲜空气鼓风机开关、鼓风机和空气循环开关、新鲜空气循环叶板定位马达电路
E9. 新鲜空气鼓风机开关　E184. 新鲜空气鼓风机和空气循环开关　K114. 新鲜空气鼓风机和空气循环工作警告灯　L16. 新鲜空气调节器照明灯　N24. 带过热保险丝的新鲜空气鼓风机的调节电阻　S2. 保险丝 2，5A，在保险丝架上　S225. 保险丝 25，36A，在保险丝架上　T4a. 4 针插头，在调节电阻上　T6g. 6 针插头，在新鲜空气鼓风机开关上　T8a. 8 针插头，在新鲜空气鼓风机可空气循环开关上　V2. 新鲜空气鼓风机　V154. 新鲜空气/空气循环叶板定位马达　㉚. 连接线，在仪表板线束内　㉛. 接地连接点，在仪表板线束内（由㉚分出）　㉟. 接地连接点，在仪表板线束内（由㉚分出）

（16）后风窗加热开关、后风窗加热器电路

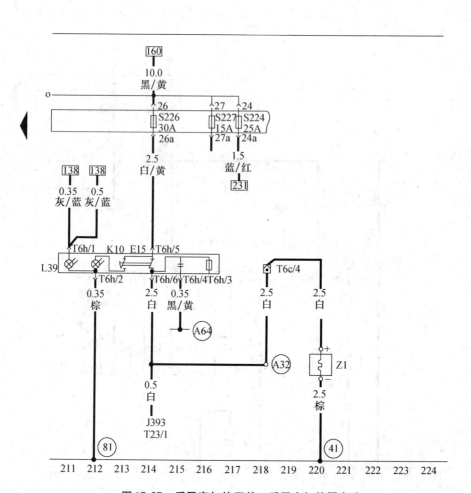

图 17-27　后风窗加热开关、后风窗加热器电路

E15. 后风窗加热开关　J393. 舒适电子系统的控制单元　K10. 后风窗加热的指示灯　L39. 后风窗加热开关的照明灯　S224. 保险丝24，25A，在保险丝架上　S226. 保险丝26，30A，在保险丝架上　T6c. 6针插头，蓝色，在左A柱处（11号位）　T6h. 6针插头，黑色，在后风窗加热开关上　T23. 23针插头，舒适电子的控制单元　Z1. 后内窗加热器　㊹. 连接线（转速信号），在仪表板线束内　㉜. 连接线（后风窗加热器），在仪表板线束内　㊶. 接地点，在行李箱板下　㊱. 接地连接点，在仪表板线束内（由㉚分出）

(17) 雨刮器继电器、前风挡雨刮器马达电路

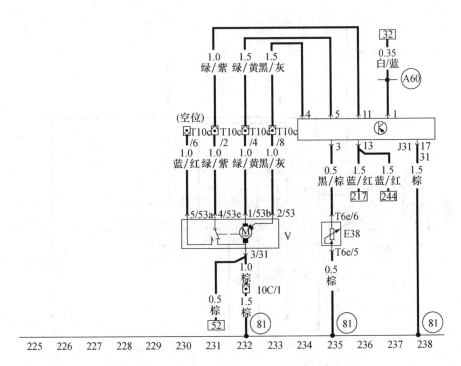

图 17-28　雨刮器继电器、前风挡雨刮器马达电路

E38. 间隙雨刮控制　J31. 雨刮间隙继电器，在13位置继电器板上　T6e. 6针插头，黑色，在转向柱右侧处　T10c. 10针插头，紫色，在左A柱处（17号位）　V. 雨刮电机　A49. 连接线，在仪表板线束内　A60. 连接线（转速信号），在组合仪表线束内　81. 接地连接点，在仪表板线束内（由30分出）

（18）雨刮器继电器、雨刮器开关、前风挡玻璃清洗马达电路

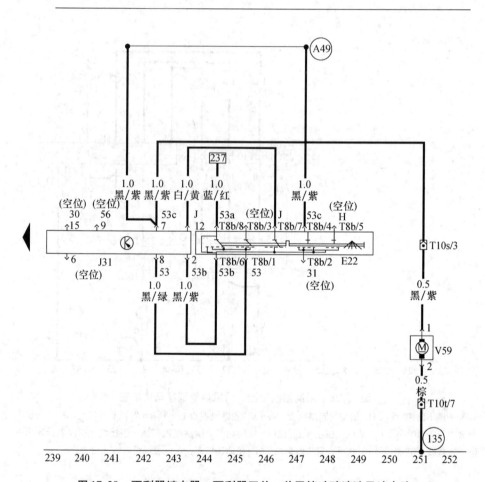

图 17-29　雨刮器继电器、雨刮器开关、前风挡玻璃清洗马达电路

E22. 雨刮器开关　J31. 雨刮间隙继电器，在 13 位置继电器板上　T8b. 8 针插头，在雨刮器上　T10s. 10 针插头，粉红色，在左 A 柱处（10 号位）　T10t. 10 针插头，红色，在左 A 柱处（9 号位）　V59. 前风窗清洗泵　⑬⑤. 接地连接点，在仪表板线束内（由㉚分出）　㊹. 连接线，在仪表板线束内

2. 5 V 发动机电路图
（1）蓄电池、起动机、发电机电路

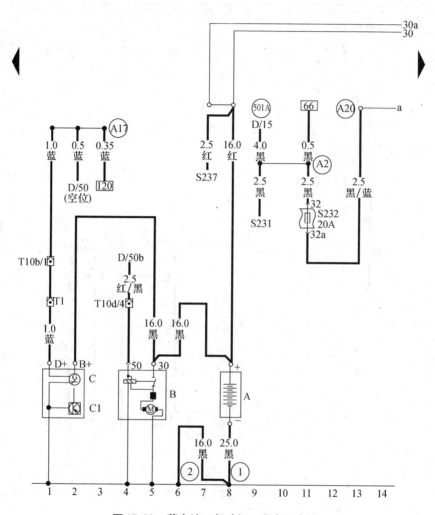

图 17-30　蓄电池、起动机、发电机电路

A. 蓄电池　B. 起动机　C. 发电机　C1. 发电机调压器　D. 点火开关　S231. 保险丝，（在保险丝架上）S232. 保险丝，20A，（在保险丝架上）　S237. 保险丝，（在保险丝架上）　T1. 单针插头，在发动机缸体的右侧，蓝色　T10b. 10 针插头，在发动机室中的控制单元防护罩内的左侧，黑色（1 号位）　T10d. 10 针插头，在发动机室中的控制单元防护罩内的左侧，棕色（2 号位）　A2. 正极连接点（15 号火线），在仪表板线束内　A17. 连接点（61），在仪表板线束内　A20. 连接点（15a），在仪表板线束内　501A. 螺栓连接点 2（30B 号火线），在继电器板上　①. 接地点，蓄电池至车身　②. 接地点，变速器至车身

(2) 发动机控制单元、点火系统、发动机温度传感器和凸轮轴位置传感器电路

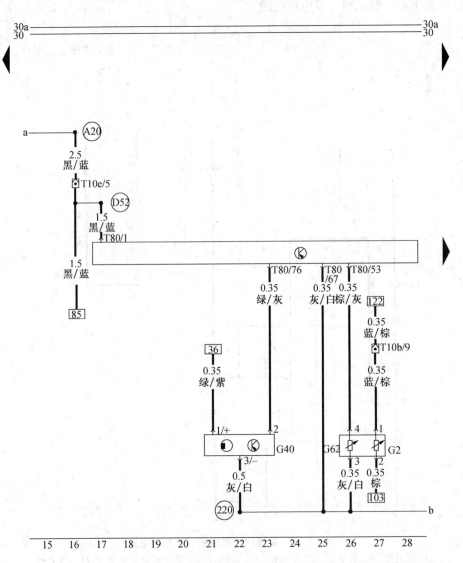

图 17-31 发动机控制单元、点火系统、发动机温度传感器和凸轮轴位置传感器电路

G2. 发动机温度传感器　G40. 凸轮轴位置传感器（霍尔传感器）　G62. 发动机温度传感器（用于水温表）　J220. 发动机控制单元，在发动机室的防护罩内　T10b. 10 针插头，在发动机室中的控制单元防护罩内的左侧，黑色（1 号位）　T10e. 10 针插头，橙色，在发动机室中的控制单元防护罩内的左侧（4 号位）　T80. 80 针插头，在发动机室控制单元上　A20. 连接点（15a 火线），在仪表板线束内　D52. 连接点，在仪表板线束内　220. 接地连接点（传感器接地点），在发动机线束内

(3) 发动机控制单元、节气门控制部件、爆燃传感器 1 和进气温度传感器电路

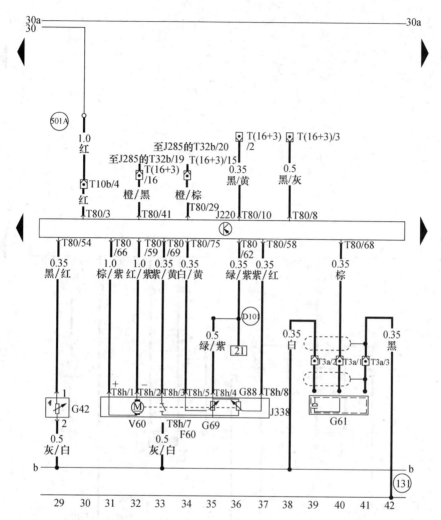

图 17-32　发动机控制单元、节气门控制部件、爆燃传感器 1 和进气温度传感器电路

F60. 急速开关　G61. 爆燃传感器 1　G69. 节气门电位计　G42. 进气温度传感器　G88. 节气门定位电位计　J220. 发动机控制单元，在发动机室的防护罩内　J338. 节气门控制部件　T3a. 3 针插头，在挡水隔板的左侧，绿色　T8h. 8 针插头，在节气门控制部件上　T10b. 10 针插头，在发动机室中的控制单元防护罩内的左侧，黑色（1 号位）　T10d. 10 针插头，在发动机室中的控制单元防护罩内的左侧，棕色（2 号位）　T（16+3）. 19 针插头，橙/红色，在发动机室中的控制单元防护罩内（3 号位）　T80. 80 针插头，在发动机控制单元上　V60. 急速稳定电机　⑬. 接地连接点，在发动机室线束内（由 ⑫ 分出）　㊿. 螺钉连接点 2（30B 号火线），在继电器板上　⑩. 连接点 1，在发动机室线束内

(4) 发动机控制单元、发动机转速传感器和爆燃传感器 2 电路

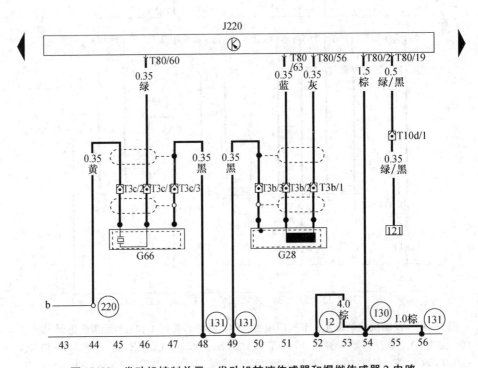

图 17-33 发动机控制单元、发动机转速传感器和爆燃传感器 2 电路

G28. 发动机转速传感器　G66. 爆燃传感器 2　J220. 发动机控制单元，在发动机室的防护罩内　T3b. 3 针插头，在挡水隔板的左侧，灰色　T3c. 3 针插头，在挡水隔板的左侧，蓝色　T10d. 10 针插头，在发动机室中的控制单元防护罩内的左侧，棕色（2 号位）　T80. 80 针插头，在发动机室控制单元上　⑫. 接地点，在发动机室内的左侧　⑬. 接地连接点，在发动机室线束内，由⑫分出　⑳. 传感器接地点，发动机室线束内⑬. 接地连接点，在发动机室线束内，由⑫分出

(5) 发动机控制单元、空气流量计、燃油泵继电器和喷油器电路

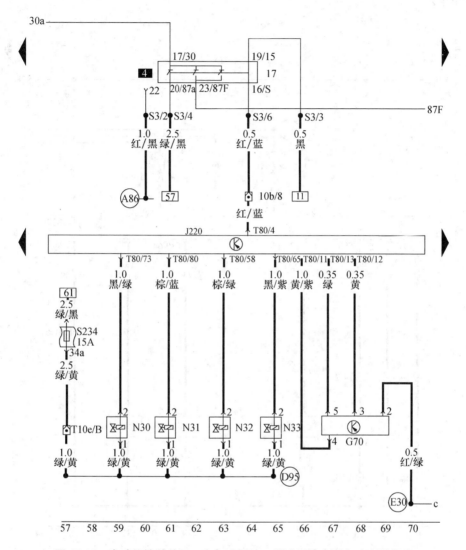

图 17-34 发动机控制单元、空气流量计、燃油泵继电器和喷油器电路

G7C. 空气质量计　J17. 燃油泵继电器 (208)，在继电器板上的 4 号位　J220. 发动机控制单元，在发动机室的防护罩内　N30. 喷油器，第 1 缸　N31. 喷油器，第 2 缸　N33. 喷油器，第 4 缸　S234. 保险丝，15A（在保险丝架上）　T10e. 10 针插头，在发动机室中的控制单元防护罩内的左侧，橙色（4 号位）　T10b. 10 针插头，在发动机室中的控制单元防护罩内的左侧，黑色（1 号位）　T80. 80 针插头，在发动机室控制单元上　A86. 连接点（50a），在仪表板线束内　D95. 连接点（喷油器），在发动机室线束内　E30. 连接点（87a），在发动机室线束内　S3.6 针插座，红色，在中央电器板处

（6）发动机控制单元、氧传感器、活性炭罐电磁阀、可变路径进气管控制阀和凸轮轴调节阀电路

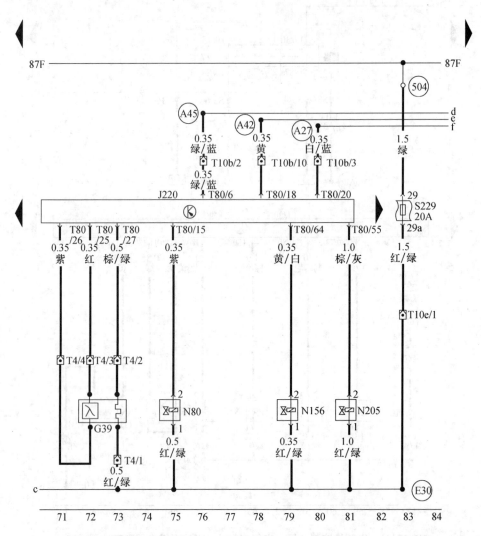

图 17-35 发动机控制单元、氧传感器、活性炭罐电磁阀、可变路径进气管控制阀等电路
G39. 氧传感器　J220. 发动机控制单元，在发动机室的防护罩内　N80. 活性炭罐电磁阀　N156. 可变路径进气管控制阀　N205. 凸轮轴调节阀（可变进气门相位）　S229. 保险丝，20A（在保险丝架上）　T4. 4 针插头，黑色　T10e. 10 针插头，在发动机室中的控制单元防护罩内的左侧，橙色（4 号位）　T10b. 10 针插头，在发动机室中的控制单元防护罩内的左侧，黑色（1 号位）　T10d. 10 针插头，在发动机室中的控制单元防护罩内的左侧，棕色（2 号位）　TS0. 80 针插头，在发动机控制单元上　504. 螺栓连接点（87F 号火线），在继电器板上　A27. 连接点（车速信号），在仪表板线束内　A42. 连接点（燃油信号），在仪表板线束内　A45. 接地连接点（转速信号），在仪表板线束内　E30. 连接点（87a），在发动机线束内

（7）发动机控制单元、四个汽缸的点火线圈、火花塞连接器和火花塞电路

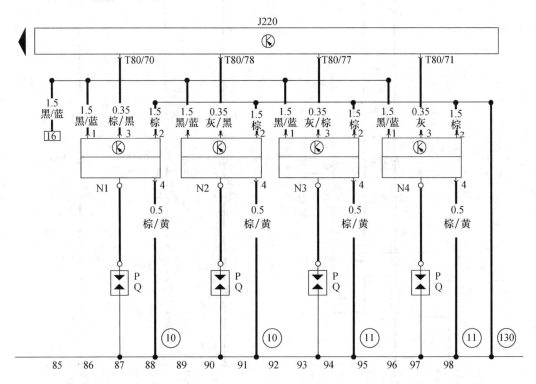

图 17-36 发动机控制单元、四个汽缸的点火线圈、火花塞连接器和火花塞电路
J220．发动机控制单元，在发动机室防护罩内　N1．第一缸点火线圈　N2．第二缸点火线圈　N3．第三缸点火线圈　N4．第四缸点火线圈　P．火花塞连接器　Q．火花塞　T10e．10针插头，在发动机室中的控制单元防护罩内的左侧，橙色（4号位）　T80．80针插头，在发动机控制单元上　⑬₀．接地连接点，在发动机室线束内（由⑫分出）　⑩．接地点，在发动机汽缸盖上　⑪．接地点，在发动机汽缸盖上

（8）机油压力开关、燃油泵、燃油表传感器、里程表传感器、冷却液位开关和机油状态传感器电路

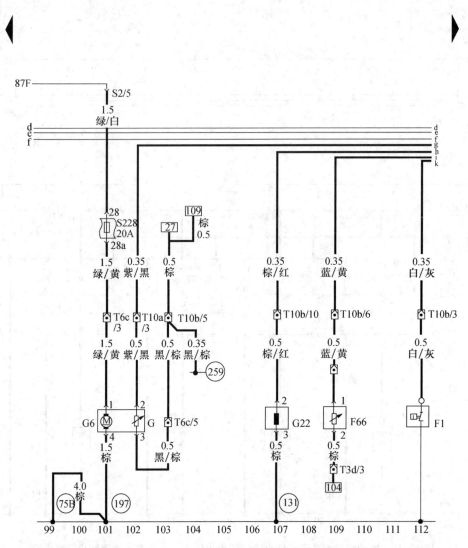

图 17-37　机油压力开关、燃油泵、燃油表传感器、里程表传感器、冷却液位开关等电路
F1. 机油压力开关　G. 燃油表传感器　G6. 燃油泵　G22. 里程表传感器，在变速器的左侧上
F66. 冷却液位开关传感器　S228. 保险丝（在保险丝架上）　T3d. 3 针插头，在发动机室的左前侧
T6c. 6 针插头，在左 A 柱处，蓝色（11 号位）　T10a. 10 针插头，在左 A 柱处，棕色（8 号位）
T10b. 10 针插头，在发动机室中的控制单元防护罩内的左侧，黑色（1 号位）　T10d. 10 针插头，
在发动机室中的控制单元防护罩内的左侧，棕色（2 号位）　⑲. 接地点，在右后柱处
⑬. 接地连接点，在发动机室线束内　⑲. 接地连接点，在后线束内
㊾. 接地连接点（传感器接地点）1，在仪表板线束内

(9) 组合仪表、声光机油压力报警器、里程表、冷却液位和温度表、燃油表电路

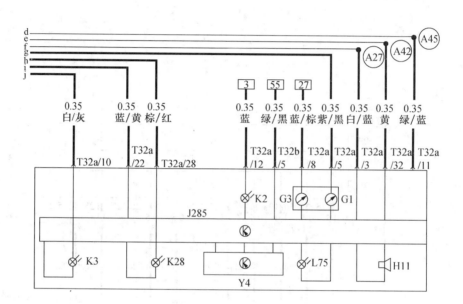

图 17-38 组合仪表、声光机油压力报警器、里程表、冷却液位和温度表、燃油表电路
G1. 燃油表 G3. 冷却液温度差 H11. 机油压力报警器 J285. 组合仪表控制单元 K2. 发电机充电指示灯 K3. 机油压力报警灯 K28. 冷却液温度/液位报警指示灯 L75. 数字显示照明灯 T32a. 32 针插头，在组合仪表上，蓝色 T32b. 32 针插头，在组合仪表上，绿色 Y4. 里程表 ㊸. 连接点（车速信号），在仪表板线束内 ㊷. 连接点（燃油信号），在仪表板线束内 ㊹. 连接点（转速信号），在仪表板线束内

3. ABS 防抱死制动系统电路图

（1）ABS 控制单元、车轮转速传感器电路

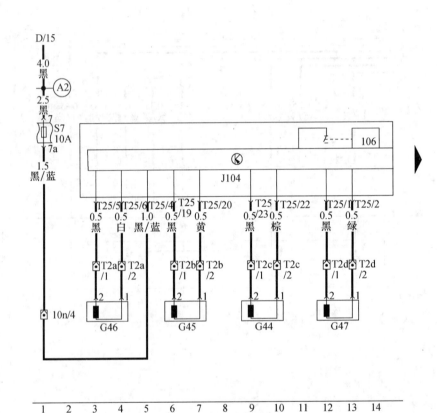

图 17-39 ABS 控制单元、车轮转速传感器电路

D. 点火开关　G44. 右后车轮转速传感器　G45. 右前车轮转速传感器　G46. 左后车轮转速传感器　J104. ABS 控制单元，在液压单元上　J106. ABS 电磁阀的继电器　S7. 保险丝 7，10A，在保险丝架上　T2a. 2 针插头，在后座椅下　T2b. 2 针插头，在右前车轮壳体内　T2c. 2 针插头，在后座椅下　T2d. 2 针插头，在左前车轮壳体内　T10n. 10 针插头，橙色，在左 A 柱处（15 号位）　T25. 25 针插头，在 ABS 控制单元上　A2. 正极连接点（15 号火线），在仪表板线束内

(2) ABS 控制单元、ABS 液压阀、电磁阀电路

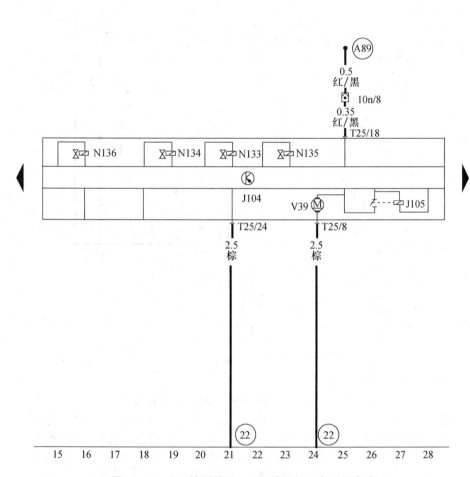

图 17-40　ABS 控制单元、ABS 液压阀、电磁阀电路

J104. ABS 控制单元，在液压单元上　J105. ABS 液压泵继电器　N133. 右后 ABS 进油阀　N134. 左后 ABS 进油阀　N135. 右后 ABS 出油阀　N136. 左后 ABS 出油阀　T10n. 10 针插头，橙色，在左 A 柱处（15 号位）　T25. 25 针插头，在 ABS 控制单元　V39. ABS 液压泵　A89. 连接点（54），在仪表板线束内（制动灯开关）　22. 接地点，近液压泵处

（3）ABS 控制单元、ABS 警告灯电路

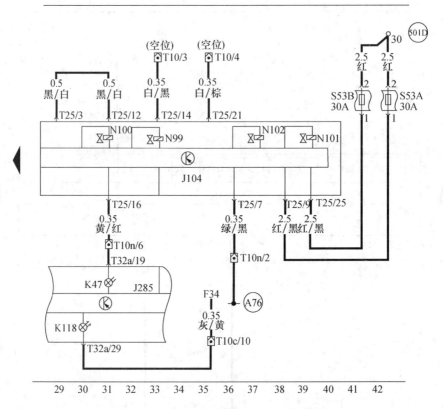

图 17-41　ABS 控制单元，ABS 警告灯电路

F34. 制动液液位报警开关　J220. 发动机控制单元　J104. ABS 控制单元，在液压单元上　J285. 组合仪表的控制单元　K47. ABS 的警告灯　K118. 制动系统警告灯　N99. 右前 ABS 进油阀　N100. 右前 ABS 出油阀　N101. 左前 ABS 进油阀　N102. 左前 ABS 出油阀　T10e. 10 针插头，灰色，在右 A 柱处（11 号位）　S53A. 30A 保险丝，在附加继电器上　S53B. 30A 保险丝，在附加继电器板上　T10c. 10 针插头，紫色，在左 A 柱处（17 号位）　T10n. 10 针插头，橙色，在左 A 柱处（15 号位）　T25. 25 针插头，在 ABS 控制单元上　T32a. 32 针插头，蓝色，在组合仪表上　T32b. 32 针插头，绿色，在组合仪表上　501D. 螺钉连接点 2（30B 号火线），在继电器板上　A76. 连接点（K 诊断线），在仪表板线束内　A24. 连接点（制动系统监视信号）在仪表板线束内

4. 舒适电子系统电路图
(1) 驾驶员侧门控制单元、电动摇窗机开关、车内中央闭锁开关电路

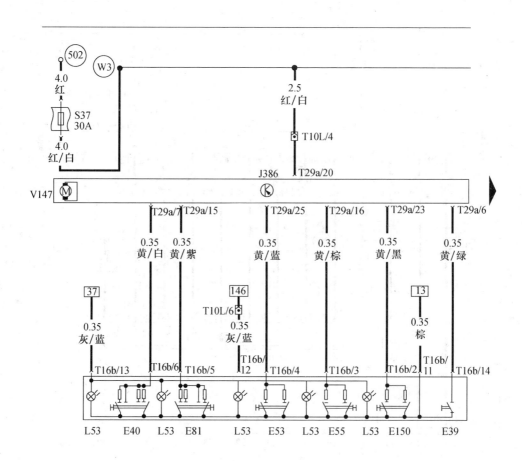

图 17-42　驾驶员侧门控制单元、电动摇窗机开关、车内中央闭锁开关电路

E39. 后电动摇窗机锁止开关　E40. 左前电动摇窗机开关　E53. 左前电动摇窗机开关（驾驶员控制）
E55. 右后电动摇窗机开关（驾驶员控制）　E81. 右前电动摇窗机开关（驾驶员控制）　E150. 车内中央闭锁开关（驾驶员控制）　J386. 驾驶员侧车门控制单元　L53. 摇窗机开关指示灯泡　S37. 电动摇窗机保险丝，在8位置继电器上　T10L. 10针插头，黑色，在左A柱处（2号位）　T16b. 16针插头　T29La. 29针插头　V147. 驾驶员侧电动摇窗机马达　⓼. 连接线（30a），在后线束内　⓾. 螺栓连接点（30A号火线），在继电器板上

（2）驾驶员侧门控制单元、闭锁单元、左前闭锁"安全"警告灯电路

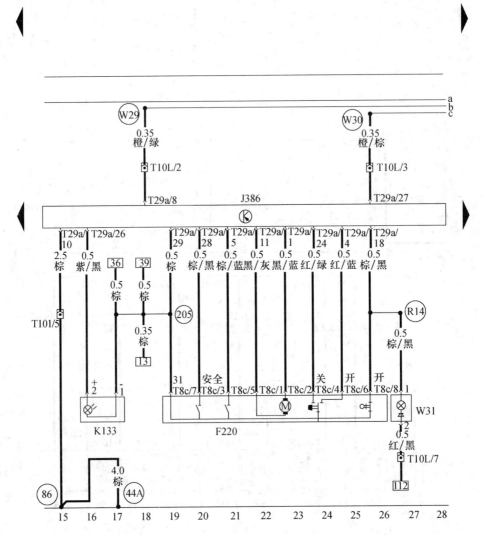

图 17-43 驾驶员侧门控制单元、闭锁单元、左前闭锁"安全"警告灯电路

F20. 驾驶员侧的闭锁控制单元　K133. 中央闭锁系统（带安全功能）的警告指示灯　T8c. 8 针插头，黑色，在驾驶员侧的闭锁单元上　W31. 左前门灯　T10L. 10 针插头，黑色，在左 A 柱处（2 号位）　㊹. 在 A 柱接地点　⑭. 连接线，在驾驶员侧车门束内　㉙. CAN 总线的 A 线（高位），在底盘线束内　㉚. CAN 总线的 B 线（低位），在底盘线束内　㊻. 接地连接线，在后线束内　㉕. 接地连接线，在驾驶员侧车门线束内

(3) 驾驶员侧门控制单元、后视镜转换开关、驾驶员侧后视镜的加热器电路

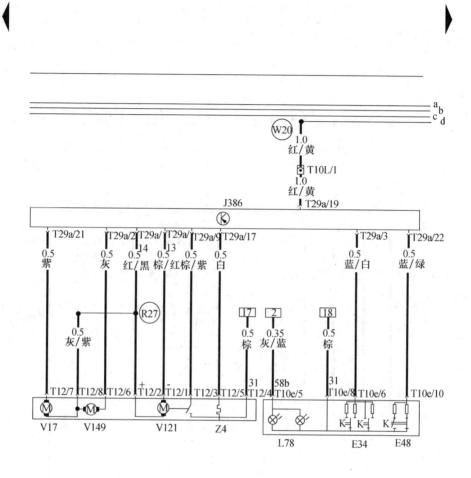

图17-44 驾驶员侧门控制单元、后视镜转换开关、驾驶员侧后视镜的加热器电路
E43. 后视镜调节开关　E48. 后视镜调节转换开关　L78. 后视镜调节开关照明灯　T10e. 10针插头，在后视镜调节开关上　T10L. 10针插头，黑色，在左A柱处（2号位）　T2. 12针插头　V17. 驾驶员侧后视镜调节马达　V121. 驾驶员侧后视镜复位马达　V149. 驾驶员侧后视镜调节马达　Z4. 驾驶员侧后侧镜加热器　㉗. 连接线，在驾驶员侧车门线束内　⑳. 连接线，(30a)，在后线束内

(4) 右后车门控制单元、闭锁单元及左右电动门窗电动机电路

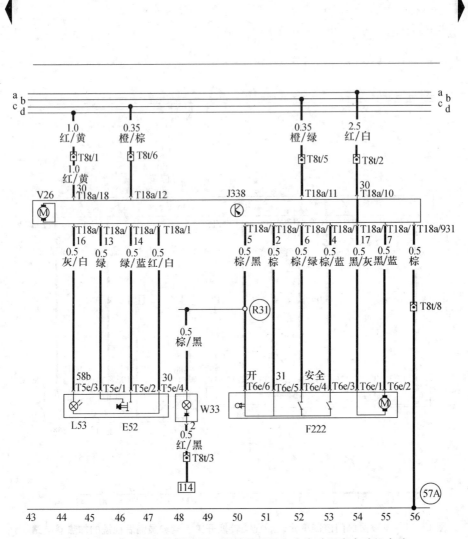

图 17-45 右后车门控制单元、闭锁单元及左右电动门窗电动机电路

E54. 左后电动门窗电动机开关　F222. 左后闭锁控制单元（图中开关处于车门打开的位置）　J388. 左后车门控制单元　L53. 电动门窗开关指示灯泡　T5e. 5 针插头　Te. 6 针插头　T8t. 8 针插头，黑色，在 B 处　T18a. 18 针插头　V26. 左后电动门窗电动机　W33. 左后门灯　㊄. 左 B 柱接地点　㉛. 连接线，在左后车门线束内

(5) 右前车门控制单元、闭锁单元及右前门灯电路

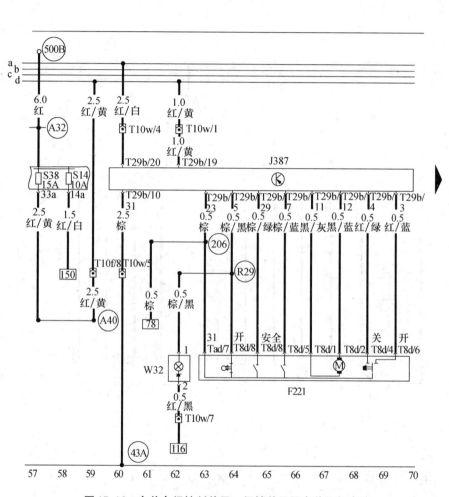

图 17-46 右前车门控制单元、闭锁单元及右前门灯电路

F221. 右前闭锁控制单元　J387. 右前车门控制单元　S14. 14 号保险丝，10A，在保险丝架上　S38. 38 号保险丝，15A，在保险丝架上　T8d. 8 针插头，蓝色，在右前闭锁单元上　T10f. 10 针插头，蓝色，在左 A 柱处（6 号位）　T10w. 10 针插头，黑色，在右 A 柱处（3 号位）　T29b. 29 针插头　W32. 右前门灯　㊸. 右 A 柱接地点　⑤⓪⓪B. 螺栓连接点（30c 号火线），在继电器板上　A32. 连接线，在仪表板线束内　R29. 连接线，在右前车门线束内　206. 接地连接线，在右前线束内

(6) 右前车门控制单元、右前电动门窗电动机开关及右前后视镜加热电路

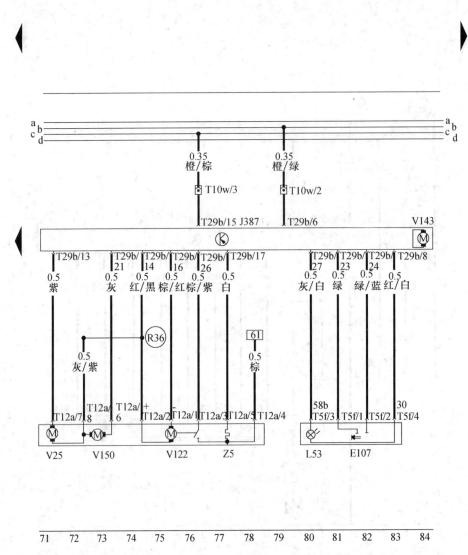

图 17-47 右前车门控制单元、右前电动门窗电动机开关及右前后视镜加热电路
E107. 电动门窗电动机开关（在右前车门上） L53. 电动门窗电动机开关指示灯泡 T5f. 5 针插头，在电动门窗电动机开关上 T10w. 10 针插头，黑色，在右 A 柱处（3 号位） T12a. 12 针插头，黑色 V25. 右前后视镜调节马达 V122. 右前后视镜复位马达 V148. 右前电动摇窗机马达 V150. 右前后视镜调节马达 Z5. 右前后视镜加热器 ⓡ36. 连接线，在右前车门线束内

(7) 右前车门控制单元、闭锁单元、右后电动摇窗机及右后门灯电路

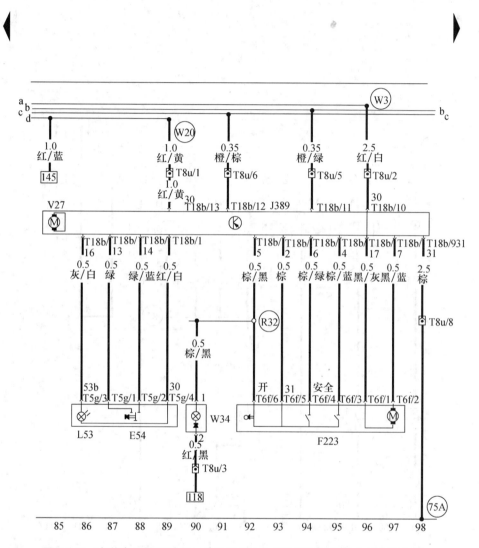

图 17-48 右前车门控制单元、闭锁单元、右后电动摇窗机及右后门灯电路

E54. 右后电动摇窗开关　F223. 右后闭锁控制单元　J389. 右后车门控制单元　L53. 摇窗机开关指示灯泡　T5g. 5 针插头，在右后电动摇窗机开关上　T6f. 6 针插头，在右后闭锁控制单元上　T8u. 8 针插头，黑色，在右 B 柱处　T18b. 18 针插头，在右后车门闭锁单元上　V27. 右后电动摇窗机马达　W34. 右后门灯　㉜. 右 B 柱接地点　㊄. 连接线，在右车门线束内　㊂. 连接线（a 线），在后线束内　㊇. 连接线（30a 号火线），在后线束内

(8) 前车内顶灯、阅读灯及遮阳光和化妆镜、照明灯电路

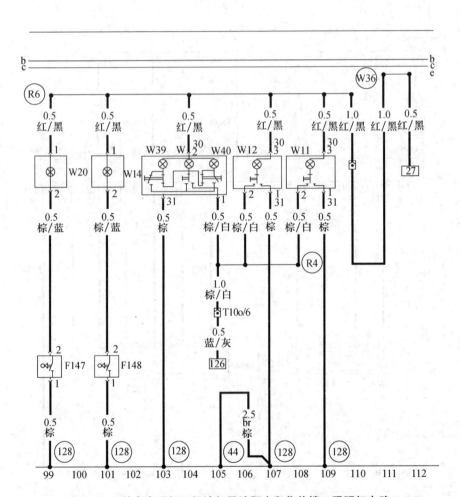

图 17-49 前车内顶灯、阅读灯及遮阳光和化妆镜、照明灯电路

F147. 驾驶员侧化妆镜照明灯接触开关　F148. 右前化妆镜照明灯接触开关　T10. 10 针插头，淡绿色，在左 A 柱处（3 号位）　W. 车内顶灯　W11. 左后阅读灯　W12. 右后阅读灯　W14. 右前化妆镜照明灯　W20. 驾驶员侧化妆镜照明灯　R4. 连接线，在车内灯/车门接触开关线束内　R6. 连接线，在车内灯线束内　W36. 连接线（30a），在底盘线束内　44. 在 A 柱接地点　128. 接地连接线，在车内灯线束内

（9）舒适电子中央控制单元、行李箱照明灯电路

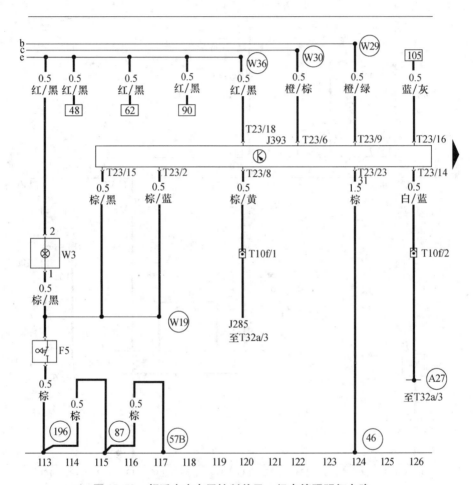

图 17-50 舒适中央电子控制单元、行李箱照明灯电路

F5. 行李箱照明灯开关　J285. 组合仪表控制单元　J393. 舒适电子中央控制单元　T10f. 10 针插头，蓝色，在左 A 柱处（6 号位）　T23. 23 针插头，在舒适电子中央控制单元上　W3. 行李箱照明灯　㉗. 至转速信号线，在仪表板线束内　㊼. 左 B 柱处接地点　⑲. 连接点（行李箱照明），在后线束内　㉙（CAN1）. CAN 总线的 A 线，在底盘线束内　㊱（CAN2）. CAN 总线的 B 线，在底盘线束内　㊱. 连接线（30a），在底盘线束内　㊻. 舒适系统连接点，左侧搁脚空间接地点　㊻. 接地连接点，在左后线束内（⑰分出）　⑲. 接地连接点，在左后线束内（⑰分出）

（10）舒适电子中央控制单元、行李箱盖闭锁装置电路

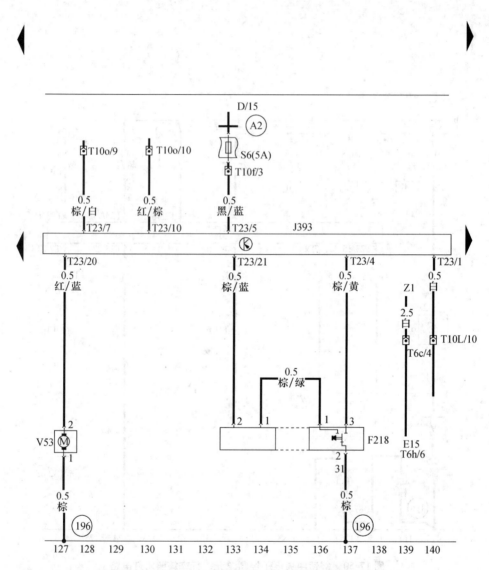

图 17-51　舒适电子控制单元、行李箱盖闭锁装置电路

E15. 后风窗加热开关　E218. 行李箱盖中央闭锁开关　T6c. 6 针插头，在左 A 柱处（11 号位）　T10f. 10 针插头，花色，在左 A 柱处（6 号位）　T10L. 10 针插头，黑色，在左 A 柱处（2 号位）　T10o. 10 针插头，淡绿色，在左 A 柱处（3 号位）　T23. 23 针插头，在舒适电子中央控制单元上　V53. 用于中央闭锁的行李箱盖马达　Z1. 后风窗加热器　D. 点火开关　S6. 保险丝 6，5A　A2. 正极连接线，在仪表板线束内　483. 风窗加热连接线，在仪表板线束内　196. 接地连接点，在左后线束内，由 579 分出

（11）舒适电子中央控制单元、加油盖遥控开启开关电路

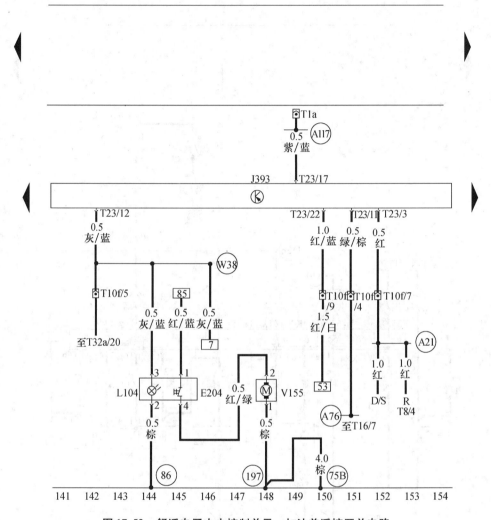

图 17-52　舒适电子中央控制单元、加油盖遥控开启开关电路

D. 点火开关　L104. 遥控闭锁开启开关的照明灯　R. 收放机　T8. 8针插头，在收放机上　T1a. 单针插头（安全气囊信号），棕色，在右A柱处的A位　T10. 10针插头，蓝色，在左A柱处（6号位）　T10o. 10针插头，淡绿色，在左A柱处（3号位）　V155. 油箱盖开启马达　E204. 油箱盖开启开关　㉑. 连接线，在仪表板线束内　㊉. 右B柱处接地点　㊳. 连接线（58d），在地板线束内　㊶. 接地连接点，在左后线束内（由㊹分出）　㊴. 接地连接点，在右后线束内（由㊉分出）

6. 空调系统电路图

(1) 新鲜空气鼓风机、空调开关、环境温度开关、空气循环控制阀电路

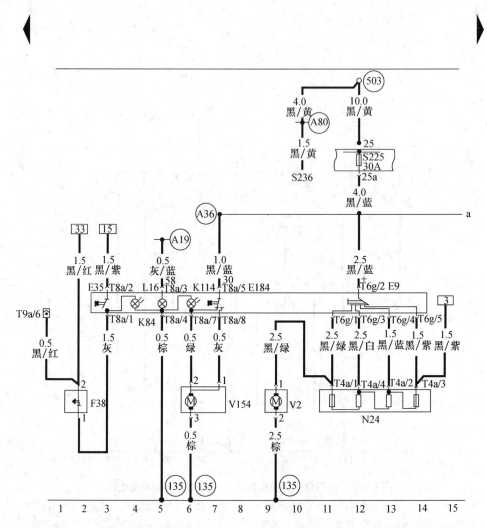

图 17-53 新鲜空气鼓风机、空调开关、环境温度开关、空气循环控制阀电路

E9. 新鲜空气鼓风机开关　E35. 空调开关　E184. 新鲜空气和循环空气开关　F38. 环境温度开关（≤5℃）　K84. 空调警告灯　K114. 新鲜空气和循环空气开关警告灯　L16. 新鲜空气控制照明灯　N24. 带保险丝的新鲜空气鼓风机串联电阻　S225. 保险丝，在保险丝架上　S236. 保险丝，在保险丝架上　T4a. 4 针插头，在串联电阻上　T8a. 8 针插头，在新鲜空气和循环空气开关上　T9a. 9 针插座，在中央电器板上，红色，接 393 继电器　T6g. 6 针插头，在新鲜空气鼓风机开关上　V2. 新鲜空气鼓风机　V154. 新鲜/循环空气板定位马达　A19. 连接点（58d），在仪表板线束内　A36. 连接点（75a），在仪表板线束内　A80. 连接点（X），在仪表板线束内　135. 接地连接点，在仪表板线束内（由30分出）　503. 螺钉连接点（75x 火线），在继电器板上

(2) 空调控制单元、空调电磁离合器和环境温度传感器电路

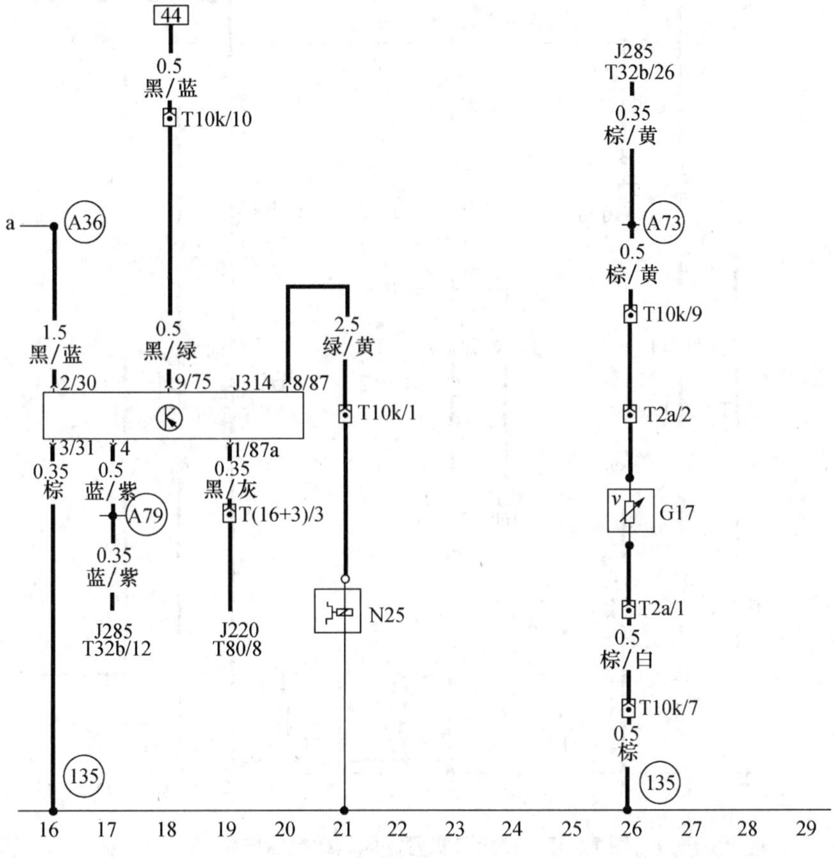

图 17-54 空调控制单元、空调电磁离合器和环境温度传感器电路

G17. 环境温度传感器 J220. 发动机控制单元 J285. 组合仪表的控制单元 J314. 空调切断控制单元，在 13 位置继电器架上的 4 号位（398 继电器） N25. 空调电磁离合器 T2la. 2 针插头 T10k. 10 针插头，灰色，在左 A 柱处（14 号位） T（16 + 3）. 19 针插头，在发动机室的控制单元防护罩内（3 号位） T80. 80 针插头，在发动机控制单元上 T32b. 32 针插头，绿色，在仪表板线束内 (A36). 连接点（75x 火线），在仪表板线束内 (A73). 连接点（环境温度表），在仪表板线束内 (A79). 连接点（过热灯开关），在仪表板线束内 (135). 接地连接点，在仪表板线束内（由㉚分出）

(3) 锁止二极管、风扇继电器电路

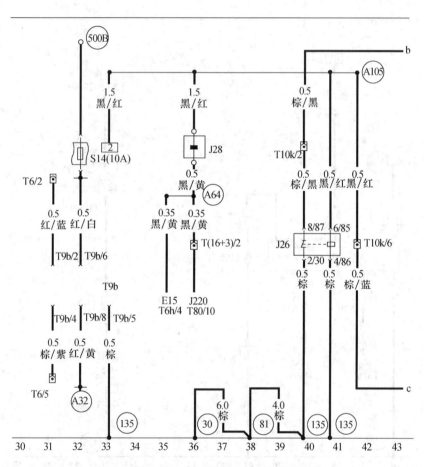

图 17-55 锁止二极管、风扇继电器电路

B15. 后风窗加热开关 J26. 散热风扇继电器，在 13 位置继电器板上 1 号位上（373 继电器） J28. 过热控调锁止二极管 J220. 发动机控制单元 S14. 14 号保险丝，10A，在保险丝架上 T6. 6 针插座，黑色，在右 B 柱边上（不挂在上面） T6h. 6 针插头，黑色，在后风窗加热开关上 T10d. 10 针插头，棕色，在发动机室内防护罩内的左侧（2 号位） F10k. 10 针插头，灰色，在左 A 柱处（14 号位） T（16+3）. 19 针插头，橙/红色，在发动机室防护罩内（3 号位） T80. 80 针插头，在发动机控制单元上 T9b. 9 针插座，在中央电器板上，棕色（空位） ⓐ32. 正极连接线（30），在仪表板线束内 ⓐ64. 连接点（转速信号），在仪表板线束内 ⓐ105. 连接点（转速信号）2，在仪表板线束内 ⓢ500B. 螺栓连接点（30c 号火线），在继电器板上 ㉚. 接地点，在继电器板附近（左 A 柱） ㊁. 接地连接点，在仪表板线束内（由㉚分出） ⓘ35. 接地连接点，在仪表板线束内（由㉚分出）

(4) 空调压力开关、风扇热敏开关、风扇继电器和风扇电路

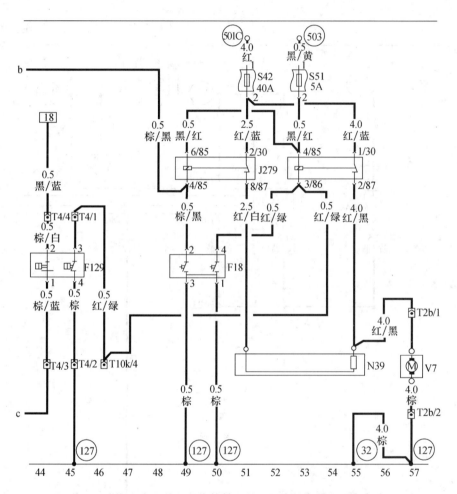

图 17-56 空调压力开关、风扇热敏开关、风扇继电器和风扇电路

F18. 散热风扇热敏开关　F129. 空调压力开关　J279. 散热风扇1挡速度继电器（红色）在附加继电器架上（214继电器）　J280. 散热风扇2挡速度继电90（棕色）在附加继电器架上（370继电器）　N39. 散热风扇的串联电阻　S42. 保险丝，40A，黄色，在附加继电器架上　S51. 保险丝，5A，红色，在附加继电器架上　Tb.2 针插头，在发动机室的左前侧　T10k.10 针插头，灰色在左A柱处（14号位）　V7. 散热风扇　㉜. 接地点，在继电器板边上（左A柱）　⑫⑦. 接地连接点，在空调压缩机线束内　㊿⓵. 螺栓连接点2（30B号火线），在继电器板上　㋝㊼. 螺栓连接点（75x火线），在继电器板上

7. 收放机电路图

(1) 收放机电路

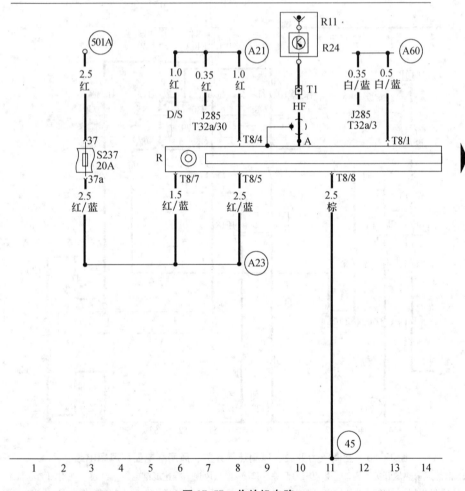

图17-57 收放机电路

D. 点火开关　J285. 组合仪表的控制单元　R. 收放机　R11. 天线　R24. 天线放大器　S237. 保险丝,20A. 在保险丝架上　T1. 单针插头　T8. 8针插头,黑色,在收放机上　T32a. 32针插头,蓝色,在组合仪表上　T32b. 32针插头,绿色,在组合仪表上　㉑. 连接线(86s),在仪表板线束内　㉓. 连接线(30s),在仪表板线束内　㉚. 连接点(转速信号),在组合仪线束内　㊺. 接地连接点,在仪表板下的中央左侧　㊾. 螺栓连接点2(30B号火线),在继电器板上

(2) 收放机、前扬声器电路

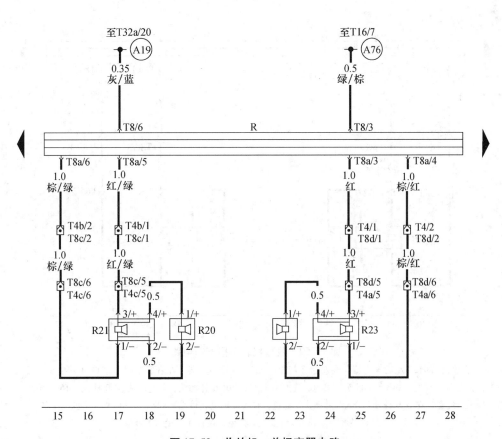

图 17-58 收放机、前扬声器电路

R. 收放机　R21. 左前扬声器，在左前车门上　R23. 右前扬声器，在右前车门上　T4. 4 针插头，黑色，在右 A 柱处　T4a. 4 针插头，黑色，在右 A 柱处　T4b. 4 针插头，黑色，在左 A 柱处　T4c. 4 针插头，黑色，在左 A 柱处　T8. 8 针插头，黑色，在收放机上（电源）　T8a. 8 针插头，棕色，在收放机上（输出）　T8c. 8 针插头，黑色，在左 A 柱处（4 号位）　T8d. 8 针插头，黑色，在右 A 柱处（7 号位）　Ⓐ19. 连接线（58d），在仪表板线束内　Ⓐ76. 连接线（K 诊断线），在仪表板线束内

(3) 收放机、后扬声器电路

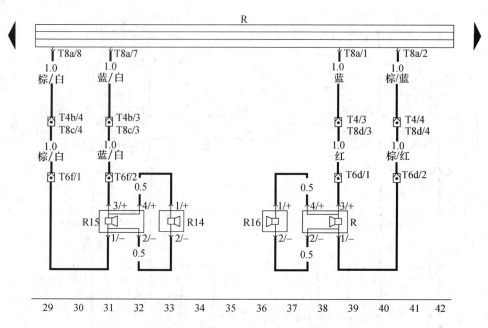

图 17-59 收放机、后扬声器电路

R. 收放机　R15. 左后扬声器，在左后车门上　R17. 右后扬声器，在右后车门上　T4. 4 针插头，黑色，在右 A 柱处　T4b. 4 针插头，黑色，在左 A 柱处　T6f. 6 针插头，红色，在左 B 柱处　T6d. 6 针插头，红色，在右 B 柱处　T8a. 8 针插头，棕色，在收放机上（输出）　T8c. 8 针插头，黑色，在左 A 柱处（4 号位）　T8d. 8 针插头，黑色，在右 A 柱处（7 号位）

17.5 思考题

1. 汽车整车电路由哪些系统组成？
2. 汽车电路的表示方法有哪些？
3. 简述帕萨特 B5 轿车电路图绘制规则和表示方法。
4. 根据帕萨特 B5 轿车的起动系统电路，简述系统的工作过程。
5. 根据帕萨特 B5 轿车 5V 发动机管理系统电路，试分析系统的组成及其特点。
6. 根据帕萨特 B5 轿车 ABS 系统电路，试分析系统的组成及其特点。

参 考 文 献

［1］ 魏春源，等. BOSCH 汽车电器与电子［M］. 北京：北京理工大学出版社，2004.
［2］ 司利增. 汽车计算机控制［M］. 北京：人民交通出版社，2000.
［3］ 潘旭峰，等. 现代汽车电子技术［M］. 北京：北京理工大学出版社，1998.
［4］ 寇国瑗，等. 汽车电器与电子控制系统［M］. 北京：人民交通出版社，1999.
［5］ 王绍铣，夏群生，李建秋，等. 汽车电子学［M］. 北京：清华大学出版社，2005.
［6］ 顾柏良，唐振声，等. BOSCH 汽车工程手册［M］. 北京：北京理工大学出版社，1999.
［7］ 鲁植雄. 缸内直喷发动机结构原理与维修［M］. 北京：凤凰传媒集团，江苏技术出版社，2009.
［8］ 罗峰，孙泽昌. 汽车 CAN 总线系统原理设计与应用［M］. 北京：电子工业出版社，2010.
［9］ 黄秋平. 汽车无级变速器（CVT）结构原理与维修［M］. 北京：凤凰传媒集团，江苏技术出版社，2008.
［10］ 林学东. 现代汽车动力传动装置的控制技术 M］. 北京：北京理工大学出版社，2003.
［11］ 王逐双. 汽车电子控制系统的原理与检修［M］. 北京：北京理工大学出版社，2000.
［12］ 康云龙. 新能源汽车与电力电子技术［M］. 北京：机械工业出版社，2009.
［13］ 花家寿，何维廉. 上海别克轿车维修手册［M］. 沈阳：辽宁科学技术出版社，2001.
［14］ 林晨. 桑塔纳 2000GSi-AT/GSi/GLi/GLS 轿车维修手册［M］. 北京：机械工业出版社，2002.
［15］ 夏天. 捷达王都市先锋轿车维修手册［M］. 北京：国防工业出版社，2001.
［16］ 张立新，陈天民，等. 桑塔纳 2000/桑塔纳轿车电控与电气系统检修图解［M］. 北京：机械工业出版社，2000.
［17］ 陈盛象. 红旗轿车使用与维修手册［M］. 北京：机械工业出版社，2001.
［18］ 于军，薛民. 上海帕萨特 B5 轿车维修手册［M］. 沈阳：辽宁科学技术出版社，2001.
［19］ 席金波，贾青. 一汽奥迪 A6 轿车维修手册［M］. 沈阳：辽宁科学技术出版社，2000.
［20］ 徐昭，黄晓敏，等. 广州本田雅阁轿车维修手册［M］. 沈阳：辽宁科学技术出版社，2000.
［21］ 栾琪文. 奥迪 A6L 轿车快速精修手册［M］. 北京：机械工业出版社，2011.
［22］ 宋福昌. 电子控制高压共轨柴油机故障诊断［M］. 北京：国防工业出版社，2006.
［23］ 冀望年，郭建明. 汽车车身电器设备系统及辅助电器设备［M］. 北京：电子工业出版社，2008.
［24］ 麻友良，丁卫东. 汽车电器与电子控制系统［M］. 北京：机械工业出版社，2003.
［25］ 王锦俞，闵思朋. 图解英汉汽车技术辞典［M］. 北京：机械工业出版社，2002.
［26］ 〔美〕霍莱姆比克著. 汽车电气与电子系统［M］. 徐鸣，等译. 北京：机械工业出版社，1998.